VICTOR MIRSHAWKA
ECONOMIA CRIATIVA:
FONTE DE NOVOS EMPREGOS

DVS EDITORA

São Paulo, 2016
www.dvseditora.com.br

ECONOMIA CRIATIVA
FONTE DE NOVOS EMPREGOS - volume 1

DVS Editora 2016 - Todos os direitos para a território brasileiro reservados pela editora.

Nenhuma parte deste livro poderá ser reproduzida, armazenada em sistema de recuperação, ou transmitida por qualquer meio, seja na forma eletrônica, mecânica, fotocopiada, gravada ou qualquer outra, sem a autorização por escrito do autor.

Capa e Diagramação: Spazio Publicidade e Propaganda

Dados Internacionais de Catalogação na Publicação (CIP)
(Câmara Brasileira do Livro, SP, Brasil)

Mirshawka, Victor
    Economia criativa : fonte de novos empregos, volume 1 / Victor Mirshawka. -- São Paulo : DVS Editora, 2016.

ISBN 978-85-8289-122-3

1. Criatividade nos negócios 2. Economia 3. Empreendedorismo 4. Emprego 5. Inovação I. Título.

16-02390   CDD-338.04

Índices para catálogo sistemático:

1. Economia criativa : Empreendedorismo   338.04

VICTOR MIRSHAWKA

ECONOMIA CRIATIVA:

FONTE DE NOVOS EMPREGOS

VOLUME I

DVS EDITORA

www.dvseditora.com.br

SUMÁRIO

PREFÁCIO - IX

INTRODUÇÃO - XI

CAPÍTULO 1
Economia criativa (EC): alternativa para o progresso nas cidades e emprego para seus habitantes

1.1 – O que é a economia criativa (EC)? 1
1.2 – Setores criativos..5
    1.2.1 – Interação entre os produtos criativos..................................7
1.3 – A economia laranja (EL)...14
1.4 – Barreiras para a evolução da EC 20
1.5 – O destino das cidades criativas a partir de políticas públicas culturais........21
1.6 – Rede de Cidades Criativas (RCC) da UNESCO 28
1.7 – Cidades onde se pode comer bem 30
1.8 – Construção de uma cidade criativa sustentável.............................32
1.9 – Joinville, a cidade criativa voltada para a música 34
1.10 – Austin estimula vários setores da EC 38
1.11 – Opções para abrir um negócio vinculado a EC!............................42

CAPÍTULO 2
Conceitos fundamentais sobre os quais está alicerçada a economia criativa (EC)

2.1 – Noções fundamentais 47
2.2 – Direitos autorais 49

2.2.1 – Pirataria...52
2.2.2 – Comentários sobre o direito autoral 54
2.2.3 – Direitos autorais e a educação digital...55
2.2.4 – Ter sucesso como escritor...58
2.2.5 – *Numero Zero*, o último livro de Umberto Eco 60
2.3 – Patente 61
2.3.1 – As patentes atrapalham ou estimulam a inovação?.....................61
2.3.2 – A insuficiente inovação brasileira..71
2.3.3 – Apple consegue a patente de realidade virtual..............................73
2.4 – **Marca**..74
2.4.1 – Dificuldade para manter a marca...92
2.5 – Desenhos e segredos industriais 108
2.6 – Seis características da criatividade...108
2.7 – A economia da imaginação – administração da criatividade 113

CAPÍTULO 3
OS SETORES DA ECONOMIA CRIATIVA (EC)

3.1 – **Arquitetura**...127
3.1.1 – Conceituação da importância dos arquitetos 128
3.1.2 – O estilo global da arquitetura contemporânea 138
3.1.3 – Insatisfação com o estádio olímpico em Tóquio 141
3.1.4 – Adrian Smith, o arquiteto das mais altas torres do mundo!!!........143
3.1.5 – O notável Shigeru Ban 147
3.1.6 – A espetacular Baku 152
3.1.7 – A arquitetura de Calatrava decepciona!?!? 157

3.2 – **Artesanato** 165
3.2.1 – Rápida história do artesanato...169
3.2.2 – As rendeiras de Entremontes 176
3.2.3 – A produção artesanal de quimonos está ameaçada! 178
3.2.4 – Muita coisa interessante no mercado de Viena! 179
3.2.5 – As joias da Bulgari 180

3.2.6 – Em Juazeiro vendem-se imagens
de borracha do padre Cícero!!! 182

3.2.7 - A rede ArteSol 184

3.3 – **Artes Cênicas** (teatro, ópera, dança, balé e circo) 189

   3.3.1 – Conceitos gerais 190

   3.3.2 – O espetacular Cirque du Soleil 193

   3.3.3 – A notável ascensão de Michaela DePrince 195

   3.3.4 – Misty Copeland, no topo do ABT 197

   3.3.5 – O brasileiro Thiago Soares,
o primeiro bailarino do Royal Ballet de Londres 198

   3.3.6 – A maior *performer* do mundo: Marina Abramovic 203

   3.3.7 - As grandes apresentações nos teatros 205

   3.3.8 – A dificuldade para gerenciar um
negócio voltado para as artes cênicas 208

3.4 – **Artes Visuais** 217

   3.4.1 – São Paulo, capital do grafite 218

   3.4.2 – A guerra da arte entre Londres e Paris 221

   3.4.3 – O Museu de Arte de São Paulo (Masp) vive nova fase 222

   3.4.4 – A mais importante galeria da Europa: Hertford House!!! 225

   3.4.5 – A família que manda no Hermitage 227

   3.4.6 – O centro de arte da Fundação Prada em Milão!!! 230

   3.4.7 – Tate Modern, o museu de arte
moderna e contemporânea mais visitado do mundo!!! 231

   3.4.8 – O novo Whitney Museum!!! 234

   3.4.9 – Abu Dhabi planeja ter grandes museus!!! 238

   3.4.10 – Alguns pintores brasileiros de muito
sucesso no âmbito mundial 240

   3.4.11 – Claudio Aun, um excepcional escultor 249

   3.4.12 – Dois artistas estrangeiros
contemporâneos que já ganharam muito 252

   3.4.13 – Três fotógrafos notáveis 268

   3.4.14 – Fotógrafos brasileiros no MoMA!!! 278

   3.4.15 – Os negócios com obras de arte 282

3.4.16 – O mercado de arte está agitado 291
3.4.17 – As armadilhas e as benesses do mercado de arte 294
3.4.18 – SP-Arte 2015..296
3.4.19 – O lado obscuro dos negócios de arte 299
3.4.20 – Os chineses fazem réplicas dos grandes mestres...........................306

3.5 – **Brinquedos** 313
3.5.1 – Lego, o grande fabricante de brinquedos 314
3.5.2 – O sucesso de *Hello Kitty*..320
3.5.3 – Não está fácil sobreviver nos negócios com brinquedos.................321
3.5.4 – Menos reuniões e mais diversão é o novo lema da Mattel 328
3.5.5 – Palavras cruzadas distraem os brasileiros há mais de 90 anos!!!...335

3.6 – **Cinema** 339
3.6.1 – Filmes recentes gerando grandes arrecadações 340
3.6.2 – A importância dos filmes de animação 353
3.6.3 – O grande sucesso de *Frozen: Uma Aventura Congelante* 358
3.6.4 – Carlos Saldanha: o "brasileiro
         mais bem-sucedido" em Hollywood 360
3.6.5 – A China investe em Hollywood
         para virar uma potência do cinema!!! 366
3.6.6 – Toronto atrai investimentos bilionários
         tornando-se a "cidade do cinema" 370

3.7 – *Design*...375
3.7.1 – Hans Donner moderniza o *design* da televisão...............................376
3.7.2 – Conceituando o *design* 380
3.7.3 – Valorizando a forma das coisas..386
3.7.4 – A tecnologia tem impulsionado o *design*..394
3.7.5 – Fred Gelli, um *designer* notável!!! 397
3.7.6 – O *designer* dos milionários 399
3.7.7 – Jorge Zalszupin: o grande nome do *design* brasileiro 400
3.7.8 – O *design* na Apple 402
3.7.9 – Jony Ive, o gênio do *design*...404

PREFÁCIO

Um dos desdobramentos mais estimulantes da cena contemporânea é o destaque assumido pela chamada economia criativa, tópico que é desenvolvido de formas cativantes neste novo livro do professor Victor Mirshawka. A **economia criativa** (EC) se baseia na informação, no conhecimento e na criatividade e envolve aquelas atividades que mobilizam capital intelectual e o processamento de dados em seus sistemas produtivos. Ela abrange áreas de atividade que vão da informática à arquitetura, do rádio e televisão ao design, turismo, gastronomia, moda e publicidade.

A EC **emprega** milhões de trabalhadores no Brasil e no mundo, e movimenta trilhões de dólares todo ano. Do mesmo modo, sua participação no PIB brasileiro cresce a cada ano; a previsão é que ela supere a marca de R$ 150 bilhões no ano de 2015.

Contudo, juntamente com seus grandes e inegáveis avanços, a EC enfrenta desafios para se consolidar e desenvolver ainda mais seu pleno potencial. Os pontos mais relevantes dizem respeito ao ambiente de negócios, ao acesso ao crédito e à consistência na formação educacional da população.

Em São Paulo, maior centro de atividade da EC no País, estamos formulando o Plano Estratégico da Economia Criativa (PEEC-SP). Trata-se de iniciativa pioneira que fornecerá indicadores criteriosos e confiáveis para a mensuração de empregos e salários na EC, estabelecerá fóruns público--privados para sua discussão ativa e forjará modelos de governança para o Estado.

São Paulo já incluiu em seu Plano Plurianual instrumentos de fomento à EC, como incentivos a setores de tecnologia intensiva, a empregos de qualidade e a adequação do papel do Estado aos novos desafios. Temos trabalhado também na capacitação dos trabalhadores por meio de diversos cursos oferecidos pelas nossas Etecs (escolas técnicas) e Fatecs (faculdades técnicas) espalhadas por todo o território paulista.

Sabemos que os setores criativos da economia já predominam nas estratégias de desenvolvimento de cidades e países como Berlim na Alemanha, Manchester na Inglaterra, ou Orlando nos Estados Unidos da América (EUA). O Estado de São Paulo busca se inserir nesse circuito com o apoio decidido do seu governo e mediante parcerias com a iniciativa privada.

Sabemos que o momento é grave e que os desafios do Brasil para avançar rumo a uma nova fase de desenvolvimento e prosperidade estão postos de forma clara. Não obstante, temos confiança no futuro e na capacidade criativa de nossa gente para transformar o Estado de São Paulo e o Brasil num dos polos internacionais da nova EC.

Geraldo Alckmin
Governador do Estado de São Paulo.

INTRODUÇÃO

A economia do século XXI contrapõe a valorização do trabalho intelectual ao físico bastante reconhecido na era industrial.

O trabalho de hoje envolve muito o processamento de informações e a análise de dados.

O mercado exige um profissional mais preparado para lidar com as frequentes mudanças.

Isso não é muito bom particularmente para os jovens brasileiros que têm uma significativa deficiência na educação de base, com o que terão dificuldade de obter empregos, especialmente nos setores ligados à **economia criativa (EC)**.

Por seu turno, a economia digital no seu todo não vai destruir o emprego, mas modificá-lo radicalmente.

Dessa maneira, por exemplo, devido à intensa mecanização, muitos trabalhadores rurais terão que migrar para centros urbanos em busca de trabalho no setor de serviços, e os que não fizerem isso, correrão o sério risco de **ficarem sem ocupação**.

A queda do emprego decorrente da eliminação de postos de trabalho com a introdução de novas tecnologias não é um fenômeno novo nem surpreendente, como alertou Jeremy Rifkin no seu livro *O Fim dos Empregos*, lançado em 1995.

Nele o autor fez uma análise bem detalhada de como estava declinando a necessidade de pessoas no trabalho voltado para a agricultura, com o mesmo ocorrendo em muitas empresas de manufatura com a presença cada vez maior da automação e do uso de robôs.

Vislumbrava que um provável setor onde as pessoas poderiam encontrar algum trabalho seria o de serviços, em particular em fundações filantrópicas e organizações não governamentais (ONGs), porém que remuneravam seus funcionários.

A grande diferença no século XXI, no qual houve um extraordinário incremento da tecnologia de informação e comunicação (TIC), é que isso impactou em praticamente todos os setores da economia e nas funções das pessoas nas organizações.

Por exemplo, com o *e-government* (governo eletrônico) apoiado na TIC pode-se eliminar radicalmente muitos postos de trabalho ocupados por servidores públicos.

E quantos não foram aqueles que já perderam os seus empregos nos bancos devido à TIC?

O escritor irlandês Charles Handy, professor do London Business School, autor de diversos livros, entre eles *A Era dos Paradoxos* (1994), em uma entrevista em junho de 1997 para a revista HSM Management alertou: "A humanidade tem pela frente diversos paradoxos ou contradições para administrar.

Um deles é o do **trabalho**.

Algumas pessoas no futuro terão muito trabalho e dinheiro porém pouco tempo para o lazer, enquanto outras – um grande contingente – terão bastante tempo para o ócio mas não terão nem trabalho nem dinheiro!

Um outro paradoxo é o da **inteligência**, o novo tipo de ativo.

Ele não se comporta como os outros tipos de ativos e nisso reside o próprio paradoxo.

Ao contrário dos outros bens, a inteligência não pode ser dada de presente e será sempre conservada, mesmo que compartilhada.

Também não é possível possuir a inteligência de outra pessoa, por mais que se seja dono de empresa na qual essa pessoa trabalha.

Se a pessoa sair da empresa e for para outra organização, levará consigo a sua inteligência."

Pois é, até isso mudou muito nos últimos 20 anos, pois agora tornou-se evidente a vontade de cada indivíduo ter o seu "robô pessoal" e fica cada vez mais clara a possibilidade de que os robôs possam fazer com que muito do trabalho humano fique tão obsoleto, como foi o uso dos cavalos para o transporte de pessoas, que em breve estaremos andando em carros-robô autônomos como os que estão sendo desenvolvidos pelo Google.

É por isso que o economista-chefe do famoso jornal *Financial Times*, Martin Wolf, já propôs uma solução: "É vital levar em conta a necessidade de redistribuir renda e riqueza em larga escala.

Essa redistribuição pode acontecer na forma da criação de uma renda mínima para cada adulto, junto obviamente, com um suporte educacional e treinamento contínuo.

Direitos de propriedade são uma criação social. A ideia de que apenas uma pequena minoria deva se beneficiar de forma esmagadora das novas tecnologias deve ser reconsiderada."

Sobreviverá, entretanto, nesse novo mercado de trabalho, aquele contingente de pessoas que seja constituído por profissionais criadores, manipuladores e abastecedores do fluxo de informações.

Vão surgir novas profissões, todas, todavia, ligadas à área do conhecimento, junto com novas formas de trabalhar.

Nesse sentido, será fundamental adaptar os programas das Etecs (Escolas técnicas) e Fatecs (Faculdades de tecnologia), que existem no Estado de São Paulo, bem como de similares em outros Estados, para capacitar os jovens com novas competências, particularmente para que possam atuar nos vários setores da EC.

O conceito que irá preponderar é o da **trabalhabilidade**, isto é, cada um ter competência de gerar o próprio trabalho e renda, ou seja, ser um **empreendedor criativo**.

Na década de 1990, parece que se garantia a **empregabilidade**, quando um profissional cuidava bem da sua atualização para manter-se atraente no mercado de trabalho, o que infelizmente não basta mais na era digital.

O emprego em empresas privadas para a vida inteira praticamente desaparecerá.

Para desenvolver a própria trabalhabilidade, é essencial conseguir ter mais de uma fonte de renda, ainda que isso não signifique que elas devam sempre ser simultâneas.

Com esse grande risco de uma disrupção rondando todos os setores de trabalho, o profissional, para ter um bom futuro, precisa ter flexibilidade para mudar para um plano B ou C rapidamente.

Isso significa ter sempre mais de um projeto e com prontidão com ele atender às novas demandas do mercado.

E as mudanças no perfil dos trabalhadores já estão ocorrendo, desde aqueles que estão no "chão da fábrica" até ao nível executivo.

Muitos vendedores de lojas já acionam o seu *iPad* para saber (e controlar) o que há no estoque, bem como os gerentes (os executivos) recorrem com eficácia à lógica e às ferramentas das TICs para lançar um novo produto ou entrar em um novo mercado.

Em 4 de dezembro de 1986, a Organização das Nações Unidas (ONU) produziu uma primeira Declaração sobre o Direito ao Desenvolvimento, afirmando que o mesmo é um **direito humano inalienável**, ao mesmo tempo em que é um direito e dever dos Estados.

A EC, nesse sentido de promover o desenvolvimento e fornecer empregabilidade às pessoas, passou a ter um destaque no foco das discussões de instituições internacionais como a UNCTAD (Conferência das Nações Unidas sobre Comércio e Desenvolvimento), o PNUD (Programa das Nações Unidas para o Desenvolvimento) e a UNESCO (Organização das Nações Unidas para a Educação, a Ciência e a Cultura).

A EC passou a ser considerada como um eixo estratégico de desenvolvimento para os vários países e continentes no século XXI.

Apesar de ser reconhecido pela sua diversidade cultural e potencial criativo, o Brasil não figura nas pesquisas internacionais entre os 10 primeiros países em desenvolvimento, produtores e exportadores de bens e serviços criativos.

Isso pode mudar se no Brasil (e especialmente no Estado de São Paulo) for implementado um projeto estratégico visando o incremento da EC.

Já existe uma secretaria da Economia Criativa (SEC) dentro do Ministério da Cultura, cujo objetivo é o de liderar a formulação, implementação e monitoramento de **políticas públicas** para um novo desenvolvimento fundamentado na **inclusão social**, na **sustentabilidade**, na **inovação** e, especialmente, na **diversidade cultural brasileira.**

O **potencial empregador**, **produtivo** e **inovativo** das atividades culturais e criativas não tem recebido até agora a devida atenção, apesar de sua vitalidade já ser visível, como será exemplificado nesse livro.

Muitos obstáculos têm sido transpostos para se comprovar que as atividades criativas estão entre as que mais vêm contribuindo para o crescimento de muitas economias em desenvolvimento.

Mas é imprescindível uma ação mais vigorosa do governo nos três níveis, federal, estadual e municipal, conceber novos instrumentos, metodologias e indicadores capazes de explicar melhor e de promover economicamente tais atividades.

Em diversos países em vários continentes, como é o caso dos Estados Unidos da América (EUA), do Reino Unido, da Turquia, da Austrália, do Japão, da China, entre outros, a **criatividade** vem sendo apoiada por políticas públicas e sendo tratada como o insumo por **excelência da inovação**.

A EC vem crescendo graças à sociedade do conhecimento e às novas tecnologias.

E a dimensão simbólica da produção humana (presente desde as festas juninas aos desfiles de moda, das artes do circo ao conteúdo dos *videogames*) passa a ser um elemento fundamental na definição do preço desses novos bens e serviços, construindo novas formas de colaboração no trabalho, novas éticas e estéticas, reunindo, enfim, comunidades e pessoas, desta feita, principalmente com o uso de redes sociais.

Os dados mundiais indicam um crescimento indiscutível da EC.

Estima-se que em 2015 a EC movimentará US$ 4 trilhões no mundo e que esse montante deverá dobrar até 2020.

Já nos EUA avalia-se que ela praticamente chegou a US$ 1 trilhão e no Brasil está próxima de US$ 40 bilhões.

Um dos grandes desafios para a EC avançar no Brasil é a carência de dados confiáveis, o que dificulta bastante um diagnóstico mais preciso dos setores criativos e, consequentemente, a dificuldade de traçar políticas adequadas e conseguir dessa forma monitorar o seu desenvolvimento.

Para que surjam mais empreendedores criativos, eles devem ter um melhor acesso ao crédito financeiro e o País precisa criar uma integração de políticas públicas.

De acordo com os dados do Ministério da Cultura, os setores criativos empregavam no Brasil em 2014, cerca de 3,7 milhões de pessoas, ou seja, 4,5% do total de trabalhadores brasileiros, tendo um crescimento anual de 7%.

No nosso País, quem no momento melhor explora o mercado criativo é o Rio de Janeiro, estando em segundo lugar o Distrito Federal, ou seja,

Brasília, onde em 2015 produziu-se R$ 8,5 bilhões de riquezas vindas dos setores criativos, isto é, 3,7% do seu PIB (Produto Interno Bruto) de R$ 229,7 bilhões.

Tudo indica que no fim de 2015, o Brasil superará a marca **de 4 milhões de empregos formais** ligados à EC, ou seja, nas atividades e profissões que envolvam produção e transformação de ideias em produtos ou serviços incluindo áreas como arquitetura, artes, cinema e televisão, desenvolvimento de *software*, *design*, eventos, gastronomia, mídia, moda, música, publicidade e propaganda, televisão e rádio, turismo, *videogames* etc...

Segundo um levantamento feito pela Federação das Indústrias do Rio de Janeiro (Firjan) houve um grande salto produtivo no nosso País. De 2004 a 2013 foi mais de 90%, pois saiu de R$ 74 bilhões para R$ 146 bilhões e acredita-se que em 2015 deverá ultrapassar R$ 150 bilhões.

Para alguém desenvolver com eficiência uma carreira criativa deve:

1º) Ser um observador contumaz.

A inspiração para fazer algo novo pode surgir de qualquer lugar.

Desde numa exposição de arte até a partir de uma informal conversa com o taxista levando-o para o aeroporto.

É fundamental imaginar opções fora do comum. O tradicional já é esperado. O inesperado é que surpreende.

É necessário colocar "a cara no mundo".

Assistir a tudo que puder, ir a palestras e trocar informações profissionais.

Estar aberto a refletir sobre todas as ideias.

No momento em que aceitamos as ideias dos outros, os nossos projetos tornam-se geralmente mais coerentes e chega-se assim a um produto (ou serviço) final melhor.

2º) Estudar bastante.

É preciso ter bastante domínio técnico pois isso facilita a inovação.

Não adianta muito arriscar, ser curioso, se não tiver domínio técnico.

É vital ter muita determinação.

O trabalho de pesquisa e inovação envolve erros.

Por melhor que seja a teoria, os projetos nem sempre vão dar certo.

Deve-se também se manter o mais perto possível da natureza.

É onde já foram encontradas muitas respostas para os problemas mais diversos.

Quem se envolve com o empreendedorismo criativo deve estar ciente que frequentemente fará diversas vezes até algo ficar bom.

Não adianta buscar o perfeito logo de cara, apesar de que algumas décadas atrás um guru da qualidade, ou seja, Philip Crosby, ficou famoso com a sua ideia de que era possível fazer "certo na primeira vez" (modelo do zero defeito)!?!?

Não se deve ter medo de errar, desde que se tenha como objetivo conseguir acertar depois...

3º) Procurar conhecer as pessoas certas para desenvolver o seu projeto e, nesse sentido, fazer um bom *networking* (rede de relacionamentos).

Não esqueça nunca que um processo criativo não é linear, apesar de se trabalhar com certos prazos.

As coisas podem e geralmente mudam bastante da ideia inicial até se chegar no produto (serviço) final!!

Na EC o trabalho normalmente é uma construção coletiva na qual profissionais unem talentos diversos para concluir um projeto.

Atualmente a Internet nos colocou no mercado global.

Essa conexão, ou seja, a *Web* permite ao empreendedor criativo acessar fornecedores e clientes, gerenciar melhor as finanças, recorrer a recursos humanos em diversas partes do mundo, viabilizar a compra e venda de produtos e serviços.

Portanto, uma intensa troca de informações é especialmente importante para se sobreviver bem na EC, até porque a criatividade de uma pessoa aumenta quanto mais ela troca experiências com as outras.

Naturalmente nem toda troca deve pressupor algum tipo de lucro ou obtenção de dinheiro.

Ajudar faz parte de quem deseja se destacar na EC.

Aprenda pois a trabalhar em equipe e com profissionais de diferentes formações.

4º) Não descuidar nunca da sua evolução profissional.

É imprescindível estar sempre desenvolvendo novas competências e conhecimentos, não ficando apenas superespecializado numa área, mas buscar uma compreensão do seu negócio e do mercado no seu todo.

Evolução profissional significa dar novos passos continuamente para ter mais conhecimentos.

Para evoluir profissionalmente é necessário também criar raízes fortes com as pessoas, ter a capacidade de ser admirado e reconhecido como referência, isto é, ter uma marca pessoal de destaque na EC.

Pesquisas recentes da Organização Internacional do Trabalho (OIT) apontam para uma participação de cerca de 8% dos produtos da EC no PIB mundial, com previsões de crescimento anual que giram em torno de 12%.

Segundo alguns especialistas, as quatro forças que impulsionam o desenvolvimento econômico são: a **organização flexível da produção**; a **difusão das inovações e do conhecimento**; a **mudança** e a **adaptação das instituições** com as novas tecnologias e o desenvolvimento urbano do território.

A interação entre essas **forças certamente poderia produzir** a sinergia suficiente para estimular o desenvolvimento endógeno que permitiria ao Estado de São Paulo, e por extensão no Brasil, uma nova opção de crescimento econômico, não mais construído de fora para dentro, mas resultado de uma dinâmica econômica local.

Ao mesmo tempo, esse desenvolvimento se fundamentaria na valorização das expressões culturais paulistas e brasileiras, além de garantir a proteção ao nosso patrimônio cultural e ambiental.

Claro que para que o governo paulista possa conseguir esse desenvolvimento além de contar com o envolvimento de todas as suas secretarias e órgãos das prefeituras municipais, deve ter a cooperação ou estabelecer parcerias com os institutos de pesquisa, as universidades, as instituições de ensino superior (IESs) privadas, os diversos segmentos criativos e as organizações do terceiro setor.

Para a construção desse novo desenvolvimento é necessário também estabelecer uma nova mentalidade econômica.

Diferentemente do que se nota na economia tradicional taylorista, a EC se caracteriza pela **abundância** e não pela **escassez**, pela sustentabilidade social e não pela exploração de recursos naturais e humanos, pela inclusão produtiva e não pela marginalização dos seres humanos e comunidades.

Naturalmente os desafios a serem vencidos são enormes, mas ao mesmo tempo provocadores e entusiasmantes.

O objetivo é de repensar a formulação das políticas sobre a cultura, com a missão de transformar a criatividade paulista (brasileira) em inovação e essa inovação em riqueza: **cultural, econômica** e **social.**

E aí certamente muitas questões, se respondidas adequadamente, vão levar o Estado (País) a um grande progresso?

Entre essas perguntas estão as seguintes:

1ª) De que forma é possível incrementar e estimular o surgimento de um maior contingente de talentos criativos paulistas (brasileiros)?

2ª) Como a EC poderá contribuir para a inclusão produtiva de milhões de jovens que estão abaixo da linha da pobreza?

3ª) Como ampliar e qualificar o consumo cultural no Estado (País), levando-se em conta que houve um grande aumento da nossa classe média?

4ª) Como aproveitar-se melhor da nossa diversidade cultural para transformar o Estado (Brasil) num dos grandes destinos turísticos do mundo?

5ª) O que devemos fazer para divulgar melhor a nossa música, a nossa gastronomia e a grande variedade de entretenimento que temos no Estado (Brasil)?

6ª) Como proceder para dar mais espaço aos profissionais talentosos em setores como o *design*, a moda, o artesanato, a criação de *softwares* etc.?

Essas questões só serão respondidas adequadamente com o engajamento de todos os governos, isto é, das três esferas: municipal, estadual e federal.

O fato é que estamos no meio de uma fascinante mudança de paradigma socioeconômico, entre a herança do período industrial e o prenúncio de uma época intensamente calcada em valores intangíveis.

Aproveitar ou não esse momento, lançando as bases para uma forma alternativa de desenvolvimento nas nossas cidades, depende apenas de nós e da criação de políticas públicas francamente favoráveis para impulsionar a EC.

A criatividade e a diversidade precisam ser vistas como propulsoras do desenvolvimento e do crescimento.

É o momento de pensar cada vez mais em se ter **cidades criativas**, a emergência de uma grande classe criativa focando as indústrias criativas e fazendo cada vez mais pujante a EC.

É vital que se faça pois a difusão da crença na importância da **inovação** como motor essencial do desenvolvimento social e econômico, diretamente relacionada com a satisfação das sociedades, grupos e indivíduos na nossa emergente economia global, que deve se fundamentar cada vez mais no conhecimento!!!

É essencial no século XXI aproveitar intencionalmente a EC para gerar desenvolvimento, capacidade, renda e trabalho.

Cada vez mais as indústrias criativas são vistas como força motriz do futuro da economia mundial e já constituem o cerne das estratégias de desenvolvimento regional em diversas cidades importantes do mundo como Berlim, Helsinque, Lyon, Roterdã, Manchester, São Petersburgo, Los Angeles, Orlando etc.

Podem e devem se expandir não apenas na capital paulista mas também nas suas importantes cidades como Campinas, São José dos Campos, Ribeirão Preto, São Carlos, Sorocaba, São José do Rio Preto, Bauru, Barretos, Campos do Jordão etc.

Daí evidentemente espera-se que todas as outras capitais estaduais sigam o exemplo de São Paulo e difundam as atividades nos seus setores criativos para outras urbes importantes dos seus territórios.

Constituída predominantemente por pequenas e médias empresas, a indústria criativa tem como matéria-prima o conhecimento aliado à criatividade.

E o valor de seus produtos e serviços guarda estrita relação com a capacidade criativa e inovativa de seus produtores.

Esta é a sua especificidade e sua força.

Nos últimos trinta anos, com as transformações da sociedade, associadas aos impactos das novas TICs, o conhecimento, a criatividade e a atividade intelectual passaram a ser os principais **recursos produtivos**.

Nas economias modernas, as TICs imprimiram novas dinâmicas no dia a dia social, econômico e cultural das pessoas e das empresas e se constituíram em uma realidade transformadora de hábitos, modos de viver, criar, produzir, distribuir e consumir bens e serviços culturais.

Um exemplo claro disso é o uso contínuo do *smartphone*, que está dominando e influenciando cada vez mais a vida dos seres humanos.

Essa ação transformadora mostra claramente que a informação passou a ser um recurso indispensável para a atuação em uma realidade pós--industrial, em que as fontes de produtividade parecem se encontrar nas tecnologias de geração de conhecimentos, de processamento de informação e de comunicação de símbolos.

E esse campo novo é a EC, que para a UNCTAD engloba a criatividade, cultura, economia e tecnologia em um mundo contemporâneo dominado por imagens, sons, textos e símbolos.

A EC é sem dúvida o segmento mais dinâmico da nova economia mundial, que deve possibilitar inclusive a geração de milhões de novos empregos para compensar todos aqueles que forem desaparecendo devido a automação e o uso cada vez mais intenso, da inteligência artificial (IA).

Por fim, deve-se ressaltar que usar a criatividade humana em prol do bem comum é uma característica bem visível nas pessoas que se emocionam com a magia de viver!!!

Entrem pois na EC e vivam cada vez melhor nos próximos anos!!!

O autor Victor Mirshawka dedicou-se nas três últimas décadas a promover a importância das pessoas valerem-se cada vez mais da sua **criatividade**!

Observação importante – Nesse volume foi possível apresentar apenas sete setores da EC. No segundo volume estão descritos os outros 11 setores a saber: entretenimento, gastronomia, moda, música, pesquisa e desenvolvimento (P&D), publicidade e propaganda (P&P), setor editorial, *software*, televisão e rádio, turismo e *videogames*.

É imprescindível para entender bem a EC ter os dois livros, pois muitos desses setores acabam se retroalimentando, como por exemplo, entretenimento, gastronomia, música, turismo e *videogame*, pois obviamente nota-se que cada um deles tem alguma relação com o outro.

Aliás, outra leitura complementar além desses dois livros, é o portal da revista *Criática* (www.revistacriatica.com.br), inteiramente dedicado a divulgar fatos recentes de destaque em todos os setores da EC.

"Uma armadura completa para batalha do século XVIII de um samurai, uma verdadeira obra de arte, feita de aço, seda, ouro, verniz e pele de porco etc, que só pode ser vista com facilidade em alguns museus..."

CAPÍTULO 1

Economia criativa (EC): alternativa para o progresso nas cidades e emprego para seus habitantes

1.1 – O QUE É A ECONOMIA CRIATIVA (EC)?

Há quem diga que numa discussão entre **sete economistas** sobre algum tema surgem **dez posicionamentos diferentes!!!**

Essa "piadinha" muito comum ilustra, de maneira bem clara como é difícil chegar a um acordo ou consenso sobre temas importantes, sobretudo quando neles está embutida a volatilidade do fator humano.

E no mundo da cultura não é nada diferente, principalmente quando se tenta definir o que vem a ser **economia criativa (EC)** e que setores constituem a mesma.

As discussões a respeito sem um princípio e sem um final já são muitas e com frequência são bem emotivas.

É desse modo que temos agora uma grande quantidade de expressões, todas elas coerentes, mas nem por isso definitivas como:

- Indústrias culturais.
- Indústrias criativas.
- Indústrias do ócio.
- Indústria do entretenimento.
- Indústria de conteúdos.
- Indústrias protegidas pelo direito do autor.
- Economia cultural.
- **Economia criativa (EC)**.

"Não é intenção desse livro criar uma confusão sobre denominações inclusive introduzir uma nomenclatura que se usa em Portugal para a EC, designando-a como a economia do significado!?!?"

Cada uma dessas denominações têm diversas definições.

É natural que existam essas diferenças.

Cada qual devia ajustar esses conceitos de acordo com os seus propósitos do negócio ou de política.

Mas cuidado, como sempre o "demônio" (a complicação) está sempre nos detalhes.

É vital, entretanto, perceber que é dentro dessa multiplicidade de posições que os elementos centrais costumam estar em uma **"zona comum"** como mostrado na Figura 1.1.

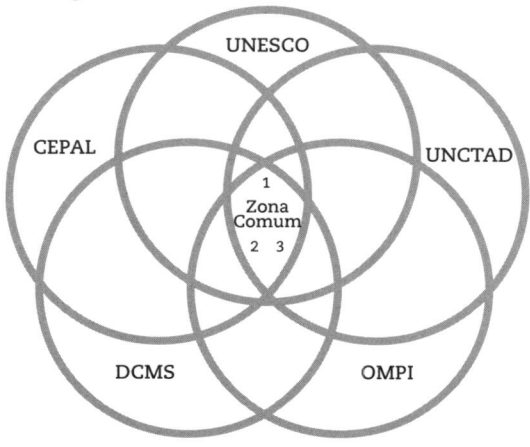

Figura 1.1 - A "zona comum" das diversas definições.

A zona comum é que permite entender o que é a EC, ou seja:

1ª) Ela tem a **criatividade**, **arte** e **cultura** como sua matéria-prima.

2ª) Está relacionada com os direitos de **propriedade intelectual**, em particular com o direito do autor.

3ª) É função direta de uma **cadeia de valor criativa**.

Isso resulta da análise das definições das diversas entidades:

↠ **Organização das Nações Unidas para a Educação, a Ciência e a Cultura (UNESCO).**

As indústrias culturais e criativas são aquelas que combinam criação, a produção e a comercialização de conteúdos criativos que sejam intangíveis e de natureza cultural.

Estes conteúdos estão normalmente protegidos pelo direito do autor e podem tomar a forma de um bem ou de um serviço.

Incluem, além disso, toda a produção artística ou cultural, a arquitetura e a publicidade.

↠ **Conferência das Nações Unidas para o Comércio e o Desenvolvimento (UNCTAD).**

As indústrias criativas estão no âmago da EC e se definem como ciclos de produção de bens e serviços que usam a criatividade e o capital intelectual como seu principal insumo.

Classificam-se por seu papel como patrimônio, arte, meios de comunicação e criações funcionais.

↠ **Organização Mundial da Propriedade Intelectual (OMPI).**

As indústrias protegidas pelo direito do autor são aquelas que se dedicam de forma interdependente ou que se relacionam direta ou indiretamente com a criação, produção, representação, exibição, comunicação, distribuição ou venda de material protegido pelo direito do autor.

↠ **Departamento de Cultura, Meios de Comunicação e Esportes do Reino Unido (DCMS).**

As indústrias criativas são aquelas atividades que têm origem na criatividade, na habilidade e no talento individual, e que possuem o potencial de criar empregos e riqueza através da propriedade intelectual.

➢ **Comissão Econômica para a América Latina e o Caribe (CEPAL).**

As indústrias de conteúdo são: setor editorial, cinema, televisão, rádio, discografia, conteúdos para telefones celulares, produção, audiovisual independentes, conteúdos para a *Web*, jogos eletrônicos, e conteúdos produzidos para a convergência digital (*cross media*).

Em vista desses conceitos é possível se chegar a um acordo sobre o que é EC (ou ainda continuar em desacordo...) e que cada um possa até promover as suas adaptações, desde que sejam sensatas...

Tratar de plasmar o conceito definitivo para a EC ou para as suas indústrias pode ser tão desnecessário como até absurdo!?!?

É a própria dinâmica de mudanças rápidas que gera as oportunidades e que torna esse fenômeno economicamente relevante, que dificulta a identificação das fronteiras da EC.

Entretanto, é muito importante, se possível, valer-se de definições claras no momento de enfrentar a difícil tarefa de planejar as políticas de desenvolvimento social e econômico para a EC.

É por isso que se destacou na Figura 1.1, a **zona comum** justamente para enriquecer a aproximação desenvolvida pelo Banco Interamericano de Desenvolvimento (BID) no seu documento **Indústrias Culturais da América Latina e do Caribe: Desafios e Oportunidades** (setembro de 2007) para propor uma definição prática de EC.

Para o BID: as indústrias culturais são aquelas que incluem os bens e serviços que tradicionalmente se associam com as políticas culturais, os serviços criativos e os esportes.

Classificam-se em três categorias (pelo vínculo principal):

Convencionais – Setor editorial, livros, impressão, jornais acadêmicos, revistas, periódicos, literatura, bibliotecas, audiovisual, cinema, televisão, fotografia, vídeo, fonografia, discografia, rádio.

Outras – Artes visuais e cênicas, concertos e apresentações musicais, teatro, orquestra, dança, ópera, artesanato, *design*, moda, turismo cultural, arquitetura, museus e galerias, gastronomia, produtos típicos, ecoturismo, esportes.

Novas – Multimídia, publicidade, *software*, *videogames*, suportes para os meios de comunicação (Internet).

1.2 – SETORES CRIATIVOS

Claro que para a proposição de políticas públicas para desenvolver a EC deve-se ter bem compreendido o termo **"setor criativo"**.

A SEC do Ministério da Cultura fez de forma eficiente a distinção entre um setor econômico tradicional de um que fosse denominado como criativo.

Inicialmente, se percebeu que denominar de **setores criativos** aqueles cujas atividades produtivas têm como insumos principais a criatividade e o conhecimento, seria bastante vago pelo fato desses mesmos insumos serem imprescindíveis a toda e qualquer atividade humana, não podendo assim ser considerados **fatores distintivos**.

Por outro lado, considerar que os **setores criativos** são aqueles cuja geração de valor econômico se dá basicamente em função da exploração da propriedade intelectual expressa uma percepção restritiva visto que a propriedade intelectual não corresponde a um elemento obrigatório nem definidor único de valor dos bens e serviços criativos.

Desta forma, concluiu-se que a distinção mais significativa para a EC deveria se dar a partir da análise dos processos de criação e de produção, ao invés dos insumos e/ou da propriedade intelectual do bem ou do serviço criativo.

Assim, a SEC chegou à seguinte definição: **"Os setores criativos são todos aqueles cujas atividades produtivas têm como processo principal um ato criativo gerador de valor simbólico, elemento central da formação de preço, e que resulta em produção de riqueza cultural e econômica."**

Tomando-se como exemplo a **pintura**, verifica-se que a expressão artística associada à técnica do pintor, representada na tela, corresponde ao cerne do seu valor cultural e econômico, indo muito além dos materiais (tela, tintas, pincéis etc.) utilizados para sua produção.

O mesmo ocorre com um *designer* gráfico cujo valor do resultado do seu trabalho é constituído essencialmente do valor simbólico gerado a partir do seu processo de criação associado à sua habilidade técnica.

Apesar da importância dos instrumentos e *softwares* hoje disponíveis para que os criativos desenvolvam o seu trabalho, a essência e o valor do bem criativo se encontra na capacidade humana de **inventar**, de **imaginar**, de **criar**, seja de forma **individual** ou **coletiva**.

Partindo-se então desse conceito (ver Figura 1.2), chega-se a conclusão de que os setores criativos vão bem além dos setores denominados como tipicamente culturais, ligados à produção artístico-cultural (música, dança, teatro, ópera, circo, pintura, fotografia, cinema, TV etc.), compreendendo outras expressões ou atividades relacionadas às novas mídias, à indústria de conteúdos, ao *design*, à arquitetura, aos aplicativos para os telefones celulares etc.

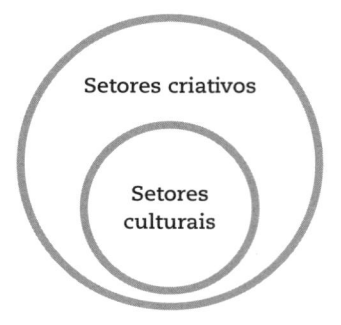

Figura 1.2 - Os setores criativos como uma ampliação dos setores culturais.

Dessa maneira a EC é, portanto, a economia do intangível, do simbólico (ver Figura 1.3).

Figura 1.3 - A economia criativa (EC) e a dinâmica de funcionamento de um setor criativo.

1.2.1 – Interação entre os produtos criativos

É praticamente impossível se pensar em produtos criativos que se restrinjam uma única área ou segmento criativo.

Por exemplo, um desfile de moda é realizado tendo ao fundo uma música ou se vale às vezes de uma dança, junto com apresentação audiovisual.

Hoje, a editoração de livros é feita por meio da indústria de conteúdos de novas mídias, e assim é possível agregar a eles vídeos explicativos e depoimentos na voz do próprio autor.

A mescla de várias linguagens e áreas tornou-se uma prática comum na EC, tudo isso estimulado pelas facilidades disponibilizadas pelas novas tecnologias, bem como pela capacidade criativa de se construir e se interagir de modo multidisciplinar.

Afinal, falar de EC é salientar a transversalidade, a intersetorialidade, a complexidade, ou seja, do que é **"tecido conjuntamente"**.

Apesar da interconexão dos conhecimentos e das práticas transversais da EC, a categorização e a identificação dos setores criativos tornaram-se fundamentais para o poder público, em vista da necessidade de se qualificar e quantificar os atores, as atividades, os impactos e o desenvolvimento da EC.

Implementar as políticas públicas adequadas à realidade exige um mínimo de conhecimento dos setores criativos com a finalidade de se poder identificar corretamente potenciais vocações locais e regionais, para poder desenvolvê-las.

Desta maneira, a realização de estudos e pesquisas só se torna viável a partir de uma definição mínima de categorias e indicadores que permitam a mensuração da situação real e dos resultados gerados a partir da implementação de políticas públicas.

Existe ainda uma significativa divergência de categorias e parâmetros utilizados quando se analisam as metodologias usadas por diferentes países, o que realmente prejudica a consolidação de dados globais da EC no mundo.

Um esforço de compilação muito significativo foi feito pela UNCTAD e pela UNESCO nos anos de 2008, 2010 e 2013 ao produzir sucessivamente três *Creative Economy Report* (*Relatório de Economia Criativa*).

"A edição especial sobre a EC."

Preocupada também com essa problemática, a UNESCO, a partir de 1986, foi uma das primeiras organizações que definiu um escopo de categorias culturais, com uma lista de setores e atividades para a realização de pesquisas e análises estatísticas – *The Framework for Cultural Statistics*.

Claro que nesses 30 anos, essas categorias e seus respectivos setores foram sendo ampliados, para corresponderem à evolução dos debates sobre a cultura e criatividade no progresso dos países.

Na Tabela 1.1 está a estrutura proposta pela UNESCO, organizada a partir de duas macrocategorias: **a dos setores criativos nucleares** e a dos **setores criativos relacionados**, isto é, aqueles que não são essencialmente criativos, mas que se relacionam e são impactados diretamente por estes, por meio de serviços **turísticos**, **esportivos**, de **lazer** e de **entretenimento**.

Em seguida, ainda na Tabela 1.1, nota-se a existência dos setores, denominados pela UNESCO como **transversais** aos anteriores: o setor do **patrimônio imaterial**, considerado **tradicional**, por ser transmitido por gerações, e **vivo**, por ser transformado, recriado e ampliado pelas comunidades e sociedades em suas interações e práticas sociais, culturais, com o

"A música, como a oferecida pela Orquestra Sinfônica do Estado de São Paulo, (Osesp) atrai muita gente para essa carreira."

meio ambiente com a sua própria história; além dos setores da educação e capacitação; registro, memória e preservação; e, por último, o de equipamentos e materiais de apoio aos setores criativos nucleares e relacionados.

Tabela 1.1 - Escopo dos setores criativos (UNESCO – 2009).

Setores criativos nucleares					
A	B	C	D	E	F
Patrimônio natural e cultural.	Espetáculos e celebrações.	Artes visuais e artesanato.	Livros e periódicos.	Audiovisual e mídias interativas.	*Design* e serviços criativos.
Setores criativos relacionados					
G				H	
Turismo	→ Roteiros de viagens e serviços turísticos. → Serviços de hospitalidade.		Esportes e lazer.	→ Esportes. → Preparação física e bem-estar. → Parques temáticos e de diversão.	
Patrimônio imaterial (Expressões e tradições orais, rituais, línguas e práticas sociais)					
1) Educação e capacitação.					
2) Registro, memória e preservação.					
3) Equipamentos e materiais de apoio.					

"A preparação física é um setor criativo segundo a UNESCO".

Na Tabela 1.2 está uma descrição mais detalhada das atividades que compõem as macrocategorias dos **setores criativos nucleares**.

Tabela 1.2 - Atividades associadas aos setores criativos nucleares. (UNESCO – 2009)

Setores criativos nucleares (as macrocategorias)	Locais ou atividades associados
A) Patrimônio natural e cultural.	• Museus. • Sítios históricos e arqueológicos. • Patrimônio cultural.
B) Espetáculos e celebrações.	• Artes de espetáculo. • Festas e festivais. • Feiras.
C) Artes visuais e artesanato.	• Pintura. • Escultura. • Fotografia. • Artesanato.
D) Livros e periódicos.	• Livros. • Jornais e revistas. • Outros materiais impressos. • Bibliotecas (incluindo as virtuais). • Feiras de livro.
E) Audiovisual e mídias interativas.	• Cinema e vídeo. • TV e rádio (incluindo Internet). • Internet *podcasting* (forma de transmissão de arquivos sonoros) e *streaming* (difusão em tempo real de áudio/vídeo). • *Videogames* (incluindo os *on-line*).
F) *Design* e serviços criativos.	• *Design* de moda. • *Design* gráfico. • *Design* de interiores. • *Design* paisagístico. • *Design* de produto. • Serviços de arquitetura. • Serviços de publicidade e propaganda.

A ideia principal da construção da Tabela 1.2 foi a de criar e disponibilizar para os diversos países uma ferramenta que possibilitasse a organização e a comparabilidade de estatísticas nacionais e internacionais no âmbito das expressões culturais, contemplando aspectos relacionados aos modos de produção sociais e econômicos.

O próprio Ministério da Cultura ampliou o seu escopo, e agora como se mostra na Tabela 1.3, está contemplando também setores da base cultural, com um viés de aplicabilidade funcional (moda, *design*, arquitetura, artesanato).

Tabela 1.3 - Escopo dos setores criativos na classificação do Ministério da Cultura (2011).

No campo do patrimônio.	• Patrimônio material. • Patrimônio imaterial. • Arquivos. • Museus.
No campo das expressões culturais.	• Artesanato. • Culturas populares. • Culturas indígenas. • Culturas afro-brasileiras. • Artes visuais.
No campo das artes de espetáculo.	• Dança. • Música. • Circo. • Teatro.
No campo do audiovisual e do livro, da literatura e da leitura.	• Cinema e vídeo. • Publicações e mídias impressas.
No campo das criações funcionais.	• Moda. • *Design*. • Arquitetura. • Arte digital.

Inclusão social – No Brasil, onde a desigualdade de oportunidades educacionais e de trabalho ainda é evidente; o analfabetismo funcional atinge um percentual considerável da população; a violência é uma realidade cotidiana; e o acesso à cultura ainda é bastante precário, não se pode deixar de assumir a inclusão social como um princípio fundamental para o desenvolvimento de políticas públicas culturais na área de EC.

Uma população que não tem acesso ao consumo e fruição cultural é amputada na sua dimensão simbólica.

Nesse sentido, inclusão social significa, preponderantemente direito de escolha e direito de acesso aos bens e serviços criativos brasileiros.

1.3 – A ECONOMIA LARANJA (EL)

Inicialmente deve-se reforçar que a **cultura** é um importante **motor** e **facilitador** do desenvolvimento econômico, social e ambiental.

Já se destacou que a EC é um segmento da economia mundial que mais cresce e tem uma grande capacidade transformadora em termos de geração de receitas, criação de empregos e benefícios para exportação.

Claro que para desenvolver-se na EC é preciso ter uma sólida e sistemática base de informações confiáveis, ou seja, ter boas respostas para questões como:

- Quais são nossos recursos culturais?
- Quais são as nossas capacidades para apoiar as artes e a cultura na sua contribuição para o desenvolvimento sustentável?
- Temos ativos culturais, tais como patrimônios históricos, que nos tragam uma marca ou identidade cultural única?
- Como pode a cultura ser convertida em uma estratégia de coexistência, ou seja, em uma ferramenta para se lutar contra a enorme insegurança e as desigualdades que existem em uma cidade (país)?

Não se pode esquecer que um belo parque numa cidade é o lugar de encontro para todos, da mesma forma que uma biblioteca pública é um local em que todos podem aumentar seus conhecimentos e sua cultura, para ter um futuro melhor.

A existência de galerias de arte, escolas de música, teatros, auditórios para se ouvir palestras sobre literatura, salas para poder navegar no ciberespaço etc. são elementos que possibilitam uma pessoa tornar-se mais culta.

Todos têm o direito a admirar a **beleza** e a **estética**, como ocorreu recentemente nos vários "parques bibliotecas" construídos em uma "terra de conflitos" (favelas) em Medellín, na Colômbia.

Ser capaz de gerar o acesso aos benefícios econômicos e não especificamente os monetários da EC, deve se considerar como uma das liberdades plenas do desenvolvimento centrado nas pessoas. Elas devem ter o direito a uma boa educação e conviver com a cultura.

A famosa arquiteta Zaha Mohammad Hadid (1950-2016) destacou: "A arquitetura e as artes constituem ingredientes essenciais de qualquer cultura e são rituais indispensáveis como o são a ciência, a economia, a indústria e a política. Todos devem ter conhecimentos mínimos sobre elas."

"Uma obra da arquiteta anglo-iraquiana Zaha Hadid, mais precisamente o Heydar Aliyev Center, em Baku, no Azerbaijão."

De forma similar Restropo e Márquez estabeleceram os seus **7Is**, ou seja, os elementos ou fatores essenciais para o desenvolvimento da EL num país pelos empreendedores criativos.

1º) **Informação** – **É a falta de boa informação** que leva ao fracasso muitas *start-ups* (empresas iniciantes) em diversos setores criativos.

2º) **Instituição** – É fundamental que existam diversos mecanismos de cooperação e coordenação desenvolvidos por entidades governamentais para que ocorra o progresso da EL.

3º) **Indústria** – Muita gente dentro do setor da cultura e da criatividade deve abandonar a mentalidade de que pode fazer tudo sozinho.

Na EL deve-se valer muito da colaboração e cooperação de diversos profissionais talentosos, pois é isso que torna os diversos tipos de negócios viáveis nessa indústria.

4º) **Infraestrutura** – Na EL, ter acesso é um elemento fundamental (quer seja virtual ou físico), da mesma forma que o contato entre as audiências, os conteúdos, os artistas, os empreendedores, os indivíduos criativos e as tecnologias.

5º) **Integração** – É essencial que exista um **mercado internacional de conteúdos originais** que facilite a existência de sete tipos de cooperações, a saber: **conutrir, cocriar, coproduzir, codistribuir, coconsumir, coproteger** e **coinvestir**.

É bem difícil se chegar a essa integração pelas barreiras de proteção que os países já estabeleceram em diversos setores criativos e também pela não contida pirataria, com o roubo de marcas e conteúdos.

6º) **Inclusão** – As atividades da EL têm uma capacidade comprovada para regenerar o tecido social, oferecendo ocupação remunerada para os mais variados níveis ou camadas sociais.

7º) **Inspiração** – Para poder se inspirar, uma pessoa necessita ter a oportunidade de conhecer o trabalho de outras pessoas criativas, precisa ter a possibilidade de **examinar o passado, interpretar o presente** e **sonhar com o futuro.**

Há quem estabeleça a seguinte fórmula para alguém ter inspiração:

$$\text{Inspiração} = \text{Inovação} + \text{Imaginação} + \text{Instrução} + \text{Incentivos} + \text{Indivíduo dedicado}$$

Vale a pena lembrar a **regra das 10 mil horas** foi descrita por Malcolm Gladwell no seu livro *Fora de Série – Outliers*, no qual ele salientou que não basta só ter talento, mas é necessário ter a sorte de poder acessar ou chegar a uma instrução adequada, além de ter o apoio para com uma disciplina férrea acumular 10.000 h de prática e estudo para converter-se em um grande artista, atleta, músico, *designer* etc.

Conclusões que podem impulsionar a EL

1ª) Fale, adote ou adapte os conceitos da EL para poder melhor aproveitar o talento de milhões de jovens brasileiros.

2ª) Deixe que as cifras da EL, que já superam a própria economia da Alemanha, a 4ª potência econômica mundial, cujo PIB (Produto Interno Bruto) em 2014 foi de **US$ 3,621 trilhões**.

3ª) Valorize e valide o trabalho dos artistas e das pessoas criativas em geral.

Comemore a sua *expertise* em produzir, distribuir e comercializar conteúdos artísticos e criativos, pois esse é um trabalho legítimo, um trabalho real, que cria empregos, riqueza e sobretudo oportunidade para todos.

4ª) Reconheça os direitos de propriedade de milhões de pessoas que hoje já trabalham com a EL.

Não esqueça nunca que a cultura não pode ser **simplesmente grátis**!

5ª) Aproveite as oportunidades da EL para o seu trabalho.

Não se trata apenas de elaborar mais políticas públicas para o seu desenvolvimento ou então fazer mais negócios e sim de introduzir a EL nas políticas públicas e nos negócios!!!

6ª) Não titubeie em adaptar ou até apropriar-se dos bens e serviços criativos não só de todos os países da América Latina, mas do mundo todo!!!

7ª) Participe ativamente de debates sobre o futuro cada vez mais promissor da EL.

A EL não se pode resumir em saber apenas o que se falou numa conferência, seminário ou em um livro, mas sim tornar-se uma conversação cotidiana, uma verdadeira religião para ser seguida pelo resto da sua vida...

Observação importante 1 - Bem, agora vamos esquecer a representação EL, que usamos em homenagem ao excelente livro de F. B. Restrepo e I.D. Márquez e voltemos ao convencional, ou seja, EC!!!

Os prefeitos de modo geral deveriam ler os livros de Peter Hall e Barbara Freitag, pois entenderiam rapidamente as verdadeiras razões que fazem de uma cidade um **lugar especial**.

No linguajar dos especialistas da indústria turística, as **cidades inesquecíveis** são aquelas que as pessoas chamam de grandes destinos turísticos.

E aí vale a pena discutir o significado do que é ser um "**destino**"!!!

Caso uma cidade se torne um destino, é porque a pessoa encontra nela algo que lhe provoca significados importantes para a sua própria existência.

Dessa maneira, pode-se dizer que "**destino de uma cidade**" é bem maior e mais amplo que a "**cidade ser um destino**" e, por isso, as cidades deveriam ser entendidas menos como mercadorias para serem consumidas por turistas vorazes, mas sim como experiências **existenciais memoráveis**.

Quem explicou bem o que é uma experiência memorável foi a ex-secretária do Ministério da Cultura Claudia Leitão ao afirmar: "Uma cidade que suscitou em mim grande estímulo para a minha imaginação e criatividade foi Dublin, na Irlanda.

Senti esse impacto ao chegar a Dublin e mergulhar em sua ambiência festiva e sofisticada.

É uma cidade que carrega a síntese exata entre a alegria nos seus *pubs* enfumaçados (onde livros nas estantes e confortáveis poltronas nos convidam a ler e a ouvir música irlandesa, evidentemente...) e a circunspeção de suas universidades, onde passaram grandes pensadores.

Afinal, para quem não sabe, Samuel Beckett, James Joyce e Bernard Shaw eram irlandeses!!!

Lembro que atravessei a região de Conemara por uma estrada de asfalto que margeava a ilha.

Seria uma estrada qualquer se não se chamasse James Joyce Route!

Por ela cheguei até a casa do autor de *Ulysses* e fiquei imaginando, se no Brasil construíssemos, seguindo o exemplo dos irlandeses, as nossas rotas Guimarães Rosa, Machado de Assis, Jorge Amado ou José de Alencar...

Isso não seria uma contribuição das políticas públicas culturais para a consolidação de cidades criativas no Brasil?"

Tudo indica que a **criatividade** e a **inovação**, características das **"cidades eternas"**, se tornarão os elementos mais importantes nas cidades no século XXI.

Historicamente, a criatividade como **política pública** somente se materializou a primeira vez na Austrália, nos anos 1990.

Foi nesse país que o seu primeiro-ministro Paul Keating, em 1994 formatou a expressão *creative nation* (nação criativa), tratando a cultura e a criatividade como estratégias de desenvolvimento, enfim, como uma política de Estado.

Aliás, antes da sua eleição, Paul Keating já tinha evidenciado o seu desejo de apoiar a criatividade e a cultura nacional como forma de combater os problemas relativos à **indústria da cultura australiana** no início dos anos 1990.

Ele notou que já havia um bom tempo que a Austrália vinha perdendo cineastas, músicos, artistas, atores, *designers*, chefes de cozinha, entre outros profissionais criativos, para ambientes mais receptivos ao desenvolvimento cultural, como é o caso de cidades como Nova York, Los Angeles, Roma, Londres, Paris etc.

De repente, os australianos foram perdendo o interesse em serem "australianos", sucumbindo **aos apelos de um mundo global**.

Paul Keating acreditava que essa mudança de atitude levaria um tempo não muito longo à destruição da identidade australiana, e com isso iria afetar a sua ação política e econômica, além do seu desenvolvimento e crescimento.

Durante o seu governo, Keating apostou decididamente em preservar e afirmar cada vez mais identidade cultural e artística dos australianos, pois acreditava que isso abriria muito espaço para novos empreendimentos e oportunidades, empregos e profissões.

Além disso, isso incentivaria a maior parte das suas mentes talentosas e criadoras a permanecer e trabalhar no seu próprio país, em prol do desenvolvimento cultural.

Por sua vez, o estabelecimento de uma forte economia cultural e identidade artística no âmbito internacional também incrementaria a ida de turistas para a Austrália, bem como ampliaria as vendas internacionais elaboradas por artistas e os criativos australianos.

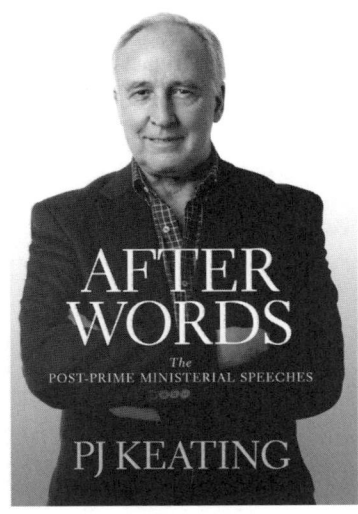

"Paul J. Keating publicou o livro *After Words*, no qual estão seus discursos enfatizando a importância da EC."

Pois é, muita coisa mudou, e em 2015 essa afirmação de Tony Blair passou a ser no mínimo inapropriada, basta ver o sucesso que produtos da Apple, Samsung etc., obtiveram graças principalmente ao seu *design*!!!

A EC vem crescendo no Brasil apesar da ausência de políticas públicas para os setores culturais e criativos.

O **turismo** é considerado pela UNESCO um setor relacionado à EC, bem como são os **esportes** e o **entretenimento**.

Mas são os outros setores (*design*, moda, música, publicidade e propaganda etc.) que podem também tornar-se os novos motores de que o Brasil precisa para fazer a sua economia crescer de forma sustentável.

Deve-se observar que para cada emprego gerado no núcleo dos setores criativos, há um efeito multiplicador para outros segmentos econômicos da cadeia produtiva.

Para **cada emprego** gerado no núcleo, surgem outros **quatro empregos** em atividades relacionadas ao setor.

Entretanto, este efeito pode ser ainda maior caso se considerar o setor informal que não entra no cômputo destas estatísticas.

A EC é uma economia pós-industrial e pós-infraestrutural e, por isso, é uma economia muito mais voltada à produção de *softwares* do que de *hardwares*.

No entanto, as políticas urbanas estão na maior parte das vezes privilegiando programas voltados ao *hardware* nas cidades: construção de pontes, avenidas, rotatórias, viadutos, casas etc.

A diretora geral da UNESCO, Irina Bokova, por ocasião do Terceiro Fórum Mundial da UNESCO sobre Cultura e Indústrias Culturais, que ocorreu em Florença (Itália) entre os dias 2 a 4 de outubro de 2014 disse: "**Vitalidade cultural** é sinônimo de inovação e diversidade.

Cultura cria emprego, gera renda e estimula a criatividade.

É um vetor multifacetado de valores e identidade.

Mais do que isso, a **cultura** é uma **alavanca** que promove a **inclusão social** e o **diálogo**."

Por isso a Declaração de Florença (UNESCO, 2014) exortou especialmente aos governos, à sociedade civil e ao setor privado para **melhorar**: "As capacidades humanas e institucionais; os ambientes legais e políticos; os novos modelos de parceria e as estratégias de investimentos inovadores; os pontos de referência e de indicadores de impacto para monitorar e avaliar a contribuição da cultura para o desenvolvimento sustentável."

Essa declaração indica que a compreensão dos significados da cultura é cada vez mais **essencial** para as **cidades**, assim como para todos aqueles que trabalham no campo turístico.

Entretanto, o domínio técnico é condição necessária, porém não suficiente para os desafios da era do conhecimento.

Ao falarmos de **"cidades criativas"** necessitamos, enfim, voltar à afirmação de Irina Bokova: **"Não há inovação sem diversidade cultural."**

Agora, em 2016, a Austrália tem novamente um primeiro-ministro, Malcolm Turnbull, com espírito empreendedor com foco no fomento da cultura de inovação.

Ele disse: "Quando chamo a Austrália de *'the lucky country'* (*'o país de sorte'*), as pessoas raramente se dão conta de que Donald Horne, o escritor que cunhou a expressão em livro homônimo, publicado em 1964, estava fazendo uma crítica, pois ele escreveu: 'A Austrália é um país de sorte, governado por indivíduos medíocres e igualmente sortudos. É um país que vive às custas das ideias alheias.'

O Donald Horne pretendeu que essa expressão funcionasse como uma advertência aos australianos e levasse seus líderes a ter um pouco mais de **curiosidade**.

A sorte da Austrália tem se apoiado há muito tempo nas suas riquezas minerais e terras aráveis, mas agora, com os preços das *commodities* que o país exporta no fundo do poço, os australianos precisam se dar conta de que precisam **parar** de viver às custas das ideias alheias.

É hora de investir na criação de empreendimentos inovadores, baseados em ideias próprias. Necessitamos de um *boom* de ideias capaz de substituir o nosso *boom* de mineração como fonte de crescimento.

Aí está o motivo porque nesse governo vamos investir o mais que se possa – pelo menos US$ 1 bilhão – em estímulos, incluindo incentivos fiscais para investimentos em *start-ups*, especialmente ligadas a setores da EC".

Que bom seria se os governantes brasileiros, nos diversos níveis, seguissem o exemplo da Austrália, não é?

vários projetos, nas vertentes mais distintas.

A 'nossa' música tem um enorme potencial para promover intercambio e cooperação."

De fato, a música está no DNA de Idanha.

Os projetos musicais encontraram aí um palco adequado tanto para o barroco como para o *beatbox* (percussão vocal do *hip-hop*), do erudito à música do mundo, da música clássica à vanguardista, da filarmônica ao *trance* psicodélico há também o *heavy metal*.

"Glasgow, na Escócia, faz parte da RCC na área temática da música, mas ela tem muitas outras atrações que estimulam a sua visitabilidade."

A música criou nessa terra um ecossistema criativo e é por isso que Idanha-a-Nova, que nem sequer é uma grande cidade, quer ser a **cidade da música!!!**"

1.7 – CIDADES ONDE SE PODE COMER BEM

Na rede de cidades criativas da UNESCO, estão incluídas algumas que se destacam pela sua notável gastronomia.

São, sem dúvida, cidades que ganharam fama por terem encantado os turistas por suas características de gastronomia.

Muitas são as cidades do mundo que se tornaram destinos, porque nelas se pode comer de uma maneira inesquecível...

Durante muito tempo poucas as cidades ou países tinham fama de alimentar bem seus visitantes a **qualquer hora** ou em **muitos lugares**.

Acreditou-se durante bastante tempo que na França e na Itália o turista não se decepcionaria em muitos dos seus restaurantes, inclusive das pequenas cidades.

Mas em metrópoles como Londres e Nova York, os visitantes podiam sempre cair numa armadilha e se lamentarem muito com o que comeram...

Restava assim para as outras cidades de muitos países a condição de atrair turistas pelas suas praias, seus cassinos, suas igrejas, templos e pirâmides, seus museus, sendo a comida apenas um acessório.

Hoje em dia muitas coisas mudaram. De um lado, surgiram novas mecas da gastronomia, ou seja, locais que, mesmo sem a tradição arraigada como aquela estabelecida na França são atualmente reconhecidos por terem fantásticos atrativos para o paladar dos visitantes e dos seus moradores.

Provavelmente, a lista dos 50 melhores restaurantes do mundo, lançada há 12 anos em Londres, auxiliou muito a destacar que países como Dinamarca, Peru, Espanha, Brasil, África do Sul, Cingapura, Japão etc., **tinham atrações no ramo da gastronomia.**

Lamentavelmente, o fato de que numa certa cidade existem excelentes restaurantes, **não significa** que aí também melhor se come no cotidiano do turista.

Um exemplo típico e dramático é Paris, sede de restaurantes (onde existem produtos e profissionais excepcionais) de uma excelência gritante, e também uma cidade na qual um turista desavisado pode comer **muito mal**, pagando caro por essa refeição.

A romântica ideia de que, ao se estar em Paris passeando, ao sentir fome basta entrar no primeiro café ou bistrô para aplacá-la regiamente, está muito longe de corresponder à realidade.

O afluxo do turismo é tamanho, e a imagem de boa cozinha ficou tão consagrada, que não faltam armadilhas montadas a cada esquina, nas quais acontece o seguinte: **gasta-se muito com o que não é nem gostoso nem nutritivo.**

A fórmula de salvação é relativamente simples.

Todo aquele que for a Paris deve levar um lista de bons restaurantes (pode ser o guia de sua preferência ou inclusive uma relação dada por seus amigos).

Não entre a esmo na primeira porta que parecer charmosa, mesmo estando em Paris...

E essa preocupação não é tão imperativa em alguns locais mais simples onde se come bem, como é o caso de Lisboa.

Embora na capital portuguesa não exista nenhum restaurante do nível de qualidade dos melhores de Paris, mas em compensação, é muito grande a possibilidade de se comer bem (e barato) em lugares simples, nos quais se entre totalmente ao acaso.

Provavelmente, o melhor lugar do mundo para se comer, contabilizando os dois fatores, é Tóquio – onde se pode encontrar excelência totalmente ao acaso no pequeno restaurante familiar e barato do quarteirão, assim como é possível ir a restaurantes que estão entre os melhores do mundo.

1.9 – JOINVILLE, A CIDADE CRIATIVA VOLTADA PARA A MÚSICA

Conhecida como a **cidade da dança,** Joinville tem sua apoteose com o festival que acontece todos os anos e recebe um público de mais de 200 mil pessoas e grupos brasileiros e internacionais.

As apresentações do Festival de Dança vão de balé a dança contemporânea e ocorreram em 2015, entre 22 de julho e 1º de agosto.

Claro que não é só por causa desse festival que essa cidade catarinense ganhou o seu apelido.

A cidade de fato respira dança.

Nos parques e canteiros do município, estátuas com a silhueta de bailarinos tornaram-se cartões-postais para *selfies* dos turistas.

Existe inclusive uma "árvore" de 4 m criada pelo artista plástico Osnaldo Oliveira homenageando os dançarinos.

Joinville abriga ainda uma escola do Bolshoi, que é a única fora da Rússia, sendo o braço brasileiro da famosa companhia de balé, a qual apresentou na abertura do Festival de Dança o balé *O Quebra Nozes* com 80 bailarinos.

"Joinville, com o seu Festival de Dança, deve servir de inspiração para outras cidades brasileiras que queiram atrair mais turistas para visitá-las durante eventos musicais."

A companhia italiana Evolution Dance Theater por sua vez apresentou o espetáculo *Firefly*, no qual se viu uma certa união entre o balé contemporâneo a técnicas de teatro, atletismo e ilusionismo.

Foi possível ver também as exibições da paulista Bianca Teixeira, que foi campeã do Festival de Dança por três vezes e que atualmente dança regularmente em Munique (Alemanha), e de Ivan Duarte, que foi eleito o melhor bailarino brasileiro em 2014 e agora trabalha nos EUA.

Para quem não é um grande fã de dança, Joinville, que teve forte colonização alemã, tem muitas outras atrações, como museus e sua catedral, feita com vitrais coloridos na parede do altar.

A cidade também granjeou fama pela produção de cervejas. É possível agendar uma visita à fábrica da Opa Bier, por exemplo, e acompanhar de perto como se produz a bebida.

Já para quem prefere degustar a bebida em vez de ver como ela é feita, é só procurar um dos bares que vendem cervejas artesanais, como o Zuffa, que chega a ter 500 rótulos entre produtos importados e nacionais.

Cabe complementar que em 2015 o Festival de Dança de Joinville chegou a sua 33ª edição e desde 2005 o evento consta no *Guinness Book*, o livro de recordes mundiais como o **maior festival de dança do planeta em número de participantes e diversidade de estilos.**

No decorrer do evento aconteceu a Feira da Sapatilha, considerada a principal no País no setor de vestuário, calçados e acessórios para dança.

Realmente, de 22 de julho a 1º de agosto de 2015 foram 11 dias em que o perfil industrial do maior polo econômico do Estado de Santa Catarina se transformou em um frenesi multicolorido pelos palcos em Joinville e em quatro cidades da região: Blumenau, Jaraguá do Sul, Pomerode e São Francisco do Sul, que tiveram apresentações de sete estilos de dança:

- **Neoclássico** – É a forma de dança do século XX inspirada pelos movimentos e a estética do balé clássico.
- **Clássico de repertório** – Em francês se chama de *ballet d'action*, sendo o tipo de balé que contém uma história dentro dele, a qual é representada por meio de danças.
- **Contemporânea** – Este é o nome dado para uma determinada forma de dança de concerto do século XX.

  Ela surgiu na década de 1960 como uma forma de protesto ou rompimento com a cultura clássica.

Todos esses professores já estiveram em outras edições do festival.

Mas como o Festival de Dança de Joinville está sempre crescendo, em 2015 foram oferecidos cursos novos que contaram com alguns profissionais que vieram ao evento pela primeira vez ministrar aulas, como foi o caso de Adriana Salomão (sapateado), Andrea Sposito (*jazz*), Hugo Alexandre (danças urbanas)."

Com cerca de 550 mil habitantes, Joinville reúne diversos atrativos e encantos, mas sem dúvida o período mais cativante para alguém passar duas semanas inesquecíveis num dos seus 70 hotéis é durante o período do Festival de Dança, que outras cidades também deveriam tentar implementar na sua programação cultural obviamente introduzindo "novidades" para que houvesse mais opções para aqueles que gostam de dançar e ficam entusiasmados quando os outros estão dançando!!!

Nem é preciso destacar o quanto os bares, restaurantes, boates, *shoppings centers* ficam repletos, com as pessoas consumindo e se divertindo no ritmo alegre do Festival de Dança de Joinville.

1.10 – AUSTIN ESTIMULA VÁRIOS SETORES DA EC

Até duas décadas atrás, Austin era apenas a capital política do Estado do Texas, nos EUA, cujas associações mais óbvias — e até pertinentes — eram com o petróleo, a música *country*, os caubóis e, é claro, o **conservadorismo.**

Austin, entretanto, atualmente, com seus quase 850 mil habitantes, foge a todos esses estereótipos e a economia local comprova isso.

Enquanto Houston e Dallas, as duas maiores cidades do Estado, sempre prosperaram com o dinheiro do petróleo, Austin se desenvolveu a **passos lentos** com uma economia baseada no funcionalismo público e nas atividades da Universidade do Texas, que tem lá seu principal *campus*.

Mas, desde a década de 1990, ela se transformou, entre outras coisas, na **cidade mais tecnológica do mundo**, de acordo com um *ranking* da consultoria inglesa Savills.

Não por acaso, Austin vem sendo chamada de Sillicon Hill's, ou seja, Colina de Silício, numa alusão ao Vale do Silício, na Califórnia, região onde nasceram gigantes de tecnologia, como Apple e Google.

"Austin recebe uma multidão de turistas ao longo do ano, especialmente quando ocorre o SXSW."

Segundo o departamento de Comércio dos EUA, de 2004 a 2014, o número de postos de trabalho relacionados à tecnologia cresceu **74%** em Austin, ante **31%** no resto do país.

A cidade foi também a campeã nacional em geração de empregos em 2014.

→ **Mas o que de fato está por trás dessa mudança no perfil de Austin?**

Diferentemente, por exemplo, de lugares como Barcelona, na Espanha, que se reinventou na década de 1990 com uma ação estruturada do governo, os passos que mudaram a trajetória de Austin **não foram orquestrados**.

Ou seja, não houve uma campanha publicitária para promover a **cidade.**

É verdade, porém, que os eventos que começaram a ser realizados na capital texana foram os grandes responsáveis pela sua transformação.

José Torres, presidente da espanhola Bloom Consulting, uma importante consultoria de *marketing* de cidades no mundo explicou: "Quando bem-sucedidos, eventos são uma das melhores vitrines para uma cidade, e Austin comprovou isso.

A cidade tem recebido 19 milhões de turistas por ano, um terço do que recebe a cidade de Nova York, se bem que ela é muito menor...

Somos a democracia mais velha do mundo, mas hoje é mais fácil pedir uma *pizza* que votar. As tecnologias que existem hoje para comprar coisas precisam ser usadas para votarmos de forma mais rápida e confiável."

A primeira-dama Michelle Obama também esteve no SXSW quando falou sobre um programa para estimular um aprendizado mais eficaz de crianças.

Com o apoio da Apex e da Associação de Desenvolvedores de Jogos Digitais (Abragames), o Brasil também se fez presente na Game Developers Conference (GDC) que foi de 13 a 17 de março de 2016 e ocorreu em São Francisco (EUA), sendo que a delegação brasileira foi constituída por 26 empresas e mais de 80 empresários e desenvolvedores.

GDC é um dos principais eventos no mundo sobre *games* e o **principal** para quem produz jogos, sendo aí que se percebe como serão as tendências para os *games* do futuro.

Nesse evento as empresas brasileiras tinham um estande para mostrar seus produtos e serviços para qualquer um dos cerca de 27 mil presentes ao evento!?!?

Como parte da agenda paralela, os representantes das empresas brasileiras visitaram também aceleradoras de *start-ups* na região de São Francisco.

Pela primeira vez, o Brasil teve um jogo indicado na premiação da feira – o *game Alkimya*, da produtora brasiliense Bad Minions – que será lançado em 2017 para o *PlayStation 4*, *Xbox One* e PCs, o que como bônus, isentou a empresa de pagar a inscrição no evento que custava US$ 1.500.

São muito boas essas ações, pois é dessa maneira que acabará se conseguindo que *games* desenvolvidos no Brasil tenham aceitação no mercado mundial. Mas deve-se aumentar a intensidade delas e da produção de bons jogos!!!

1.11 – OPÇÕES PARA ABRIR UM NEGÓCIO VINCULADO A EC!

Seu trabalho era bem chato e você foi dispensado do seu emprego.

A sua área profissional está numa competição terrível, ou seja, tem gente sobrando com competências semelhantes às suas.

↛ E agora, o que fazer?

É hora de você dar uma guinada radical e entrar em algum dos muitos setores da EC!!!

Naturalmente, fique atento para não criar para si um plano Z, ou seja, um **bem zureta**, com o qual pareça para os outros que ficou maluco, atordoado ou totalmente transtornado com a sua vida anterior.

Eis aí seis sugestões de novas atividades, cabendo a você decidir de qual gosta mais:

1ª) Monte um *blog* de moda!

É verdade que não se pode esquecer que o mundo *fashion* tem um certo domínio das mulheres, mas você também pode desenvolver seu senso estético para recomendar como os homens devem se vestir bem sem inclusive serem metrossexuais.

Blogs de moda feminina bombam na Internet e rendem um bom dinheiro e outros privilégios para suas autoras.

Por que não virar um *expert* (especialista)?

2ª) Crie um *app* (aplicativo) útil!

Pense em alguma necessidade das pessoas que não é atendida pelos *smartphones*.

Não pense que tudo que podia ser criado já foi criado!

Se fosse assim, o Waze não teria nascido, porque já havia outros mapas...

Não dá para sugerir algum especial!!!

Por que?

Porque se eu soubesse exatamente qual *app* (aplicativo) seria um vencedor, procuraria eu próprio criá-lo.

Parece um tanto quanto egoísta, mas nem tanto, não é?

3ª) Vire um fotógrafo!

Se as curtidas que suas fotos recebem no Instagram ou no Facebook fazem você se sentir um Mario Testino ou um Henri Cartier-Bresson (o "pai" do fotojornalismo) em potencial, invista nisso para se tornar um profissional.

O único problema é que já há um monte de fotógrafos de verdade muito bons.

E também existe uma grande concorrência de talentosos "instagrameiros" que já se acham no nível de um Tripoli, um dos mais respeitados fotógrafos do mundo *fashion* e da publicidade brasileira.

4ª) Crie um livro para colorir!

Pense na grande venda de livros para colorir que aconteceu em 2014 e 2015.

Os autores foram as pessoas que souberam preencher páginas e páginas com desenhos que seriam coloridos a lápis (isso na era da Internet) pelos felizes compradores de seus trabalhos, pois inclusive estavam com saudades das suas aulas de educação artística...

Se você não for bom de traço, pelo menos tenha boas ideias para o tema dos desenhos e arranje (terceirize) alguém para fazer as ilustrações.

Se essa moda – livros para colorir – passar, não abandone a ideia de entrar no setor editorial envolvendo-se com textos sobre criatividade, gamificação, divertimentos com quebra-cabeças etc.

"Eis aí um livro que ajuda a relaxar e aliviar o seu estresse. Lembre-se quando você era criança e mergulhava com tudo nos livros de colorir!?!?"

5ª) Abra uma empresa que organiza passeios com bicicleta.

É cada vez mais intensa a criação de ciclofaixas e ciclovias nas nossas cidades.

Dessa forma, você pode ser um guia de passeios turísticos usando como veículo de locomoção a bicicleta.

Naturalmente, você deverá ter dezenas (ou talvez centenas delas...) assim que o seu negócio for evoluindo.

Cabe-lhe elaborar roteiros interessantes e tornar-se um bom narrador sobre os locais que fizerem parte dos caminhos que serão percorridos pelas magrelas.

Não se esqueça de que um guia envolvente é aquele que sabe valer-se bem das 3Fs, ou seja, de **fatos, ficção** e **fantasia.**

As histórias que ele contar podem ter certo percentual de ficção e fantasia, mas também devem estar alicerçadas em fatos (dados) verídicos.

6ª) Torne-se um *chef*, quem sabe conseguindo até um programa na TV.
Se você não sabe cozinhar, **aprenda**.

O grande passo seguinte é conseguir um programa na TV que está ávida para que os seus expectadores se distraiam aprendendo culinária, isto é, sabendo o que há de melhor na gastronomia.

Isso lhe parece improvável?

Não é bem assim, basta observar a quantidade de pessoas que sabem cozinhar bem e que estão em *shows* de TV, voltados para forno e fogão, em particular nos canais pagos.

Como é, ficou estimulado em ter uma nova vida trabalhando em algo totalmente diferente do que fez antes?

"15 artistas trabalharam 6 meses na réplica em cera do papa Francisco, que está agora no Museu de Cera Grévin. E esse trabalho certamente vai atrair muitos visitantes, pois ficou perfeito."

"Caro(a) leitor(a) ligue-se logo na EC e a sua carreira vai ter um salto incrível."

CAPÍTULO 2

Conceitos fundamentais sobre os quais está alicerçada a economia criativa (EC)

2.1 – NOÇÕES FUNDAMENTAIS

John Howkins é considerado um dos mais importantes gurus da EC, além de ser autor de diversos livros, mas pode-se dizer que o seu *Economia Criativa – Como Ganhar Dinheiro com Ideias Criativas* tornou-se uma referência para todos aqueles que desejam aproveitar o seu talento individual e fazer com que a sua criatividade lhes proporcione lucros significativos.

"O guru da EC, John Hawkins."

Enfatizou John Howkins: "**Economia** é comumente definida como um sistema para a produção, troca e consumo de bens e serviços.

As ciências econômicas geralmente lidam com o problema de como os indivíduos e as sociedades satisfazem suas necessidades (que são muitas) com os recursos (que são finitos).

Trata-se, portanto, basicamente de alocação de **recursos escassos**.

A **criatividade** não é necessariamente uma atividade econômica, mas poderia se tornar caso produza uma **ideia** com implicações econômicas ou um produto comerciável.

Essa transição de abstrato para o prático, da ideia para o produto, é difícil de definir.

Não existe nenhuma definição abrangente no momento dessa mudança que preveja todos os casos.

As leis sobre **propriedade intelectual** fornecem um conjunto de critérios, e o **mercado**, outro.

Em geral, a mudança ocorre toda vez que uma ideia é identificada, dominada e tornada exequível, e pode vir, como consequência, a ter sua propriedade intelectual e se efetuar a sua comercialização.

O resultado é um **produto criativo**, ou seja, um bem ou serviço econômico que surge da criatividade e que tem um valor econômico.

As consequências de produtos criativos têm apresentado uma tendência de ocorrer de uma forma mais visível nas **artes**, o que fez com que elas fossem vistas como a atividade principal, a ponto de a criatividade e as artes serem tratadas como sinônimos (ou, pelo menos, **criatividade** e **arte de qualidade**).

Entretanto, os artistas não têm monopólio sobre a criatividade nem são eles os únicos trabalhadores na EC.

A diferença entre a criatividade nas artes e em alguma outra atividade não é que os artistas sejam mais talentosos ou criativos ou ainda que sejam mais bem-sucedidos em termos criativos, mas sim o fato de eles se ocuparem de uma faixa específica de ideias e estética, criarem tipos de trabalhos especiais, bem como trabalharem de acordo com seus próprios padrões de oferta, demanda, valores e fixação de preços.

A criatividade é viável em todas as organizações onde a **novidade** e a **inovação** são possíveis, obviamente florescendo mais quando e onde são **recompensadas**.

Assim, muitos produtos criativos – embora não todos – se qualificam como **propriedade intelectual**.

A propriedade intelectual tem a mesma característica definidora de uma propriedade material: **ela pertence a alguém**.

Porém, diferentemente de uma propriedade material, que podemos ver e tocar, a propriedade intelectual é **intangível**.

Os governos e os tribunais ainda estão lidando para definir de forma indiscutível o que ela é, e estão determinando os **direitos** de um proprietário."

Dessa maneira, propriedade intelectual é exclusivamente o que diz a lei de cada país.

Existem várias formas de propriedade intelectual, das quais as quatro mais comuns são: **direitos autorais, patentes, marcas e desenhos ou processos industriais.**

Alguns sistemas jurídicos também protegem segredos industriais e informações confidenciais; outros, segredos pessoais e privacidade.

2.2 – DIREITOS AUTORAIS

A legislação sobre **direitos autorais** contempla a expressão criativa do indivíduo quando fixada em trabalhos específicos.

Originalmente, ela se limitava a obras literárias, porém foram acrescentadas novas categorias (filmes, vídeos, gravações fonográficas etc.).

Há algumas décadas foi o tempo em que se tinham os discos de vinil (que ainda estão sendo vendidos...) ou então os *long plays* (LPs) e certas pessoas se lembram de que algumas os compartilhavam com parentes ou amigos gravando-os numa fita cassete (apesar da qualidade discutível...).

Essa cópia era um recurso bastante utilizado entre aqueles que não tinham dinheiro para comprar o disco.

Porém isso acontecia numa escala que nem sequer arranhava os lucros da indústria fonográfica.

Essa época da vitrola desapareceu, veio a era da Internet, na qual a **prática da cópia** e do **compartilhamento** não só de músicas, como também de textos, fotos etc., tornou-se **exageradamente assustadora.**

Foi assim que a dificuldade de controlar a difusão do **conteúdo gratuito** na *Web* levou Lawrence Lessig, professor da Universidade Stanford dos EUA a idealizar em 2001 um conceito novo para que os artistas, buscando a fama, pudessem tirar proveito dessa questão.

Assim surgiu o Creative Commons (CC), um conjunto de licenças autorais (*copyrights*) com as quais o criador permite acesso livre à sua obra, e isso oficializava a cópia privada – ou seja, a **pirataria sem fins lucrativos!!!**

Na prática, em vez de ter "todos os direitos reservados", como asseguram as leis de *copyright,* o autor opta por ter "alguns direitos reservados", como a exclusividade do uso comercial, mas permite que a obra seja reproduzida por qualquer pessoa ou até modificada, sem que isso configure crime.

É uma estratégia de negócio, partindo-se do pressuposto de que, quanto mais a obra circular, maior será o **seu valor no mercado**!?!?

O CC foi recebido com desconfiança no princípio, mas em 2004 já tinha 60 milhões de obras licenciadas, em 2006 o número saltou para 140 milhões e em 2015 existem pelo menos 700 milhões.

Há uma opinião formada que no Brasil é muito raro ter um autor, em especial na área acadêmica, que consiga ganhar muito dinheiro com os direitos autorais.

No campo do Direito, por exemplo, os autores de muitos livros acabam ganhando mais dinheiro com os seus trabalhos profissionais graças à fama que granjearam com a publicação dessas obras.

Desde que nenhuma empresa detenha os direitos, qualquer autor pode autorizar o uso gratuito de sua obra.

A vantagem do CC é que expressa esse desejo de uso em larga escala e com a validade jurídica, sem a necessidade de autorização individual, o que facilita a **difusão**.

Além disso, o selo CC se tornou uma grife de respaldo principalmente fora do Brasil, fundamentalmente por existir um "policiamento" maior na Internet, e é crescente agora a busca por conteúdos legais.

Claro que isso no Brasil é ainda muito problemático, onde a arrecadação de direitos autorais é muito capenga...

Alguns artistas brasileiros, cantores em particular, que disponibilizaram todo o conteúdo de algum trabalho seu no CC tiveram como ganho, uma repercussão no planeta todo e assim foram convidados para apresentar *shows* em vários países da Europa, no Japão, nos EUA etc., onde foram muito bem remunerados.

O CC, na realidade, é valido para qualquer tipo de propriedade intelectual, incluindo fotos, projetos industriais ou fórmulas de remédio.

Roberto Corrêa de Mello, presidente da Associação Brasileira de Música e Artes (Abramus) e a advogada Naíma Perrella Milani, escreveram o artigo *A história se repete* (publicado no jornal *Folha de S. Paulo* em 8/1/2014), no qual salientaram: "No Brasil, vive-se numa revolução digital. Houve uma enorme expansão do acesso à Internet.

Com isso, aumentou a fragilidade dos direitos autorais e ocorreu uma volatilidade da remuneração dos autores de obras literárias, artísticas e científicas.

As associações que congregam autores e titulares de direitos conexos gerem de forma coletiva o patrimônio musical do País.

Alega-se que deveriam competir entre si, por quem oferecer a autoria da música mais barato.

O nosso Judiciário ainda não proferiu nenhuma decisão definitiva sobre a questão. Mas o fato é que o Brasil sempre adotou instrumentos jurídicos voltados à defesa dos direitos dos criadores.

Nesta era digital, há uma avalanche de tentativas de provedores de conteúdos de disseminar a ideia de flexibilizações, dirigismos e ingerência nos direitos e garantias individuais consagrados na nossa Constituição.

Estamos agora sendo invadidos por conceitos estranhos ao nosso ordenamento jurídico e às convenções internacionais.

E nada disso está ocorrendo por acaso.

Enquanto o Brasil adotou institutos antropocêntricos para garantir ao criador a gestão de sua obra, outros países, principalmente os anglo-saxões, criaram uma estrutura jurídica, o *copyright* (direito de cópia).

Não ratificaram algumas convenções internacionais e, de forma diversa aos ordenamentos jurídicos de natureza antropocêntrica, criaram instrumentos mais afetos ao objeto da criação (obra).

Em outras palavras: o direito do autor cuida de remunerar os criadores, enquanto o *copyright* trata de remunerar o uso da sua obra.

Agora os idealizadores da política flexibilizatória *(copyleft, creative commons, free digital world* etc.) escolheram o Brasil para afirmar que os direitos dos criadores e demais componentes da cadeia produtiva da cultura estão obstando nosso povo de ter acesso a tais conteúdos culturais.

Semeiam, dessa forma, a rebeldia dos tolos, que se esquecem de que pagam por todos os conteúdos – *links* de acesso, mídia digital, contas telefônicas etc.

"O roubo de segredos, como processos industriais ou mesmo do conhecimento, começa a ser aprendido na escola, quando os estudantes se especializam em 'colar' dos outros nas provas..."

Pagam por absolutamente tudo, sem saber!?!?

O que se pretende, sob a desculpa de permitir acesso à cultura, é criar mecanismos de controle da produção intelectual, despojando os titulares de direitos de sua razão de viver.

Consultas são feitas de maneira dirigida, com a participação inarredável dos defensores da **cultura livre**, alguns imbuídos de má-fé e outros de ingenuidade, que nem sequer percebem que já pagam indiretamente por aquilo que imaginam ser o livre acesso à cultura.

É preciso cuidar da cultura, permitindo que os criadores recebam o justo pelo uso de suas criações, sob pena de criarmos um imobilismo (quando não dirigismo) cultural."

2.2.1 – Pirataria

Os direitos autorais obviamente existem, porém não é isto que assusta a pirataria, principalmente dos filmes norte-americanos, boa parte deles produzida em Hollywood.

Assim, Jeff Bewkes, presidente da *Time Warner*, comentou: "A nossa série *Game of Thrones* foi a mais pirateada do mundo, em 2013 (com cerca de 6 milhões de *downloads* ilegais), porém isso talvez seja melhor que ganhar um Emmy."

Atualmente, um tanto quanto conformada, a maior corporação da mídia do mundo – a *Time Warner* – com subsidiária, como a HBO (Home Box Office), acredita que a pirataria é um "**tremendo boca a boca**" e serve de porta de entrada para futuros clientes, dispostos a pagarem o preço justo.

Segundo um executivo do *site* holandês TorrentFreak, referência mundial em *downloads* ilegais que usou pseudônimo de Ernesto Van Der Sar: "Uma das principais razões para as pessoas piratearem é frequentemente a falta de alternativas legais à disposição.

Assim, muitos filmes e séries de TV que são lançados nos EUA demoram muito para chegar a certos países, como é o caso do Brasil.

Claro que existem certas barreiras, como o preço cobrado para se liberar uma série para uma TV local, ou mesmo um filme, para um circuito de cinema.

Não é, pois, por acaso, que alguns dos principais executivos de corporações de mídia começaram a autorizar a liberação de episódios de *Girls*, quando a HBO liberou o acesso *on-line* no YouTube, 12 h após a exibição na TV, nos EUA.

Se parte de Hollywood já está enxergando alguma utilidade na pirataria, naturalmente não faltam alertas do contrário.

Assim, por exemplo, para Vince Gilligan, o bem-sucedido produtor da série *Breaking Bad* (que teve nos EUA, em 2013, uma média de 10,3 milhões de telespectadores em cada episódio e quase 4,5 milhões de *downloads* ilegais), ele acredita que a pirataria ajudou muito a popularidade da série.

Por outro lado, Gale Hurd, que produziu a série *The Walking Dead* (em 2013, nos EUA, com uma audiência de 16,1 milhões e cerca de 3,7 milhões de *downloads* ilegais) tem uma opinião bem oposta: "Os meus colegas têm uma crença equivocada de que **pirataria é algo bom** (!?!?) e quem vê acaba desenvolvendo o hábito de pagar!?!?

Acredito que quem faz isso cria um hábito, mas de **não pagar nunca**!!!"

O gestor-chefe de antipirataria da Fox International Channels, Daniel Steinmetz, ressaltou: "Não podemos justificar a pirataria para ganhar audiência.

Pelo contrário, temos de criar consciência na sociedade, fazendo-a entender que é um ato desprezível punido pela lei, que afeta toda a indústria.

A nossa organização está à frente da luta contra a pirataria na última década, tendo sido a primeira da América Latina a criar alianças estratégicas."

Porém não se pode esquecer que num dos episódios da bem-sucedida série da Fox, *Os Simpsons*, mostrou-se que quando Homer teve dificuldade para assistir a um filme sobre o qual todos falavam, ele recorreu a Bart para aprender como se poderia fazer um *download* ilegal no *site* fictício The Bootleg Bay.

Aliás, na Tabela 2.1 estão os filmes de grande sucesso que sofreram o maior número de *downloads* em 2014.

Tabela 2.1 - Filmes mais pirateados de 2014

Filme	Arrecadação no mundo (em milhões de dólares)	Milhões de *downloads* ilegais
O Lobo de Wall Street	392	30,1
Frozen	1.315	29,9
Robocop	243	29,7
Gravidade	728	29,3
O Hobbit – A Desolação de Smaug	962	27
Thor: O Mundo Sombrio	648	25,7

2.2.2 – Comentários sobre o direito autoral

Entre os diversos instrumentos que o Estudo possui para intervir e regular as atividades econômicas no campo da cultura e da criatividade, poucos podem ser tão eficazes quanto à **lei de direito autoral**.

Isto porque o direito autoral regula simultaneamente a distribuição dos dividendos da atividade econômica e o alcance dos benefícios sociais da atividade cultural e criativa.

O **direito autoral**, na sua dimensão patrimonial, é o direito de uso exclusivo de uma obra do criador.

Esse direito, originalmente do autor, é normalmente cedido a um intermediário que dispõe de **capital** para a exploração comercial da obra.

As regras de partilha dos dividendos desta atividade econômica são definidas por um contrato que, por sua vez se baseiam na lei do direito autoral em vigor.

Assim, é a lei do direito autoral que regula, em última instância, os contratos que repartirão entre criadores e intermediários os recursos provenientes da exploração da obra.

É também a lei de direito autoral que definirá as respectivas exceções e limitações, isto é, os casos em que a lei determina o uso livre das obras pelo público, sem o pagamento de *royalties* (porcentagem paga ao autor) e sem a necessidade de autorização.

Essas exceções e limitações são importantes, em primeiro lugar, porque os usos exclusivos impõem uma alta barreira de preço para usufruir as obras e há muitos casos de interesse público na **livre fruição.**

Além disso, como o processo criativo é cíclico, com a produção se alimentando do consumo, um regime de direito autoral equilibrado precisa prever com clareza os usos livres que alimentarão as novas criações.

Recentemente, os processos econômicos que são regulados pelo direito autoral foram revolucionados pelas novas TICs.

As TICs socializaram os meios de produção através dos computadores e baratearem todo o processo produtivo e criaram novos meios de promoção e distribuição graças a Internet.

Os novos processos produtivos aumentaram a diversidade de autores e obras, ampliaram as possibilidades de consumo do público e redefiniram os padrões de partida dos dividendos econômicos.

Atualmente, existe uma pronunciada tensão entre lei de direito autoral ajustada a um padrão tecnológico anterior e as novas formas de produção, distribuição e consumo da cultura nos meios digitais.

A lei de direito autoral é, assim, um instrumento privilegiado que pode regular o processo produtivo da cultura e da criatividade, principalmente nas indústrias culturais e no setor de comunicação, definindo a repartição de dividendos, permitindo usos livres pelo público e acolhendo (ou rejeitando) novos processos produtivos.

2.2.3 – Direitos autorais e a educação digital

Na revista *BR*, uma publicação do Comitê Gestor da Internet no Brasil, Carlos Affonso Souza e Sérgio Branco escreveram: "Quando se cria um texto, um vídeo ou uma foto, são atribuídos ao seu criador os chamados **direitos autorais**.

O autor possui automaticamente os direitos de natureza **moral** e **patrimonial**.

Entre os chamados direitos morais, pode-se apontar a autoria da obra, que nunca poderá ser atribuída a outra pessoa.

Já os direitos patrimoniais garantem que o autor, salvo exceções previstas na lei, tem o poder de autorizar os usos que venham a ser feitos sobre a sua criação.

Nesse contexto, a Lei de Direitos Autorais (Lei nº 9610/98 – LDA) aponta as circunstâncias nas quais o texto, a foto ou o vídeo criado por terceiros, apoiando-se numa obra, poderão ser utilizados sem que seja necessária a autorização do seu autor.

Essas exceções, no entanto, são válidas em poucos casos, como o da **reprodução**, que, segundo a lei, apenas pode se valer de pequenos trechos de uma obra original, sendo feita para fins privados e sem intuito de lucro, desde que o próprio copista faça a cópia.

A LDA é restritiva para a produção de conteúdos que se valem de obras de terceiros.

Essa dificuldade se faz ainda mais evidente para a educação, já que na Internet são encontradas diversas ferramentas para a pesquisa e construção de recursos utilizados em sala de aula.

Para contornar esse impasse, surgiram na rede diversas possibilidades de licenciamento de direitos autorais, gerando um conjunto de recursos que todo professor deveria conhecer.

Aí vão algumas orientações que podem auxiliar o professor a navegar pelo tema dos direitos autorais para a criação de conteúdos educacionais.

1ª) Nem tudo o que está na Internet é de domínio público.

Não é porque o texto, a foto e o vídeo estão na Internet que não existem direitos morais e patrimoniais de autor sobre eles.

Procure sempre verificar quais são as condições mediante as quais o conteúdo é divulgado e quais são as possibilidades de sua utilização para se criar um novo conteúdo ou mesmo integrá-lo em material alheio.

Isso pode estar nos termos de uso do *site* ou mesmo expresso na forma de licenciamento da obra, explicitando o que pode ser feito com ele.

2ª) Procure conhecer mais sobre recursos educacionais abertos.

Como as leis sobre direitos autorais podem sem restritivas, surgiu um movimento de criação de materiais de ensino, aprendizado e pesquisa que estão em domínio público ou que foram licenciados de forma aberta, permitindo a sua utilização e adaptação por terceiros.

Para ser considerado um recurso educacional aberto o material precisa respeitar as liberdades de aprimorar, usar, recombinar e distribuir o conteúdo, ou seja, seguindo os **4Rs** em inglês: ***review, reuse, remix e redistribute.***

3ª) Use licenças, como as do tipo Creative Commons (CC).

Para indicar as permissões que um autor concedeu a terceiros para usar a sua obra, foram criadas as licenças CC.

Essas licenças facilitam a comunicação entre o autor e terceiros ao indicarem, por meio de símbolos, se a obra pode ser usada para fins comerciais, se ela pode ser transformada ou deve ser reutilizada mantendo a sua integralidade e se o licenciamento do produto futuro também precisa seguir o formato da licença original, gerando assim o efeito cadeia segundo o qual uma obra licenciada de forma aberta gera novas obras disponibilizadas de igual maneira.

É isso que possibilita que surjam novos autores, nem sempre muito bons...

O notável escritor Stephen King, autor de diversos *best-sellers,* no seu livro *Sobre a Escrita* deu incríveis sugestões para que os autores iniciantes consigam elaborar um bom livro.

King visualizou uma pirâmide na qual se encaixam todos os tipos de escritores.

Na base ficam os **ruins**, e acima deles, os **competentes**.

Noutro nível acima, no qual aparentemente o próprio Stephen King se coloca, estão os **bons**, um número razoavelmente pequeno.

E no topo **"acima de quase todos nós"**, estão os poucos, como foram William Shakespeare e Bernard Shaw.

Para Stephen King: "Um escritor que se situe na base **nunca chegará** a qualquer outro patamar; tampouco um **bom** se tornará um **incrível**. Meus conselhos são para os **competentes**, que com muita dedicação e se seguirem as minhas sugestões podem vir a ser **bons**!"

Eis aqui o passo a passo recomendado para um autor se tornar bem-sucedido:

1ª Etapa – Leia e escreva muito.

Destacou King: "O programa exigente de leitura e escrita que defendo – quatro a seis horas por dia todos os dias – não parecerá exaustivo se você realmente gostar de fazer e tiver aptidão para as duas coisas."

"O renomado escritor Stephen King."

2ª Etapa – É vital que saiba usar bem as ferramentas básicas: gramática ("Se você não domina a mesma, é tarde demais para pensar em ser um bom escritor") e vocabulário.

E aí salientou King: "O vocabulário vem naturalmente para todo aquele que pratica a leitura.

Uma das piores coisas que se pode fazer é tentar enfeitar o vocabulário, procurando por palavras longas porque tem vergonha de usar as curtas de sempre.

Fazer isso é como enfeitar seu animal de estimação. Você não vai gostar mais dele por causa disso, não é?"

3ª Etapa – Seja honesto com as palavras que saem da boca dos seus personagens ou da sua própria cabeça.

Declarou King: "Não fique preocupado com o que diria e aprovaria a 'legião da decência'. Não encha o leitor com informações desnecessárias.

A pesquisa precisa ser um papo de fundo e é lá que deve ficar: tão no fundo quanto possível, misturada no contexto."

4ª Etapa – Escreva de uma vez só, sem mostrar para ninguém.

Deixe descansar ("Como uma massa de pão entre uma sova e outra") por semanas, releia, faça você mesmo as correções.

Só então mostre ou comente com seus amigos de confiança.

Se algo estiver ruim ou péssimo, melhor ouvir deles inicialmente.

5ª Etapa – Conheça o mercado, ou seja, leia as revistas e outros livros com textos semelhantes ao que você escreve, pesquise sobre agentes e editoras.

Ao arrumar um bom editor, confie nele!!!

Ressaltou King: **"Escrever é humano, editar é divino."**

2.2.4 – Ter sucesso como escritor

Todo escritor almeja que seus livros tenham uma grande vendagem para que as suas ideias ou histórias das suas obras sejam úteis para a sociedade e obviamente ele seja recompensado com uma grande popularidade e consiga também ganhar um bom dinheiro com os seus direitos autorais.

Esse não foi o objetivo inicial de Ivo Hélcio Jardim de Campos Pitanguy, mais conhecido por seus alunos, discípulos, profissionais e admiradores de todo o mundo como professor Pitanguy.

Patrícia Wazlawick no seu artigo *Ciência em função da estética*, publicado na revista *Performance Líder* (nº 14 de 2014) destacou: "O professor Pitanguy é um brasileiro que ganhou o mundo e elevou a cirurgia plástica, considerada no passado uma especialidade médica menor ao ramo nobre da medicina.

Chefes de Estado, artistas, políticos, reis e rainhas já se submeteram às suas mãos.

Ele transformou o Brasil em polo de excelência e ensinamento de técnicas por ele criadas, ao longo de cinco décadas.

Fundou um centro de estudos para a transmissão desse conhecimento que já formou centenas de profissionais de todos os continentes. Foi agraciado com os mais importantes prêmios, honrarias e condecorações que um médico, professor e pesquisador pode conquistar."

Pois é, aos 88 anos de idade, ele lançou, em 2014, um novo livro – professor Pitanguy é membro da Academia Brasileira de Letras desde 1990 –, com o título *Viver Vale a Pena,* que rapidamente se esgotou e já teve diversas reedições, o que obviamente é um claro indicativo da sua popularidade e de que ele tem coisas extraordinárias para contar e recomendar.

"O admirado cirurgião plástico, Ivo Pitanguy."

E aí o professor Pitanguy salienta que um cirurgião plástico deve ter uma perfeita sincronia entre a sua mente e as suas mãos: "Na realidade, você pode ser um grande malabarista com as mãos, mas, se não pensar bem, se não tiver um pensamento bem ordenado, será um péssimo clínico.

É muito importante a conceituação, pois aquilo que você conceitua bem se enuncia facilmente, as palavras saem com facilidade. A conceituação de fato é o primordial. A nossa mente é capaz de criar coisas extraordinárias, muito mais do que nós pensamos.

Para todo jovem que quer ser bem-sucedido na sua profissão, a minha recomendação é que antes de tudo ele pense em como se tornar uma pessoa **extraordinária**.

Nunca deixar de lutar contra as intempéries, porque a vida não é uma primavera permanente.

Assim, um dia está nublado, e amanhã vai ser um dia bonito.

É fundamental sentir que dentro da vida existe uma luta permanente, mas sempre gloriosa.

Então temos que continuar sempre lutando pela vida!"

Como é, se empolgou e vai procurar de algum jeito ler *Viver Vale a Pena*? Grande decisão!!!

2.2.5 – *Numero Zero*, o último livro de Umberto Eco

O notável escritor e ensaísta italiano Umberto Eco, lançou na 2ª semana de janeiro de 2015 o romance, *Numero Zero*, uma espécie de manual do mau jornalismo, ambientado na redação de um jornal imaginário.

A nova obra do influente intelectual italiano, autor do célebre romance *O Nome da Rosa (*1980), que lhe rendeu um **bom dinheiro** com os **direitos autorais**, inclusive do filme sobre o tema do livro – é na realidade uma história de ficção, que ocorre no ano de 1992, um ano peculiar para a Itália, quando se vivia nela sob o impacto de diversos escândalos de corrupção e pela investigação *Mani Pulite* (*Mãos Limpas*) que arrasou boa parte da classe política de então.

A diretora da editora Bompiani, Elisabetta Sgarbi, que lançou o livro comentou: "Este é o primeiro romance de Umberto Eco, no qual ele aborda uma época tão contemporânea."

Umberto Eco acabou de completar 83 anos, e *Numero Zero* é o seu sétimo romance no qual descreve a redação imaginária de um jornal criado especificamente em 1992 para "desinformar, difamar adversários, chantagear, manipular, elaborar dossiês e documentos secretos."

Numa entrevista para a revista italiana *L'Espresso* de grande circulação na Itália, Umberto Eco explicou: "Não quis de forma alguma escrever um 'tratado de jornalismo', mas contar uma história sobre 'os limites da informação', sobre o funcionamento de uma 'máquina para enlamear' e não tanto sobre o ofício de informar.

Naturalmente escolhi o pior caso. Quis dar uma imagem grotesca do mundo, embora a engrenagem da máquina de enlamear, de lançar insinuações já fosse usada durante a Inquisição. As redes sociais permitiram agora multiplicar a maneira de enlamear produzindo verdadeiros 'monstros'.

Sem dúvida, Silvio Berlusconi, nosso ex-primeiro-ministro e magnata das comunicações, marcou o início desta era, entre fofocas e informações, vidas e vícios tanto privados quanto públicos."

"Umberto Eco fez nesse livro uma descrição sobre as distorções que se fazem nas informações para difamar adversários."

Nós estamos vivendo aqui no Brasil nosso lamaçal caseiro, com acusações de muita corrupção em diversos setores, mas é interessante que você leia (caso entenda italiano...) *Numero Zero*, pois isso aumentará a sua capacidade de imaginar como podem aparecer as teorias estrambólicas ou notícias que surgem de delírios de redatores paranoicos, comunicando "dados reais" que se entrelaçam, estranhamente com muitas pessoas...

Infelizmente, não surgirão novos livros de Umberto Eco, pois ele faleceu em 19/2/2016.

2.3 – PATENTE

A segunda área principal é a **lei das patentes**, que teve como origem a necessidade de se proteger as invenções de novos produtos e dos processos industriais. Ela dá ao inventor um monopólio na fabricação de um produto novo, tipicamente por 20 anos.

As patentes e os direitos autorais são fundamentalmente diferentes.

Enquanto os direitos autorais advêm automaticamente, uma patente tem de passar por critérios rigorosos antes de ser aprovada. Ela tem de ser nova, não óbvia e útil.

Nenhum desses critérios se aplica aos direitos autorais. Uma vez registrada, uma patente dá maior proteção do que os direitos autorais.

2.3.1 – As patentes atrapalham ou estimulam a inovação?

Em agosto de 2015, a famosa revista *The Economist* publicou um artigo muito interessante com o título *Questão de utilidade,* no qual foi **contra a ideia** de que a **proteção às patentes estimula a inovação**!!!

Aliás, a revista *The Economist* foi criada em setembro de 1843 com o objetivo, entre outras coisas, de **defender os princípios do livre comércio** e envolveu-se, em seguida, no entusias-

"A importante revista *The Economist* abordou de forma contundente que as patentes atrapalham até a inovação!?!?"

mado movimento pela abolição da lei de patentes, como foi escrito no seu editorial de 26 de julho de 1851, no qual se afirmou: "A concessão de patentes estimula fraudes, incita a elaboração de estratagemas que possibilitam impor taxas à sociedade, gera conflitos e disputas entre inventores, dá margem a muitos e demorados processos judiciais, além de premiar as pessoas erradas."

Esta certamente foi a primeira referência da revista ao que hoje se chama de "*trolls* **de patentes**" (indivíduos ou empresas que registram patentes não com a intenção de transformar ideias em bens ou serviços, mas para lucrar com licenciamento ou com ações judiciais por violações do direito de propriedade), na qual deu-se vazão ao receio de que "patentes de escopo abrangente sejam obtidas com o propósito único de obstruir invenções ou fruir dos benefícios gerados por invenções de outrem".

Argumentando que as patentes "raramente oferecem segurança a invenções boas de fato" e que não concretizam o objetivo de encorajar a inovação recompensando os inventores por seus esforços; *The Economist* apoiou os que defendiam o **fim das patentes** em debates travados no Parlamento britânico.

O raciocínio, difícil de contestar, era: a maior parte das maravilhas da era moderna, da *spinning mule* (máquina de fiar, inventada em 1779, que revolucionou a indústria têxtil) às ferrovias, dos navios a vapor às lâmpadas a gás, parece ter sido **criada sem o auxílio de patentes**.

→ **Se a Revolução Industrial não necessitou delas, qual a sua serventia?**

Na realidade, isso foi discutido por décadas, até que em 1883, os parlamentares decidiram que no lugar de abolir as patentes, iriam **aprimorá-las**!!!

E essa polêmica continuou em muitos outros lugares, especialmente nos EUA, na primeira metade do século XX, quando muitos norte-americanos começaram a ficar aterrorizados que as patentes estivessem ajudando corporações como a AT&T (American Telephone and Telegraph) a monopolizar setores inteiros da economia.

Foi assim que em 1938, a Federal Communications Commission (agência reguladora das telecomunicações nos EUA) solicitou ao então presidente Franklin D. Roosevelt que substituísse as patentes por **licenças compulsórias**.

Os legisladores, porém, continuaram achando que o sistema de patentes deveria ser mantido, devendo apenas ser constantemente atualizado e aperfeiçoado.

Com isso, à medida que o tempo foi passando, ampliou-se a jurisdição conceitual e geográfica dos órgãos responsáveis pelo **registro de patentes**.

Dessa maneira, o direito de uma patente não se restringe mais só a dispositivos físicos, tendo se ampliado para *softwares* e até trechos do DNA, sobretudo nos EUA, a processos empresariais e produtos financeiros.

Um dos argumentos que os defensores das patentes gostam de usar é o de que elas contribuem para o bem público.

E não foi esse o seu objetivo original...

A lógica do argumento é bastante simples, ou seja, em troca de iniciativa de registrar e publicar uma ideia, que precisa ser nova e útil e não pode ter nada de óbvio, concede-se o direito a um monopólio temporário – de cerca de 20 anos, atualmente no Reino Unido – em sua **utilização**.

Assim, as patentes incentivam as inovações, uma vez que proporcionam ganhos materiais quando estas últimas "caem no gosto do povo".

O sistema também estimula outras pessoas a inovar: a publicação de boas ideias aumenta o ritmo do avanço tecnológico, já que as inovações se impulsionam umas às outras.

Esse raciocínio, ou seja, essa conclusão é até plausível, não é?

↠ **Mas será verdadeira?**

Lamentavelmente, no século XXI, ela está dando margem para muitas dúvidas. Inicialmente, porque faltam comprovações de que o sistema atual incentiva as empresas a investir em pesquisas capazes de gerar inovações e, dessa maneira, contribuir para o aumento da produtividade e da própria prosperidade delas.

Por outro lado, nos últimos anos, uma quantidade crescente de pesquisadores, incluindo um estudo concluído em 2004 pela Academia Nacional de Ciências dos EUA, mostrou que, com exceção do que ocorre em alguns segmentos, como o de medicamentos, a **sociedade como um todo talvez estivesse melhor sem as patentes do que com elas!?!?**

Por sinal, os economistas Michele Boldrin e David K. Levine reuniram os resultados de muitas dessas pesquisas num livro publicado em 2008, sob o título *Against Intellectual Monopoly* (*Contra o Monopólio Intelectual*), e no artigo *The Case Against Patents* (*O Argumento Contra as Patentes*) publicado em 2012 pelo Federal Reserve Bank de St. Louis.

Em ambos os trabalhos, a tese é de que, ao contrário do que alegam seus defensores, as patentes não servem nem para recompensar a invenção, nem para promovê-la.

Ao revisar 23 estudos realizados durante o século XX, Boldrin e Levine constataram que "os indícios de que o fortalecimento dos regimes de patentes impulsiona a inovação são pouco consistentes quando não completamente **inexistentes**."

Na realidade, o que eles concluíram é que tudo que o reforço desses regimes consegue é promover um número cada vez mais elevado de pedidos de patentes, o que não significa e nem é a mesma coisa que estimular a inovação (invenção).

Com efeito, vários dos estudos realizados indicaram, na sua maioria, que as reformas implementadas com a finalidade de fortalecer os regimes de patentes, como aquela realizada no Japão, em 1988, **não impulsionaram a inovação** nem seus supostos propulsores, os gastos **com pesquisa e desenvolvimento (P&D).**

Se realmente as patentes estimulassem inovações significativas, seria de esperar que a disseminação dos sistemas de patentes produzisse mais inovação.

Assim, por exemplo, na década de 1980, os norte-americanos ampliaram ainda mais a proteção de patentes, que passou, também a incluir todos os tipos de produtos da biotecnologia, entretanto, isso não alterou sensivelmente a produtividade da sua agricultura que continuou crescendo mais ou menos à mesma taxa.

Quando de fato se observam mudanças no ritmo da inovação, elas parecem ter pouco a ver com a presença ou não do regime de patentes.

Boldrin e Levine salientam que, na história dos diversos setores que vão da indústria química à automobilística, e mais especialmente ao segmento de informática, já que vivemos na intensa era digital, as ondas de invenção tiveram início com **surtos de inventividade**, nos quais se notou a atuação de um grande número de participantes.

As patentes só passaram a ser solicitadas anos depois, quando o ritmo de inovação já se tornou bem menor e as empresas que haviam dominado o mercado buscaram, de um lado, impedir o ingresso de novos atores no segmento e, por outro, proteger-se de ações judiciais movidas por concorrentes.

As patentes, dessa maneira, foram o resultado de **inovações bem-sucedidas** e a sua causa deve-se à **competição**.

Naturalmente, isso não quer dizer que as patentes não ofereçam benefícios evidentes, particularmente para empreendedores que têm pouco acesso a capital, mas que conseguem elaborar excelentes ideias.

Claro que, em setores industriais maduros e complexos – como o aeroespacial e o automobilístico, por exemplo – o controle da propriedade intelectual é só uma pequena parcela das condições necessárias à criação e comercialização de produtos inovadores de alta qualidade, capazes de concorrer no mercado mundial.

Se não fosse assim, as empresas chinesas que, graças à condescendência e até a íntima colaboração, de acordo com o que dizem os concorrentes, do governo de seu país, surrupiaram a tecnologia ocidental e passaram a produzir automóveis e aviões que em breve lhes permitirão disputar mercado com rivais de países desenvolvidos, ou seja, como da empresa norte-americana General Motors (GM) ou então até superando os aviões produzidos pela nossa fabricante, a Embraer.

Já num dos segmentos mais importante da economia mundial, o de *softwares*, o controle excessivo sobre a propriedade intelectual mostrou-se, nesses últimos anos, ser em certa medida, **contraproducente**.

Os *softwares* proprietários normalmente **não permitem** que o usuário tenha acesso a seu **código fonte**.

Por sua vez, os *softwares* de código aberto garantem acesso total, desde que todas as modificações introduzidas permaneçam igualmente acessíveis.

Com isso, ampliou-se muito a escala de inovação, como se comprovou com o *Android*, o sistema operacional do Google, para *smartphones*, **considerado como o mais bem-sucedido do mundo**.

Outra questão importante é: qual realmente é o papel das patentes na disseminação do conhecimento?

Infelizmente os pedidos de patente tendem a ser redigidos com grande cautela, de forma a **bloquear** que mesmo os especialistas da área compreendam **plenamente a ideia patenteada**.

Em sua história sobre a propriedade intelectual, *Piracy: The Intellectual Property Wars from Gutenberg to Gates* (algo como *Pirataria: As Guerras de Propriedade Intelectual, de Gutenberg a Gates*), publicado em 2010, Adrian

Johns, da Universidade de Chicago (EUA), salientou que esse tipo de estratagema já era empregado no século XVIII, quando os inventores deixavam de fora de suas solicitações de patente, o **máximo possível de detalhes**.

Uma alternativa a tal estratégia defensiva é a apresentação de "patentes – submarino", ou seja, solicitações contando descrições vagas e especulativas, feitas por indivíduos que tentam, através de vários ardis, impedir que a patente seja concedida (!?!?) até que apareçam outras pessoas com evidentes progressos na tecnologia em questão.

Nesse momento, o submarino vem à tona, com o intuito de exigir o pagamento de taxas de licença!!!

→ **Mas se os sistemas de patentes não oferecem tantas vantagens assim, como explicar sua persistência e, inclusive, o grande aumento?**

De fato, em alguns setores e países, as patentes se transformaram em uma comemorada medida de progresso. Na realidade, um **símbolo**, no lugar de ser um **estímulo à criação**.

Esse é o caso típico da China.

Nesses últimos anos, tendo recebido ordens para que fossem **mais inventivos**, os pesquisadores chineses deram entrada em uma enorme quantidade de patentes.

Entretanto, quase todos esses pedidos foram encaminhados **somente** ao escritório de patentes da China.

Se as ideias tivessem um verdadeiro potencial comercial (ou talvez não fossem uma imitação de patentes registradas em outros países...), certamente teriam sido registradas em outras nações, não é?

E não se pode esquecer a solicitação de **patentes desnecessárias** – entre 40% e 90% de todas as patentes concedidas, elas jamais foram utilizadas ou licenciadas pelos seus proprietários que fizeram isso, somente pensando em **autodefesa**.

Dessa maneira, na grande parte do setor de tecnologia, as empresas registram uma enorme quantidade de patentes, mas o principal objetivo disso é restringir a ação de concorrentes. Dessa maneira, se você me processar por infringir uma de suas milhares de patentes, recorrerei ao meu estoque de patentes para processar você também!?!?

Esse tipo de estratégia pode dificultar a vida das empresas recém-chegadas ao mercado e é o caso, por exemplo, de um fabricante de *microchips* que em 2001 foi obrigado a pagar US$ 200 milhões em licenças de propriedade intelectual que talvez não tivessem muita utilidade, apenas para evitar ou se proteger de posteriores ações judiciais.

Esta é uma situação que, apesar de não favorecer a competição nem contribuir para o interesse público, pode ser vantajosa para as empresas que dominam o mercado.

Mas é grande também a possibilidade de que nem para elas os benefícios sejam reais.

Alguns estudos identificaram a existência de áreas em que o acúmulo de patentes dificulta o lançamento de novos produtos.

Entretanto, mesmo que muitos setores, no fundo, não precisem de patentes – e alguns deles talvez estivessem melhores sem elas – ainda é bastante enraizada a crença de que, em certos segmentos, elas são **imprescindíveis**.

O exemplo, ao qual sempre recorrem os defensores das patentes é o **setor farmacêutico**.

Os medicamentos costumeiramente têm de passar por testes excepcionalmente dispendiosos e demorados para que fique comprovada a sua eficácia e a inexistência de efeitos colaterais (segurança).

E, se não fosse pela proteção garantida pela patente do medicamento, a empresa que se dá ao trabalho de demonstrar que determinada droga faz seu serviço com efeitos colaterais mínimos não teria como evitar que suas concorrentes se aproveitassem de seus esforços de P&D para produzir "cópias" muito mais baratas do mesmo remédio.

É por isso que os partidários das patentes acham correto que uma empresa farmacêutica como a Bristol-Myers Squibb usufrua de um monopólio temporário sobre o Opdivo e o Yervoy, suas drogas contra melanomas, e cobra até US$ 120 mil por um ciclo de tratamento nos EUA.

Se não pudesse desfrutar desse privilégio e desse retorno, a companhia não teria gasto uma fortuna para conseguir aprovar esse medicamento e desenvolver o seu complexo processo de fabricação.

O incrível é que, por exemplo, na Alemanha, até 1967, as empresas farmacêuticas podiam patentear somente o método de fabricação de seus medicamentos, **não a fórmula em si**!!!

Qualquer pessoa que descobrisse outra maneira de fabricá-los estava autorizada a vender os equivalentes ("cópias") deles.

Boldrin e Levine reconhecem que as companhias alemãs, apesar dessa esdrúxula forma de patentear, produziam mais inovações do que digamos os britânicos (é só lembrar-se de quando foi inventada a aspirina, pelo químico alemão Félix Hoffmann, em 1897...).

A Itália também oferece um exemplo interessante, visto que até 1978, nesse país, **não se oferecia proteção** de patentes a medicamentos, e um levantamento de dados mostrou que antes dessa data os italianos inventaram uma proporção maior de novos medicamentos do que depois dela!!!

"O inventor da aspirina, o notável químico alemão Félix Hoffmann."

Antes da "reforma", proliferaram na Itália as farmacêuticas "piratas", mas, entre elas, as de maior porte também pesquisavam suas próprias drogas.

Depois que passaram a ter de pagar *royalties* pelos medicamentos copiados, a maioria dessas farmacêuticas fechou.

É verdade, entretanto, que encorajada pela perspectiva de registrar suas patentes, as companhias farmacêuticas mais poderosas investiram muito mais em P&D a partir de 1978 do que antes.

Mas também é verdade que elas não estão sozinhas nessas empreitadas.

Isso porque o apoio e a exigência da sociedade em relação à necessidade de pesquisas biomédicas cresceram muito nas últimas décadas.

Assim, nos EUA, o orçamento dos Institutos Nacionais de Saúde atualmente é **cinco vezes maior** do que em 1970.

Boldrin e Levine calculam que uma vez computados os subsídios e as isenções o setor privado norte-americano financia em torno de **um terço** apenas dos custos com as pesquisas biomédicas realizadas no país.

Em contrapartida, o sistema de patentes garante uma significativa parte de suas receitas. E, por isso, a indústria farmacêutica sustenta que se trata de um bom negócio, o seu!!!

Os ganhos de curto prazo que a enxurrada de medicamentos baratos proporcionaria logo depois de uma eventual diminuição do sistema de patentes seriam ofuscados por perdas de longo prazo, em decorrência da consequente escassez de novas drogas.

Em 2005, o economista Dean Baker, do Centre for Economic and Policy Research, de Washington, examinou a questão por um ângulo muito mais simples, mas nem por isso menos interessante, ou seja, ele comparou os custos impostos pelo sistema de patentes e as drogas genéricas.

Assim, ele conseguiu verificar que em 2005 o sistema de saúde norte--americano gastou US$ 210 bilhões com medicamentos.

Com base na diferença de preço entre as drogas patenteadas e as genéricas, sua estimativa foi que num mercado competitivo, onde não houvesse patentes, os mesmos medicamentos poderiam ser adquiridos por não mais de US$ 50 bilhões, ou seja, a **abolição** das patentes proporcionaria uma economia de US$ 160 bilhões.

À época, pelos cálculos da indústria farmacêutica, os investimentos em P&D chegaram a US$ 25 bilhões.

Por sua vez, os gastos do governo norte-americano com pesquisas médicas básicas somavam US$ 30 bilhões.

A economia com a aquisição de medicamentos, **num mundo livre de patentes**, teria possibilitado ao governo dobrar os seus gastos com P&D, substituindo, com folga, os investimentos do setor privado, e ainda engordando os cofres públicos em US$ 150 bilhões.

Com as despesas que o governo norte-americano tem com medicamentos atualmente (em 2015), superando a cifra de US$ 380 bilhões, a ideia de abolir as patentes parece mais atraente ainda, mesmo que as companhias farmacêuticas estejam afirmando que só em 2014 gastaram US$ 51 bilhões em P&D.

Claro que imaginar que um governo seja capaz de fazer investimentos em P&D com a mesma eficiência que o setor privado pode parecer um **excesso de otimismo**.

Entretanto, se o intuito fosse somente oferecer fórmulas farmacêuticas para fabricantes que atuassem num mercado competitivo, as autoridades certamente encontrariam diversas maneiras de obter resultados inovadores **terceirizando** a atividade de P&D para as empesas de pesquisas.

O prêmio Nobel em Economia, Joseph Stiglitz, professor da Universidade de Columbia (EUA), e outros estudiosos recomendam estabelecer prêmios polpudos para o desenvolvimento de drogas inovadoras por equipes de cientistas autônomos.

Assim, quando um medicamento promissor fosse descoberto, a etapa final e mais dispendiosa, dos testes clínicos, que é o momento em que se avalia a eficácia de uma droga que já teve sua segurança comprovada, poderia ser financiada com recursos públicos – provenientes de outra parcela de enorme potencial de economia gerado pela utilização de medicamentos mais baratos – e efetuada por laboratórios independentes.

Uma vez aprovada, a droga poderia ser fabricada por qualquer companhia farmacêutica.

Outra possibilidade seria a realização de testes clínicos menores, sob a responsabilidade de empresas que para conquistar o direito de fabricar determinado medicamento que tenha se mostrado seguro, se encarregassem de coletar e publicar escrupulosamente os dados referentes aos resultados obtidos pela droga na comparação com outros tratamentos.

Isso nem é tão estranho quanto parece.

A estratégia de muitas *start-ups* farmacêuticas envolve a venda do seu empreendimento, por alguma soma bilionária, a uma grande empresa do segmento, tão logo seus projetos comecem a parecer promissores.

Prêmios bilionários oferecem incentivos similares.

Recentemente, os congressistas norte-americanos apresentaram vários projetos para reformar o regime de patentes, sem naturalmente levar a sua abolição, isso porque nenhum deles tem coragem de propor isso, pois obviamente seria massacrado pelos lobistas da propriedade intelectual.

De qualquer forma, determinar até que ponto as patentes e outras formas de **proteção à propriedade intelectual** realmente cumprem o seu papel, e até mesmo se **merecem existir**, é uma tarefa que não pode mais ser protelada.

Obviamente a eliminação pura e simples dos sistemas de patentes envolve questões relacionadas à ética dos direitos de propriedade.

Entretanto, é perfeitamente visível encurtar a duração dos direitos de exclusividade e estabelecer diferenciações entre os direitos concedidos a diferentes tipos de inovação.

As mudanças poderiam ser introduzidas de forma gradual, no decorrer de um certo número de anos, a fim de que eventuais efeitos prejudiciais fossem constatados a tempo.

Além disso, mesmo com o sistema de patentes em vigor, seria possível testar outros mecanismos de financiamento à inovação.

Caso os defensores das patentes realmente quisessem estimular a inovação, deveriam estar dispostos a fazer isso nos lugares em que vivem.

2.3.2 – A insuficiente inovação brasileira

Uma pesquisa recente da Confederação Nacional da Indústria (CNI) indicou que 6 em cada 10 empresários consideram o grau de inovação da nossa indústria **baixo** ou **muito baixo**.

Muitos, entretanto, declararam que buscam em algum tipo de inovação a solução para a diminuição de custos de fornecedores e melhoria de seus produtos.

Na opinião dos executivos brasileiros, alguns dos motivos da baixa expansão são a ênfase dada à **importação** ou à **cópia**, a baixa cultura da inovação nas organizações, recursos insuficientes alocados para um eficaz programa de P&D, a dificuldade do diálogo com as universidades ou as IESs e o baixo nível de formação dos seus profissionais!!!

Outros aspectos conjunturais não devem também ser esquecidos, como a tortuosa e demorada trajetória entre a **patente solicitada** e sua **inserção produtiva**.

No Brasil, o percurso do requerimento até a concessão da patente pode levar de **10 a 14 anos**!?!?

Se considerarmos que entre a patente concedida e a atividade produtiva a empresa pode decidir pela perda de competitividade do produto, esse tempo deve ser considerado como "**intolerável**", ou seja, não se vai aproveitar para mais nada essa patente.

Algumas das causas desse longo trajeto se relacionam às condições estruturais.

Em 2013, no Instituto Nacional de Propriedade Intelectual (INPI), a razão entre os pedidos de patentes e o número de examinadores era de **uma pessoa para 480 pedidos**!!! Na Europa, em 2012, era de 1 examinador para 91 pedidos, nos EUA, 1 para 77.

A **patente** é uma proteção que dá direito exclusivo, por um longo período, sobre um produto ou processo.

Os países mais rápidos nesse processo são os EUA e a Coreia do Sul, mas os nossos vizinhos sul-americanos, como Colômbia e Peru, levam de dois a três anos.

A situação no Brasil foi se agravando com o sucateamento do INPI, autarquia vinculada ao Ministério do Desenvolvimento, Indústria e Comércio Exterior (MDIC), que concede e garante direitos de propriedade intelectual.

Em 2003, o tempo médio era de 6 anos, passando para 9 anos em 2008 e, agora, em 2015, chegou a 11 anos!?!?

Em 2015, havia 184 mil pedidos de patentes para serem avaliados por 192 examinadores (algo como 958 pedidos por examinador).

Existem, infelizmente, processos em andamento no INPI de pedidos de patentes de *softwares* feitos em 1997!?!?

A presidente da Associação Brasileira da Propriedade Intelectual (ABPI), Elisabeth Kasznar Fekete, comentou: "O ciclo de vida útil de uma inovação está cada vez mais curto. Claro que depende da área, mas esse tempo é muito maior do que o ciclo médio de cinco anos para lançamento de inovações.

Além de autonomia financeira, é preciso que o governo reconheça que o INPI é uma instância estratégica para o desenvolvimento econômico do País.

As empresas que se ocupam de inovação e criação são cinco vezes mais produtivas do que as que não priorizam isso.

É fundamental haver caminhos que estimulem a internacionalização da economia, a competitividade e a inovação.

E isso só se consegue com proteção à propriedade intelectual e aos criadores."

Fortalecer o INPI deve ser uma obrigação do Mdic, inclusive porque isso é fundamental para o combate à pirataria.

E o incrível é que dados divulgados em 2013 revelaram que os EUA tinham **2,2 milhões** de **patentes válidas**, o Japão, cerca de **1,6 milhão**, a China **875 mil**, e o Brasil, apenas, **41.453 patentes**.

No nosso País, as universidades como a Unicamp, USP e UFMG estão entre as quatro maiores detentoras de patentes, só perdendo para a Petrobras!!!

De um lado, essa situação demonstra certa abstinência das empresas privadas de manter centros e P&D.

E só **3%** dos doutores em atividade no País trabalham em P&D em ambientes empresariais.

Paradoxalmente, divulga-se o grande crescimento das publicações científicas brasileiras.

Realmente, nos últimos 20 anos, o País subiu 10 posições nesse *ranking*, alcançando o 14º lugar.

Portanto, a **inovação** no País está quase que totalmente associada ao conhecimento produzido nas universidades.

Mas ela tem muita dificuldade de evoluir significativamente, pois encontra diversos obstáculos como: a organização da pesquisa, as regras de financiamento do trabalho de P&D, a implementação da inovação etc.

Conclui-se que no Brasil só teremos de fato maior inovação, mais patentes e uma vigorosa atividade P&D quando alterações amplas forem realizadas pelo nosso governo; e, em particular, tivermos um Ministério da Ciência, Tecnologia e Inovação (MCTI) com mais recursos e atuando de forma mais eficaz.

2.3.3 – Apple consegue a patente de realidade virtual

Finalmente, a Apple obteve patente sobre um *headset* (fone) que transforma o *iPhone* em tela posicionada diante dos olhos, o que despertou especulações de que a companhia estaria se preparando para concorrer com *Oculus Rift*, *Samsung Gear VR* e *Google Cardboard* no mercado da **realidade virtual**.

Essa patente obtida para uma "**tela com apoio na cabeça**", a ser usada para "acesso à mídia", se segue à publicação de anúncios de emprego na Apple para engenheiros com experiência no desenvolvimento de aplicativos de realidade virtual.

A patente é o mais recente projeto de desenvolvimento da Apple a ser revelado após as publicações que relataram, no início de fevereiro de 2015, a existência de um **laboratório secreto** de desenvolvimento da Apple para produtos automotivos – e que no futuro pode resultar no **lançamento** de um **carro elétrico**.

A Apple é uma das poucas grandes fabricantes de *smartphone* que ainda não tinha lançado um produto para o segmento de realidade virtual, que vem atraindo atenção reforçada desde que o Facebook adquiriu a Oculus VR, em 2014, por US$ 2 bilhões, mas cujos produtos ainda não granjearam grande adesão de consumidores.

O Google lançou seu *headset Cardboard* em 2014.

O *Samsung Gear VR*, que usa *Galaxy Note 4* como tela e foi desenvolvido em parceria com a Oculus, chegou às lojas da rede norte-americana Best Buy em janeiro de 2015.

A LG anunciou, no início de fevereiro de 2015, que distribuiria gratuitamente um visor de realidade virtual para os compradores de seu novo celular *G3*. Já a Sony está estudando usar a tecnologia em *videogames* por meio de periférico planejado para o *PlayStation 4*.

As imagens que acompanharam a patente da Apple mostram um *iPhone* acoplado a um *headset* apoiado sobre o nariz e orelhas e que pode ser usado como óculos.

Um sistema muito parecido, também baseado em um *smartphone*, já está em uso no *Samsung Gear VR* e no *Google Cardboard*, mas o pedido de patente da Apple foi apresentado em 2008, muito antes que a Oculus revivesse o interesse pela realidade virtual ao levantar US$ 2,4 milhões em 2012.

Jonathan Ive, vice-presidente de *design* da Apple, numa entrevista para a revista *The New Yorker*, descartou a ideia de *headsets* como *Google Glass*. Para ele, o rosto era "o lugar errado" para tecnologia de uso cotidiano.

Por outro lado, o analista da empresa Creative Strategies, Ben Bajarin, explicou: "A Apple tem por hábito solicitar muitas **patentes** que podem ser usadas para **melhorar um produto existente**, e não necessariamente criar algo novo. A sua administração sempre está pensando **no que virá dentro de 20 ou 30 anos**, e não daqui um ano ou dois!"

2.4 – MARCA

Inicialmente, vale a pena responder à questão: **o que é uma marca global?**

Deve-se salientar que não é nada fácil estabelecer uma **marca global** com a dimensão de uma Coca-Cola, por exemplo. É no *marketing* global que se expressa o desejo de expandir em um pacote único de *marketing*, para

"A Hyundai, que dá apoio a diversas instituições museológicas, criou em 2015, uma propaganda bem artística para divulgar a sua marca."

"Aí estão algumas das marcas mais conhecidas do mundo."

uma determinada região, digamos toda a América do Sul e também para os países da Ásia e da Europa.

Claro que certas situações facilitam a comunicação global e uma política de marcas. Elas têm relação com o produto, com os mercados, com o peso da identidade da marca e com a organização das empresas.

Mudanças sociais e culturais estabelecem uma plataforma favorável a marcas globais. Em tais circunstâncias, uma parte do mercado deixa de se identificar com valores locais estabelecidos há muito tempo e, em vez disso, busca novos modelos sobre os quais constrói sua identidade. Aí o mercado passa a ficar mais aberto às influências do exterior.

Muitos produtos têm origem em determinada cultura, e aí as dificuldades para uma abordagem global são enormes. O modo como um produto é consumido muitas vezes reduz qualquer possibilidade de aplicação de uma estratégia internacional e, até mesmo, pode inviabilizar a exportação da marca. Como exemplo, pode-se pensar na Ricard, terceira marca de destilados mais comercializada no mundo, mas que, ao contrário das duas primeiras – Bacardi e Smirnoff –, vende ainda muito mais na França do que em outros países.

Nesse mundo interconectado, graças à tremenda evolução das TICs, as empresas não "admitem" que suas marcas não tenham potencial de atrair consumidores ou clientes bem além das fronteiras de seus países de origem e para ter sucesso procuram realizar aquisições, constituir alianças ou até firmar acordos de licenciamento.

As principais estratégias para a **globalização** de marcas são:

1ª) Reprodutir progressivamente, e em toda parte, os fatores que levaram ao sucesso a estratégia de *marketing* local.

Essa abordagem deve ser necessariamente cuidadosa e progredir de país a país, introduzindo leves mudanças sempre que for necessário, mas prevalecendo a forte homogeneidade geral.

Um bom exemplo é o da rede Starbucks.

2ª) Lançar uma marca simultaneamente em vários países.

Estratégia tipicamente utilizada por grandes multinacionais ao criarem marcas totalmente novas para um mercado-alvo internacional, como foi o caso dos barbeadores Gillete, em especial com a linha Mach.

3ª) Unificar as marcas locais adquiridas através de fusões.

Esta estratégia é tipicamente empregada pelos setores industriais que compram reputações bem estabelecidas, com o que as empresas geralmente adquirem forte conhecimento e influência locais, mantendo inclusive um bom tempo as marcas antigas, como fizeram no passado algumas montadoras de carros.

Hoje, entretanto, muitos consumidores querem o **produto global**, ou seja, ter o mesmo que se utiliza nos países mais avançados do mundo, como é o caso do *iPhone* da Apple.

➙ **Por que é importante ter uma marca reconhecida?**

Especialmente nos momentos de incerteza econômica é que mais se fala de **valor**.

Assim, quanto maior for a importância de uma **marca** para as pessoas, ou seja, quanto maior o seu valor percebido, menor será a sua sensibilidade ao preço.

Será, então, que o destino das marcas é ir a luta com apenas uma arma: **o preço?**

Dizem que preço é o "calcanhar de Aquiles" do *marketing*.

Ele é formado tanto pela equação interna de custos e margem de lucro, quanto pela percepção do consumidor.

Em cenários em que certas marcas correm o risco de serem substituídas na preferência dos consumidores por marcas mais baratas, elas têm optado por sacrificar a sua margem de lucro e embarcam em ações promocionais (geralmente custosas...) para não serem **abandonadas** pelos seus consumidores.

Essa é uma estratégia defensiva praticada por muitas delas, mas não todas...

Quando a hora da verdade chega e o consumidor se vê em uma encruzilhada, algumas marcas ainda permanecem e conseguem passar pela tempestade sem arriscar tanto a sua saúde financeira.

Isso porque nós, seres humanos da modernidade, possuímos dentro de nós algumas marcas das quais não abrimos mão.

Cada um, nesse momento, pode fazer um breve exercício mental, que acabará elaborando uma lista de marcas que nunca saíram da sua vida!?!?

↠ **E por que isso acontece?**

O fato é que certas marcas sempre são capazes de trazer (oferecer) algo a mais.

Existem inclusive aquelas que entregam benefícios que vão além do produto e do serviço que representam.

Por isso, elas evocam um significado maior para cada um de nós.

Tais marcas possuem algumas características em comum.

Para começar, trabalham ao longo dos anos de forma consistente e constante, buscando muito mais do que conhecimento e uma lembrança marcante.

Não se pode dizer que a lembrança de marca tem pouca importância, mas ser uma marca apenas conhecida **não é mais o bastante para enfrentar cenários econômicos competitivos e manter relações duradouras.**

Ser conhecida é, como se diz em matemática, uma **condição necessária**, mas **não suficiente**. Ou seja, ser conhecida e lembrada não é o fim de um processo de **gestão da marca**, nem o princípio do fim, é apenas o **fim do começo!!!**

Dessa maneira, ninguém deve se encantar com indicadores altos de lembrança da marca e *top of mind* ("topo da mente").

A construção de uma marca forte é geralmente pautada por ações que alimentam um envolvimento autêntico com os consumidores e com todos os colaboradores que se envolvem com ela, dentro da organização.

São as marcas que suportam as promessas que são feitas aos consumidores e elas é que possibilitam uma sintonia mais profunda com os clientes (ou usuários).

São as marcas também que inspiram ideais alinhados com os nossos e que elevam nosso estado de espírito, servindo para que sejamos identificados pessoal e socialmente como desejamos ser percebidos pelos outros.

Elas são inspiradoras, envolventes e desempenham um papel, visando fazer do mundo um lugar melhor, de um jeito muito próprio.

São as marcas que revelam ter um propósito, que transcendem a materialidade do produto que representam.

Cada vez acreditamos mais que marcas sem um claro e legítimo propósito são **marcas sem alma**.

E é por terem todos esses cuidados e compromissos que as marcas geram alto valor percebido.

Sem elas, certamente, o mundo não seria o mesmo!?!?

Para essas marcas excelentes, o consumidor sempre faz um esforço maior.

E diante da necessidade de corte nos gastos, serão preservadas, porque construíram uma relação de envolvimento e engajamento com os consumidores com laços bem firmes.

Marcas fortes são resilientes. Resistem melhor às crises nestes tempos bicudos.

Para garantir que elas continuem existindo, são os consumidores que fazem a sua parte.

Em diversos momentos, teremos o impulso de abandonar algumas marcas, algo como um *brand detox*, uma feliz e inteligente metáfora criada por Martin Lindstrom, em seu livro *Brandwashed – O Lado Oculto do Marketing*.

Mesmo tendo tentado com perseverança durante meses eliminar algumas marcas de sua vida, Martin Lindstrom acabou concluindo que não conseguiria isso, pois certas marcas continuarão sempre a fazer parte das nossas vidas (e da dele também...).

Sem elas, nós nos sentimos menos identificados com nós mesmos.

→ **E para você, na hora da verdade, quais são as marcas que permanecerão na sua vida?**

O nosso mercado tem centenas de marcas, brasileiras, globais e muitas regionais, que têm nos ensinado como se cria valor, como se escapa da ingênua volúpia de ser apenas conhecido.

As marcas têm nos mostrado também como elas se transformaram em fontes de inspiração para nós, como pessoas, e contribuem para melhorar o mundo ao nosso redor.

→ **Qual é a diferença entre um *tablet* fabricado na China e o mesmo *tablet*, igualzinho, só que com a marca Apple nele?**

A resposta certa é: a **marca Apple**!!!

Claro que a marca não é só um logo estampado num produto, mas um conjunto de valores e atributos tangíveis e intangíveis que essa marca carrega e aquele logo difunde.

A construção de uma marca é uma obra empresarial que leva tempo, conquistada, com muito esforço, disciplina e profissionalismo.

A marca não é, como muitos acreditam, um fruto só da publicidade.

Ela é uma verdade, um sonho ou até uma fantasia (se for um filme da Disney...).

"Você compraria algo da marca Nkie, pensando que é um produto igual ao da Nike, como ocorreu durante os Jogos Olímpicos de 2008 realizados em Pequim (Beijing)?"

O que ela não pode ser é uma **mentira** ou uma **fraude**!!!

E as marcas não vendem só luxo, exclusividade ou algo dengoso.

Dessa maneira, quem compra na Zara, evidencia a sua inteligência: "Sou mais esperto porque me visto bem na Zara, comprando o que está na moda sem pagar o preço alto da moda."

E para conseguir isso, a Zara faz malabarismos incríveis, seguindo atentamente a moda, sem, entretanto, arcar com os mesmos custos e abrindo lojas bem em frente das marcas de luxo!?!?

Claro que existem marcas como a Red Bull, que foram inventadas com todo o estardalhaço possível e valendo-se das mais eficazes ferramentas de *marketing* (apoiando competições esportivas, financiando ou adquirindo

"Uma imponente loja da Zara na China, onde ela já possui centenas delas..."

clubes, participando de eventos de entretenimento, cujo público principal era formado por jovens etc.).

E aí investindo em energia, uma bebida de gosto estranho, tornou-se uma marca de aceitação global.

Outro exemplo extraordinário de marca é Ralph Lauren. Aliás, a sua vida se confunde com a marca e a empresa que levam seu nome.

Isso porque ele criou valores, processos e crenças, conhecidos por todos, que terão de ser respeitadas mesmo quando ele não estiver mais aqui para lembrá-las.

Ralph foi um garoto bem pobre, viveu no bairro nova-iorquino do Bronx, filho de Fraydl, uma dona de casa, e de Frank, um artista que desembarcou nos EUA vindo da Bielorrússia, mas que teve de pintar paredes para sustentar os quatro filhos.

Ralph nasceu com o sobrenome Lifshitz, que precisou mudar porque sofria preconceito e era importunado pelos colegas de escola.

Ele começou a trabalhar confeccionando gravatas que no comércio, com o seu novo nome – Lauren –, se tornaria uma das marcas mais admiradas do mundo.

Atualmente, Ralph Lauren é um magnata da moda, dono de uma fortuna de U$ 6,9 bilhões, sendo um gigante do mundo *fashion*, com mais de 14 linhas de produtos e cerca de 20 mil funcionários.

Pois é, ele que veio do nada, conquistou boa parte do mundo e agora pretende conquistar os brasileiros com o seu *american life style* (estilo de vida americano).

Numa entrevista para a revista *Dinheiro*, publicada em 18/4/2015, disse: "Estou otimista e feliz de poder compartilhar com os brasileiros o meu mundo de luxo, na nossa primeira loja em São Paulo, no *shopping center* Cidade Jardim, que já abriga algumas das principais grifes do mundo.

"O extraordinário Ralph Lauren criou uma das marcas mais admiradas do mundo."

Num espaço de 850 m², cuidadosamente decorado, de acordo com as especificações da matriz de Nova York, com muitos detalhes feitos com carvalho e a atmosfera de uma *country house*, os clientes deparam-se com as linhas mais sofisticadas da nossa marca.

As femininas *Collection* e *Black Label* e as masculinas *Purple Label* e *Black Label*, além de artigos para casa, acessórios de couro, óculos, perfumes e relógios."

Deve-se salientar que os planos de expansão de Ralph Lauren começaram a não ser bem-vistos nos EUA, ele que no final de 2014 tinha 433 lojas próprias espalhadas em 80 países, teve um faturamento de US$ 7,4 bilhões, mas ninguém deve duvidar do tino comercial do etilista que afirmou: "A minha impressão sobre o mercado brasileiro é que nele existem muitos consumidores com apurado senso de elegância e atemporalidade, tanto em estilo quanto em qualidade. Faz tempo que a cultura vibrante e o cenário em constante evolução no Brasil me fascinam. Estamos muito interessados em expandir nossa marca entre os brasileiros e com esta loja iniciamos este processo."

No início de outubro de 2015, Ralph Lauren, já com 75 anos, anunciou que estava entregando o controle operacional da empresa a Stefan Larsson, que vem da empresa sueca H&M, uma da pioneiras da "moda rápida" a preços acessíveis.

Isso permitirá que Ralph Lauren esqueça um pouco a expansão internacional e que alguém talentoso em logística na moda faça isso.

Ele tornou-se agora o presidente do conselho e o estilista-chefe e estar ele a frente dessas funções agrada muito aos investidores.

O mundo da **moda** é certamente o mais dinâmico usuário dos instrumentos de *marketing*.

Como fica velha todo ano, a moda tem que se tornar anualmente jovem e renovada.

As diferenças podem vir nas embalagens, no produto, na publicidade, no preço ou na tecnologia e na inovação.

Num mundo lotado de marcas e ferozmente competitivo, ninguém sobrevive ou constrói marca se não tiver uma diferença clara e se a organização não estiver alinhada, consciente e doutrinada a trabalhar para não esquecer nem deixar o consumidor esquecer aquela diferença!!!

Uma **marca** por sua vez não requer qualquer expressão artística ou criativa (como acontece com os direitos autorais) ou qualquer habilidade ou conhecimento específico (como ocorre com as patentes).

Ela é simplesmente uma marca ou um símbolo que representa uma empresa, mas que deve conseguir impacto junto ao público pelo que oferece!!!

Enquanto a maioria dos ativos tangíveis tem vida útil finita, as marcas quando bem gerenciadas, podem ter uma vida bem longa.

No caso de um consumidor, a experiência dele com a marca pode ocorrer por meio da compra e uso de um produto ou serviço, atendimento recebido, ou qualquer outra forma de relação direta ou indireta.

Neste sentido, quando se busca avaliar uma marca, trata-se no fundo em medir qual o valor que a mesma está criando ou não no seu público.

Observação importante 1 – A importância de se ter um bom nome para um produto é indiscutível!!!

Só que isso não é tão fácil de conseguir!?!?

Em 1953, Arthur C. Clarke, um mestre da ficção, publicou o conto *Os Nove Bilhões de Nomes de Deus*, no qual narrou a história de um grupo de monges tibetanos que acreditavam que, uma vez descobertos todos os nomes possíveis de Deus, aconteceria o "fim do universo".

Porém, segundo os cálculos dos tibetanos, chegar a esses 9 bilhões de nomes levaria não menos de 15 mil anos para acontecer, se eles continuassem usando o **antiquado** método **de escrever à mão**.

Por isso, eles resolveram alugar um computador e acelerar um pouco as coisas.

O computador entrou em ação e, ao produzir a combinação final de palavras, os monges conseguem o que queriam e "sem estardalhaço" as estrelas começaram a se apagar...

Atualmente, os computadores são muito, mas muito mais rápidos do que há seis décadas e para o mundo corporativo semelhantemente a chegada a esse "grito de bingo" o que interessa agora é analisar rapidamente todos os nomes possíveis com os quais se possa **batizar** o produto (serviço) de uma empresa para que ele se transforme numa marca bem-sucedida.

Realmente, as empresas fazem muito bem em gastar bastante tempo na análise da escolha de seus nomes – e o mundo vive a criação de *start-ups* (empresas iniciantes) num ritmo alucinante – pois é essencial causar uma primeira boa impressão.

Por exemplo, os fabricantes de Tic-Tac estavam com um problema.

Após 18 meses de estudos internos, eles concluíram que a tão importante **geração "do milênio"** – grande consumidora de suas pastilhas – não se contentava mais com uma simples bala de hortelã.

Por isso, um Tic Tac novo e muito mais divertido chegou às lojas – o Tic Tac Mixer, que muda de sabor à medida que derrete na língua, por exemplo de pêssego para limão.

Esse é mais um lance da obsessão da empresa pela conquista dos *millennials* (geração Y), ou seja, da geração nascida entre 1980-2000, que tem entre os seus integrantes mais jovens, os adolescentes.

Aliás, também o setor de café está desenvolvendo uma estratégia específica para esse público, isto é, para a geração M, pois seus integrantes são os que bebem mais cafés especiais do que quaisquer outras gerações.

Mas isso não deveria ser intensificado, pois de fato os que estão na geração M são aqueles que têm menos riqueza e mais dívidas do que outras gerações tinham na sua idade, graças aos empréstimos educacionais que contraíram para comprar equipamentos eletrônicos como *smartphones*, roupas da moda e as dívidas que assumiram para fazer frente com os encargos educacionais.

E não se pode deixar de lembrar que eles vivem mais de uma década em países que passaram por fortes recessões.

Definitivamente não se deve esquecer das preferências da geração do milênio; entretanto, não devemos abandonar todas as outras pessoas que permitiram que a maior parte dos negócios existisse...

Bem, a escolha inconveniente de um nome para uma empresa ou marca pode condená-la ao fracasso antecipado.

A larga proliferação de pessoas jurídicas é só um dos fatores que explicam por que está cada vez mais difícil chegar a esses nomes.

Além disso, a globalização aumentou o risco de que determinadas denominações sejam ofensivas num idioma.

A proteção aos direitos autorais é outra fonte de amofinação e assim as empresas precisam se certificar de que os nomes de sua preferência já não pertencem a alguém.

Sem dúvida, a maior culpada é a Internet, pois as empresas dão grande valor a "nomes de domínio" convenientes, que direcionam as pessoas a seus *sites*, entretanto muitas das melhores opções já foram **registradas por especuladores**.

Nos últimos tempos, a indústria de nomes corporativos foi moldada por quatro tendências.

A **primeira** é a moda dos **nomes inventados**, que não significam nada em nenhum idioma conhecido, mas têm um ar meio clássico, como fez a empresa brasileira Totvs, do segmento de *softwares*, que usa um "v" de inspiração romana.

Os nomes semelhantes a esse talvez sejam ligeiramente preferíveis à uma sopa de letrinhas, entretanto acabam fazendo o oposto do que se pretendia que fizessem: em vez de conferir um rosto humano à empresa, sugerem que ela carece de alma.

A **segunda** tendência veio do *boom* de **tecnologia** que impulsionou a indústria de nomes com um grande suprimento de palavras de cunho tecnológico.

É o caso do nome Google, que foi inspirado pelo termo matemático usado para designar a elevação de dez à centésima potência (10^{100}), cujo valor se chamou de *googol* e o da Tesla por uma unidade de medida de densidade de fluxo magnético.

Mas também surgiram nomes banais como PayPal ou então excêntricos como Yahoo!

Aliás, no setor de tecnologia, a praga dos nomes imitados não é menor que a das imitações de produtos.

Basta notar a mania da incorporação em nomes de empresas da palavra "*buzz*" (que quer dizer zumbido, frenesi, em inglês), como é o caso da empresa BuzzFeed ou então do sufixo "*-ify*" (usado para transformar adjetivos e substantivos ingleses em verbos), à la Spotify.

A **terceira** tendência é a dos **nomes "criativos"**.

A intenção nesse caso é optar por denominações que sejam o oposto de nomes corporativos genéricos: nomes **concretos**, em vez de **abstratos**; **chamativos**, em vez de **insípidos**.

Atualmente, é tão grande a leva de empresas de serviços financeiros com nomes que apelam para uma linguagem mais informal, como Wonga (gíria britânica para designar dinheiro) e QuickQuid (combinação que, fazendo uso de uma gíria usada para designar libra – a moeda britânica –, tem o sentido de "dinheiro rápido"), que a pessoa fica com saudade dos velhos e bons tempos em que os bancos tomavam emprestados os nomes de seus fundadores como foi o caso do Lloyds ou optavam simplesmente pela monotonia das iniciais, que é o caso do banco HSBC.

A **quarta** tendência, e certamente a mais **decepcionante**, é consequência da globalização.

É por isso que algumas multinacionais em ascensão ostentam nomes memoráveis, derivados das famílias que as fundaram, como a montadora de automóveis indiana Mahindra & Mahindra.

Note-se que quatro das dez maiores empresas de capital aberto do mundo levam a palavra "China" no nome, como é o caso da PetroChina.

As empresas latino-americanas têm uma forte inclinação pela letra "X" que também é o sinal de multiplicação.

O ex-bilionário brasileiro Eike Batista colocava um "X" no nome de todas as suas empresas, com o objetivo de que elas multiplicariam o capital dos investidores – OGX, MPX, LLX etc. – e acabou indo à falência...

Pois é, não está fácil escolher ou criar um bom nome para uma empresa (produto) que permita-lhe destacar-se.

Os responsáveis por achar esses nomes acabam misturando palavras, dando assim origem a saladas verbais; grafando palavras conhecidas com ortografias alternativas, como é o caso da organização financeira norte-americana Kabbage (de *cabbage*; que é repolho em inglês) ou então juntando palavras que não têm relação nenhuma umas com as outras, como a agência britânica de marketing *on-line* Digital Marmalade.

Certamente a moda mais irritante é a criação de nomes que parecem erros tipográficos, omitindo letras de forma deliberada como é o caso de Flickr, ou acrescentando, sem motivo aparente, um & comercial (ou seja, o símbolo utilizado para substituir a conjunção coletiva **e**) como foi o caso da empresa de consultoria Booz & Company que passou a se chamar Strategy &.

No conto de Arthur C. Clarke, os programadores desenvolveram "circuitos apropriados para eliminar combinações ridículas". No mundo da criação de nomes corporativos, a melhor defesa contra o absurdo é o **bom senso**.

E, dessa forma, ainda estamos muito longe de encontrar o equivalente do nono bilionésimo nome...

* * *

O Brasil é um País que não tem muitas marcas de renome e, com isso, as empresas multinacionais brasileiras sentem dificuldades de conquistar espaço no mercado global.

Não temos, infelizmente, nenhuma marca verde e amarela que esteja incluída entre as mais valiosas do mundo.

Comparados aos de outros países – como China, Rússia, Índia e África do Sul (do bloco BRICS) –, os grupos nacionais também são os menos agressivos em novos projetos de expansão.

Um exemplo típico é que em 2014 o grupo JBS, que é uma das maiores empresas multinacionais brasileiras – sendo o maior frigorífico do mundo –, **não tinha uma grande marca internacional.**

E isso não acontece apenas com essa companhia brasileira.

O presidente do JBS Wesley Batista destacou: "Temos planos bem concretos para criar uma forte marca internacional."

A internacionalização tem que ser tomada como um caminho sem volta para muitos grupos nacionais se quiserem sobreviver no século XXI.

Entretanto um estudo da empresa de consultoria de gestão de negócios Accenture, indicou que as companhias nacionais são bem menos agressivas do que as dos outros integrantes do bloco BRICS.

Casos de sucesso como os do JBS, AB InBev, Gerdau, Embraer, Vale etc., são realmente verdadeiras exceções entre as empresas brasileiras que desejam fortalecer as suas marcas globalmente.

O levantamento da Accenture indicou que o número de projetos construídos do zero por grupos nacionais em mercados estrangeiros na última década foi o mais baixo entre as economias do BRICS.

Desde 2003, empresas russas investiram em mais de 1.300 projetos no exterior; grupos chineses, em cerca de 2.300 e as indianas em mais de 2.500.

"O empresário Joesley Batista, presidente do conselho de administração da JBS, ao participar de um evento organizado pela revista The Economist, afirmou que 2015 vai ser o melhor ano da história da empresa, cujo endividamento está em queda e ela está pronta para novas aquisições a partir de 2016."

Enquanto isso, as empresas brasileiras investiram um pouco mais de 500 projetos, um número ligeiramente inferior ao da África do Sul.

É vital que as empresas brasileiras mudem essa postura e mirem-se, por exemplo, no que faz a AB InBev, talvez a única empresa brasileira que compete de igual para igual com a Unilever e Procter & Gamble que exploram de forma exemplar suas marcas e produtos pelo mundo.

Os fundadores da AB InBev, Jorge Paulo Lemann, Marcel Telles e Carlos Alberto Sicupira realmente têm se preocupado bastante para divulgar as suas marcas como Burger King e Heinz, eles que sonham um dia terem também a Coca-Cola!!!

Aliás, a AB InBev tem crescido por meio de fusões e aquisições globais estratégicas e colecionou nesse caminho, um amplo portfólio de marcas e produtos que atendem a uma variedade de gostos e preferências ao redor do mundo.

A marca é muito importante no estabelecimento de uma base de operações em novos mercados.

Wesley Batista ao analisar o desempenho da sua organização em 2013 relatou: "Conseguimos nesses últimos dez anos de fato construir uma grande companhia e não só devido às aquisições, mas pela credibilidade que conquistamos.

O processo de internacionalização do grupo começou em 2005, com a compra da Swift, na Argentina, e desde então não parou mais.

Em 2012, o grupo JBS teve uma receita de R$ 75,7 bilhões, dos quais cerca de R$ 56 bilhões são de negócios fora do Brasil, sobretudo nos EUA, onde processamos carne bovina, suína, de frango e ovina.

Vamos ampliar o nosso investimento em *marketing* para reforçar a nossa marca, estando separado um montante próximo de R$ 200 milhões para essas campanhas em 2014."

Realmente no final de 2014 a JBS divulgou que teve um lucro líquido de R$ 2,04 bilhões.

O estudo da Accenture apontou que no Brasil o caso mais bem-sucedido de promoção da marca foi da Netshoes, que já é a maior loja de artigos esportivos na América Latina.

O presidente da Netshoes, Marcio Kumruian explicou: "Na nossa empresa não temos complexo de vira-lata!!!

Ao contrário temos planos ambiciosos fora do Brasil, e já estamos na Argentina e no México, mas vamos começar a atuar em outros países assim que entendermos melhor esses novos mercados.

"O ousado empreendedor Marcio Kumruian."

Desde 2007, operamos só com **vendas virtuais** e a nossa empresa já é considerada uma das maiores empresas globais de *e-commerce* de artigos esportivos, de acordo com a publicação *Internet Retailer*."

Para terem mais sucesso com as suas marcas globalmente as empresas brasileiras precisam investir mais em inovação e não basta para isso usar bem a TI. É imprescindível saber equilibrar a cultura global com a local.

Na realidade a empresa de comércio eletrônico Netshoes decidiu criar o grupo Netshoes, ou seja, o seu negócio de artigos esportivos separando-o do negócio de moda (a Zattini) e da operação internacional.

Marcio Kumruian complementou: "A nossa mensagem com essa mudança é: a Netshoes vai aumentar o seu portfólio.

Em 2014 tivemos um prejuízo líquido de R$ 93,6 milhões, mas apesar de todos os problemas econômicos do nosso País, vamos alcançar o equilíbrio financeiro no final de 2015."

No tocante à marca, vale à pena ainda ressaltar o caso das Havaianas, talvez uma das mais bem-sucedidas marcas brasileiras, que conseguiu um bom destaque no exterior.

Aliás, pasmem, a Havaianas virou marca de roupas a partir do 2º semestre de 2014.

Neste sentido, uma equipe de 20 criadores foi contratada para desenvolver produtos e estampas de **moda casual** e de **praia**.

A empresa já possuía em 2014 cerca de 389 lojas no Brasil e 108 no exterior.

Mas a maior parcela de vendas das sandálias de borracha acontece em pontos de venda desde redes como C&A e de grandes supermercados a vendinhas de beira de estrada nos mais remotos cantos do País.

O presidente da Alpargatas, Marcio Luiz Simões Utsch, comentou: "As lojas exclusivas dão dinheiro, são rentáveis, mas funcionam como um instrumento de *marketing*, um ponto de contato do consumidor com a marca.

Não constituem algo significativo para o negócio como um todo.

A empresa já está planejando adquirir uma divisão de moda de luxo, inaugurada com a aquisição da grife carioca Osklen, no início de 2013.

Nos nossos planos estão a abertura de novas lojas da Osklen no Brasil e no exterior, bem como novas aquisições da área de moda de luxo.

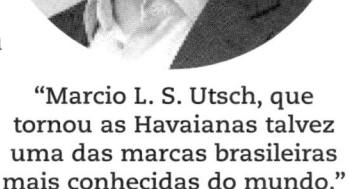

"Marcio L. S. Utsch, que tornou as Havaianas talvez uma das marcas brasileiras mais conhecidas do mundo."

Com a inauguração da fábrica em Montes Claros, em 18/10/2013, no norte do Estado de Minas Gerais, ampliamos a capacidade de produção de Havaianas em 40%.

Serão agora mais 102 milhões de pares por ano, que se somam à produção de 260 milhões por ano que saem da outra fábrica no Estado da Paraíba.

Essa fábrica em Montes Claros tem muitas inovações tecnológicas e ambientais, o que a coloca entre as mais avançadas no setor de transformação de borracha.

Dessa maneira, as perdas de resíduos foram reduzidas a quase zero, e até as rodelinhas que sobram do furo onde são encaixadas as tiras são reaproveitadas e viram sandálias.

Os grandes investimentos foram feitos no desenvolvimento tecnológico de máquinas e equipamentos com firmas da Alemanha e da Itália.

Essas máquinas de custo menor de manutenção produzem mais, com 30% menos de insumos e uma menor utilização de mão de obra!!!

E não vamos desativar a fábrica de Campina Grande, no Estado da Paraíba, mas sim elevar a sua eficiência aumentando inclusive o seu centro de distribuição, pois atualmente, tudo o que produzimos vende. Uma das razões de fazer novas fábricas no Brasil e não na China, por exemplo, está ligada ao fato de que exibir **Made in Brazil** faz muita diferença para a marca, que tem como um de seus valores, a **brasilidade**.

E não se pode esquecer que se fabricássemos as Havaianas na China, o seu custo seria só uns 10% menor, mas isso é muito pouco..."

Em 3/11/2015, Márcio Utsch, numa teleconferência com os jornalistas disse: "Vendemos as marcas Topper e Rainha, de calçados esportivos para o Sforza do investidor e empresário Carlos Wizard Martins.

Com essa venda a empresa vai se focar agora em três áreas: **ampliação** da participação no mercado das Havaianas em algumas regiões do Brasil, **aumento** no varejo por meio das lojas Osklen e de Havaianas e uma **promoção mais intensa** dos artigos da Mizuno (que está em 4º lugar dos *top 15*, sendo o 1º ocupado pelas Havaianas) e Timberland (15º lugar) que são representadas no Brasil pela Alpargatas.

A licença de uso que temos da marca japonesa vai até 2027."

Bem, em 23 de novembro de 2015, a *holding* J&F, um veículo de investimento da família Batista, entrou no setor calçadista adquirindo uma das mais bem-sucedidas marcas brasileiras no exterior, a **Havaianas**.

Com essa compra, os irmãos Wesley e Joesley Batista ampliarem seu portfólio de bens de consumo, mercado no qual atuam com marcas bastante conhecidas como: Friboi (carnes), Vigor (lácteos), Francis (sabonete) e Minuano (detergente líquido).

Sob a *holding* J&F, estão oito companhias: a gigante da área de proteína animal JBS (com as marcas Swift, Pilgrim's, Friboi, Seara e Frangosul); Flora de produtos de limpeza e higiene (marcas e Minuano e Albany entre outras); Vigor no setor de alimentos lácteos (com as marcas Vigor, Faixa Azul, Danúbio, Leco e Serrabella); Eldorado Brasil no setor de papel e celulose; Canal Rural, uma emissora de TV com foco no agronegócio; Oklahoma, uma empresa de pecuária nos EUA; Floresta Agropecuária, voltada para criação de gado e cultivo de cana e cereais e o banco Original, uma instituição financeira.

Assim, o grupo já tinha em 2015 mais de 200 mil funcionários espalhados pelo mundo, responsáveis pela produção e comercialização de cerca de 50 marcas.

Ele está presente em mais de 10 países com 140 unidades de negócios.

A JBS é o maior ativo do portfólio da J&F, com uma estimativa de faturamento em 2015 de R$ 160 bilhões e um lucro líquido de R$ 6 bilhões.

Agora comprou também a fatia majoritária da Camargo Corrêa, na empresa Alpargatas, dona da marca de sandálias Havaianas, por R$ 2,667 bilhão à vista.

A Alpargatas liderava em 2015 o mercado de calçados com uma participação de 12,5%.

A Camargo Corrêa precisava arrecadar dinheiro urgentemente para saldar várias obrigações entre elas um acordo de leniência dentro das investigações da operação Lava Jato, que apura esquema de corrupção na Petrobras, no qual deverá pagar R$ 804 milhões aos cofres públicos.

J&F pagou pela ação da Alpargatas R$ 12,85 que estava na faixa de R$ 12 a R$ 14, o que foi considerado aceitável.

O novo controlador terá 44,12% da companhia sendo 66,99% ações ordinárias e 19,98% das preferenciais.

Entre os demais sócios da dona da Havaianas estão o investidor Silvio Tini de Araújo e sua *holding* Bonsucex, que têm, juntos, cerca de 20%. O restante está no mercado.

Por ser "novato" no mercado de calçados e confecções, a intenção do grupo J&F é a de manter a equipe que comanda a Alpargatas, inclusive o seu executivo principal Márcio Utsch, que a preside há mais de 12 anos e que promoveu a "virada" salvadora quando a situação dela financeiramente tornou-se bem ruim, no final doas anos 1990...

Enquanto lá fora a ordem é aumentar a venda de sandálias, a estratégia da Alpargatas no Brasil tem sido reduzir a dependência dos famosos chinelos, que ainda respondem por cerca de 60% das receitas da companhia.

Entretanto, como os preços das sandálias Havaianas não podem subir muito no mercado interno, a Alpargatas está tentando diversificar seu portfólio para produtos de preço unitário mais alto.

Assim, uma das principais apostas no Brasil são os tênis da marca japonesa Mizuno, cujo par chega a custar R$ 1.000 nos pontos de venda (aliás o contrato para fabricar e distribuir os produtos da Mizuno no País, foi renovado em 2015, por mais 26 anos).

2.4.1 - Dificuldade para manter a marca

Aí vão alguns exemplos dos conflitos que surgem entre as marcas e o esforço para não manchá-las.

1º) Zara, a gigante espanhola do vestuário, acusada de trabalho escravo.

A marca Zara, criada pelo bilionário Amâncio Ortega, que segundo a revista *Forbes* de 2015 era o segundo bilionário do mundo com uma fortuna de US$ 74,4 bilhões, dirigindo o grupo Inditex, foi acusada em 2014 de contratar no Brasil, mão de obra de imigrantes bolivianos em condições análogas à escravidão.

O presidente da subsidiária brasileira da Zara, João Braga, na época disse: "Temos agido de forma transparente, mas realmente houve problemas por parte de nossos fornecedores que subcontrataram mão de obra escravizada."

Por sua vez, Raúl Villar Stradera o porta-voz do grupo Inditex, controlador da Zara complementou: "Houve uma ação deliberada de um dos nossos fornecedores de desrespeitar as leis brasileiras e os compromissos assumidos conosco, o que procuramos sanar eliminando-o da nossa cadeia produtiva.

A nossa empresa possui um rigoroso código de conduta, chamado de *compliance* no jargão empresarial.

As regras dessa cartilha indicam as boas práticas que devem ser observadas por nossos funcionários e fornecedores em todos os aspectos do negócio.

Cobramos desde a qualidade técnica para produzir as peças do vestuário até a sustentabilidade socioambiental das matérias-primas, passando pelas condições de trabalho da mão de obra, terceirizada ou própria.

A empresa também é signatária de diversos acordos com sindicatos de trabalhadores e também com a OIT, entretanto em certas situações todas essas coisas, ou seja, essas defesas podem não funcionar.

Já descartamos o fornecedor que se comportou de forma reprovável, apesar de que os bolivianos que fizeram confecções para nós, não recriminaram a empresa.

A medida que tomamos, para não manchar de forma alguma a imagem da nossa marca, foi a criação de um código (QRCode) que permite aos consumidores brasileiros conferir, através da observação de um vídeo no seu *smartphone* como cada peça foi produzida."

Observação importante 2 – Você acha que a Zara está crescendo?

Bem, a grife Zara pertence a varejista espanhola Inditex, que encerrou o primeiro semestre de 2015 com lucro líquido de € 1,166 bilhão, com crescimento de 25,6% em relação ao mesmo período em 2014.

A receita líquida de vendas aumentou 17 %, para de € 9,4 bilhões.

Na região das Américas, que inclui o Brasil, a Inditex teve expansão de 14,7% em receita de vendas no primeiro semestre de 2015.

Em relação às lojas físicas, a Inditex começou o 2º semestre de 2015 com 6.777 lojas em 88 mercados, ante 6.460 lojas um ano antes.

No primeiro semestre, foram abertas 94 unidades físicas, sendo 24 lojas da Zara, 25 Zara Home, 7 Pull & Bear, 10 Massimo Dutti, 4 Bershka, 9 Stradivarius, 11 Oysho e 4 Uterqüe.

A receita líquida da Zara avançou para € 6,14 bilhões. Já a Zara Home teve um avanço de 22% para € 293 milhões.

As demais marcas da Inditex - Pull&Bear, Massimo Dutti, Bershka, Stradivarius, Oysho e Uterqüe – apresentaram avanços em vendas de 5% a 17%.

No Brasil, a Zara no início de julho de 2015 tinha 54 lojas e 12 Zara Home aliás, três dessas foram abertas em 2014.

Como se nota apesar de alguns contratempos na sua reputação, de uso de trabalho escravo, a Zara está evoluindo no mundo, sendo que no Brasil moderadamente...

* * *

2º) Conflito entre BRF e a Seara!!!

Pois é, a BRF (Brasil Foods), dona das marcas Sadia e Perdigão, conseguiu uma liminar na Justiça (6/7/2015) que ordenou a retirada do ar da campanha da empresa concorrente Seara do grupo JBS.

No processo judicial, a BRF argumentou que a Seara "usurpou" o *slogan* da Sadia na sua campanha, alegando danos materiais e a remoção do seu vídeo promocional.

Criado pela agência WMcCann, o comercial da Seara mostrou uma família comprando presunto na padaria.

Na hora de pedir a marca desejada, as crianças fazem um jogo de adivinhação com o atendente, dizendo que é uma marca "que começa com S e termina com A", para posteriormente pedir o produto da Seara.

De acordo com os argumentos usados pela BRF no processo, ao utilizar a letra "S" para remeter ao seu nome, a Seara estaria se apropriando de atributos da marca Sadia.

Como prova, a BRF apresentou à Justiça que nas campanhas antigas da Sadia utilizou-se a letra "S" no seu *slogan*, os registros de marca da letra "S" no INPI e a reprodução de comentários feitos por internautas na página do Facebook da Seara, dizendo que a resposta para a charada na campanha seria "Sadia".

Os advogados da BRF comentaram: "A Seara está tentando se valer dos famosos *slogans* da Sadia, visando, assim, a não apenas diluir as marcas registradas da autora, mas também confundir o consumidor, que pouco a pouco deixará de associar o signo distintivo 'S' à marca Sadia."

Antes de entrar na Justiça, a BRF pediu a intervenção do Conselho Nacional de Autorregulamentação Publicitária (Conar) para a remoção do comercial da Seara, pedido que foi **negado** pelo órgão!!!

Porém, ao contrário do órgão autorregulado, o juiz Douglas Ravacci, da 33ª Vara Civil de São Paulo, atendeu ao pedido da BRF e ordenou a remoção da campanha da Seara sob pena de multa de R$ 50 mil por dia, e afirmou na sua decisão: "A peça publicitária induz o consumidor a associá-la à marca Sadia [...] aproveitando dos sucessos anteriores (da Sadia), calcados nesse *slogan* para divulgar seu produto, em prejuízo do semelhante da autora."

A Seara, no curto período de vigência de sua campanha conseguiu quase três milhões de visualizações no canal da marca no YouTube, e na página da empresa no Facebook a campanha registrou cerca de sete milhões de visualizações, muitos milhares de curtidas e compartilhamentos.

Ressalte-se que essa campanha provocativa à Sadia foi uma sequência à estratégia agressiva de *marketing* que a Seara adotou desde que a marca foi adquirida pelo grupo JBS, em junho de 2013.

Aliás, a empresa também contratou a jornalista Fátima Bernardes como garota-propaganda, na tentativa de transferir a credibilidade que ela granjeou como apresentadora do *Jornal Nacional* da rede Globo, aos seus produtos.

Sem dúvida, a Seara, desde a sua primeira campanha de reposicionamento da marca, vem se apresentando ao consumidor como uma alternativa com qualidade, em mercado que se consolidou e concentrou no grupo BRF.

Tudo indica que está tendo sucesso, pois suas vendas têm aumentado significativamente e até o tal vídeo promocional com o teste de advinhação voltou a ser exibido...

3º) Duas empresas internacionais disputam marca de relógio na Justiça brasileira.

Em janeiro de 2015, a Justiça Federal do Rio de Janeiro determinou a **nulidade** do registro da marca Iwach no Brasil a pedido da Swatch. A empresa Swatch entrou com ação contra a detentora da marca, a Intertime (Far East) Holdings, de Hong Kong, e o INPI. A companhia suíça de relógios alegou imitação e violação à prioridade de seu nome. O INPI, por sua vez, pretende recorrer da decisão.

A Swatch pediu ainda a abstenção de uso da marca Iwach ou de qualquer outra que **reproduza** ou **imite** a marca Swatch pela Intertime, sob pena de pagamento de multa no valor de R$ 1 mil por dia de descumprimento. A empresa alega que tem o registro de seu nome no Brasil desde 1983, enquanto a Iwach foi registrada em 1999.

No processo, o INPI alega que o termo *watch* está desgastado no segmento dessas marcas, pois significa relógio em inglês, existindo diversos registros de marcas distintas compostas pelo termo e que convivem pacificamente no mercado.

Assim, para o INPI, o termo não poderia ser apropriado a título exclusivo, salvo quando associado a outros traços distintivos. Já para a juíza federal Márcia Maria Nunes de Barros, a concepção é outra, pois ela considera a anterioridade do registro e a boa-fé definindo: "Tratando-se de empresas que exercem atividade econômica no mesmíssimo segmento mercadológico, entendo restar improvável que a empresa ré, no ato do depósito, não pudesse, em razão de sua atividade empresarial, desconhecer a existência da marca da autora."

Quanto ao argumento do INPI, a magistrada entendeu que mesmo que o termo *watch* seja de fraca distintividade para designar relógios, tendo que conviver com outros semelhantes, é necessário que haja suficiente distância entre eles, mediante outros termos nominativos ou figurativos que lhes confiram distintividade.

4º) A sexualidade não vende mais uma marca!!!

Em 2003, o estilista norte-americano Calvin Klein, naquela época com 72 anos, deixou a sua grife e foi o seu assistente Kevin Carrigan que precisou levar nas costas o **ideal de sexualidade** construída por seu mentor nas campanhas da marca.

Foram Klein e Carrigan que introduziram a expressão *sex sells* ("sexo vende") na moda e aí tiraram a roupa da famosa modelo Kate Moss e dos atores Brooke Shields e Mark Wahlberg para vender calcinhas e cuecas da linha de roupas de baixo da marca.

Na visita que fez ao Brasil em fevereiro de 2015, Kevin Carrigan, no cargo de diretor criativo da divisão de *jeans* e *fitness* da grife, disse: "As pessoas querem se sentir *sexy* quando se vestem, inclusive para se exercitar. Vamos lançar seis meses antes dos Jogos Olímpicos de 2016, no Rio de Janeiro, a nossa nova linha de roupas para academias.

De fato, estamos surpresos agradavelmente com a aceitação dos nossos *jeans* pelos brasileiros e em apenas dez anos, o Brasil já contabiliza 30 de nossas lojas.

Há 15 anos vendemos muito os nossos produtos graças ao impacto que provocamos com as imagens das estrelas sem roupa, que inclusive causaram em alguns consumidores a sensação de que iriam usar as nossas peças como sendo algo quase ilícito.

Mas a pornografia gratuita na Internet acabou com a ideia de que um homem e/ou uma mulher com roupas de baixo eram intimidadores.

Os jovens não se chocam mais com isso, essa é a verdade.

Entretanto hoje, temos que pensar em estratégias para criar as imagens provocantes que nos tornem muito conhecidos.

Claro que nunca descartaremos a possibilidade de que essas estratégias devem ser agressivas e possam, inclusive, causar polêmicas.

Isso já aconteceu, por exemplo, em 2010, num anúncio da grife com a modelo holandesa Lara Stone, sendo 'atacada' por três homens, que foi banida na Austrália por supostamente incitar a **violência contra mulheres**.

Na nossa campanha da linha *underwear*, lançada em janeiro de 2015, mostrou-se o cantor Justin Bieber seminu ao lado da *top* holandesa Lara Stone.

→ **Há quem diga que Bieber desperta desejo?**

Pois é, pode ser verdade, mas foi ele que nos ligou pedindo para aparecer assim na campanha.

Disse que queria mudar sua imagem e essa campanha acabou sendo um grande sucesso.

Na nossa nova campanha de calcinhas e de cuecas, espero que se possa construir um verdadeiro divisor de águas dentro da moda, por mostrar exatamente como os jovens encaram o sexo atualmente!!!"

Você já viu essa campanha, lançada em junho de 2015? O que achou?

Achou que Kevin Carrigan, que é formado em desenho industrial, sabe passar bem o significado dos produtos da grife Calvin Klein?

"Calvin Klein valendo-se de um anúncio bem provocante para a venda de seus produtos, envolvendo Justin Bieber e Lara Stone."

5º) Taylor Swift lança campanha contra a falsificação na China.

A famosa cantora norte-americana Taylor Swift é uma nova ativista contra a **falsificação** de seus produtos na China.

Pois é, à medida que a popularidade da cantora *pop* explodiu no país, também floresceu um enorme mercado de produtos não autorizados que levam o seu nome, com os varejistas oferecendo todos os tipos de artigos em plataformas de comércio eletrônico, de perfume falsificado a violões autografados pirateados.

Num esforço para tirá-los do mercado, Taylor Swift lançou sua própria marca de roupas Taylor Swift em parceria com dois dos maiores nomes do comércio eletrônico da China, o JD.com e o grupo Alibaba.

A sua estratégia foi a de usar seu *status* de estrela para convencê-los a parar de vender produtos que não possuem os direitos de utilização de seu nome, de acordo com Heritage 66 Company, uma empresa de gestão de marcas que a está representando e levou a sua linha de roupas para a China.

A partir de 8/8/2015, o *site* JD.com e a plataforma de vendas *on-line* Tmall, do Alibaba passaram a vender camisetas da marca Taylor Swift por US$ 60 e algum tempo depois, outras peças da sua coleção feminina, custando entre US$ 100 e US$ 120 cada uma.

Todos esses produtos têm etiquetas antipirataria que possibilitam aos clientes monitorar a sua autenticidade na *Web*.

Tudo isso foi feito alguns meses antes da apresentação da cantora em Xangai, em novembro de 2015, em turnê na qual cantou músicas do seu disco *1989*.

O importante de tudo isso é salientar que Taylor Swift se uniu a um movimento cada vez maior das empresas norte-americanas que pressionaram os gigantes do comércio eletrônico chinês a combater a venda desenfreada de produtos falsificados.

Por sinal, uma associação que representa as fabricantes de roupas e sapatos dos EUA enviou uma carta ao presidente da Alibaba, Jack Ma, reclamando sobre a falta de progresso na luta contra os produtos falsificados em seu *site*.

Um porta-voz da Alibaba declarou que a empresa está "dedicada ao combate à falsificação" e que vai trabalhar com representantes da cantora para "proteger seus direitos de propriedade intelectual, bem como os direitos de todas as partes interessadas."

Atualmente, existem nove marcas registradas na China sob o nome Taylor Swift, três das quais são de propriedade de outras pessoas não associadas à sua empresa.

Entre os produtos de marcas registradas que não pertencem à cantora estão bolsas, roupas infantis, maiôs, sapatos e chapéus.

Disputas de marcas comerciais são difíceis de vencer na China, porque a sua lei se baseia em quem solicitou o **registro primeiro**, independentemente do grau de celebridade do artista.

Se Swift quisesse lançar uma linha de maiôs, ela assim estaria infringindo a lei chinesa?!?!

Então, mesmo que você seja internacionalmente famoso, se alguém for o dono de seu nome na China, não poderá impedi-lo de vender produtos com esse nome.

"A incrível luta da cantora Taylor Swift para não piratearem a sua marca na China."

É verdade que Taylor Swift contratou um escritório de advocacia que está trabalhando para recuperar as suas marcas na China!!!

Recorde-se que Michael Jordan, o legendário jogador de basquete, processou em 2012 a empresa de roupas esportivas Qiaodan Sports, dizendo que ela tinha construído seu negócio usando o nome chinês dele: "Qiaodan".

Em maio de 2015, seus advogados informaram que iriam entrar com recurso no Supremo Tribunal Popular depois que um tribunal de primeira instância decidiu em favor da empresa chinesa.

No Taobao, uma plataforma de comércio eletrônico do Alibaba que conecta principalmente pequenos varejistas e compradores individuais – alguns vendedores já faturaram milhões de dólares com produtos falsos com o nome Taylor Swift.

Usuários do Taobao podem comprar tênis Taylor Swift Kids falsificados por preços tão baixos quando US$ 12, além de relógios com a marca da cantora e capas de celulares por cerca de US$ 10.

Uma máscara contra poluição com a foto de Swift sai por cerca de US$ 1,3.

Swift tornou-se conhecida nos EUA, nas paradas de sucesso das músicas *pop* e *country*, ganhou também fama por pressionar as grandes empresas a mudar suas táticas de vendas, como foi o seu protesto contra o serviço de *streaming* de música da Apple, fazendo objeção à decisão da empresa de não pagar *royalties* aos artistas durante o período de três meses em que eles testariam as suas músicas no Apple Music.

Mostrou também influência na China quando em 2014 a principal plataforma de *streaming* do país retirou as músicas de Swift de seus serviços gratuitos, atendendo aos pedidos dos agentes da cantora.

Porém, a **maior parte** dos consumidores na China está se **recusando a pagar** para baixar as músicas de Taylor Swift. Talvez ela consiga ganhar dinheiro com a sua marca, vendendo peças da sua linha de moda, porém, tudo indica que não são muitas as chinesas que podem pagar até US$ 120 por um vestido verdadeiro da marca Taylor Swift!!!

"O presidente do Alibaba, o bilionário Jack Ma, destacou que é difícil a batalha contra produtos falsificados."

Note-se que na atribuição dos prêmios do Grammy em fevereiro de 2016, a cantora Taylor Swift foi a preferida dos jurados e obteve três gramafones – as estatuetas entregues a quem é premiado – mais importantes, ou seja, aqueles para o melhor álbum do ano (*1989*), melhor disco de vocal *pop* e melhor videoclipe.

Kendrick Lamar, que estava indicado em 11 categorias, com o *To Pimp a Butterfly*, levou cinco, mas em nenhuma das principais...

É difícil competir com alguém como Taylor Swift, que é capaz de vender 1,2 milhão de **cópias físicas**, apenas na primeira semana de lançamento...

6º) Alta-costura tem proteção legal!!!

Mais que uma expressão da moda, o termo alta-costura (*haute couture*) é **protegido por lei**.

Para serem designadas como tal, as roupas devem ser feitas obrigatoriamente na França por uma marca aprovada pela Câmara Sindical de Alta-Costura do país.

Entre outras exigências, a grife precisa ter um ateliê em Paris, confeccionar trajes sob medida e apresentar duas coleções por ano.

A exclusividade e a preservação de **técnicas artesanais** de corte e costura têm um preço alto e, por isso, há um grupo seleto de consumidores desse tipo de roupa hoje no mundo.

Uma delas é a jornalista, editora e colecionadora norte-americana Christine Suppes, que mostrou toda a sua coleção no livro *Electric Fashion* (*Moda Elétrica*), lançado em 11/5/2015, no museu Victoria and Albert, em Londres (Reino Unido).

Christine Suppes possui mais de 200 peças de alta-costura que ela foi adquirindo ao longo dos últimos 30 anos.

É um precioso acervo *fashion*, colecionado sob um olhar do amor pela moda e sua história.

Em 1990, ela criou aquele que seria um dos primeiros endereços virtuais especializados em moda, o *Fashionlines*, quando a Internet ainda engatinhava e os *sites* **especializados** eram raridades.

Agora, sua contribuição para o universo da moda se amplia com esse livro *Electric Fashion*, que tem um *status* de arte por seu valor histórico e conceitual.

Explicou Christine Suppes: "Tive a ideia para o livro há alguns anos. Pretendia inicialmente contar a história de como comecei meu *site*, mas depois encontrei o fotógrafo Frederic Aranda, em 2009, e ele me convenceu a mostrar minhas roupas e até a me tornar modelo para o livro.

Acredito que ele se destaca pela riqueza e diversidade de estilos, pois pude passear pelos universos das mais tradicionais casas, como Yves Saint Laurent, Dior, Balenciaga e Chanel, além de revelar e registrar um período da moda que despareceu para sempre, quando as roupas eram realmente bem-feitas!!!

Eu guardo todas as minhas peças em uma sala antimofo climatizada e a coleção é examinada mensalmente.

A alta-costura significa que a transmissão do precioso talento de um ateliê deve ser preservada.

Ela não deixa de ser um laboratório. Sem ela, definitiva e realmente não poderemos ter moda.

Espero que isso estimule outras pessoas, entidades e IESs a reunirem-se e preservarem boas coleções de alta-costura."

7º) As estranhas decisões sobre o caso de nomes semelhantes.

Em abril de 2014 foi revelada uma decisão judicial envolvendo a Bombril, que enfatiza a crescente utilização da Justiça pelas marcas consagradas para proteger seus nomes.

Assim, o Tribunal de Justiça (TJ) de São Paulo mandou a Higibril de Porto União, uma cidade com 35 mil habitantes, no Estado de Santa Catarina, que vende produtos de limpeza, **mudar de nome**, sob pena de sofrer uma multa diária de R$ 10 mil.

Claro que esse não é o primeiro caso envolvendo a Bombril.

Em 2013, a empresa conseguiu uma decisão judicial contra uma empresa de Campinas, particularmente, inspirada em fazer os mais variados produtos para os mais diversos usos: Rodiabrill, para radiadores, Rodabrill, para uso externo em carros e até Dog-brill.

Também em 2013, conseguiu impedir que uma pequena fábrica de Currais Novos, uma cidade do Estado do Rio Grande do Norte, com algo próximo de 43 mil habitantes, de usar a marca **Bom Brilho**.

Tais ações têm ficado cada vez mais comuns no Brasil.

Dessa maneira, em 2013, o INPI facilitou o processo para uma marca ser reconhecida como de alto renome.

Assim, não é mais necessário esperar algum conflito com outra marca para pedir tal proteção especial.

Ser uma marca de alto renome possibilita proteção em todos os mercados, não apenas naquele em que ela atua, como é o caso da Pirelli, Nike, 3M, Natura, Itaú, Sadia, Kibon etc.

Ou seja, ninguém pode abrir uma borracharia chamada McDonald's mesmo que prometa jamais oferecer hambúrgueres entre os pneus vendidos ou reparados.

Dessa maneira, por exemplo, a Natura conseguiu em 10 de fevereiro de 2014, utilizando a chancela do INPI como argumento, uma decisão judicial que determinou que uma marca da fábrica de alimentos da cidade de Nova Hamburgo, no Estado do Rio Grande do Sul, chamada Natura Mel mudasse esse nome, mesmo não vendendo nenhum tipo de cosmético.

A Natura está envolvida em outras ações contra a indústria de alimentos que usa a marca Naturarroz e contra os cosméticos importados Natura Bissé de Barcelona.

Deve-se ressaltar que nem tudo é vitória para as grandes marcas.

Assim, a Kibon não conseguiu que a Sorbeteria Ki-Delícia de Sabor, que fica em Ermelino Matarazzo, na zona leste da cidade de São Paulo desistisse desse nome...

A decisão da desembargadora Graciella Salzmann, do TJ de São Paulo foi: "A marca Ki-Delícia de Sabor, embora traga a conotação de ser algo gostoso, como também faz a marca Kibon, não tem o poder de causar confusão ao consumidor."

Outro caso curioso na Justiça envolveu a marca Tubaína, que não é considerada de alto renome.

Uma fábrica do Nordeste utilizava o nome **Tubaína** no seu refrigerante, mas um processo judicial dos detentores da marca queria impedi-la.

Entretanto, não conseguiu o seu intento, pois de acordo com a Justiça, o termo e seus derivados já tinham sido assimilados pela cultura popular!?!?

Já a situação da Nike é realmente toda **especial**.

A empresa conseguiu uma proteção específica não só para o seu nome, como também para o símbolo curvo que usa como logo.

Dessa maneira, alguém que usar a imagem desse logo para promover seu negócio poderá ser acionado, mesmo sem citar nome algum.

Pois é, ações envolvendo marcas estão fervilhando cada vez mais, ou seja, as disputas envolvendo marcas famosas estão crescendo e até estão surgindo agora câmaras especializadas em propriedade intelectual nos tribunais.

Observação importante 3 – Na China nem o Goldman Sachs escapou de "clonagem".

A China não está sendo acusada só de piratear filmes, bolsas, relógios Rolex, automóveis, roupas etc.

No 2º semestre de 2015 a renomada instituição financeira Goldman Sachs entrou também para lista. É que existe o Goldman Sachs Financial Leasing operando na cidade de Shenzhen, na fronteira com Hong Kong, usando o nome em inglês idêntico ao da instituição sediada em Nova York, ou seja o Goldman Sachs Group.

Um informe do governo de Shenzhen indicou que a instituição chinesa está operando desde maio de 2013 (!?!), usando os mesmos caracteres chineses – *gao sheng* – que o verdadeiro Goldman Sachs, e as fontes do nome em inglês lembram claramente o banco norte-americano, apesar de não haver nenhum tipo de relacionamento ou parceria entre eles.

Foi enviado um pedido para Wang Qishan, presidente da Comissão Central de Inspeção Disciplinar do Partido Comunista Chinês (PCC), que está de fato realizando o maior ataque contra a corrupção no país em décadas no qual se pede uma investigação sobre esse Goldman Sachs de Shenzhen, que tudo indica está ligado a um grupo de empresas de jogos controlado pela família de Cheng Chi-tai, um empresário ligado com o crime organizado na China.

De fato Cheng Chi-tai é uma figura de destaque entre os *junkets* (intermediários) de Macau, que facilitam empréstimos – geralmente obtidos junto a redes bancárias ilícitas – para grandes jogadores que atuam no único território chinês em que o jogo é legal!!!

Infelizmente para as organizações ocidentais é bastante comum indivíduos ou empresas chinesas **registrarem** no seu país **marcas** já existentes e estabelecidas em outras partes do mundo.

E tudo indica que o Goldman Sachs não terá muita chance de fazer algo de concreto contra seu dublê de Shenzhen e basta para isso lembrar que Michael Jordan, a lenda do basquete, **perdeu** o seu caso contra a companhia chinesa de artigos esportivos **que usava a versão chinesa de seu nome!!!**

* * *

Observação importante 4 – O **licenciamento** nada mais é que um processo pelo qual a detentora de uma marca autoriza ou cede o direito do seu uso em troca de um pagamento entre as partes, os chamados *royalties* durante um determinado período de tempo.

O valor normalmente pago é um percentual da ordem de 4% e 14% sobre o preço de venda de uma unidade.

A presidente da Associação Brasileira de Licenciamento (Abral), Marici Ferreira explicou: "Basta dar uma olhada nas prateleiras dos principais pontos de varejo no mundo para entender que esse mercado é gigantesco. No Brasil, em 2014, ele movimentou R$ 13 bilhões e a expectativa e que cresça 4% em 2015 e uns 5% em 2016, diante de um PIB que deve registrar retração.

O Brasil é o sexto mercado do mundo ficando atrás só dos EUA, Canadá, Japão, México e Grã-Bretanha.

Atualmente no Brasil temos 700 empresas licenciadas – com potencial para 20 mil – e 650 marcas e personagens disponíveis.

Esse mercado já gerou cerca de 1.300 empregos diretos e milhares indiretos. Confecção, papelaria e brinquedos são os setores que concentram mais empresas licenciadas no País.

De 10 anos para cá o segmento melhorou muito, mas ainda há muito espaço para crescer e no Brasil, a principal roda propulsora é a **infantil**, que reponde por cerca de 70% do faturamento, isso porque temos quase 55 milhões de crianças.

Infelizmente é grande ainda o número de indústrias brasileiras que desconhece o trâmite para o licenciamento e as novas formas de agregar valor aos produtos.

A Abral atua justamente para fomentar o que pode ser utilizado por elas.

Existem casos em que mandamos *e-mails* para falar com a área responsável das empresas e muitas não sabem nem por onde começar.

Mas toda empresa que opta por um produto licenciado, isto lhe permite aumentar o seu valor e a diferencia dos concorrentes possibilitando-lhe aproveitar a oportunidade de associá-lo rapidamente a algum modismo.

Com isso ela consegue vender 20% a mais na comparação com produtos tradicionais e em casos de grande sucesso esse incremento pode chegar a 40%, quando existe um desejo aspiracional por determinada marca ou personagem.

Até nos adultos vivemos isso, pois algumas marcas, por exemplo, a Harley-Davidson representam um estilo de vida."

* * *

Observação importante 5 - Você sabe o que fazer para promover a sua marca nas redes sociais? Não!?!?

Então observe o que fazem as celebridades pois elas fornecem dicas incríveis de como proceder para **construir** e **manter** uma marca *on-line*.

Ser querido (admirado) nas redes sociais obviamente não dá impulso só à carreira dos artistas, mas de todos os profissionais.

Certamente, pode-se dizer que pouca gente conhece mais a arte obscura das redes sociais que Kim Kardashian West, que tem cerca de 50 milhões de seguidores só no Instagram.

Aí vão **cinco estratégias** que tanto as empresas como as pessoas que têm trabalho autônomo devem seguir para **promover as suas marcas**!!!

Kim Kardashian West segue as mesmas...

1ª) Não esquecer que cada plataforma é diferente.

A maioria dos internautas espalhados pelo mundo usam duas ou mais redes sociais.

Ainda assim, muitas marcas repetem a mesma mensagem digamos no Facebook, Instagram, Snapchat, Twitter, Pinterest e outros *sites* !?!?

Pois é, essa é uma forma rápida de **perder atratividade** *on-line*!!!

O correto é o que fez por exemplo um varejista que usou o Twitter para promover uma liquidação no período de volta às aulas e valeu-se do Snapchat para atrair clientes com vídeos que mostram pessoas em suas lojas.

É o caso da cantora Rihanna que no Instagram compartilha fotos sedutoras e no Snapchat, o *app* para conversas efêmeras, ela coloca um vídeo em que tenta matar um mosquito no quarto de hotel...

2ª) Manter constância de propósito, isto é, não desaparecer!

E aí o exemplo excelente é o da própria Kim Kardashian, que estreou no Instagram em 2012, e até o final de outubro de 2015 tinha postado cerca de 3.250 imagens, com uma média de duas fotos novas por dia!!!

Um varejista, por exemplo, pode postar cinco opções de roupas no Pinterest e usar o Instagram para promover os itens mais caros no fim do dia.

3ª) É imprescindível prestar atenção nos seguidores.

Assim, em julho de 2014, uma jovem fã da cantora Taylor Swift escreveu uma carta sobre amor não correspondido no Instagram e a artista respondeu: "Sinta-se bem por ser o tipo de pessoa que ama desinteressadamente. Creio que um dia você encontrará alguém que te ame exatamente da mesma forma!"

A grande lição aqui é: prestigie seus seguidores com curtidas, comentários e *retweets*.

Isso atrai mais seguidores ou clientes, ainda.

Dessa maneira, as empresas (pessoas que querem se promover) devem analisar todos os *tweets* e postagens que mencionam sua marca e responder, repostar ou compartilhar generosamente os comentários.

4ª) Não exagerar na atração por seus produtos (serviços).

É essencial que as marcas evitem o excesso, isto é, aparecendo só em promoções para não cansar os usuários.

Dessa maneira, no lugar de a todo momento querer convencer os seguidores (clientes) a comprar seus produtos (serviços), as empresas devem promover a sua marca indiretamente, comentando eventos atuais.

Um exemplo foi o que ocorreu nos EUA, quando a Suprema Corte aprovou o casamento entre pessoas do mesmo sexo, empresas como a American Airlines e a fabricante de sorvetes Ben & Jerry expressaram seu apoio à medida postando imagens de arco-íris no Instagram.

5ª) É vital saber construir uma narrativa.

Um bom exemplo é aquele da cantora Beyoncé, que próximo ao Natal de 2013, lançou um álbum surpresa com um vídeo só de 10s no Instagram e outro de quase 4 min no Facebook.

Ela também usa as redes sociais para responder a rumores e notícias que lhe são desfavoráveis.

Assim, sempre que surgem fofocas sobre seus problemas conjugais ela posta fotos de sua família em momentos felizes no Instagram!?!?

Dessa maneira as empresas podem (e devem) usar as redes sociais para responder rapidamente quaisquer controvérsias.

Uma montadora às voltas com um traumático *recall* pode postar um vídeo explicando o problema no Facebook ou abordar a questão no Twitter, indicando inclusive aos seus clientes onde obter mais informações.

Bem, é natural que tanto as empresas como as celebridades têm hoje um significativo contingente de pessoas trabalhando continuamente para promover as suas marcas, ou seja, **surgiram no mundo muitos milhares de empregos novos** – graças a EC - para pessoas cuja função é não parar de postar *on-line*.

2.5 – DESENHOS E SEGREDOS INDUSTRIAIS

Desenho industrial é uma forma ou símbolo que, como uma marca, tem o caráter de ser distintivo e incomum.

Em termos legais é algo **híbrido**.

Atualmente, um desenho ou processo industrial pode ser protegido tanto por um registro, de forma bem parecida com uma patente, bem como por um "direito sobre o desenho industrial", que é bem semelhante ao direito material.

Claro que o registro oferece uma maior proteção. Para poder se qualificar a recebê-lo, um desenho industrial deve ser o resultado de "perícia e esforço", o que implica que ele deve exibir uma etapa inventiva. Aí também se incluem os segredos comerciais e industriais.

De uma forma bem ampla, pode-se dizer que um segredo comercial ou industrial é: "Uma fórmula, padrão, dispositivo ou conjunto de dados e informações que podem ser usados por uma empresa, dando-lhe oportunidade de obter uma vantagem em relação a seus concorrentes que não o conhecem."

Juntos, os setores ligados a direitos autorais, a patentes, a marcas e a desenhos industriais constituem os **setores criativos** e a própria EC.

2.6 – SEIS CARACTERÍSTICAS DA CRIATIVIDADE

Para participar da EC é essencial ser criativo, porém no mundo dos negócios, ter **imaginação** e **originalidade** nem sempre são suficientes para alcançar o sucesso.

A especialista em criatividade Teresa Amabile destacou: "Para ser realmente criativa, uma ideia tem de ser útil e pronta para se transformar em algo que possa ser usado."

Somente os clientes é que conseguem consagrar uma ideia como útil.

Naturalmente, a **criatividade** possui outras características e as principais são:

1ª) É o elemento básico da vida.

As pessoas provavelmente podem discordar sobre várias questões – princípios morais, comportamento social, preferências sexuais, tendências políticas etc. –, mas praticamente todas as culturas e religiões reconhecem a importância primordial da criatividade como um poder generativo.

Elas acreditam que é a criatividade humana que dá vida e torna distinto aquilo que, de outra maneira, seria rotineiro e repetitivo.

Sem a criatividade, não poderíamos imaginar, descobrir ou inventar nada.

2ª) É um talento global.

Todo mundo é criativo até certo ponto.

As crianças, por exemplo, são instintiva e abertamente criativas.

Todas as crianças desenham, e as pessoas depois que crescem e ficam mais velhas, algumas dizem que não são capazes de desenhar!?!?

Dessa maneira, todos nós temos a aptidão biológica para a criatividade, entretanto não é grande o contingente de pessoas que descobrem que têm os atributos necessários para desenvolvê-la plenamente e em especial ter sucesso na EC.

3ª) Significa divertimento.

Mas aqui é preciso entender o **"brincar"** no sentido conceituado pelo historiador Johan Huizinga, no seu livro *Homo Ludens*, quando salientou que brincar tem que ser sinônimo de agradável e prazeroso.

Portanto, quando deixa de ser divertido, as pessoas param de brincar.

A brincadeira, costumeiramente é voluntária, ainda que se desenvolva dentro de certas regras que todo mundo precisa obedecer rigorosamente, muito embora as penalidades e sanções também possam ser "divertidas."

Apesar do que se constata nas empresas, que muito raramente a atividade profissional que se exerce coincide com algo que temos prazer de fazer, as pessoas criativas fazem de seu prazer a sua profissão!!!

As pessoas criativas não se esquecem do conselho do criativo grego Arquimedes: "Primeiro divirta-se com o que faz; segundo sempre tenha algum problema para resolver e em terceiro lugar não deixe que ele o atrapalhe tanto a ponto de esquecer ou protelar o seu almoço."

4ª) Desenvolve um senso de competição.

As pessoas criativas comumente são muito competitivas: algumas consigo mesmas, outras pelo próprio trabalho e outras ainda em ambas as situações.

Frequentemente, as pessoas criativas assumem alguns riscos completamente injustificáveis, para provarem para si próprias que estão certas e, de forma mais profunda, para terem uma comprovação do próprio valor!!!

5ª) Permite que se conheçam os traços de personalidade das pessoas criativas.

A análise das pessoas criativas mostra que elas estão sempre **abertas** a **novas ideias**, ou seja, seus pensamentos costumam vaguear, quase como se estivessem em um sonho; têm independência de pensamento, sempre **dispostas a quebrar regras ou paradigmas**; não demonstram **medo** com as mudanças; sentem-se sempre **desafiadas** para preencher as **lacunas** existentes nos mais diversos setores; evidenciam um grande **senso de humor** e comumente são bem **ambiciosas**.

6ª) Ela é surpreendente.

De fato a criatividade não é preordenada, ou seja, segue poucas regras.

As pessoas criativas até podem mostrar certas características típicas, mas geralmente vivem dentro de um certo caos.

Como dizia o pintor Salvador Dalí: "É preciso criar a confusão sistematicamente, pois isso libera a criatividade."

É por isso que diversos artistas criativos, mesmo os mais proficientes e conscientes de si mesmos, não entendem completamente o seu próprio talento.

O lema da criatividade é **"Eureka!"**, uma súbita explosão emotiva e de alegria.

Heureka é a palavra grega para **"Entendi!"** ou **"Achei!"**, que os gregos de hoje em dia ainda exclamam ao descobrirem algo, seja uma nova teoria, um novo produto ou quando acham um objeto perdido...

Atribui-se a Arquimedes o uso original da palavra, ele que havia recebido do rei Hieron a tarefa de provar se uma coroa havia sido feita de ouro maciço ou se continha ligas de outros materiais no seu interior.

Ele havia "quebrado" a cabeça por vários meses na tentativa de entender o problema até que, um belo dia, percebeu a relação entre um objeto colocado na água e o peso da água transbordada, o que acabou se tornando um princípio **fundamental da hidrostática**.

Assim, uma coroa de ouro maciço deslocaria mais massa (peso) de que uma composta de materiais de densidade inferior.

De acordo com a lenda, Arquimedes ficou tão entusiasmado com a descoberta que deixou de súbito a sua banheira, na qual estava fazendo a experiência, e nu, saiu pela rua gritando: *"Heureka !!!"*

Atualmente, toda pessoa criativa quer gerar os seus momentos de *heureka*, não é?

Muitas organizações procuram desenvolver testes sistemáticos para comprovar o pensamento criativo e inovador das pessoas, na tentativa de recrutar pessoas com **talentos criativos**.

Lamentavelmente, a maioria desses sistemas testa o pensamento criativo das pessoas, mas não a sua capacidade de levar isso adiante.

A psicóloga Fiona Patterson desenvolveu um **indicador de potencial de inovação**, que procura captar não só o pensamento criativo, mas também a capacidade de **"finalizador"** de uma pessoa, ou seja, de transformá-lo em algo real.

Ele se baseia em quatro critérios: a **motivação para a mudança** (indicado por um baixo limiar de tédio); o **comportamento desafiador** (assertividade e não conformidade); **adaptação** (preferência para abordagens experimentadas e testadas) e **consistência no estilo de trabalho** (eficiência e ordem).

As pessoas criativas são aquelas que conseguem ter alta pontuação nos dois primeiros critérios e baixa pontuação nos dois últimos.

Por sua vez, John Howkins acha que o processo criativo se desdobra em cinco elementos (itens) e que mistura sonhos e análise, decisões impulsivas/intuitivas e ações tomadas de forma fria e calculada, que ele apresentou na sigla RIDER (as letras iniciais das palavras em inglês: *revise, incubation, dreams, enthusiasm* e *reality*, que em português são, respectivamente, **revisão (ou exame), incubação, sonhos, entusiasmo e cair na real**).

Exame (ou revisão) é o processo de avaliar as coisas atentamente. É notar o que é curioso, estabelecer as conexões e perguntar: **"O que era aquilo?"** e **"Por quê?"**. É a avaliação consciente das matérias-primas que os economistas chamam de "fatores de produção", inclusive os atributos de nossa mente (que os economistas tendem a ignorar).

Incubação é deixar que as nossas ideias se organizem por si só. Ela pode levar algumas horas ou vários meses; é um tempo de repouso.

A pessoa talentosa e criativa deve reconhecer quando a incubação se faz necessária e deve ter recursos suficientes (dinheiro, tempo etc.) para sustentá-la.

Sonhos são devaneios inconscientes, são as explorações do mito, do simbolismo, do mágico e das histórias.

Em sonhos noturnos e diurnos podemos estar livres das restrições e permitir a nossa mente que fique livre de influências externas e de energias desconhecidas.

O **entusiasmo** é a adrenalina que alimenta as decisões impulsivas e intuitivas e os movimentos laterais, parcialmente calculados. É o entusiasmo que nos deixa a mente livre e solta para perguntar: **"E se eu...?"** sem ficar imaginando se a resposta para essa questão é sensata ou não.

Precisamos também **"cair na real"** para garantir que nossos sonhos e intuições não tenham nos levado demais para o campo da fantasia.

Devemos analisar e medir onde estamos, voltando ao problema e investigando as respostas à disposição.

O rigor e o momento justo dessas verificações e o quão duros devemos ser, precisam de cuidadoso controle.

Bem, a **criatividade por si só não tem valor econômico!!!**

Ela precisa tomar forma, ser plasmada em um produto comercializável se quiser alcançar valor de venda no mercado.

Isso, por sua vez, precisa de um mercado com vendedores e compradores ativos, algumas diretrizes sobre leis e contratos e seguir-se certas convenções sobre o que constitui um negócio razoável.

Ao se exigir essas condições, a intenção é ressaltar que a pessoa criativa deve ter a sua mente sempre voltada para o mercado, ou seja, gerar sempre algo novo com valor econômico.

2.7 – A ECONOMIA DA IMAGINAÇÃO – ADMINISTRAÇÃO DA CRIATIVIDADE

Há pessoas dos dois lados da moeda **criativo/gestor** que acreditam que **"criatividade"** e **"gestão"** sejam **incompatíveis**, e mais que isso que criatividade e economia sejam **mutuamente destrutivas**.

Justamente uma das tarefas do gestor talentoso é saber administrar essa tensão fazendo com que os funcionários de uma empresa sejam cada vez mais criativos porque isso será benéfico economicamente para a organização.

A administração da criatividade começa com uma compreensão adequada da **economia da criatividade**. Claro que isso significa pensar menos em elementos tangíveis e mais em sistemas que se fundamentam na propriedade intelectual, que é intangível e tem características bem peculiares.

A economia tradicional atualmente está bem equipada para explicar o sistema baseado em bens manufaturados, ou seja, os tangíveis, mas tem dificuldade para explicar sistemas que se apoiam em intangíveis, ou seja, em ideias.

Isso porque as ideias, em **princípio**, "não são rivais". Neste sentido, se você tiver uma ideia e outra pessoa ou muitas outras tiverem a mesma ideia, isso não afetará o fato de você tê-la.

Ao contrário, se alguém é proprietário ou alugou um espaço, ninguém mais poderá possuir ou alugar o mesmo espaço.

Obviamente, se a natureza de não rivalidade de uma ideia será uma boa coisa ou ruim, se aumentará ou destruirá o seu valor econômico, isso dependerá significativamente da administração.

Essa natureza de não rivalidade encoraja as pessoas a partirem para a **imitação** e no exagero ao **plágio**.

→ **Quem não gosta de beneficiar-se das ideias de outras pessoas, não precisando pagar por isso?**

As pessoas usam a **imovação** (imitação+inovação) ou de forma mais coloquial, gostam de "pegar uma carona" no que foi dito e exibido por outros para aumentar e aperfeiçoar os seus próprios conhecimentos e habilidades.

As leis de patentes inclusive exigem deliberadamente a "revelação", de modo a garantir que as ideias não sejam rivais e encorajem o seu aproveitamento.

Do ponto de vista de um fornecedor, a inevitabilidade de que suas ideias sejam aproveitadas por terceiros reduz os ciclos tecnológicos e de vida de um produto.

Ser o primeiro a lançar um produto é uma grande vantagem, mas um **inovador** tem apenas um curto espaço de tempo para estabelecer (comercializar) um novo produto antes que os outros comecem a competir contra ele.

Algumas empresas fazem dessa necessidade uma virtude, fixando preços muito baixos ou cedendo seus produtos, sabendo que os concorrentes serão capazes de avançar muito rapidamente.

Esses dois atributos se aplicam às ideias em todos os segmentos, mas o seu efeito é multiplicado quando a ideia é um produto.

Quando uma ideia intangível está incorporada a um produto tangível, ela se torna altamente rival.

Assim, podemos compartilhar um poema, mas já não podemos compartilhar o livro no qual ele está impresso!?!?

Os economistas debatem ferozmente a atividade social dos direitos culturais e das patentes.

Dessa maneira, há aqueles que dizem que qualquer **restrição às ideias** bloqueia a criatividade e debilita o desenvolvimento, sendo uma alocação de recursos incorreta.

Já há outros com opinião bem diversa, achando que deve existir algum tipo de monopólio para recompensar a inovação e que os monopólios são um bom meio para a alocação de recursos.

Outra característica econômica das ideias é que o custo de **copiar** ou **replicar** uma ideia normalmente é **bem baixo**.

Quase todos os requisitos (conhecimentos técnicos, competências e outros insumos intelectuais) são exigidos nos estágios de raciocínio e P&D.

Uma vez estabelecidos, ou feitos, o custo de copiar um produto é insignificante.

A administração da criatividade envolve, inicialmente, saber **quando explorar** a **natureza de não rivalidade** das ideias e, em seguida, quando assegurar os direitos de propriedade intelectual e transformar suas próprias ideias em produtos com características de rivalidade.

Estes dois momentos de decisão são o ponto crucial do processo de administração da criatividade.

Consequentemente, a economia da criatividade difere da economia convencional, já que o individual assume um papel central.

Desde a época de Adam Smith (1723-1790), a economia convencional tem sido centrada em torno da empresa, na crença que as companhias são mais eficientes do que os indivíduos na identificação e uso de recursos.

Mas as pessoas criativas, à medida que "quebram a cabeça" para descobrir coisas novas, não dependem tanto das organizações.

Elas geralmente não precisam de enormes recursos de capital e equipamento. Em geral, os indivíduos têm baixos custos transacionais.

A natureza das ideias muda a natureza da concorrência.

Embora os produtos convencionais de natureza similar concorram em termos de custo ou preço, com os **produtos criativos** isso **raramente acontece**.

Para John Howkins, as dez alavancas (ou elementos) que afetam o processo criativo, e por isso estão no cerne da **administração criativa**, são pela ordem de importância:

1ª) Pessoas criativas.

São aquelas que transferem vida de suas mentes para os seus trabalhos.

O seu trabalho fundamenta-se em acreditar e imaginar.

Parece que elas têm um sexto sentido para o que **"funciona"** em seu meio ou campo de atuação, para o que elas **querem** trabalhar.

São as pessoas que gostam de apostar suas imaginações criativas contra o que está em vigência no mundo.

Aliás, isto para elas parece ser a proposta mais segura e, certamente, mais divertida do que se tornar mais uma pequena roda da engrenagem de uma grande organização ou mais um *byte* da sociedade da informação.

2ª) A função de pensador.

O trabalho do pensador envolve todos os elementos contidos no processo RIDER, citado anteriormente. Não é ser um pensador apenas no sentido da ponderação.

Deve-se notar que o trabalho é de **"pensador"**, não só **"pensar"**.

Todos nós pensamos, de tempos em tempos!?!?

Mas a função de pensador é um trabalho em tempo integral, muito sério e que exige tanta dedicação quanto qualquer outra função e desempenhá-la significa aceitar a responsabilidade a ela pertinente.

3ª) O empreendedor criativo.

O economista e jornalista francês Jean-Baptiste Say, que viveu na época da Revolução Francesa, inventou o termo *entrepreneur* (empreendedor) para descrever alguém que libera o capital anteriormente imobilizado em terras e o redireciona para algum empreendimento para "mudar o futuro".

Os empreendedores na EC (muitas vezes chamados de "empreendedores criativos") operam como o empreendedor do modelo original de Say, mas no século XXI, com uma importante diferença: usam a criatividade para liberar **a riqueza que se encontra dentro deles**.

Como verdadeiros capitalistas, eles acreditam que essa riqueza criativa, se administrada corretamente, gerará mais riqueza.

O **empreendedor criativo** têm cinco características:

- ➤ **Visão** – Tem um sonho e quer transformá-lo em realidade.
- ➤ **Foco** – É determinado, obstinado e com ideia fixa.
- ➤ **Perspicácia financeira** – A sua habilidade no setor financeiro (nem sempre presente...) o auxilia a evitar armadilhas, a se movimentar mais rapidamente e a dormir tranquilamente à noite.

- **Orgulho** – Encara a sua proposta como a coisa mais importante do mundo.
- **Urgência** – Sabe que não se chega a lugar nenhum se não estiver com pressa e por isso quer **"fazer já"**.

4ª) O trabalho da era pós-emprego fixo.

Atualmente, uma proporção cada vez maior de pessoas sobrevive fora da **"era do emprego pleno"**.

Outras formas de trabalho surgiram, como o trabalho *freelance* (autônomo) permanente, empresas individuais, contrato em tempo parcial etc.

Em vários setores criativos, estas alternativas, que são muitas, e bastante informais, são as que permitem um grande contingente de pessoas desenvolverem o seu trabalho.

5ª) A pessoa *just-in-time*.

A dependência do conhecimento individual e talento criativo, assim como de exigências específicas para uma dada tarefa por parte dos vários setores criativos, resulta em uma alta demanda de pessoas que estejam disponíveis **de uma hora para outra**.

A economia convencional usa o termo *just-in-time* para descrever um sistema logístico que economiza dinheiro ao manter níveis de estoque muito baixos, e solicita um dado item somente quando um cliente quiser algum produto, ou seja, *just-in-time* (**"no tempo certo"**).

Isso serve muito bem para as pessoas que vivem da economia da imaginação, pois muitas delas são contratadas apenas quando e onde são desejadas (por exemplo, para fazer o roteiro de um filme, criar as fantasias para a escola de samba, fazer uma escultura especial para o jardim de uma casa, preparar um vídeo promocional etc.).

Essas pessoas possuem dois pontos fortes: **conhecimentos específicos** e **habilidade em termos sociais** de se inserir em um grupo de pessoas e serem sensíveis à forma como elas trabalham.

Elas são gestoras das suas próprias agendas flexíveis e são capazes de trabalhar até bem tarde.

Uma pessoa *just-in-time* pode ser indicada para ser um gestor cultural e lhe ser atribuída uma dada responsabilidade ou então ser usada como *coach* ou *mentor*.

6ª) A empresa temporária.

Os empreendedores criativos e as pessoas *just-in-time* se congregam naturalmente em organismos *ad hoc* (finalidade específica) temporários com o único propósito de atender um objetivo particular de curto prazo.

Uma empresa temporária é uma empresa "minimalista", concentrando-se nos ingredientes brutos do trabalho: objetivo, pessoas e "trabalho encarado como coisas a serem feitas".

Seu tempo de vida geralmente é inferior a um ano.

Isto se adequa bem ao trabalho pós-emprego fixo, pós-industrial, já que os trabalhadores podem deter mais facilmente a propriedade de suas qualificações e o próprio capital intelectual.

Uma empresa temporária fornece a estrutura social, intelectual e gerencial para administrar um processo criativo.

7ª) O escritório para estabelecimento de contatos e o *cluster* empresarial.

As pessoas criativas, sejam pensadores, empreendedores, trabalhadores pós-industriais, ou seja, do conhecimento ou pessoas *just-in-time* necessitam também de escritórios (nem que sejam nas próprias residências...) pelas mesmas razões práticas do que as demais pessoas: ir (ficar) para lá (estar à disposição) todos os dias úteis, sabendo que os interessados no seu trabalho se dirigirão para lá.

Obviamente isso não exclui de forma alguma todas as facilidades que a TIC colocou à disposição das pessoas para que elas se comuniquem...

Mas toda pessoa criativa precisa ainda de um espaço para armazenar os seus documentos, suas ferramentas de trabalho, para realizar as reuniões principais e para poder fazer o seu trabalho de "escritório".

Além disso, o trabalho específico das pessoas criativas necessita geralmente de acomodações especiais, isto é, espaços tranquilos, nos quais possam pensar e eventualmente centralizar suas ideias.

Para as pessoas criativas, cujo trabalho é pensar, **pensar** e **fazer** podem ser a mesma coisa!!!

O escritório para estabelecimento de contatos funciona melhor em um *cluster* (agrupamento ou aglomerado) de comunidades similares, ou seja, um local no qual, estão estabelecidas pessoas com o mesmo tipo de atividades ou pensamentos (digamos um *cluster* voltado para o artesanato) onde é mais fácil estabelecer o *networking* (rede de contatos) aperfeiçoando-se dessa forma o próprio processo criativo pela troca de informações.

O fato é que poucas são as pessoas que gostam de ficar muito tempo sozinhas ou trabalhar efetivamente por conta própria por um longo tempo.

As pessoas criativas precisam de outras pessoas criativas ao lado ou pelo menos próximas, para acelerar um projeto atual e para testar as ideias dos outros.

Claro que existem muitas exceções, e há aquelas pessoas criativas (escritores, artistas, compositores etc.), que necessitam ou desejam trabalhar sozinhas grande parte do tempo e para estas, ficarem isoladas é uma **exigência absolutamente inegociável**.

Já os *clusters* – "onde os mistérios deixam de ser mistérios"–, oferecem um significativo suporte mútuo em termos psicológicos, financeiros e técnicos.

Em termos industriais, eles aumentam a eficiência do mercado local, reunindo compradores e vendedores.

Eles são centros de excelência, que por norma aprovam e distribuem as melhores práticas e estimulam a concorrência.

Também oferecem elevados efeitos "multiplicadores".

Qualquer informação proveniente de fora do *cluster* é rapidamente disseminada, já o conhecimento e as técnicas internas não vazam.

Os *clusters* podem levar a um alto grau de sinergia, o intercâmbio positivo de recursos complementares que cria um resultado que é mais do que uma simples soma de partes.

8ª) Trabalho em equipe.

Aqui é muito importante inspirar-se no que disse Benjamin Zander, regente e diretor da orquestra sinfônica de Boston: "Acredito que o meu sucesso como músico e a popularidade que alcancei nas empresas com as minhas palestras se deve ao fato de divulgar que o regente é o único músico que não emite um som.

Realmente o poder de regente reside na sua habilidade de tornar poderosas outras pessoas.

Ser um catalisador silencioso das energias dos talentosos músicos executores."

Portanto, para obterem sucesso, as pessoas criativas precisam saber trabalhar em equipe e não esquecer que boa parte dos produtos (serviços) criativos não é obra de uma única pessoa...

9ª) Finanças.

Deve-se salientar, inicialmente, que a princípio a administração rotineira na EC e na economia convencional não são substancialmente diferentes. Toda empresa, seja lá quais forem seus ativos e produtos, precisa de sistemas financeiros, orçamentos e contas, além de um entendimento de contabilidade e de legislação tributária.

As similaridades excedem em muito as disparidades, particularmente à medida que o negócio cresce de tamanho.

Existem, entretanto, algumas questões especiais, notadamente a natureza intangível e singular dos ativos intelectuais, particularmente quando a empresa está no seu início ou em fase de crescimento.

Aliás, aí vale o conselho que Liev Tolstói deu no seu livro *Anna Karenina*: **"Todas as famílias felizes são iguais. As infelizes o são cada uma à sua maneira."**

Daí pode-se concluir que as empresas bem-sucedidas talvez sejam parecidas em seus sucessos (grandes lucros, por exemplo), mas cada uma delas terá insucesso à sua maneira.

10ª) Acordos e sucessos.

A natureza singular das ideias (a maioria delas nova, diversa, original) resulta obviamente em se ter um maior número de acordos e contratos, isto é, há mais acordos sendo feitos na EC do que na economia tradicional, mesmo essa sendo ainda significativamente maior.

Ou, para ser mais preciso realizam-se mais acordos ligados a valores intangíveis do que daqueles tangíveis.

O futurólogo Alvin Toffler foi muito feliz na sua constatação: "O único ponto sobre o qual o capitalista da linha de montagem, Henry Ford, e o marxista da linha de montagem Joseph Stalin poderiam estar de acordo, era a virtude da produção em massa.

Quanto maior a quantidade mais barato fica o produto individualmente."

A força da EC fundamenta-se num conceito bem diferente, pois ao se lidar com direitos e ideias, o foco reside em produzir uma proposta (ideia) nova e celebrar sua singularidade.

O objetivo do detentor de uma ideia é o de garantir o maior número possível de direitos e então maximizar a receita proveniente de cada um deles.

A necessidade de otimizar valor através de acordos contínuos e múltiplos tem diversas implicações de grande relevância.

Ela enfatiza o papel do individual, já os acordos são sempre entre pessoas.

Por isso é preciso privilegiar administradores que são hábeis em fazer negócios e não em gerenciar um negócio rotineiro.

Isso de fato exige muito conhecimento legal, particularmente sobre contratos e propriedade intelectual. Os mesmos fatores (produtos únicos, elevada alavancagem) fazem com que a EC se torne um **negócio de sucesso**.

As recompensas são distribuídas de forma desigual, com o sucesso atraindo mais atenção e dinheiro por parte dos compradores do que na economia tradicional.

Ter um sucesso, seja no lançamento de um medicamento bem-sucedido ou de um livro *best-seller*, não possui a mística brutal de um atleta ou de um jogador de destaque no basquete profissional cujos sucessos e insucessos são exibidos publicamente na marca alcançada, no placar construído, mas mesmo assim compartilha algumas das mesmas qualidades econômicas.

A reação instintiva e perfeitamente lógica é lutar para que cada ideia, cada produto seja um sucesso. Entretanto, essa estratégia não ajuda em nada em relação a quanto esforço alocar para cada ideia, em suma, como encontrar um ponto de equilíbrio entre as tentativas para obter qualidade com a necessidade de quantidade.

Para finalizar esse sucinto apanhado sobre a EC, para a qual as pessoas talentosas deviam inclinar-se e desenvolver mais o seu potencial, vale a pena citar as **10 regras**, que segundo John Howkins devem ser seguidas, para se ter sucesso nesse campo.

1ª) **Invente-se e reinvente-se** – Busque criar um conjunto único de talentos pessoais.

Para tanto, procure quebrar paradigmas, deixe bem claro para si os seus próprios valores e talentos e jamais deixe de estudar e aprender.

2ª) **Dê prioridade às ideias, não aos dados** – Crie e desenvolva o seu próprio esquema para a sua imaginação criativa. Claro que isso inclui um conhecimento (ao menos rudimentar) sobre patentes, direitos autorais, marcas e outras leis de propriedade intelectual que protejam as ideias.

3ª) Seja nômade – Os nômades são aqueles que se sentem em casa em qualquer país!?!?

Ser nômade não significa estar isolado.

Os nômades apreciam tanto o deserto quanto o oásis, da mesma forma que as pessoas criativas precisam tanto da solidão quanto de gente, tanto de pensar sozinho quanto de trabalhar juntos. Os nômades são aqueles que gostam de viajar e aprender com as diversas culturas e ambientes.

4ª) Defina-se pelas suas próprias atividades pensantes – Na EC, cada um pode (e deve) pensar em trocar soluções criativas com os outros.

5ª) Aprenda sem parar – Os artistas criativos são um exemplo concreto de pessoas que estão sempre em busca de novos conhecimentos, de novas ideias, ampliando para isso, a cada momento a sua rede de contatos (*networking*).

Corra riscos, faça algumas coisas aparentemente desnecessárias, execute movimentos imprevisíveis, pois eles podem levá-lo a descobertas incríveis.

Use a reinvenção, o *revival,* seja um acumulador inveterado de novos conhecimentos e não esqueça que: **"Uma nova ideia normalmente são duas ideias antigas se encontrando pela primeira vez."**

6ª) Explore sempre que puder, sua fama e celebridade – Ser bem conhecido (até mesmo ligeiramente conhecido...) é muito importante na EC no século XXI, pois a fama e a celebridade trazem significativas recompensas em termos da capacidade de cobrar mais pelos seus serviços e de revitalizar sua vida ou sua carreira que pode estar momentaneamente emperrada.

Nesse sentido é vital construir pausadamente e continuamente uma excelente **marca pessoal**.

7ª) Trate o virtual como real e vice-versa – O ciberespaço é meramente mais uma dimensão da vida cotidiana.

Não se deve considerar algo como real pelo fato de que se baseia em tecnologia ou não, mas sim através de questões mais importantes e eternas como a humanidade e a verdade.

Para verificar esses critérios recorra sempre que for necessário ao processo RIDER (exame, incubação, sonhos, entusiasmo, cair na real) e mescle sonhos com realidades que lhe permitam criar um futuro melhor para si mesmo.

8ª) Seja gentil e ambicioso – Pode parecer algo contraditório dizer que uma pessoa criativa pode (deve) ser gentil e ambiciosa.

Nada disso viu?

Gentileza é uma marca de sucesso, pois só os seres humanos podem (e devem) dizer "por favor" de modo sincero.

As pessoas criativas devem dar às outras, no mínimo, o mesmo tratamento que gostariam de receber delas...

No tocante à ambição, o contexto é que toda pessoa criativa não deve "atrapalhar-se" com todos aqueles que a criticam pelas suas propostas, mas ao contrário, deve mostrar-se intrepidamente ambiciosa com as suas ideias e continuar persistindo para transformá-las em realidade.

9ª) Admire o sucesso, abertamente e sinceramente, saiba aceitar o fracasso – A pessoa criativa não pode ficar obcecada pelo sucesso como também não se abater, só ficar "curioso" em relação ao eventual fracasso.

De fato, os indivíduos criativos são aqueles que são os mais ferrenhos árbitros em relação a seus sucessos e fracassos, pois querem aprender com eles.

Eles sabem que a pior coisa é a **depressão**, não a **recessão**. E, além disso, que jamais ganharão de fato se não souberem o que se sente ao perder !!!

10ª) Divirta-se – As pessoas que sabem rir, que gostam de si mesmas, não são apenas seres mais felizes, mas também alcançam mais sucesso nas suas carreiras, e mais rapidamente !!!

Observação importante 6 – Se você não acredita nisso, leia o livro *Há! Há! Há! O Bom, o Ruim e o Interessante* de autoria de Victor Mirshawka.

"Agora você está preparado para trilhar por um setor criativo, pois o caminho está mais visível, não é?"

"Como é, está pronto para encarar as oportunidades que existem na EC para ser um pessoa bem-sucedida?"

CAPÍTULO 3

OS SETORES DA ECONOMIA CRIATIVA (EC)

Ampliando um pouco os setores criativos sugeridos no livro de John Howkins, aí vão 18 que surgiram das diferentes conceituações que foram sendo dadas e incluídas na EC.

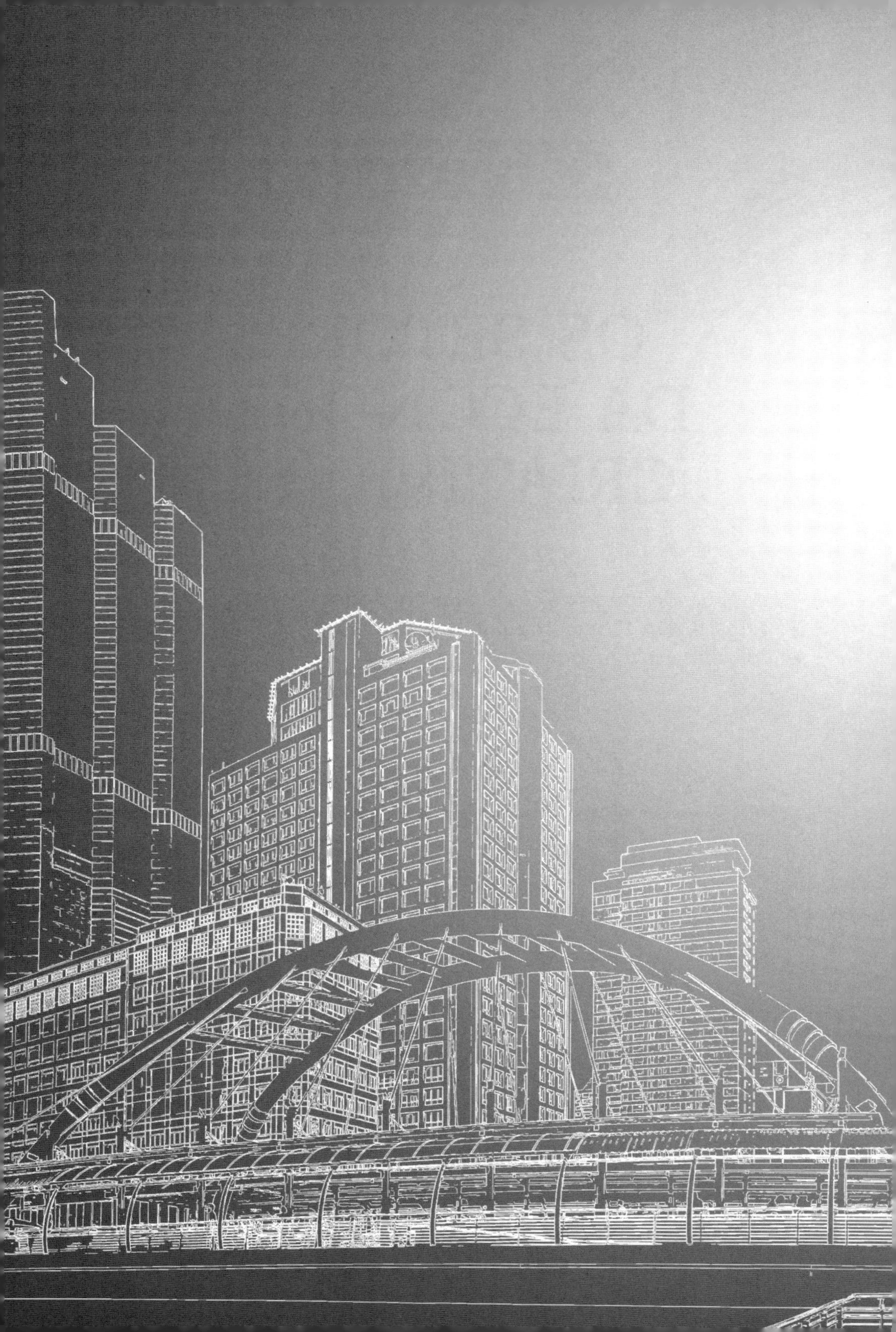

3.1
ARQUITETURA

3.1.1 – Conceituação da importância dos arquitetos

São os arquitetos que fornecem a criatividade que alimenta o setor da **construção civil**, sendo este, nos países desenvolvidos, o **quinto maior** setor de atividade depois de defesa, educação, saúde e alimentação.

O papel artístico e econômico dos arquitetos varia muito, indo de um punhado de arquitetos *top* e ganhadores de prêmios por terem projetado os prédios, aeroportos, pontes etc. mais badalados do mundo a centenas de milhares de arquitetos, topógrafos, construtores e donos de escritórios que projetam e constroem o restante.

A **arquitetura** é uma atividade ligada a **direitos autorais**, e não a patentes ou marcas. Os esboços de um arquiteto são protegidos por direitos autorais, assim como seus desenhos em escala, e todos os projetos e trabalhos artísticos e literários até chegar (e inclusive) à obra em si.

Aí vai um exemplo de um arquiteto de talento ímpar que tem mudado o *skyline* (perfil urbano) de cidades nos dois hemisférios do planeta, transformando aço, concreto e vidro em esculturas que desafiam a gravidade e o tempo. Trata-se do uruguaio Rafael Viñoly, que no seu currículo tem as obras do moderno aeroporto de Carrasco, em Montevidéu; do Fórum Internacional de Tóquio, no Japão; e do Kimmel Center, na Filadélfia (EUA). Os seus edifícios, ou as sua criações, causam suspiros de admiração de todos que têm a oportunidade de frequentá-los.

Aos 34 anos, ele mudou-se para os EUA e logo abriu um escritório em Nova York (atualmente, tem outros três: em Los Angeles, Londres e Abu Dhabi) e dali começou a conceber prédios, fundações, hospitais, centros de arte e pesquisa, na maioria premiados posteriormente, o que foi aumentando a sua fortuna, e com isso os seus ganhos, pois passou a cobrar cada vez mais pelos seus projetos.

O mais novo "filho" do arquiteto é o edifício *432 Park Avenue*, com 96 andares e a 425 m acima do nível do mar, que tornou-se o mais alto edifício para moradias e escritórios do Ocidente.

Explicou Rafael Viñoly: "A altura do prédio não tem nada a ver com algum tipo de megalomania minha. Foi para satisfazer os moradores mais exigentes que buscam conforto extra. Fiz uma alteração no pé-direito dos andares de 3,8 m para 4,7 m de altura,

"O renomado arquiteto uruguaio, Rafael Viñoly."

Arquitetura

"Um aspecto do *432 Park Avenue*."

o que deu uma nova dimensão interna e externa do empreendimento. Com os andares mais altos, o meu escritório precisou criar escadas com mais degraus, para que a escalada, quando necessária, fosse o menos cansativa possível!!!

As características do *432 Park Avenue* são realmente superlativas e eloquentes, tal e qual a cidade de Nova York que o comporta. De cima dele será possível se avistar o Central Park, o rio Hudson, a estátua da Liberdade.

A vida nas alturas, porém, não foi pensada como um diferencial comercial do projeto. Essa verticalização radical é e será uma alternativa cada vez mais usada nas grandes cidades, adensadas de pessoas. É, no fundo, uma maneira de maximizar o uso da terra."

Ao final de 2015, o *432 Park Avenue* foi entregue, gerando uma receita em vendas de todas as suas instalações (primordialmente moradias e escritórios) da ordem de US$ 3 bilhões. Só a *penthouse* (cobertura) foi vendida por cerca de US$ 95 milhões...

O que há por dentro?

Nas áreas comuns, um jardim ao ar livre para jantares e eventos, *spa*, *fitness center*, piscina de 22 m de comprimento, restaurante exclusivo, cinema, salas corporativas e serviços de *concierge*.

No interior dos apartamentos, o requinte prossegue com o piso de carvalho maciço. Suítes amplas, com *superclosets* conectados com dois banheiros distintos, revestidos de mármore italiano. Tem 2 mil m² de área, seis suítes, sete banheiros – um deles com hidromassagem com uma vista panorâmica e uma biblioteca (apesar de alguns acharem que os livros de papel vão desaparecer...).

Bem, entender e prever como será a vida nas metrópoles do mundo nas próximas décadas é um dos trabalhos do arquiteto uruguaio e sua equipe. Em seu escritório, o arquiteto criou o programa de treinamento e pesquisa para ajudar os seus funcionários a desenvolverem os projetos apoiados em informações colhidas em campo. Assim em 2012, a sua equipe foi às ruas em diversas cidades para compreender melhor o impacto das habitações e seus diferentes desafios e contextos na rotina dos seus moradores.

Comentou Rafael Viñoly: "Com esse trabalho nós aprendemos que as pessoas normais – e não só a nossa 'máfia' de arquitetos e urbanistas – sabem muito bem o que funciona para a vida delas ou não. O estudo pôs por terra modismos arquitetônicos e detectou que é necessária a busca por alternativas, como o uso de materiais sustentáveis e mais eficientes, bem como programas que incentivem as pessoas a trocar o carro pela bicicleta nos grandes centros urbanos, mostrou ainda uma mudança de comportamento, que tem alterado o jeito de morar do ser humano moderno."

Rafael Viñoly vai também fazer em Londres uma outra obra grandiosa que começou a ganhar forma a partir de 2015. O seu escritório foi contratado para dar nova vida à Battersea Power Station, que fica no sudoeste da capital britânica.

Trata-se uma grande usina de energia elétrica às margens do rio Tâmisa, a maior edificação do gênero em *art déco* da Europa. Ela foi erguida em 1930 e tem nas suas quatro imensas chaminés a marca registrada na paisagem londrina. Esse lugar já serviu de cenário para filmes e clipes de música de bandas como The Beatles, Judas Priest e Pink Floyd.

Em 1983, ele teve as suas atividades encerradas e passou a ser vendida e comprada diversas vezes, até que em 2012 o grupo de investimentos SP Setia, da Malásia, arrematou tudo por US$ 647 milhões. Foi quando Viñoly e equipe entraram em ação. A proposta do arquiteto foi transformar essa antiga usina em um museu de arte, cercado por dois moderníssimos complexos de apartamentos e escritórios, com cerca de 3.500 unidades no total. Quando for entregue, em 2017, toda essa obra colossal, **transformará** de forma positiva uma zona que hoje está abandonada.

Rafael Viñoly faz parte de relevante grupo dos **100 mais bem pagos** e **admirados arquitetos do mundo**, os quais, por sua vez, empregam dezenas de milhares de outros arquitetos que os ajudam a viabilizar suas ideias em projetos, plantas e desenhos que acabam se transformando em edificações espetaculares.

Outro arquiteto incrível é o canadense Frank Gehry, que odeia ser chamado de *starchitect* (uma mistura de "arquiteto" e "estrela" em inglês). Em 2015, Frank Gehry chegou aos 85 anos e ao longo dessa sua respeitável carreira conseguiu feitos que podem ser descritos, sem medo de errar, como **"estelares"** (apesar dele odiar essa palavra...).

As construções espetaculares de Gehry – as mais famosas são o museu Guggenheim, em Bilbao (Espanha), e o Disney Concert Hall, em Los Angeles (EUA) – subjugam o ambiente onde estão. De acordo com os críticos, seu **estilo distintivo** – que de forma resumida pode ser chamada de **"sensual metálico"** – é repetitivo e desrespeitoso com o contexto local.

"O incrível arquiteto canadense, Frank Gehry."

Hoje, a fama de Frank Gehry é tão grande, que para a pergunta: "Você precisa de um museu que permita inclusive a regeneração de alguma área e que isso seja divulgado intensamente pela imprensa, além do ganho na credibilidade cultural?", a resposta é: **contrate o escritório de Frank Gehry!!!**

O Disney Concert Hall, que já fez o seu décimo segundo aniversário em 2015, é uma obra amplamente elogiada por sua fidelidade acústica; além disso, ajudou a reanimar o infame e deteriorado distrito central da cidade. A sala de concertos é o lar da Filarmônica de Los Angeles, cuja executiva-chefe Deborah Borda, uma entusiasta da intervenção feita por Frank Gehry, ressaltou: "Não dá para andar por essa edificação sem ver algum símbolo de tudo o que há de certo nesta cidade. Quando vejo pessoas tirando fotos de casamento do lado de fora do prédio, sei que ele deixou a própria marca.

O Disney Concert Hall vem desempenhando um papel central no estabelecimento de uma identidade cultural mais séria para Los Angeles. As pessoas adoram o prédio e a sua orquestra.

Los Angeles sempre foi um lugar para espíritos livres. E é isso o que Frank é. Além de um apreciador de música, ele vem aqui com frequência assistir aos espetáculos musicais. Provavelmente é a única obra sua, além de sua casa, que ele mais usa."

"O arquiteto Frank Gehry criou o Walt Disney Concert Hall, amplamente elogiado por sua fidelidade acústica e um edifício em frente do qual todos gostam de tirar uma foto."

Questionado se hoje se considera uma marca, Frank Gehry respondeu: **"Não!!!** As pessoas tentam dizer isso sobre mim, mas não acho que isso seja verdade. Não creio que tenha me repetido. Uso metais, mas em diferentes construções. Não se pode, entretanto, escapar da própria assinatura.

Um homem que foi considerado um dos maiores arquitetos do século XX, Mies van der Rohe, se repetia interminavelmente. Mas se é bom, continua sendo bom!!!

Cresci em uma família talmudista, e o *Talmude* começa com a questão: '**Por quê?**'. Esta é uma fórmula garantida de curiosidade e a curiosidade é a força vital da criatividade. Se você não é curioso, não pode fazer nada de novo.

Mas outra coisa que tirei do *Talmude* é a regra de ouro de Hillel: **trate os outros como gostaria que te tratassem** (...). E eu aplico isso quando faço uma construção. É preciso sempre ter muito respeito pelo indivíduo que está do outro lado. Isso é muito importante para mim. Por isso, gosto da interação com os meus clientes. Fico interpretando para eles todos os critérios que me dão, financeiros, práticos, os prazos etc., e tento explicar as opções que poderiam considerar. Tento iluminá-los, para que cheguem a uma posição em que possam ser críticos e dizer: '**N**ão, não, eu não quero isso!!!'"

Arquitetura 133

O mundo gosta muito de Frank Gehry, e entre os grandes novos projetos que vai executar a partir de 2015, tem um outro museu Guggenheim, em Abu Dhabi; um memorial para o ex-presidente norte-americano Dwight D. Eisenhower, na capital Washington; e as novas instalações para o Facebook, no Vale do Silício.

O projeto Eisenhower é o que está dando a maior dor de cabeça para Frank Gehry, pois a família do ex-presidente não está se alinhando com as ideias dele de enfatizar as origens modestas de Eisenhower. Declarou Frank Gehry: "Esse projeto é bem complicado, pois envolve governo, uma figura histórica que não está mais aqui e a família, que pode estar atuando ou não nos melhores interesses dele. Acho que o que se deve representar é um retrato honesto. As pessoas que se opõem a mim querem deificá-lo, mas essa não era sua personalidade. Eles estão dizendo que apresento Eisenhower como se fosse um caipira de Abilene (a cidade do Estado de Kansas onde Eisenhower cresceu). Ele mencionou Abilene em muitos de seus discursos. Mostro a eles que Abilene está quase ali, no centro geográfico do EUA, do indivíduo médio, e chamá-lo de **caipira não é nenhum exagero**!?!? Nem sei se esse memorial vai ser construído...

Atualmente, estou mais animado discutindo as novas instalações do Facebook, que são tão diferentes de muitas outras coisas que projetei. É um alongado complexo inclinado de estruturas, com jardins sobre terraços e um espaço especial para a biblioteca. Na realidade é uma instalação de pesquisas, não algo que precise ser uma construção icônica.

"Novo projeto para a sede do Facebook, elaborado por Frank Gehry."

Mark Zuckerberg, o dono do Facebook, apesar de não ser um fanático da arte ou da arquitetura, é um garoto muito focado, e acredito que vamos conseguir atender aos seus desejos. Ele adora caminhar e daí os jardins. Como é um garoto, gosta de estar ao ar livre. É como se exercita, é como pensa."

Fazer edificações espetaculares é algo muito admirado até hoje, inclusive escrevendo livros sobre essas criações dos arquitetos geniais. Um deles foi, sem dúvida, o trabalho de Koca Mimar Sinan Ağa (1490-1588), o chefe dos arquitetos e engenheiros do Império Otomano (de 1300 a 1922). Os seus patrões, entre os quais o sultão Suleyman, o Magnífico, e seus descendentes, foram, em sua época, alguns dos homens mais poderosos da Terra.

Há quem compare Sinan a Michelangelo, porém o italiano só fez contribuições espetaculares a alguns prédios em Roma e Florença, enquanto Sinan construiu cerca de **300 estruturas** no Leste Europeu e Oriente Médio, das quais **centenas continuam em uso!!!**

"Mimar Sinan, o notável arquiteto do século XVI."

Dogan Kuban, autor de muitos livros sobre a arquitetura islâmica, ressaltou: "As cúpulas rasas de Sinan, com sua decoração abstrata pintada, parecem flutuar magicamente. Em vez da estrutura, você contempla o espaço. Por exemplo, a mesquita Sehzade, em Edirnekapi, foi concluída em 1548, no começo da carreira de Sinan. Nas paredes exteriores da mesquita, Sinan organizou habilmente os contrafortes que sustentam a cúpula sobre as colunas. Para criar simetria, ele posicionou portas no centro delas. Mas, dentro da mesquita, as portas faziam os fiéis entrarem e saírem no meio da sala, e não pelo fundo. Um local sagrado destinado à oração e contemplação se tornou um corredor, um erro que ele nunca mais repetiria.

A mais importante mesquita de Sinan fica em Istambul. Ela foi encomendada pelo sultão Suleyman para ser a sua própria tumba. Concluída em 1558, a mesquita Süleymaniye está, hoje, entre os monumentos mais visíveis da cidade. Sinan modulou a altura dos quatro minaretes, reforçando a ilusão de que a mesquita flutua sobre a cidade.

A mesquita Mihrimah Sultan, em Edirnekapi, foi encomendada por Mihrimah, filha de Suleyman. Decoradas com vitrais e vidros translúcidos, as paredes são uma maravilha da alvenaria. Dizem que Sinan estava

"A mesquita de Selimiye, em Edirne e projetada por Sinan no século XVI."

apaixonado por Mihrimah, mas como ela se casou com outra pessoa, ele se contentou em fazer a mesquita mais luminosa possível, de modo a refletir o nome dela, que significa "**sol e lua**".

A 3 h de carro de Istambul, em Edirne, a ex-capital otomana, perto da fronteira com a Bulgária e a Grécia, fica a mesquita Selimiye. Com seus quatro esguios minaretes, ela coroa o centro da cidade. Sinan a considerava a sua obra-prima, e, em 2011, o conjunto foi tombado pela UNESCO como patrimônio mundial da humanidade.

À primeira vista, ela parece uma tensa mistura de esferas, cores e cilindros, nas cores bege ou cinza-escuro. Mas a complexidade artística das paredes externas, aparentemente impenetráveis, se dissolve em um bordado de colunas e arcos de pedra que abraçam um espaço vasto e harmonioso. Apesar da sua escala impressionante – a cúpula ultrapassa em apenas alguns centímetros a da Hagia Sófia, em Istambul –, nenhum detalhe era pequeno demais para escapar à atenção de Sinan!!!

Com esses três exemplos fica fácil justificar porque a arquitetura faz parte da EC há tanto tempo... E como os arquitetos, com a sua criatividade, foram moldando condições para dar uma vida melhor para a civilização ao longo dos séculos. Isso inclusive ocorre agora, com esses profissionais alterando as nossas cidades e colaborando para que nelas as pessoas possam ter cada vez mais um número maior de opções para incrementar a sua cultura.

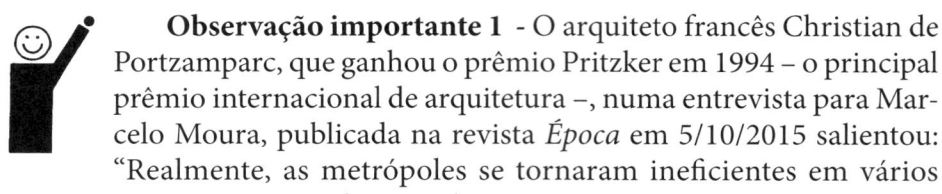

Observação importante 1 - O arquiteto francês Christian de Portzamparc, que ganhou o prêmio Pritzker em 1994 – o principal prêmio internacional de arquitetura –, numa entrevista para Marcelo Moura, publicada na revista *Época* em 5/10/2015 salientou: "Realmente, as metrópoles se tornaram ineficientes em vários aspectos. Assim, por exemplo, ao isolar as pessoas, o modelo de zonas especializadas fez a cidade perder muito como instituição antropológica, como espaço público para o convívio e a troca de ideias. Ao impor a necessidade de transporte individual, sobrecarregou-se as ruas e avenidas a ponto de bloquear a vida econômica.

As oportunidades de trabalho são um exemplo desse bloqueio. Eu e minha mulher, Elizabeth, que é brasileira e arquiteta, estamos juntando nossos escritórios de arquitetura em um único prédio. E aí alguns funcionários vão sair de nossas empresas simplesmente porque não conseguem se mudar para perto do novo endereço, nem ir e voltar para casa, diariamente, em tempo razoável. É muito triste se ver obrigado a mudar de trabalho por limitações de transporte.

Para se desemperrar um pouco, as cidades europeias, e recentemente algumas cidades brasileiras, estão tentando diminuir o uso do carro, em favor do transporte público. Claramente, uma das razões é combater a poluição. Reduzir o uso do carro acaba gerando polêmicas.

Quando se restringiu o uso do carro em Paris, os moradores da periferia, mesmo da periferia próxima, ficaram furiosos. O fechamento de ruas e o aumento do preço dos estacionamentos foram as dificuldades impostas, mas, mesmo sem elas, estava impossível trafegar no centro. A maior dificuldade, o congestionamento das ruas, se impôs sozinha. Com o tempo, os moradores acabaram se acostumando.

Fechar as ruas para o trânsito não é, entretanto, uma solução ou resposta perfeita. O congestionamento nas cidades se tornou cada vez mais frequente e complicado. E fechar o espaço dos carros acabou sendo um pouco elitista. Geralmente, na Europa, fechou-se o centro antigo da cidade, uma área que pode ser chamada de glamorosa, onde os moradores são mais ou menos privilegiados. Nem todos são exatamente ricos, mas privilegiados. Não é a população total.

Eu, por exemplo, parei de dirigir em Paris 20, anos atrás. Uso transporte público e táxi, mas não um carro pessoal. É mais fácil para mim do que para os moradores do subúrbio, que levam mais tempo para chegar ao centro e têm menos opções de transporte.

Porém, quando Paris mudou a sua mentalidade para reduzir o uso do carro, tinha a seu favor uma boa malha ferroviária pronta. Ter uma estrutura de transporte público foi uma grande vantagem sua sobre as metrópoles brasileiras, mas isso não basta. Boa parte da estrutura precisava e ainda precisa de reformas.

O metrô de Paris e os trens metropolitanos vivem abarrotados. E algumas linhas enfrentam interrupções frequentemente. Para ser aceito, e não apenas tolerado, o transporte público precisa ser agradável. Quando ele não é complicado, quando é confortável, é aí que se consegue a aprovação do público.

Em breve, as periferias irão se desenvolver, até porque há agora uma discussão muito forte sobre o futuro das ligações periferia-periferia, em vez de ligações periferia-centro. Elas vão se tornar mais e mais importantes. E se isso ocorrer será muito bom, pois vai mostrar que há uma vida na metrópole toda e que ela não é unicamente concêntrica. Nosso trabalho – o dos arquitetos – vai ser transformar essa periferia em bairros com suas próprias possibilidades."

Não se pode esquecer de destacar que para atender a uma solicitação do prefeito do Rio de Janeiro, Cesar Maia, o arquiteto Christian de Portzamparc apresentou o projeto da Cidade da Música – hoje a Cidade das Artes – com um custo total de R$ 80 milhões.

Depois de uma década de obras e muita polêmica, a Cidade das Artes, na Barra da Tijuca, abriu as portas ao público para testes em 4 de abril de 2013, e um mês depois foi inaugurado o teatro, que conta com espetáculos de dança, salas de ensaio e leitura, ou seja, quase tudo, só que o custo final chegou a R$ 560 milhões, ou seja, sete vezes mais que o primeiro valor anunciado!?!?

O importante é que nas festas para comemorar os 450 anos da cidade do Rio de Janeiro, completados em 2015, houve a apresentação de diversos espetáculos cênicos e audiovisuais na Cidade das Artes, os quais encantaram milhares de expectadores graças a esse excelente "equipamento" que emprega tanta gente que trabalha na EC.

* * *

3.1.2 – O estilo global da arquitetura contemporânea

Hal Foster é o autor do livro *O Complexo Arte-Arquitetura*, no qual ele critica muito o que chama de "empreendimento ardiloso" na construção de museus de arte. Salientou Hal Foster: "Alguns desses edifícios são tão performáticos ou escultóricos que os próprios artistas devem se sentir os últimos a chegar à festa."

Para comprovar isso, basta lembrar a inauguração, em 2014, do mais novo museu de Frank Gehry para a Fundação Louis Vuitton, em Paris, que os críticos franceses não demoraram a comparar o amontoado de concreto e vidro no meio do Bois de Boulogne a um transatlântico encalhado no bosque ou a um frasco de perfume estilhaçado. Já em maio de 2015 foi inaugurado em Nova York o museu Whitney, uma enorme caixa vítrea com vista para o rio Hudson, projetado por Renzo Piano.

Nesse seu livro, Hal Foster destaca a mudança de **paradigma na história da arquitetura**. No lugar do estilo internacional de Walter Gropius, Le Corbusier e Mies van der Rohe, surgiu agora, segundo Hal Foster, um suposto **estilo global**, uma tendência que deixou de tomar partido das artes visuais, em obras calcadas no **efeito cenográfico dos materiais**. Renzo Piano, Norman Foster e Richard Rogers são alguns dos "heróis" nessa nova era.

"Fundação Louis Vuitton, obra de Frank Gehry, no Bois de Boulogne, em Paris."

Ao dar uma entrevista para Silas Martí, da *Folha de S. Paulo* (7/6/2015), Hal Foster salientou: "'**Estilo global**' é, obviamente, alguma brincadeira com '**estilo internacional**'. O fato é que a arquitetura moderna desenvolveu uma linguagem internacional, que pode ser compreendida como global. É a das firmas como a de Norman Foster, que têm alcance mundial. Elas não constroem só prédios culturais e comerciais. Também desenvolvem projetos de infraestrutura que vão além da cidade e causam impacto regional.

Em minha opinião, foram principalmente Renzo Piano, Norman Foster e Richard Rogers os que impulsionaram a arquitetura moderna em direção ao presente pela maneira como abraçaram as novas tecnologias e materiais, criando formas novas que possam ser entendidas em qualquer lugar. Eles adotaram um idioma tecnocrático, e no caso de Richard Rogers, uma linguagem *pop* mesmo, pelo uso excessivo que fez das cores.

A sensação que tenho é que eles representam um novo estágio da **modernidade** na arquitetura e no urbanismo, que vai bem além da modernidade industrial. Por sinal, na arquitetura, o pós-moderno foi só uma reação à arquitetura moderna, uma tentativa de voltar a usar **imagens** e **símbolos**. O simbolismo deles é abstrato e estranho. É mais um simbolismo ligado à tecnologia e às construções luminosas por ilustrar o que seria a modernidade agora, e essa é uma ideia muito forte, por exemplo, na obra de Renzo Piano.

Na obra desses arquitetos, outro aspecto que ressoa é o **cosmopolitano banal**. Essa é uma referência ao uso que fazem de símbolos e imagens. Assim, a ideia de **transparência** foi muito importante ao longo do século XX e fazia sentido na tentativa de expor como funciona uma máquina, mas a transparência de agora não tem mais o mesmo valor democrático. São muitas as construções de aço e vidro que até parecem abertas e transparentes, porém não sabemos como são construídas porque surgem de *softwares*.

Os arquitetos de hoje até que usam poucos símbolos, mas imaginam uma modernidade em que bens, serviços e pessoas transitam de modo livre entre cidades, Estados e regiões, mas é claro que isso nem sempre acontece. Vivemos um momento em que algumas pessoas conseguem se mexer e circular, enquanto outras quase não conseguem (ou podem) sair do lugar!?!?

O simbolismo abstrato que passam com sua arquitetura é o de que tudo parece ser entendido à luz da globalização, e isso só pode se representado de forma banal. É o caso, por exemplo, do prédio de Renzo Piano para a empresa Hermès em Tóquio. É, de fato, um mundo flutuante e transparente, que faz até uma certa referência a alguns aspectos da cultura japonesa, mas o faz nessa linguagem globalizada, em que tudo **resulta banal**. Outro exemplo pode ser o do centro cultural que Renzo Piano construiu na Nova Caledônia, quando tentou fazer uma citação visual da arquitetura das cabanas rústicas do Pacífico, mas, no fim, tem-se a ideia estilizada de uma cabana que pode ser reconhecida em qualquer lugar. É, pois, uma imagem **cosmopolita** e **banal** ao **mesmo tempo** criada para evocar um lugar específico e, também, circular pelo mundo.

Depois de diversas crises, como os ataques terroristas em 11 de setembro de 2001, nos EUA, alguns achavam que a arquitetura performática seria em parte sepultada. Mas nada disso aconteceu e percebe-se claramente em Nova York, com a reconstrução no Marco Zero, onde antes estavam as *Torres Gêmeas*, surgiram edificações nas quais se buscou ser cada vez maior, alcançando altura ainda mais impressionante.

Um exemplo típico da era dos s*tarchitects* é Santiago Calatrava, que está à frente de importantes obras no Marco Zero, fundamentando-se nessa imagética banal e cosmopolita. Ele criou uma estação de trem com um par de asas tentando passar a ideia de graça, de redenção, porém acho isso **bem estúpido!?!?**

Agora, o problema em cidades como Nova York e Londres é o **uso da arquitetura** só para **gerar lucro**.

"Em Nova York, um aspecto atual do memorial para recordar os ataques terroristas de 11 de setembro de 2001, com destaque para o novo prédio *One World Trade Center*, de 541 m de altura."

Constróem-se prédios residenciais e comerciais para vender aos oligarcas russos, chineses, árabes etc. São projetos que se tornaram verdadeiros depósitos de dinheiro. Há prédios grandiosos no centro de Manhattan que não são ocupados nem pela metade e que boa parte do tempo não têm moradores. Enquanto parecem adensar o tecido urbano, o que é sempre bom, esses prédios estão esvaziando algumas áreas. São só fachadas para a circulação de capital.

Se na geração passada os arquitetos estavam vinculados com a Terra, com a arquitetura desconstrutivista de Jacques Derrida, agora que vieram Zaha Hadid, Herzog & de Meuron e outros, a inspiração deles passou a ser a **arte** – a qual, no caso, vem sendo usada só em termos de **imagem**.

Quando a arquiteta Zaha Hadid, por exemplo, tenta fazer referências ao **suprematismo** e ao **construtivismo**, vanguardas do início do século XX, faz daquilo uma linguagem espetacular, de linhas e curvas cheias de velocidade. Mas ela não é fiel à essência dessas vanguardas. O mesmo ocorre nos projetos da dupla Herzog & de Meuron, só que com o **minimalismo**. Enquanto o minimalismo na arte enfatiza a reação do corpo do espectador, uma tentativa de reavivar a percepção, o minimalismo na arquitetura deles não passa de efeito **visual**, que **não tem nada a ver com o corpo**.

Acredito que o uso da arte pelos arquitetos é um problema que levou a uma caricatura as suas obras. No meu livro desenvolvo uma intensa crítica a esse mau uso da arte na arquitetura e a obsessão em **juntar arte e arquitetura** em **projetos** feitos apenas para chamar a atenção, para provocar ou parecer que são **performáticos**."

3.1.3 – Insatisfação com o estádio olímpico em Tóquio

Um bom exemplo do que salientou Hal Foster em seu livro é a insatisfação com as obras faraônicas para eventos esportivos.

Assim para um bom contingente de pessoas esclarecidas o estádio olímpico projetado pela arquiteta anglo-iraquiana Zaha Hadid – ganhadora do prêmio Pritzker, em 2004 e chamada de a "dama das curvas", pois as suas obras destacam-se pela angularidade pronunciada e contornos voluptuosos – para os Jogos Olímpicos que serão realizados em Tóquio em 2020, era inaceitável...

O seu projeto lembrava uma nave espacial de contornos estranhos e muitos arquitetos japoneses famosos deploraram essa obra.

O arquiteto japonês Fumihiko Maki, também ganhador do prêmio Pritzker em 1993, um tanto revoltado perguntou: "Para que precisamos deste elefante branco?"

O pior ocorreu quando os custos iniciais estimados para a obra em US$ 1 bilhão foram recalculados e atingiram a cifra de US$ 2,4 bilhões, com o que, esse estádio olímpico se tornaria o mais caro da história recente.

Aí veio a intervenção do primeiro-ministro do Japão, Shinzo Abe que mandou em 2015, cancelar o controverso projeto. Infelizmente em 30 de março de 2016, vítima de um ataque cardíaco, faleceu a arquiteta Zaha Hadid e com isso, na prática, não se terá em Tóquio em 2020, um estádio projetado por ela...

Esse fato mostra como os estádios olímpicos suscitam reações mais viscerais que praticamente qualquer outro tipo de construção, e como obras públicas maciças e caras são símbolos potentes de maestria arquitetônica e orgulho econômico, ou seja, estruturas nas quais os países investem nada menos que suas identidades nacionais. Um país que parece ter encontrado o tom certo foi a China, quando fez, em Pequim, o seu estádio olímpico para 2008, denominado *Ninho de Pássaro*, que acabou se tornando, mesmo assim, um certo tipo de "elefante branco".

"A maquete do estádio olímpico de Tóquio, cuja construção foi cancelada pelo primeiro-ministro do Japão, Shinzo Abe."

Arquitetura

Deve-se lembrar de que o estádio olímpico de Montreal, criado pelo arquiteto francês Roger Taillibert para as Olimpíadas de 1976, deixou a cidade com uma dívida de R$ 3,95 bilhões, a qual precisou 30 anos para ser quitada, levando a estrutura a mudar de apelido, de *Big O (Grande O)* para *Big Owe (Dívida Grande)*. Os eventos ali são esporádicos, como também acontece com o estádio usado em Atenas, em 2004, nos Jogos Olímpicos.

Uma das poucas histórias de sucesso é a do Coliseu Memorial de Los Angeles, usado como arena olímpica em duas ocasiões (em 1932 e em 1984), e que ainda hoje é palco de muitas competições esportivas e outros eventos.

No momento em que avaliam as cidades candidatas a sediar os Jogos Olímpicos de 2024, agora, as autoridades olímpicas estão dando ênfase ao uso contínuo das instalações. O problema da construção dos estádios olímpicos é um compromisso avassalador. É necessário pensar no que vai acontecer depois que os Jogos terminarem. A maioria dos estádios realmente não tem utilidade depois. Por isso, vale a pena meditar sobre o conselho de Thomas Hanrahan, reitor da Escola de Arquitetura do Instituto Pratt, em Nova York: "Os estádios olímpicos sempre parecem se enquadrar numa categoria esdrúxula: a das construções que são um símbolo nacional poderoso por pouquíssimo tempo e depois viram potenciais elefantes brancos."

3.1.4 – Adrian Smith, o arquiteto das mais altas torres do mundo!!!

Se você entrar num elevador para ter a mais linda viagem do mundo no prédio mais alto do mundo e tiver a oportunidade de observar tudo enquanto sobe, terá a sensação de estar em um avião, o que lhe permitirá ter uma visão que só as pessoas que voam alto desfrutam, particularmente quando estiver no 124º andar do edifício *Burj Khalifa* em Dubai, a 452 m acima do solo. Aliás, muitos pássaros jamais chegam a essa altura...

"Adrian Smith, arquiteto que se especializou em construir as mais altas torres do mundo!!!"

Pois bem, quem projetou o *Burj Khalifa* (inaugurado em 4/1/2010) foi o arquiteto Adrian Smith, que afirmou: "De fato é espetacular estar a essa altura acima do solo, observando toda a cidade de Dubai. Não sou apenas eu quem fica pasmo, mas cerca de 1,5 milhão de

"Burj Khalifa, em Dubai, o prédio mais alto do mundo em 2015."

pessoas que vêm aqui por ano, pagando um ingresso que custa US$ 54 para ter toda essa incrível experiência e poder tirar fotos. Da sua base até o topo da espiral, o *Burj* tem 828 m, ou seja, quase o dobro da altura do *Empire State Building* de Nova York. Por alguns anos, o *Burj* será ainda o edifício mais alto do mundo, mas isso vai mudar quando surgir o prédio que projetei e está em construção em Jidá, na Arábia Saudita – o *Kingdom Tower* –, que irá exceder 1 km de altura."

Pois é, até o ano 2000, prédios com mais de 200 m eram 263; em 2015, esse número praticamente quadruplicou! E o que é extraordinário, já há cerca de 10 edifícios mais altos, que 500 m, ou seja, são mais altos que a edificação mais alta do mundo até 2003, as *Torres Petronas* (452m), em Kuala Lumpur, na Malásia.

Existe inclusive quem diga: "Para ser considerada **importante, progressista e moderna,** uma cidade precisa ter agora arranha-céus icônicos, isto é, serem muito altos e ter um aspecto no mínimo extravagante." E se alguém quer projetar um **arranha-céu icônico**, precisa pensar em Adrian Smith e na equipe de arquitetos do seu escritório.

Adrian Smith, desde criança, pensou em ser um "**arquiteto estrelar**". Com 13 anos, desenhava edifícios com 40 andares, o que na década de

Arquitetura   145

1950 eram magníficos arranha-céus e praticamente nenhuma criança se aventurava em tais fantasias. Ele trabalhou algumas décadas na famosa empresa Skidmore, Owning & Merrill (SOM), sediada em Chicago, na qual se envolveu com o projeto da Hancock Tower, de 459 m (da base ao topo). Depois saiu dela para abrir, em 2006, o seu próprio escritório, porém, nessa época, já havia concluído na SOM o projeto do *Burj Khalifa*.

Em 2015, Adrian Smith assinou um contrato para projetar um prédio próximo da marina de Dubai, que será o **maior edifício de escritórios do mundo**, a ser inaugurado por ocasião da abertura Expo Mundial 2020, cuja altura ainda está sendo mantida em segredo...

Mas o projeto mais radical de Adrian Smith está em andamento em Jidá – o *Kingdom Tower* –, ou seja, será o primeiro **edifício do mundo com altura superior a 1 km**!!! Nele funcionarão 59 elevadores, sendo 5 deles duplos, ou seja, ao parar, irão atender 2 andares. Esse prédio está sendo financiado pelo príncipe bilionário Alwaleed Bin Talal e será o empreendimento âncora em um novo subúrbio em Jidá, chamado Kingdom City, no qual os árabes esperam que fiquem os milhões de peregrinos que se deslocam para Meca ou Medina.

Embora Adrian Smith diga que não existem mais novos desafios técnicos para erguer os prédios muito altos, o seu custo é bem elevado, e cada vez maior quanto mais alta for a edificação. Por exemplo, o *Burj Khalifa* custou

"*Kingdom Tower*, quando ficar pronta, irá se destacar muito de todas as outras edificações em Jidá."

cerca de US$ 1,5 bilhão e só os trabalhos nas fundações levaram um ano, como aconteceu também com a *Kingdom Tower*, tudo isso para aguentar uma estrutura com um peso próprio de 80 mil toneladas de aço e cerca de 157 andares ocupados por pessoas e equipamentos.

Os megaedifícios mudam radicalmente as cidades, como o que ocorreu com o *Burj Khalifa*, que foi erguido numa área da cidade bastante "esquecida" e agora só ele tem *shopping center*, hotel, escritórios e já serviu para as cenas do filme de ação estrelado por Tom Cruise, *Mission Impossible – Ghost Protocol (Missão Impossível – Protocolo Fantasma)*.

"Cena do filme *Missão Impossível - Protocolo Fantasma*, no qual Tom Cruise faz peripécias no *Burj Khalifa*."

Por outro lado, os super arranha-céus raramente vão permitir que se recupere o dinheiro investido neles!?!?

↠ **Então, por que são construídos?**

Adrian Smith explicou: "Provavelmente, o principal motivo para a construção de edifícios muito altos é o **ego**, a vontade de pessoas muito ricas de fazerem algo insuperável ou no mínimo admirável. E há aqueles que me questionam até onde vão os limites desses prédios.

No momento, a minha equipe já conseguiu elaborar um modelo em escala de um prédio de 1 milha de altura (algo próximo de 1,61 km). Isso é quase o dobro da altura do *Burj Khalifa* e é até difícil de imaginar alguém morando numa altura dessas. Porém, por enquanto é pura pesquisa, mas se aparecer alguém desejando pagar por um '**prédio de 1 milha de altura**', já estamos prontos para realizar esse sonho..."

No momento, o maior desafio técnico para se construir os prédios muito altos é saber lidar com o **vento** que 'empurra essas estruturas para cima'. O outro problema menos óbvio são os elevadores, pois deve-se ter cabos cada vez mais resistentes e leves, como os que têm sido fabricados pela empresa finlandesa Kone, que permitem levar o passageiro numa única viagem da base ao topo, em especial na *Kingdom Tower*."

Claro que os prédios cada vez mais altos são bem úteis para cidades com carência de terra, como é o caso de Hong Kong ou Tóquio. Se de um lado é possível economizar muita terra com edifícios bem altos, não se pode esquecer que eles são **"devoradores de energia"** e que neles devem-se ter muitos corredores e caminhos de circulação que não são tão necessárias em edifícios baixos. Mas tudo indica que cada vez mais as pessoas viverão e trabalharão nas alturas, comprando um espaço no ar dentro de um prédio...

3.1.5 – O notável Shigeru Ban

No dia 23 de outubro de 2014, o notável arquiteto japonês Shigeru Ban teve uma passagem meteórica por São Paulo, chegando de Paris e voltando para Tóquio depois de ter ficado só 12 h em solo paulistano!!!

Ele foi o ganhador do prêmio Pritzker de 2014, o mais importante de arquitetura mundial.

Shigeru Ban, a convite de Arq Futuro fez uma palestra para um grande público no auditório Ibirapuera, deu uma entrevista para o jornal *Valor Econômico* e voltou ao seu estado mais frequente: **estar em trânsito**. Atualmente, ele mantém três escritórios: em Tóquio, Nova York e Paris. O principal fica na capital japonesa, onde trabalham 32 pessoas, mas o de Paris, onde trabalham cerca de 50 pessoas, está crescendo cada vez mais, o que o faz viver na França a maior parte do tempo. Além disso, ele leciona em Kyoto, na Universidade de Arte e Design, e dedica um tempo significativo a trabalhos humanitários.

"O notável Shigeru Ban, conhecido como o arquiteto do incomum."

Aos 58 anos, casado e sem filhos, Ban passa boa parte de sua vida entre aviões e aeroportos, pois vai uma vez por semana a Paris e ainda precisa encaixar viagens aos EUA, Austrália, Dubai e outros destinos. Além de obras monumentais, como o Centro Pompidou-Metz, na França, Shigeru Ban é muito conhecido por trabalhar com **tubos de papelão reciclável** e pelas **construções temporárias** em socorro às vítimas de desastres naturais e conflitos políticos.

De 1995 para cá, desde que projetou uma igreja católica para substituir a que fora destruída pelo terremoto de Kobe, no Japão, esse arquiteto japonês tem marcado presença em situações de emergência mundo afora. Assim, prestou socorro às vítimas do *tsunami* de Sri Lanka, em 2004, aos desabrigados de Nova Orleans (EUA), depois da passagem do furacão *Katrina* (2005), e esteve em quase todos os países em que as localidades foram abaladas por terremotos nos últimos anos.

Nas ações humanitárias, esses projetos são sempre desenvolvidos com a ajuda de voluntários e contemplam um conceito amplo de necessidades essenciais, que podem variar de um campo para refugiados em Ruanda (1999) a uma escola elementar em Sichuan, na China (2008), e uma sala de concertos em Áquila, na Itália (2011). Por esse seu **trabalho solidário**, houve quem considerasse que a entrega do Pritzker a Shigeru Ban foi uma vitória do **politicamente correto**.

Ele disse que devota parte da sua vida a projetos humanitários por "uma questão de responsabilidade pessoal". Nada mais que isso!!! Destacou ainda o arquiteto Shigeru Ban: "Historicamente, nós, arquitetos, temos trabalhado para pessoas que têm dinheiro e poder, e que querem construir monumentos para se tornarem visíveis. Nossos clientes são privilegiados e não tenho nada contra isso. Eu também faço monumentos e acho que eles atraem turistas e se tornam um orgulho da cidade.

"Centro Pompidou-Metz, na França, uma obra admirável de Shigeru Ban."

Mas também temos que olhar para os desastres e estar lá.

Acontece que, em geral, não temos tempo para isso, porque estamos **trabalhando** para os **privilegiados**. Ao contrário do que pode parecer, com essa afirmação não procuro fazer nenhuma crítica, pois não tenho nada a ver com o que fazem os outros arquitetos, visto que cada um é cada um. Além disso, eu, particularmente, não vejo diferença entre trabalhar para ricos ou pobres. Não há contraste nisso. Os problemas, as necessidades e as demandas são diferentes, mas a arquitetura se aplica da mesma forma na busca de soluções.

Com a minha arquitetura não estou buscando um objetivo específico. Na vida não há uma meta a alcançar(?!?!). O que é preciso, apenas é seguir em frente."

Filho de um executivo de Toyota e de uma estilista de alta-costura, Ban nasceu em Tóquio e se formou nos EUA. Na juventude, quando estudava na Union School of Architecture, em Nova York, admirava os projetos de Le Corbusier (1887-1965) e Mies van der Roche (1886-1967). Já formado, descobriu o finlandês Alvar Aalto (1898-1976), que se tornou seu arquiteto preferido. Entre os contemporâneos, quem mais o surpreendeu foi o genovês Renzo Piano, vencedor do prêmio Pritzker em 1998, e o alemão Frei Otto (1925-2015).

Ainda que Ban seja conhecido internacionalmente como o "**arquiteto do papel**", os trabalhos com tubos de papelão representam apenas **10%** de sua produção. Um exemplo importante de uma obra dessas é aquela em Christchurch, na Nova Zelândia, cuja catedral foi destruída após o terremoto de 2011, e Ban foi convidado a elaborar a igreja que seria **temporária**, mas que se tornou a Cardboard Cathedral (Catedral de Tubos de Papelão).

Suas pesquisas sobre o material datam de meados dos anos 1980, quando buscava algo reciclável para substituir a madeira. Os primeiros tubos que guardou eram de *fax* e, ao testar o material, percebeu que era muito mais forte do que imaginava.

Em 1995, para avaliar a viabilidade dos tubos como estrutura na construção, o arquiteto japonês projetou, para ele mesmo, uma pequena casa de fim de semana no lago Yamanaka, perto do monte Fuji, no Japão. O projeto foi bem-sucedido e lhe permitiu confirmar a impermeabilidade do material ao vento e à chuva. Mas a casa, que volta e meia serve para produções fotográficas, **está sempre vazia**, pois ele não tem tempo de ir lá. Ban já tinha esse *know-how* em 1994 ao ver uma imagem dos refugiados de Ruanda.

Comentou Shigeru Ban: "Fiquei chocado quando vi a precariedade dos abrigos e escrevi para o Alto Comissariado das Nações Unidas oferecendo ajuda. Não me responderam!!! Só mais tarde cheguei a eles, por intermédio de um arquiteto alemão, e aí consegui propor barracas de baixo custo com estruturas feitas com tubos de papelão."

Outro marco com os tubos foi o Pavilhão Japonês para a Expo-2000, em Hannover, na Alemanha, que projetou com Frei Otto. Relembrou Shigeru Ban: "Na época, fui o único a utilizar um produto reciclável. Eu queria saber como reutilizar materiais de construção quando o prédio fosse desfeito, que é o que acontece sempre nessas exposições.

Em projetos futuros, além dos tubos, comecei a utilizar outros materiais fáceis de montar e desmontar, como caixas de cerveja e contêineres. Embora alguns desses projetos sejam teoricamente **provisórios**, muitos acabaram virando **permanentes**.

Se você gosta do resultado, ele pode ser permanente, porque tem solidez para isso. Por outro lado, até um prédio de concreto pode ser derrubado por um terremoto.

No caso dos abrigos, a minha preocupação foi sempre torná-los mais confortáveis para que as pessoas tivessem um pouco de privacidade em vez de ficarem amontoadas, o que os governos não queriam, para que as famílias não se acomodassem ali de forma definitiva."

O fato de Ban possuir um trabalho focado em problemas emergenciais não impediu que ele desenvolvesse em paralelo à sua obra convencional, mas que o distinguiu da maioria de seus colegas.

A verdade é que, desde jovem, Ban chamou atenção no circuito internacional. Seja pela obra original ou pelos materiais pouco usuais de seus projetos. Mas é **raríssimo** um arquiteto de sua estatura se voltar para o lado social. Naturalmente, essas duas facetas de sua obra contribuíram muito para ser agraciado com o Pritzker.

↪ **Será que um dia esse prêmio vai para algum arquiteto que só tenha foco social?**

Ban estava em Tóquio quando recebeu o telefonema de Marta Thorne, diretora executiva do prêmio Pritzker, para comunicá-lo de sua conquista.

"Você é o vencedor!", ela disse.

Ban achou que fosse uma brincadeira e só acreditou quando ela começou a ler o comentário de cada um dos membros do júri. Ainda agora ele diz que não se acha tão especial, mas percebe que ficou famoso pelo assédio do público depois que recebeu o prêmio. Com relação a este assédio, Shigeru Ban tem reagido com um estilo reservado e introspectivo. Quem já conviveu com o arquiteto japonês sabe que ele é uma pessoa silenciosa, que dedicou a sua vida ao trabalho.Em Tóquio, no seu escritório, por exemplo, ninguém que trabalha lá sabe quando ele vai sair, pois muitas vezes Shigeru Ban fica até meia-noite. Ele considera também que são cada vez mais tênues as fronteiras entre Ocidente e Oriente. Ban refletiu: "Você consegue me dizer o que é Oriente e o que é Ocidente hoje? Eu não sei!!! O Japão é Oriente ou Ocidente? Acho que atualmente não temos mais divisões. Obviamente existem diferenças, mas não um caminho separado para cada um dos lados.

A vida urbana parisiense não me traz nenhuma sensação de **não pertencimento** ou **estranhamento**. Quando ando pelas ruas de Paris, não me sinto como um estrangeiro. Só me sinto estrangeiro porque não falo francês."

Durante seis anos, Ban manteve um escritório no terraço do Centro Georges Pompidou, em Paris. Ao ganhar a concorrência para a extensão do Pompidou-Metz, pediu ao diretor se podia criar um estúdio temporário na cobertura. A resposta foi positiva, desde que o espaço ficasse aberto ao público. Recordou Ban: "Desfrutei da vista mais linda de Paris sem pagar aluguel. O único inconveniente é que todos tinham que comprar ingresso para me visitar."

Entre suas obras mais recentes está o polêmico Aspen Art Museum, inaugurado em agosto de 2014, na estação mais badalada do Estado de Co-

"Aspen Art Museum, um outro projeto de Shigeru Ban."

lorado (EUA), onde muitos bilionários têm casa. O prédio tem vista para as montanhas e é recoberto por uma treliça, que cria luz e sombra e um diálogo entre interior e exterior.

Muitos moradores acharam seu tamanho grande demais para a pequena cidade histórica de casas vitorianas. Ban se mostrou indiferente às críticas: "É normal haver divergências, as pessoas têm o direito de ter opiniões diversas. Nada agrada a todo o mundo."

Esse seu jeito fleumático adquire um ar mais solene pelo fato de ele estar sempre vestido de preto, com camisas de mangas compridas e colarinho abotoado. Ele só usa roupas pretas e, antigamente, vestia as roupas de Issey Miyake, mas agora quem o veste é sua mãe, que é uma estilista profissional. Na realidade, não é ele quem escolhe as roupas. Confidenciou Shigeru Ban: "Visto o que a minha mãe faz. A *designer* é ela. Meu apreço pela moda se resume a dois nomes: Issey Miyake e minha mãe. De ninguém mais. Para os sapatos, não dou a mínima e, assim, compro qualquer um, de qualquer marca. Sou um '**consumista zero**' e pouco gastador. Não sou, por outro lado, um acumulador de dinheiro. Meus sócios é que cuidam do valor dos projetos. Em geral, nem sei o preço deles. Nos projetos humanitários, trabalho como voluntário. Meus pequenos prazeres se limitam à boa comida e aos bons vinhos!!! Gosto de '**comida local**'".

3.1.6 – A espetacular Baku

A região do mar Cáspio voltou a ser uma das novidades no **xadrez energético mundial**. Lá está o Azerbaijão, um pequeno país que vai se tornando cada vez mais numa importante alternativa para a Europa.

Quando se fala de energia, nada compete com o sol. Nada existiria na Terra sem o calor e a luz que ele gera. Assim, nada mais natural do que **venerá-lo**. O **zoroastrismo** é uma das religiões mais antigas do mundo e, no passado, no Azerbaijão, era praticada por todos. Os seus templos têm como lugar central um **fogo eterno**, e nessa região isso era fácil, a chama era mantida pelo gás que naturalmente saía da terra. Na metade do século XIX se descobriu que esse gás estava junto com enormes jazidas de **uma nova forma de energia, o petróleo**.

Baku, capital do Azerbaijão, começou a exportar óleo no século XVI. Dali partiu o primeiro oleoduto do mundo. A cidade à beira do mar Cáspio, onde os irmãos Nobel e a família Rothschild fizeram fortuna, é uma mescla de Oriente com Ocidente.

"Um vista panorâmica da cidade de Baku.

Philip Nobel, neto de um dos irmãos Nobel, num museu que criou, mostra os objetos e outras lembranças dessa época que explicam o surgimento do **petróleo**, uma substância que passou a mover o mundo e o faz **girar até hoje**. O petróleo como indústria, o primeiro oleoduto, o primeiro navio petroleiro, o primeiro poço no mar, tudo criado pelos dois irmãos.

Villa Petrolea era o nome da mansão onde moraram dois irmãos da família Nobel, a mesma que depois ficaria conhecida com o prêmio criado por seu outro irmão, Alfred. Os Nobel eram os homens mais ricos da Europa até que um ativista comunista organizou o começo do fim desse império. Ele se chamava Joseph Stalin (que depois ficou famoso e governou ditatorialmente a Rússia). Foi ele quem agitou e abalou Baku com uma intensa greve, e depois, com a Revolução Russa de 1917, se apropriou da região que representava então a **metade da produção do petróleo do mundo inteiro**. Na Segunda Guerra Mundial, Adolf Hitler disse que se os alemães não conquistassem Baku, eles perderiam a guerra, o que acabou acontecendo.

No filme *O Mundo Não é o Bastante*, lançado em 1999, da série do agente 007, James Bond (interpretado por Pierce Brosnan) desloca-se em direção de uma plataforma enferrujada no mar Cáspio, sobrevoando a cidade de Baku: **"centro do mundo"**.

→ **Por que centro do mundo?**

Pois é lá que começou tudo, ou seja, o surgimento do petróleo de Baku, quando ele ainda era chamado de nafta e usado para lubrificar as rodas

das carroças, como medicamento e para calafetar barris de madeira, sendo transportado até os navios no lombo de camelos, em sacos de couro.

O mundo, portanto, não era suficiente.

Não para o agente 007, não para Baku, o posto de gasolina do planeta, o eldorado do petróleo. Só para recordar um pouco de *O Mundo Não é o Bastante*, nesse filme, James Bond precisa proteger a filha de um magnata do petróleo que assume os negócios depois da morte do pai – uma tragédia que 007 não conseguiu evitar. A linda mulher (interpretada pela atriz francesa Sophie Marceau) supervisiona a construção de um oleoduto no Azerbaijão, ameaçada por um terrorista maluco.

Atualmente, o Azerbaijão controla seu petróleo e gás, e se "equilibra" numa das zonas mais "delicadas" do mundo, espremido entre a Rússia e o Irã. O país tornou-se independente em agosto de 1991, e a partir daí as suas autoridades começaram a pensar em diversificar os seus parceiros comerciais. Então, a estratégia **mais recente** foi a de construir um oleoduto e um gasoduto que fossem direto para o mar Mediterrâneo e os ligassem à Europa. Dessa maneira, quando isso estiver concluído, o seu volume de vendas de petróleo e gás deve dobrar. Agora, o grosso da extração do Azerbaijão vem de poços *off-shore* (distantes da costa), no meio do mar Cáspio, onde existem enormes reservas.

A riqueza gerada nos últimos 20 anos transformou o país e, particularmente, Baku. A cidade tomou um banho de loja – surgiram de todos os tipos e para todos os gostos e bolsos – e cresceu muito para cima e para todos os lados. Atualmente, tem uma **arquitetura extraordinária** que mistura o moderno e o antigo.

Na cidade de Baku, três prédios em forma de chamas evocam o passado: Azerbaijão, a **terra do fogo**. São "filhos" do gás e do petróleo, símbolos das forças do planeta, dia e noite, luz e escuridão, o bem e o mal, fontes do enriquecimento, mas também do **aquecimento global**.

Oficialmente, a capital do Azerbaijão – Baku – tem cerca de 2,3 milhões de habitantes, onde o seu centro antigo, meticulosamente limpo e preservado, se une a diversos bairros de estilo soviético, onde vive a maior parte da população. Estimativas não oficiais dizem que a população urbana em Baku já superou 5 milhões de habitantes, sendo assim a maior cidade do Cáucaso.

Baku é a cidade mais opulenta desta região graças ao dinheiro da família Aliyev, que governa o país com a mão de ferro do seu presidente desde 2003,

Ilham Aliyev. Ele assumiu o poder em 31 de outubro de 2003, sucedendo o seu falecido pai Heydar, que anteriormente foi também o líder da nação, quando esta fazia parte da União das Repúblicas Soviéticas Socialistas (URSS), e inclusive comandou a seção local do KGB (Komitet Gosudarstvennoi Bezopasnosti, em português, Comitê de Segurança do Estado).

As grandes avenidas de Baku, em estilo *art nouveau*, lembram os bulevares parisienses. Parques floridos, esculturas e fontes decoram seus espaços e várias praças dessa charmosa cidade. Os barões do petróleo do fim do século XIX deixaram suas marcas em lindas mansões à beira do mar Cáspio, onde, hoje, casais e famílias passeiam no fim da tarde.

Baku é também a melhor cidade para se fazer compras no Cáucaso, com grifes famosas vendendo suas coleções a preços competitivos, especialmente quando comparados aos preços praticados no Brasil, além de bons *shopping centers* espalhados pela capital.

Se o visitante procura cultura, os museus locais não o desapontarão. O excelente museu do Carpete possui uma das melhores coleções do gênero no mundo. A filarmônica local apresenta concertos de nível internacional e há diversos teatros em Baku.

A principal joia de Baku, no entanto, é sua cidade medieval murada, que a UNESCO considera patrimônio mundial da humanidade. Com impressionantes muralhas de pedras escuras, a cidade velha é charmosa, com uma atmosfera encantadora, e abriga duas atrações imperdíveis. A primeira é o palácio dos Shirvanshahs, sede da dinastia que reinou na região durante a Idade Média e, principalmente, no século XV. Na visita é possível apreciar os suntuosos aposentos reais, a mesquita privativa da corte, os banhos palacianos e o cemitério dos *dervishes* sufistas.

A segunda grande atração da cidade antiga é a torre da Donzela, uma gigantesca estrutura de pedra que intriga arqueólogos até hoje, sem que eles cheguem a uma conclusão sobre o real propósito da torre. As paredes da base chegam a ter **cinco metros de espessura** (!!!), e o visitante pode subir ao seu topo para ter uma excelente vista aérea de Baku e do mar Cáspio.

A arquitetura de Baku impressiona também pelos contrastes – além da cidade medieval, das construções do século XIX, e da típica arquitetura funcional soviética –, nesses últimos 25 anos, novos e gigantescos prédios em estilo de Dubai parecem ter brotado nos mais diversos cantos de Baku. Nenhum talvez seja mais impressionante do que as torres de Chama. Elas são três estruturas de vidro de formato descomunal e lembram uma fogueira

"As impressionantes torres de Chama, na cidade de Baku."

ou uma orquídea se abrindo, sendo os maiores edifícios do Cáucaso. Nelas, têm-se escritórios, apartamentos residenciais para a elite milionária do país e o primeiro hotel "seis estrelas" nesta parte do mundo, o Fairmont, e do seu 27º andar tem-se um vista espetacular. Próximo delas está outra torre gigantesca, a da TV nacional, que é iluminada todas as noites e recebe visitantes que pagam até € 20 por uma xícara de chá em um restaurante giratório panorâmico.

Os superlativos não terminam aí, a maior bandeira do mundo (!?!?) está hasteada em Baku, que tem um tamanho equivalente a duas quadras de tênis, sendo visível de diversos pontos da cidade, pois está hasteada numa torre de 162 m. Esse marco patriótico custou US$ 20 milhões aos cofres públicos de uma nação onde a riqueza da elite que domina a burocracia do país contrasta com a pobreza da maioria dos habitantes.

Não se pode esquecer do espetacular Heydar Aliyev Center, um local de grandes exposições, uma obra da famosa arquiteta Zaha Hadid.

Para finalizar, a cidade conta com algumas das melhores baladas, bares e restaurantes do Cáucaso. Deve-se vir para Baku com a mente aberta, disposição para caminhar, dinheiro extra (Baku é a capital mais cara do Cáucaso) e um bom casaco – a cidade é chamada por seus moradores de **terra do vento**. Mas o turista que vier certamente se surpreenderá com uma das cidades mais desconhecidas e lindas do mundo.

3.1.7 A arquitetura de Calatrava decepciona!?!?

Pois é, em Valência, muita gente acha que o arquiteto Santiago Calatrava é um **vilão**!!!

Quem explicou muito bem isso foi a articulista do jornal *The New York Times*, Suzane Daley, no seu artigo *Arquitetura da decepção* (publicado no jornal *Folha de S.Paulo*, em 8/10/2013): "Santiago Calatrava recebeu uma grande quantia para projetar a Cidade das Artes e Ciências (em Valência, na Espanha) – que incluía um salão de apresentações, uma ponte, um planetário, um teatro de ópera, um museu de ciência, um calçadão coberto e diversos espelhos de água –, ou seja, cerca de € 94 milhões, e o custo do conjunto que foi orçado inicialmente em € 300 milhões acabou custando três vezes mais, um dinheiro que a cidade não possuía...

"Santiago Calatrava, um dos arquitetos mais admirados e criticados do mundo."

As oito construções ultramodernas que compõem o projeto de Calatrava foram o cenário do filme *Tomorrowland – Um Lugar Onde Nada é Impossível*, estrelado por George Clooney.

Juntamente com outros arquitetos famosos, como Frank Gehry, Richard Meier, Renzo Piano e Norman Foster, Santiago Calatrava ganhou muita proeminência em uma época de **arquitetura surpreendente**. Ele projetou dezenas de estruturas ao redor do mundo, como a estação ferroviária Liège-Guillemins, na Bélgica; o arranha-céu em Torso Torcido de Malmö, na Suécia; e o museu de Arte de Milwaukee (EUA), entre outros.

Os seus admiradores dizem que os seus projetos são ao mesmo tempo delicados e poderosos, comparando seus edifícios com **esculturas gigantes**, e elogiam sua inabalável **devoção à forma**.

Dizem que os astros da arquitetura frequentemente têm preços muito elevados, em parte porque seus projetos exigem uma construção complexa e que quase todos têm pelo menos um projeto que acaba saindo do controle!?!? Mas outros arquitetos, acadêmicos e construtores mais críticos salientam que Santiago Calatrava tem uma lista bem grande de projetos que estouraram o orçamento, sofreram graves atrasos e provocaram litígios. Esse foi o caso em Bilbao, na Espanha, com uma ponte e o aeroporto projetados por Calatrava, e, agora, o grande foco sobre ele é a construção de uma estação ferroviária em Nova York, no '**Marco Zero**'. Ela deveria ser inaugurada em 2015, mas está seis anos atrasada pelo cronograma e custará US$ 4 bilhões, o dobro do orçamento inicial."

Bem, na Espanha tem muita gente insatisfeita com o resultado final dos projetos de Santiago Calatrava. Em Valência, as autoridades esperavam que o complexo projetado pelo arquiteto **transformasse** a cidade em um destino turístico, do mesmo modo que o museu Guggenheim, de Frank Gehry, chamou a atenção para Bilbao. Mas a sua paciência chegou ao limite em 2012, quando a **"pele macia"** da ópera de Calatrava começou visivelmente a enrugar apenas seis anos depois da inauguração do prédio.

Os críticos da Cidade das Artes e Ciências zombam dos jardins paisagísticos de Calatrava embaixo de arcos metálicos que ficam tão quentes, que nenhuma trepadeira sobe por eles. O teto do salão de apresentações apresentou vazamentos e a ópera já ficou inundada após uma tempestade, além da pintura ter enrugado...

Calatrava tentou abrir as laterais de aço da ópera com um mosaico de azulejos brancos. O desmoronamento que está ocorrendo agora era previsível. Nos dias em que a temperatura muda rapidamente, o aço e os azulejos se contraem e expandem em ritmos diferentes. Isso é básico e qualquer estudante do ensino médio sabe disso, porém parece que o arquiteto Calatrava esqueceu... Assim, não poderia ocorrer outra coisa senão o desmoronamento.

Em Bilbao, Calatrava desenhou uma passarela para pedestres com uma superfície de tijolos de vidro que permitia que ela fosse iluminada por baixo, mantendo amplas áreas, livres de postes de iluminação. Mas, em Bilbao chove muito e às vezes até neva, com o que os pedestres escorregam muito nessa superfície lisa. Muitas pessoas se feriram e os tijolos de vidro começaram a rachar com certa frequência e precisaram ser substituídos.

O prefeito de Bilbao, Ibon Areso, explicou: "Como muita gente se machucou, há dois anos a prefeitura foi obrigada a colocar um grande tapete preto de borracha em toda a superfície para evitar quedas." Mas em uma tempestade recente, esse "remendo" mostrou-se ruim, pois durante o temporal, o tapete levantou, derrubando vários transeuntes.

Nos arredores de Bilbao, Calatrava foi contratado para construir um terminal do aeroporto que foi apelidado de *La Paloma*, por causa da sua semelhança com uma pomba alçando voo. Mas quando foi inaugurado, em 2000, o aeroporto não tinha **sala de desembarque**!?!?

Arquitetura

"Santiago Calatrava é um arquiteto ousado, mas nesse seu projeto de uma passarela com uma superfície de tijolos de vidro em Bilbao, a prefeitura foi obrigada a colocar depois um tapete antiderrapante para evitar as quedas das pessoas!"

Os passageiros passavam pela alfândega, pela área de bagagens e saíam diretamente na calçada, onde tinham de esperar, no frio!!! Depois, as autoridades do aeroporto instalaram uma parede de vidro para protegê-los.

Em junho de 2013, um tribunal espanhol condenou Calatrava a pagar € 3,3 milhões para Oviedo, onde a construção do centro de conferência sofreu um desabamento espetacular. Calatrava também tem processos que envolvem suas obras em vinícolas ou em pequenas construções em vários países.

Ele se defendeu e na famosa revista *Architectural Record* (um número de 2012), afirmou: "Os meus clientes estão satisfeitos com o meu trabalho e tenho muitos pedidos de novos projetos, como é o caso daqueles nas cidades de Dublin e Dallas. Os rumores sobre falhas de um projeto em Valência foram uma 'manobra política' de comunistas."

Várias cidades que não ficaram satisfeitas com o que foi concebido por Santiago Calatrava estão reclamando bastante e, com isso, afastando os potenciais clientes do arquiteto. Naturalmente, tal situação deve servir de lição para muitos prefeitos brasileiros e os seus gestores que desejam tornar as suas cidades mais atraentes, investindo especificamente em bens culturais, para que avaliem bem o tipo de obra que querem erigir e quem deve ser o seu criador. É bem perigoso contratar algum "astro", que como resultado deixe uma grande dívida e um rastro de decepções...

Mas vamos falar um pouco sobre algo que foi feito de extraordinário pelo arquiteto espanhol Santiago Calatrava, que é o autor do projeto do Museu do Amanhã, inaugurado em 19 de novembro de 2015, na praça Mauá, no Rio de Janeiro. Ele orientou a sua carreira para obras públicas, ou seja, aquelas que são para todos, sendo que a inspiração surgiu da sua vontade de servir a comunidade!?!? A figura de Calatrava em nada se assemelha à modernidade de seus projetos. Com gestos contidos, voz baixa, quase inaudível, e um olhar tranquilo emoldurado por sobrancelhas grossas e óculos de aro arredondado, ele ocupou uma sala sem nenhum luxo, montada dentro de um contêiner no canteiro de obras da praça Mauá, em suas passagens pelo Rio de Janeiro.

Numa entrevista para Francisco Góes, publicada no encarte do jornal *Valor Econômico, Eu & Fim de Semana* (25/9/2015), Santiago Calatrava explicou dois temas: "É muito importante projetar obras públicas, e a maioria das pessoas, por exemplo, não se dá conta sobre o que significa **atravessar uma ponte**. Eu fiz a ponte Margaret Hunt Hill em Dallas, no Estado do Texas, nos EUA, pela qual passam cerca de 100 mil carros todos os dias!!! Se considerarmos duas pessoas por carro em média, está se falando que 200 mil pessoas 'visitam' essa obra diariamente ou em torno de 73 milhões por ano!!! Os museus mais importantes do mundo como o Louvre (em Paris) ou o Metropolitan (em Nova York) recebem algo como 9,3 milhões e 6,4 milhões de pessoas por ano respectivamente.

Esse é o ponto mais interessante de uma obra pública, que tem o atrativo de pertencer à comunidade. Fiz mais de 50 pontes de bom porte durante a minha carreira. A mobilidade é um fenômeno ligado ao nosso tempo e que passa pelo transporte público e também pelos meios que facilitam o transporte, como estações e pontes. Construí sete das maiores estações de trem na Europa e agora estou construindo no *Ground Zero*, em Nova York, uma grande estação para o metrô que leva a Nova Jersey.

Como são milhões de pessoas que usam essas obras por ano, minha tese é que as estações e as pontes podem enriquecer o cotidiano das pessoas, em particular dos desprovidos, que têm condições de vida mais duras e vivem em áreas pouco desenvolvidas. Pontes e estações são como as antigas portas das cidades, os lugares por onde se chegava ou saía de uma cidade ou por onde se passava para ir de uma parte a outra da cidade.

No que se refere ao Museu do Amanhã, foi uma ideia muito audaciosa, e encontrei no Eduardo Paes, prefeito da cidade, alguém que me deu todo apoio para bem realizá-la.

Nesse museu, dedicado às ciências, os visitantes encontrarão recursos audiovisuais, instalações interativas e jogos que permitem conhecer a evolução do conhecimento e prospectar o futuro. É quase uma contradição, porque estamos acostumados a museus de ontem e de hoje.

O Museu do Amanhã não é um museu de respostas, mas de **perguntas**!!!

Na apresentação inicial que fiz ao público, o elevado da avenida Perimetral não existia, a proposta era de se ter uma praça Mauá livre do elevado, onde iriam conviver dois museus, o do Amanhã e o Museu de Arte do Rio, criado em 2013. Nossa sugestão foi aceita e o elevado foi demolido. Hoje, a praça Mauá está restaurada e criou-se um núcleo urbano de grande qualidade.

O edifício do Museu do Amanhã é baixo, porque junto com o Ministério da Cultura, concordamos que é importante preservar a vista da cidade em direção ao prédio, e também a vista do mar para a cidade. Este é um museu para ser percorrido num passeio contínuo, com as rampas para subir ao primeiro andar, a nave central que leva de novo à entrada. Tem um sentido de movimento de pessoas e de outros elementos ao redor."

"O Museu do Amanhã, no Rio de Janeiro, uma obra do arquiteto Santiago Calatrava, que foi inaugurado oficialmente em 17 de dezembro de 2015."

Bem, com essa complementação deu para atenuar um pouco a imagem de Calatrava, inclusive das insinuações do *site* Calatrava T'e La Clava, algo como **"Calatrava te apunhala"**, denunciando os gastos excessivos e os altos honorários que recebe esse arquiteto.

Deu para perceber que é muito bom ser um arquiteto, e isso há muitos séculos!!! Há quem estime que atualmente temos algo próximo de 4 milhões de pessoas habilitadas como arquitetas trabalhando em algumas centenas de milhares de escritórios espalhados pelo mundo, tornando mais confortáveis as vidas de bilhões de pessoas no planeta que cada vez mais estão vivendo em cidades.

Nos países desenvolvidos há uma taxa de 1 arquiteto para cada 2 mil habitantes. No nosso País, estamos próximos dessa taxa, pois temos cerca de 120.000 arquitetos atuantes. Nos EUA, em 2015, o salário anual médio estava por volta de US$ 95.000, o que tem atraído muitos jovens a seguir essa carreira. Claro que nem todos conseguirão ser muito bem pagos, mas isso depende do esforço, do talento, da criatividade de cada profissional.

→ **Você sabe quem são os dez arquitetos mais famosos da história?**
Pesquise e mate a sua curiosidade...

Observação importante 2 - Finalmente em 3 de março de 2016 o arquiteto espanhol presenciou a inauguração parcial (pois algumas instalações e lojas só começaram a funcionar um mês depois) da estação de trens *World Trade Center*, a mais cara do mundo, que custou US$ 3,85 bilhões, quase o dobro do que estava previsto inicialmente (US$ 2 bilhões) em 2004 e essa obra foi entregue com sete anos de atraso!?!?

Presente à inauguração, Santiago Calatrava comentou: "É um momento de grande alegria, satisfação e orgulho apresentar aos nova-iorquinos aquilo pelo qual temos trabalhado tantos anos juntos.

Essa infraestrutura é importante porque será a âncora e o motor do desenvolvimento de todo o baixo Manhattan, visto que conectará 11 linhas de metrô distintas com o trem que segue para Nova Jersey, e oferece acesso subterrâneo direto às principais torres do local, além de ter uma área de lazer com um grande centro comercial (34 mil m^2) e restaurantes.

O emblemático edifício dessa estação tem um salão em forma ovalada, chamado de Oculus, que mede 111m de comprimento e é "coroado" por vigas que apontam para o céu.

Arquitetura

A ideia é evocar uma ave abrindo as asas para levantar voo ("as asas de uma fênix que renasce") e o novo terminal sem dúvida é a mais nova atração turística de Nova York.

"Vista interna da estação de trens em Nova York projetada por Santiago Calatrava."

"A impressão é de que é uma ave que vai levantar voo. Foi essa a mensagem que Santiago Calatrava procurou passar para as pessoas que visitem o *World Trade Center*."

3.2
ARTESANATO

O **artesanato** tem prosperado em dois mercados distintos: o das **artes**, no qual as peças são exibidas em galerias e vendidas em leilões, e também nos **mercados** (muito maiores) de entretenimento e turismo.

Algumas culturas têm um debate permanente sobre a diferença entre arte e artesanato. A maioria delas é mais aberta às qualidades do artesanato, e as culturas árabes e asiáticas normalmente veneram o artesanato mais do que a arte e, consequentemente, o primeiro é mais **caro**!?!?

O artesanato é uma **técnica manual** utilizada para produzir objetos feitos a partir de matéria-prima natural. Normalmente, os artesanatos no Brasil são fabricados por famílias dentro de sua própria casa ou em uma pequena oficina. Tal técnica é praticada há alguns milênios, quando as pessoas poliam pedras para fabricar armas e objetos de caça e pesca, cerâmica para guardar alimentos e tecelagem para fabricar redes, roupas e colchas. A partir da Revolução Industrial, iniciada no século XVIII, o artesanato foi fortemente desvalorizado, deixou de ser tão importante, já que neste período capitalista o trabalho foi dividido, colocando determinadas pessoas para realizarem funções específicas, então essas deixaram de participar de **todo** o processo de fabricação. Este processo de divisão de trabalho recebeu o nome de **linha de montagem**. Além disso, os artesãos foram submetidos a péssimas condições de trabalho e baixa remuneração. Hoje, o artesanato voltou a ter prestígio e importância!!! Ele continua a buscar **elementos naturais** para desenvolver suas peças originadas do barro, couro, pedra, folhas e ramos secos entre outros. Em todas as regiões do Brasil é possível encontrar artesanatos diversificados, originados a partir da natureza típica do local e de técnicas específicas. O artesanato é reconhecido em áreas como a de bijuterias, bordados, cerâmica, vidro, gesso, mosaicos, pinturas, velas, sabonetes, sachês, caixas variadas, reciclagem, *patchwork* (trabalho que consiste na reunião de peças de tecido de várias cores, padrões e formas, costuradas entre si, formando desenhos geométricos), metais, brinquedos, arranjos florais, apliques etc.

Em 2010, uma portaria editada pela Secretaria de Comércio e Serviços (SCS) do MDIC, padronizou e fixou os parâmetros que vão nortear as políticas públicas nas esferas federal, estadual e municipal para o artesanato brasileiro, desenvolvidas pelo MDIC. Esse documento esclareceu a funcionalidade do artesanato em conceitos como: adornos e/ou acessórios; adereços; fios e tecidos; decorativo; educativo; lúdico, religioso/místico; utilitário; profano; lembranças/*souvenir*.

Por seu turno o **artesão** foi identificado como aquele que, de forma individual, exerce um **ofício manual**, transformando a matéria-prima bruta ou manufaturada em produto acabado. Esses trabalhadores podem ser organizados sob a forma de núcleo de artesãos, associação, cooperativa, sindicato, federação e confederação.

A classificação do produto artesanal está definida conforme a origem, natureza de criação e de produção do artesanato. Ela expressa os valores decorrentes dos modos de produção, das peculiaridades de quem produz e do que o produto potencialmente representa. São importantes os valores históricos e culturais do artesanato no tempo e no espaço onde é produzido. Nesse sentido, o artesanato é classificado em cinco categorias: **indígena**, **de reciclagem**, **tradicional**, **de referência cultural**, e **contemporâneo--conceitual**.

No artesanato, considera-se **matéria-prima** toda substância principal, de origem vegetal, animal ou mineral, utilizada na produção artesanal, que sofre tratamento e/ou transformação de natureza física ou química, **resultando** em um **bem de consumo**. Ela pode ser utilizada em estado natural, depois de processada artesanalmente/industrialmente ou ser decorrente de processo de reciclagem/reutilização.

Mais recentemente, ou seja, em outubro de 2015, com a sanção da Lei nº 13.180/2015, cerca de 10 milhões de artesãos brasileiros – que movimentam cerca de R$ 70 bilhões por ano – foram **reconhecidos** como **trabalhadores profissionais**. O texto dessa lei estabeleceu as diretrizes para as políticas públicas de fomento à profissão, instituiu a carteira profissional para a categoria e autorizou o Poder Executivo a dar apoio profissional aos artesãos. De acordo com o Ministério do Trabalho, o artesanato é uma atividade muito importante para a economia e a cultura do País. Com essa lei, abriu-se um enorme leque para a formulação de um conjunto de políticas públicas para esses trabalhadores ao incentivar a qualificação e a gestão profissional dessa categoria.

O Dia do Artesão é comemorado em 19 de março, mas é o trabalho, ao longo de todo o ano, de milhões de artesãos que aquece a economia, principalmente, das estâncias turísticas, pois os visitantes – nacionais ou estrangeiros – jamais resistem ao desejo de comprar algum dos produtos artesanais.

Em toda parte do País, cada *souvenir* (lembrança) é um pequeno relato da história local. Assim, nas regiões Sul e Sudeste, temos produtos feitos com folha de bananeira, bem como panelas, potes, moringas e jarras em cerâmicas são um destaque.

O Estado de Minas Gerais oferece tapetes e colchas feitos em tear manual, como aquele utilizado por Anézia Rosalina dos Santos Freire na sua casa, na pequena Carmo de Rio Claro (que dista 382 km de Belo Horizonte). Ela é uma das artesãs mais conhecidas do Brasil e ajudou diversas grifes mineiras de moda a fazer fortuna vendendo suas colchas e tapetes. Destaque-se também que em Minas Gerais existem muitos artesãos produzindo peças em estanho, além de pedras decorativas talhadas nos mais diferentes tipos de minério.

Na região Centro-Oeste, o foco está no bordado e nas atividades relacionadas à madeira, barro, tapeçaria e trabalhos com frutas e sementes. Animais de porcelana e moringas de barro são muito comuns em Goiás e no Mato Grosso. No Nordeste, além do artesanato relacionado ao barro e à madeira, tornou-se muito procurado a renda de bilro, feira no Estado do Ceará. Finalmente na região Norte, cuja população é bem miscigenada (indígenas, africanos, europeus, asiáticos e brasileiros de outros Estados), esse fator contribui para a diversidade cultural. Por isso, o artesanato no Norte ganhou várias formas com os trabalhos sendo produzidos com fibras, co-

"Temos um variado artesantato em Minas Gerais com trabalhos em couro, madeira, capim dourado e no Rio Grande do Sul o destaque é para as cuias de chimarrão."

quinhos, cerâmica, pedra-sabão, barro, couro, madeira, látex, entre outros. Aí são feitos bichos, colares, pulseiras, brincos, cestarias, potes etc.

Uma pesquisa feita em 2013 pelo Sebrae (Serviço de Apoio às Micro e Pequenas Empresas) indicou que no tocante ao nível de escolaridade dos artesãos: 20% tinham ensino superior completo, 41% ensino médio completo e 20% ensino fundamental completo. Dos entrevistados, 60% tinham o artesanato como principal fonte de renda. E no que se refere ao tempo dedicado ao ofício, 29% trabalhavam de 4h a 6h por dia, 23% de 7h a 8h por dia e 26% mais de 8h por dia.

3.2.1 - Rápida história do artesanato

A história do artesanato tem início com a própria história do homem, pois a necessidade de se produzir bens de utilidades e uso rotineiro, e até mesmo adornos, expressa a capacidade criativa e produtiva como forma de trabalho. Os primeiros artesãos surgiram no período Neolítico (6.000 a.C.), quando o homem aprendeu a polir a pedra, a fabricar a cerâmica e a tecer fibras animais e vegetais.

No Brasil, o artesanato também surgiu nesse período, e os índios foram os mais antigos artesãos. Eles utilizavam a arte da pintura, usando pigmentos naturais, a cestaria e a cerâmica, sem esquecer a arte plumária, como os cocares, tangas e outras peças de vestuário feitos com penas e plumas de aves.

O artesanato pode ser **erudito**, **popular** e **folclórico**, e sua manifestação ocorre de várias formas, tais como nas cerâmicas utilitárias, funilaria popular, trabalhos em couro e chifre, trançados e tecidos de fibras vegetais e animais, fabricação de farinha de mandioca, monjolo de pé de água, engenhocas, instrumentos de música, tintura popular. Inclui-se também o artesanato nas esculturas, nos trabalhos em madeira, renda, crochê, papel recortado para enfeite etc.

O artesanato brasileiro é um dos mais **ricos do mundo** e garante o sustento de muitas famílias e comunidades. Ele faz parte do folclore e revela usos, costumes tradições e características de cada região. Entre os principais tipos de artesanato brasileiro destacam-se:

↪ **Cerâmica e bonecos de barro** – É a arte popular e de artesanato mais desenvolvida no Brasil. Ela progrediu muito em regiões propícias à extração de sua matéria-prima – o **barro**. Nas feiras e mercados do Nordeste se encontram os bonecos de barro, os quais reconstituem figuras típicas da região, como os cangaceiros, retirantes, vendedores, músicos e rendeiras. Um outro exemplo ocorre na pequena cidade de Cunha, no Estado de São Paulo – com aproximadamente 30 mil habitantes –, onde os seus artesãos têm criado peças de cerâmica de beleza singular e transformaram isso em **atração turística**.

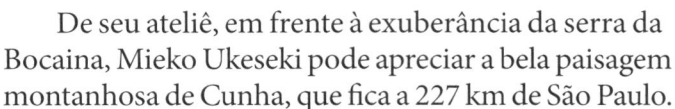

De seu ateliê, em frente à exuberância da serra da Bocaina, Mieko Ukeseki pode apreciar a bela paisagem montanhosa de Cunha, que fica a 227 km de São Paulo.

"A artesã Mieko Ukeseki."

E ali, diante de um forno, que suas mãos untadas com água dão forma ao barro. Com a técnica que aperfeiçoou ao longo de 40 anos de profissão e paciência oriental, ela deixa sua marca nas peças que produz e que acabam sendo bem valorizadas.

Ao chegar ao Brasil, Mieko se instalou inicialmente na capital paulista, no apartamento de uns amigos, até encontrar um lugar para realizar seu trabalho. Disse Mieko Ukeseki: "A cerâmica tem desempenhado um significativo incremento na economia de Cunha. Ou seja, o desenvolvimento dessa atividade fez muito bem à cidade, pois provocou a vinda de muitos turistas. Hoje, existem mais de 60 estabelecimentos que podem hospedar os visitantes, temos bons restaurantes, com apreciada gastronomia, e quase três dezenas de ateliês com mais de 50 ceramistas talentosos.

O forno *noborigama* que utilizo vale-se de uma técnica milenar chinesa, incorporada e aperfeiçoada pelos japoneses. Em japonês, numa tradução literal, *noboro* significa 'rampa' e *gama*, 'forno'. Esse forno, de alta temperatura, é construído em degraus, em declive natural, e pode chegar a 1.400 °C. As câmaras interligadas proporcionam o aproveitamento do calor que, ao ser produzido na fornalha, sobe gradualmente para as câmaras. A fornalha, também conhecida como boca, é alimentada com madeira de eucalipto reflorestado. A primeira queima, chamada de 'biscoito', é feita entre 800 °C a 900 °C por 24h. Essa pré-queima serve para dar resistência e porosidade à peça, tirando toda a água e dando mais aderência ao esmalte. Ao fim da primeira queima, a peça é limpa e esmaltada. Após essa etapa, inicia-se a queima definitiva em que as peças ficam no forno durante 30 h. Quando todas as câmaras atingem a temperatura desejada, ou seja 1400°C, o processo

Artesanato

está concluído. O fogo é extremamente importante nesse processo. É ele que vai determinar o resultado da fusão dos esmaltes e da coloração do barro, além de dar a resistência à peça.

Não se pode esquecer nunca que tudo começa pelas mãos do artista que dá forma ao barro. Os quatro elementos – **terra**, **água**, **fogo** e **ar** – se unem durante a fabricação da cerâmica. O processo de transformação da argila em uma obra de arte é, para muitos ceramistas, algo que envolve **energia** e **emoção**. Ele acontece como um ritual da extração da argila da natureza à queima nos fornos."

Cada ceramista tem uma característica e um projeto artístico. Uns usam a esmaltação, outros preferem a cerâmica rústica. Há os que gostam de produzir utilitários como xícaras, pratos, canecas, vasilhas etc. Outros gostam de objetos de decoração. O tipo de forno também diferencia, e nem todos eles são *noborigama*, pois em alguns ateliês eles são elétricos e em outros a gás. Claro que a singularidade e a criatividade dos ceramistas de Cunha fazem com que cada um a seu modo conquiste o público.

O ceramista Gilberto Jardineiro enfatizou: "A maleabilidade do barro permite a você gerar qualquer tipo de forma. É um grande desafio transformar a terra, o chão que a gente pisa, em peças de valor, seja artístico, seja econômico. A fusão do fogo com o esmalte produz efeitos inéditos, de **beleza singular**. A fuligem produzida pela queima da lenha também influencia no resultado final. Todas as peças são únicas e exclusivas. Apesar de o artista conhecer o funcionamento de todo o processo, ele não tem como definir a forma final das peças. A cerâmica é um enigma, e você só vai saber o resultado do trabalho quando abrir o forno."

→ **Cestas e trançados** – A arte de trançar fibras, executada por índios, inclui esteiras, redes, balaios, chapéus, peneiras, bolsas e outros objetos. Quanto à decoração, os objetos trançados possuem uma grande variedade, explorada através de formas

"Cesto feito com campim dourado, uma peça que pode ser vendida por um bom valor."

geométricas, espessuras diferentes, corantes e outros materiais. Esse tipo de artesanato pode ser encontrado em diversas regiões do Norte e Nordeste do Brasil, em especial nos Estados do Amazonas, Bahia, Ceará, Mato Grosso, Maranhão, Pará e Tocantins.

Um exemplo interessante é o dos negócios que estão proliferando com a venda de peças feitas do capim dourado, produzidas na região do Jalapão, no Estado do Tocantins. O capim dourado é um **tipo raro** de vegetação, encontrado só na região do Jalapão, que cresce entre abril e junho, sendo colhido apenas nos meses de outubro e novembro para respeitar o ciclo de vida da planta.

Os fornecedores dos produtos são artesãos cadastrados na Associação dos Artesãos das Regiões do Jalapão e essa entidade monitora a atividade extrativista do capim dourado e o seu manejo sustentável, garantindo, assim, a sua perpetuação e a manutenção dos nativos na terra. Atualmente, cerca de 250 artistas estão envolvidos na produção da empresa Capim & Cia, cuja primeira loja foi aberta no hotel Jequitimar, no Guarujá (SP). Aliás, todas as peças vendidas no Capim & Cia são acompanhadas por um certificado de origem que atesta que os produtos são fabricados artesanalmente no Tocantins.

Uma outra arte é a da **piaçava** (uma espécie de palha tirada de uma palmeira que na realidade se chama piaçaba e que cresce em abundância na Bahia), que graças ao talento de artesãos acaba se transformando em exuberantes tapetes ou lindas bolsas ou ainda em chapéus.

Uma artesã, de algumas centenas que existem na chamada Costa dos Coqueiros, no litoral norte da Bahia, explicou: "O nosso trabalho começa cedo, pois é preciso buscar a matéria-prima na mata, o que às vezes significa até 2 h de caminhada. Cansa, mas faz parte do trabalho e sem ele não temos nada. É preciso também saber escolher a palha certa para o artesanato; boa, fixa e mole, porque senão os dedos doem e incham quando a palha é dura. O tingimento é feito com corantes naturais, como o cipó de rego, urucum e capianga. Depois de 10 min fervendo, a palha sai roxa. E com a mistura das plantas surge um arco-íris de possibilidades de cores. Acho que um dos diferenciais dos nossos produtos é o colorido. Aliás, quando a gente diz que é de palha de piaçaba, as pessoas não acreditam. O artesanato de palha é uma tradição aqui. É a herança que a minha bisavó deixou para a minha avó, que deixou para minha mãe, que deixou para mim."

⇢ **Entalhes em madeira** – Esta é uma manifestação cultural que foi muito utilizada pelos índios nas construções de suas embarcações, instrumentos musicais, utensílios, armas, máscaras e bonecos.

O artesanato em madeira produz objetos diversificados, com motivos da natureza, do universo humano e da fantasia. Exemplos disso são os utensílios como cocho, pilão, gamelas, móveis rústicos, carroças, carros de bois etc. As madeiras mais utilizadas para esse tipo de artesanato são: cedro, macacaúba, marupá, sucupira, angelim entre outras.

⇢ **Renda** – A renda está presente em roupas, lenços, toalhas e outros artigos, tendo um importante papel econômico nas regiões Norte, Nordeste e Sul, sendo desenvolvida pelas mãos das rendeiras.

No litoral ao sertão do Estado da Paraíba há comunidades que trabalham e produzem o item identificado como a maior expressão do artesanato paraibano: a **rede de dormir**. As principais produtoras da famosa rede de dormir são as cidades de Gurinhém, Campina Grande, Boqueirão, São Bento e Aparecida. A Paraíba destaca-se ainda como o único produtor de artigos elaborados com a técnica de tecelagem usando o fio de algodão colorido, ecologicamente correto e que não é tingido quimicamente.

As redes, mantas, tapetes e almofadas da Paraíba refletem a mistura viva de cores e formas que constituem o povo brasileiro. Aliás, as fibras vegetais abundam na Paraíba – desde o coqueiro, na Zona da Mata, até a palha da bananeira, do milho e da carnaúba nas demais regiões –, e, atualmente, diversas instituições tentam resgatar a cultura de produção do sisal.

Finalmente deve-se citar o **labirinto**, uma tradição têxtil mantida há várias gerações por mulheres que sobrevivem desse tipo de artesanato. As artesãs desfiam, enchem, torcem, perfilam e engomam peças por meio de um processo manual longo e trabalhoso, mas o resultado são peças muito ricas em detalhes.

⇢ **O couro do cangaço** – Quando Virgulino Ferreira, de alcunha Lampião – o mais famoso e temido cangaceiro do sertão nordestino –, desenhou o molde de uma sandália com **sola retangular** para confundir os rastros deixados pelo caminho, ele não sabia que estava criando um **estilo** !!!

Hoje, **"a sandália do Lampião"** é a marca do artesão cearense Espedito Veloso de Carvalho, conhecido apenas como Espedito Seleiro. Ele parou de vestir vaqueiros e agora se dedica à arte de trabalhar em couro, fazendo calçados e acessórios. Foi o pai dele quem fez a sandália para o Lampião, e o seu "croqui" ainda hoje serve de inspiração para o trabalho do artesão cearense.

O rei do cangaço gostava de ornamentar as vestimentas usadas por ele e por seu bando. Um dia, teve a ideia de fazer um calçado com um solado com as partes da frente e de trás idênticas. Servia para confundir e despistar a polícia que estava sempre no seu encalço.

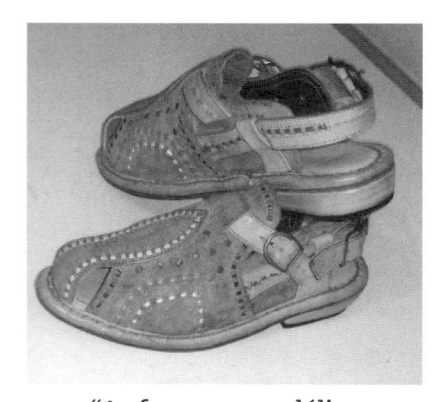

"As famosas sandálias nordestinas."

Em 1938, quando o grupo de cangaceiros liderados por Lampião esteve, como tantas outras vezes no Cariri, pediu para um de seus "cabras" encomendar a um conhecido artesão local novas peças, tendo inclusive mandado o desenho de como deveriam ser os calçados. Contou o mestre no ofício Espedito Seleiro: "Um dia, meu pai, o Raimundo Seleiro, estava fazendo uma sela no alpendre de casa e aí chegou um homem e perguntou se ele poderia fazer umas alpargatas de couro com o mesmo material da sela para o cavalo. Ele explicou que não era bom nisso, que trabalhava fazendo gabão, chicote, chapéu e sela para vaqueiro, mas aceitou. Depois, quando descobriu que era para o coronel Virgulino, ficou todo nervoso, tremendo e nem quis cobrar."

Espedito Seleiro, o quarto da geração de mestres em couro, ainda aos 8 anos aprendeu com o pai o ofício. Ele relembrou: "Cada lapada que recebi do meu pai tornou-se uma lição. Foi a melhor coisa do mundo para mim, porque aprendi rápido a trabalhar com o couro."

A quarta geração de seleiros vive na pequena Nova Olinda, no Cariri cearense, a 552 km de Fortaleza, mas seu trabalho já lhe permitiu compor uma coleção de grife internacional, que foi apresentado em desfile na **São Paulo Fashion Week** e exportada para vários países do mundo. A sandália de Lampião foi só o começo da guinada que Espedito Seleiro deu na sua carreira forçado pela necessidade. Recordou ele: "Meu pai falava que a dor ensina o 'cabra' a gemer. Quando começou a diminuir o trabalho para os vaqueiros, foi pensando: 'Puxa vida, a minha família é grande, o pai faleceu, preciso arrumar um jeito para ganhar dinheiro que dê para comprar feijão e outros alimentos para esse povo todo.' Perdi muita noite de sono desenhando novas peças. E Deus me deu a inspiração para fazer bolsas e sandálias. Mas também fui muitas vezes bem cedo para apreciar o que as pessoas compravam no comércio, do que elas mais gostavam. Quando fiz a sandália do Lampião e ela ficou famosa, imediatamente fiz a da Maria Bonita."

O colorido das peças de Espedito passou a ser uma das suas características marcantes. Não há quem não se encante com a riqueza de tonalidades. O processo de criação desse colorido também tem uma história interessante. Espedito Seleiro explicou: "Perdi muito tempo aprendendo a tingir. Tinha tinta que ficava feia feito urubu. Mas a tal cor feia era a que mais vendia. Não era nem marrom nem preto. Era da cor de burro quando foge... Fui conquistando fama e o mundo da moda com os meus cintos, calçados, bolsas e carteiras multicoloridas; assim, fui recebendo cada vez mais encomendas de todas as partes do País.

Algumas vezes as pessoas pedem gibão, sela, chicote e bota, ao mesmo tempo. Aliás, a indumentária de um legítimo vaqueiro do sertão nordestino foi usada pelo ator Marcos Palmeira no filme *O Homem que Desafiou o Diabo*. Mas com a profissão de vaqueiro em extinção, esse tipo de encomenda foi ficando cada vez mais raro.

O que me deixa melancólico e triste é que hoje tem cabra que passa para mim e pensa que eu só trabalho para o povo de fora e que não sou o mesmo. Mas o que eu faço é por prazer e ainda faço melhor e mais caprichado se for para um vaqueiro."

Existe muito artesanato em couro que não se fundamenta no cangaço, como é o caso daquele que se tem na cidade de Guaratuba, no Estado do Paraná, onde os artesãos reaproveitam os restos de pele e escama de peixe para a criação de vistosas peças artesanais. Por esse projeto ter um grande apelo ecológico, pois preza a responsabilidade socioambiental, a Associação Curtume do Couro de Peixe Ryo e Mar, que congrega esses artesãos de Guaratuba, conquistou na 9ª Edição (2011) prêmio Planeta Casa na categoria Ação Social. Promovida pela revista *Casa Claudia* e pelo portal Planeta Sustentável, ambos da Editora Abril, essa premiação busca valorizar e divulgar empresas e profissionais das áreas de **arquitetura, construção** e **decoração** que aliam conforto nas residências com o respeito ao meio ambiente.

→ **Artesanato indígena** – Cada grupo ou tribo indígena tem seu próprio artesanato. Em geral, a tinta usada pelas tribos é uma tinta natural, proveniente de árvores ou frutas. Os adornos e a arte plumária são um outro trabalho artesanal indígena importante. A grande maioria das tribos também envolvem-se com a cerâmica e a cestaria. E como passatempo ou em rituais sagrados, os índios desenvolvem flautas e chocalhos.

"Cestos feitos pelos indígenas."

Com a primeira Revolução Industrial, teóricos do século XIX, como Karl Marx e John Ruskin e muitos artistas, criticaram acidamente o início da desvalorização do artesanato pela mecanização. Os intelectuais da época consideravam que o artesão tinha uma maior liberdade, por possuir os meios de produção e pelo alto grau de satisfação e identificação com o produto.

Com a segunda Revolução Industrial, na qual se incorporaram sofisticados sistemas de automação e robotização, o artesanato sofreu mais ainda, pois o custo de um produto feito industrialmente tornou-se muito menor e de melhor qualidade!!!

Mas agora, nessa terceira Revolução Industrial (talvez a quarta para alguns...), a qual está sendo impulsionada pelas impressoras de três dimensões (3D), é bem provável que surja um novo tipo de artesanato, apoiado por sofisticadas tecnologias!!!

3.2.2 – As rendeiras de Entremontes

É muito interessante a experiência do projeto Olhar do Sertão que a estilista Martha Medeiros desenvolveu em Entremontes, na região do sertão do Estado de Alagoas, com cerca de 400 rendeiras que há um bom tempo viviam essencialmente do que recebiam do Bolsa Família. A partir de um "cadastro de sonhos", criado para recuperar a autoestima e a capacidade de ambicionar das mulheres rendeiras, a estilista alagoana Martha Medeiros procurou incentivar a produtividade em lugares onde a pobreza e a aridez demolem frequentemente as vontades e a energia.

Martha Medeiros tornou-se famosa pelos seus luxuosos e magníficos vestidos de renda que encantam celebridades nacionais, empresariais e *socialites*. Um vestido feito pelas rendeiras, e que impressionou o mundo, foi aquele que a cantora Ivete Sangalo usou na cerimônia de encerramento do Campeonato Mundial de Futebol, no Rio de Janeiro, em 2014.

Com o seu projeto Olhar do Sertão, Martha Medeiros quis inverter uma ordem vigente há anos; assim, ela criou uma cooperativa para as rendeiras e procurou fazer com que elas entendessem que os bordados que faziam seriam a principal fonte de sustento de suas famílias e o benefício do governo – o Bolsa Família – seria um reforço.

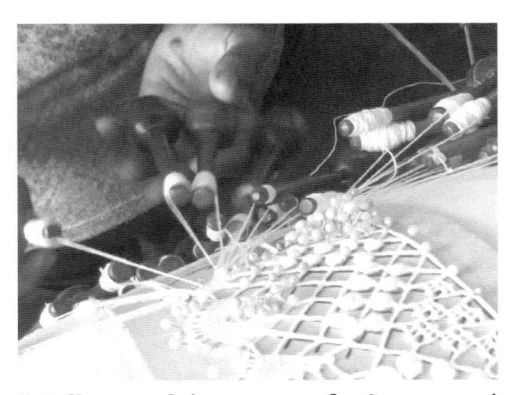

"Mulher rendeira uma profissão que está agora recebendo bastante apoio."

O exemplo da renda como um negócio organizado, com preços definidos pelo Sebrae, certamente terá um efeito transformador e, assim, será uma porta de saída do Bolsa Família para muitas dessas mulheres.

Em localidades marcadas pela tragédia da seca e pela falta de acesso às necessidades básicas, **a renda sempre foi um lazer**. Mas o prazer de fazer renda é antigo. A canção do xaxado brasileiro, *Mulher Rendeira*, autoria atribuída ao cangaceiro Lampião (!?!?), já cantava essa tradição. Mas poucas rendeiras olhavam a atividade como um meio de ganhar dinheiro para viver dignamente. Contou Martha Medeiros: "Encarava-se o trabalho com rendas como uma complementação. Minha ideia foi introduzir sonhos nas comunidades, e isso funcionou para revigorar o motor de ambições, corroído pela miséria. Agora, com elas organizadas para fazer as flores de renda, cada profissional pode receber R$ 1.200 por 20 flores bordadas por mês, dependendo do tempo que se dedicam à atividade. Rendar uma flor leva um dia de trabalho de 8 h.

Consegui reunir todas essas mulheres numa associação e já conto com o trabalho delas há anos. Elas conseguiram sair do estado de acomodação e vão à luta para planejar novas conquistas e realizações.

O Bolsa Família paga a cada uma delas em torno de R$ 127 por filho, computandos outros benefícios. **As rendeiras têm, em média, seis filhos!!!** Excepcionalmente, algumas chegam a ter até 14 filhos!?!? Mas são raras aquelas que só têm dois filhos. Considerando o cálculo dos rendimentos por seis filhos, o valor pago pelo governo chega a R$ 762 por mês. Com o projeto Olhar do Sertão, essas mulheres foram incentivadas a empreender e, assim, ganhavam mais R$ 1.200,00 por mês com as flores e folhas rendadas que executarem. Os vestidos são confeccionados por junções de flores e folhas."

O projeto Olhar do Sertão tem recebido adesão de alguns empresários, e Martha Medeiros já está construindo uma nova sede, na qual haverá uma escola para ensinar o trabalho com rendas. Haverá um consultório médico – aliás, já foram realizados centenas de exames de vista nas rendeiras, para proporcionar óculos adequados para aquelas com dificuldades de enxergar; cozinha para ensiná-las a preparar comidas mais saudáveis, com os ingredientes da região (jerimum, bode, macaxeira etc.). Hoje, até os maridos estão ajudando as suas mulheres a fazer renda!!!

3.2.3 – A produção artesanal de quimonos está ameaçada!

Na ilha Amani Oshima, no Japão, estão os artesãos que utilizam um método especial para tingir os elegantes quimonos que tornaram famosa essa pequena ilha semitropical. Eles praticam o *dorozome*, ou "**tingimento na lama**", aproveitando o solo rico em ferro da ilha para conferir à seda do quimono um tom **chocolate-escuro**. Esse é um dos passos de um processo que pode levar até um ano e que resulta em um quimono da seda mais lustrosa e com os desenhos mais complexos do Japão. No passado, os quimonos de Amani Oshima foram vendidos por mais de **US$ 10 mil** cada um! Mas a longa estagnação econômica do país levou a demanda por quimonos a cair muito.

Nessa ilha de 73 mil habitantes, apenas umas **500 pessoas** ainda trabalham em **tempo integral** na produção de quimonos. O pior é que muitas delas estão na casa dos 70 ou 80 anos! De acordo com a associação de produtores de quimonos da ilha, há uns 25 anos, cerca de **20 mil pessoas** trabalhavam no setor. Pois é, dos **284.278** quimonos produzidos na ilha em **1972**, no auge do *boom* pós-Segunda Guerra Mundial, a produção da ilha em **2014** caiu para **5.340**!?!?

Amani Oshima também foi prejudicada por uma rede complexa de atacadistas, revendedores

"A produção de quimonos está ameaçada..."

e varejistas que distribuem e vendem os quimonos produzidos na ilha. Esse sistema antiquado mantém os quimonos **caríssimos** e, ao mesmo tempo, reduz os salários pagos aos profissionais. Pior ainda, as reduções feitas nos preços dos quimonos inevitavelmente recaem sobre os profissionais que trabalham no tingimento e na tecelagem. Assim, enquanto um quimono novo de Amani Oshima ainda custa entre US$ 3 mil e US$ 6 mil, os tecelões dizem que têm sorte se conseguem ganhar mais de US$ 400 depois de um mês de trabalho cansativo e minucioso.

Muitos temem que em breve não haverá profissionais suficientes na ilha para levar adiante cada uma das 30 etapas necessárias para a produção de um quimono!!!

3.2.4 – Muita coisa interessante no mercado de Viena!

Registros históricos indicam que os mercados de Natal (ou *weihnachtsmärkte*, em alemão) existiam na Áustria desde o século XIII e nas cidades da Alemanha a partir do século XV. Esse hábito de montar barracas com comidas, bebidas, artesanato e, assim, atrair as pessoas para as ruas nos dias frios se consolidou no interior desses países e se espalhou por outras nações da Europa, em particular para as suas capitais.

"Em Viena, a grande atração no fim do ano é comprar produtos artesanais."

Em Viena, nos últimos anos, quase 3,5 milhões de pessoas (cerca de 500 mil delas vindas de outros países) visitaram o mercado instalado em frente à sede da prefeitura, o mais popular entre os mais de 20 que existem na cidade. Nos fins de semana, os corredores que dividem as 150 barracas ficam lotados de gente em busca de artigos para dar de presente e enfeites para as árvores de Natal, com muitas pessoas aproveitando a oportunidade para beber *punsch,* o vinho quente austríaco, em generosas canecas, com o que é possível esquecer um pouco do frio...

Cerca de 2,5 milhões de lâmpadas dão as boas-vindas a quem chega a Viena em dezembro, dando um aspecto maravilhoso às suas ruas. Quem visita o mercado de Natal vai encontrar nele peças de madeira, velas, enfeites, artigos religiosos, presépios etc. Bonecos quebra-nozes estão por toda a parte e podem ser de até 30 cm de altura, chegando a custar até R$ 400 cada um. Mas há pechinchas também: versões pequeninas de Papai Noel saem por R$ 10 e enfeites talhados de madeira custam algo como R$ 50 em média.

As tendas de comida podem ser tão atraentes para os olhos quanto as de artesanato. Bolos de chocolate e pães de mel são cuidadosamente organizados e expostos de forma muito atraente. Já nas barracas com embutidos existe uma variedade incrível de salsichas e salames. Mas as barracas que prendem pelo aroma e pela sua criatividade são as de mel, uma iguaria também usada para fazer velas e réplicas de árvores de Natal.

A maioria dos mercados funciona até o dia 24 de dezembro (uns poucos vão até 1º de janeiro) e deve-se ressaltar que em Berlim (que fica a 1h de avião de Viena) existem cerca de 80 mercados desse tipo.

Que tal você programar as suas férias do próximo ano para passar duas semanas degustando do bom e do melhor nesses mercados? À noite, você pode fazer grandes programas tanto em Viena (1ª opção) como em Berlim (2ª opção, mas tão boa como a primeira) e voltar antes do Natal para o Brasil trazendo **presentes artesanais** que todos vão adorar!?!?

3.2.5 – As joias da Bulgari

Nicola e Paolo Bulgari, no livro *Roma, Passion, Jewels (Roma, Paixão e Joias)*, escrito por Vincent Meylan, revelaram que eles têm grande orgulho do passado e do que foi feito pelo seu pai Giorgio, pelo tio Constantino e pelo avô Sotirios. Pela primeira vez, os herdeiros Bulgari desvendaram o lado humano do império de luxo, fundado em 1884, relembrando os marcos da ascensão da empresa. Paolo Bulgari que é hoje o *chairman* da empresa salientou: "Esse livro me proporcionou uma oportunidade única para falar de pedras preciosas, como as vejo, e recontar a história da empresa através delas, as pessoas extraordinárias que passaram pela vida de minha família, os milhares de fontes de inspiração para nossas joias." O livro é constituído por duas entrevistas: com Paolo, na via Condotti, em Roma, e com Nicola, na Quinta Avenida, em Nova York.

"O interessante livro *Roma, Paixão e Joias*, de Vincent Meylan."

O império Bulgari foi iniciado pelo ourives Sotirios, imigrante grego que se radicou na Itália. Ele abriu sua primeira loja em Nápoles, mas foi roubado e partiu para Roma sem nenhum dinheiro. Depois de juntar algumas economias vendendo artefatos de prata, alugou uma pequena loja na via Sistina. Com o sucesso do negócio, abriu várias outras butiques, entre as quais, uma na via Condotti.

Depois de visitar Paris em 1908, Giorgio, filho de Sotirios, inspirado na escola clássica de joalheria de Paris e com o apoio do irmão Constantino, passou a trabalhar com **joalheria fina**. Sotirios morreu em 1932, deixando o império nas mãos dos dois filhos. As joias com a assinatura Bulgari, com suas características gemas coloridas, ganharam prestígio primeiro na Europa ocidental e depois nos EUA, Rússia e várias nações asiáticas. Mas é em Roma que se desenvolveu praticamente tudo da Bulgari, sendo a cidade a referência emocional, estética, afetiva etc. de quase todas as grandes criações.

Roma sempre foi o elegante pano de fundo para festas, encontros, celebrações com as personalidades mais importantes da sociedade. Nos anos 1960, ou seja, na época da *dolce vita*, Roma atraiu muitos estrangeiros, principalmente norte-americanos ricos, e ganhou visibilidade internacional ao oferecer locações para filmes de Hollywood. A Bulgari floresceu na mesma época, graças às compras de suas joias por magnatas, herdeiras, nobres e celebridades hollywoodianas. A butique da via Condotti, mais especificamente, tornou-se o lugar aonde muitos iam, mesmo que fosse apenas para serem vistos.

No comando da empresa, os irmãos Paolo e Nicola conquistaram como clientes e amigos pessoas como o patrono das artes, conde Vittorio Cini, a

"As joias da Bulgari, que encantam tanto as mulheres."

socialite Dorothy di Frasso, o diretor Luchino Visconti, o maestro e pianista *sir* Antonio Pappano e muitas belas mulheres, entre as quais, as atrizes Sophia Loren e Anna Magnani. Mas foi de Elizabeth Taylor o nome mais associado à Bulgari. Lembrou Paolo Bulgari: "Ela costumava encontrar-se discretamente com Richard Burton no pequeno salão (da butique da via Condotti), que tinha uma entrada privativa. Frequentemente, ele lhe comprava um presente: uma joia com esmeraldas e diamantes."

Embora muitas celebridades tivessem dado um grande impulso para a marca Bulgari, sem dúvida ela chegou ao grande sucesso devido a diversas gerações da família que procuraram torná-la cada vez mais atraente.

A Bulgari foi comprada pela LVMH de Bernard Arnault, em 2011, por US$ 5,2 bilhões. Mas os irmãos Bulgari continuam em atividade após a venda do controle da empresa à LVMH. Paolo continua sendo um *designer* de joias e Nicola se dedica ao aconselhamento sobre assuntos relacionados a heranças e ao mecenato!

3.2.6 – Em Juazeiro vendem-se imagens de borracha do padre Cícero!!!

Em 2014, os romeiros que foram a Juazeiro do Norte, no Estado do Ceará, no mês de julho, para as homenagens de 80 anos da morte do padre Cícero (1844-1934), encontraram uma novidade no comércio. As tradicions imagens de gesso do **padre milagreiro** concorreram com as peças feitas de borracha (na realidade, com as sobras de materiais com os quais se fazem calçados naquele município). Essas novas representações da figura do padre Cícero foram comercializadas com o apelo de serem "**inquebráveis**", custando cerca de três vezes mais caro que as de gesso, ou seja, R$ 10 a peça-padrão.

Um vendedor enfatizou exultante: "Essas peças, agora, são jogadas no chão com força e ficam intactas. Os romeiros sempre reclamavam que compravam imagens de gesso aqui e quando abriam a mala, só tinha farelo... Com a imagem de borracha, esse problema deixou de existir."

"Para lembrar sempre do padre Cícero, os romeiros compram muitos objetos com a sua figura."

Deve-se recordar que nas imediações da escultura do padre Cícero, de 27 m de altura, inaugurada em 1969, existem cerca de mil lojinhas, sendo que a maioria desses locais é alugado pela Igreja Católica para os comerciantes. A expectativa é que cada uma delas possa vender umas 300 imagens no período de romaria, quando se espera que venham mais de 300 mil romeiros, o que é uma tremenda multidão para uma cidade de 250 mil habitantes.

Durante o ciclo todo de romarias, são cerca de 2 milhões de pessoas que circulam em Juazeiro do Norte todo ano. Naturalmente, o afluxo de turistas esquenta as vendas do comércio em até 10%, pois eles também lotam os restaurantes e os hotéis, além de fazerem outras compras ligadas à economia informal, movida pelo "padim Ciço", como broches, medalhas, camisetas, anéis, porta-copos, chapéus, capas de celular, bonés, adesivos etc., que tenham alguma referência ao líder religioso.

O presidente da Câmara dos Dirigentes Lojistas do município, Michel Oliveira, afirmou: "O crescimento das vendas de artigos ligados à veneração do padre Cícero tem sido muito grande, ano a ano. Esse tipo de novidade, com imagens de borracha, acaba sendo vantajosa porque estimula o romeiro a querer voltar!!!"

3.2.7 - A rede ArteSol

Em 14 de setembro de 2015, Sonia Quintella de Carvalho, juntamente com um grupo de colaboradores que vislumbram grande valor no artesanato, lançou a rede ArteSol, uma **plataforma virtual** para conectar artesãos com consumidores e impulsionar a atividade. Essa rede começou a apresentar e divulgar o trabalho e o perfil de cem grupos de artesãos no seu primeiro ano de funcionamento. Com a intenção de chegar a mil grupos até 2020, a ArteSol procurará dar acesso livre a quem quiser conhecer os artistas, seus métodos de trabalho e história, materiais e endereço.

A paixão de Sonia Quintella de Carvalho pelo artesanato brasileiro vai bem além dos vestidos de renda e dos colares de fibra de tucum, e ela explicou: "Nós temos uma grande riqueza no Brasil, que é o artesanato, porém que não é valorizado como, por exemplo, na Colômbia, Chile, México etc. Como isso é possível se temos milhões de brasileiros que complementam sua renda do Bolsa Família com artesanato e não existem praticamente políticas públicas e incentivos para impulsionar a atividade? Cerca de 90% dos artesãos no Brasil são mulheres que fazem suas peças para complementar a renda que recebem com o Bolsa Família.

Lamentavelmente, artesanato no Brasil não é valorizado como identidade cultural, não existe para ele uma política pública nem crédito especial até agora. O artesão pode emitir nota sem recolher imposto, mas para isso tem que ir à Secretaria da Fazenda mais próxima, mas muitos artesãos vivem em zonas rurais e a mobilidade para eles é complicada.

Alguns incentivos a produtores rurais ou microempreendedores, embora interessantes, são mal divulgados ou têm limites de renda que deixam o artesão inseguro. Assim, eles temem entrar em um programa e perder, por exemplo, o direito ao Bolsa Família. Mas se o governo tivesse mais interesse em migrar pessoas do Bolsa Família para atividades empreendedoras, o artesanato já estaria pronto para possibilitar essa **transição**. É só valorizar e desenvolver políticas públicas e programas que incentivem o trabalho dos artesãos.

A ArteSol tem vários projetos com a UNESCO para alavancar o artesanato brasileiro. A nossa entidade trabalha com antropólogos para estudar as raízes dos grupos e desenvolver toda a identidade cultural das regiões, com o que já foi possível capacitar mais de uma centena de grupos de artesãos no Brasil.

Outro trabalho é ajudá-los a formar associações ou cooperativas e depois fazer uma melhor gestão de venda dos seus produtos. Vamos disponibilizar *designers* para ajudá-los no acabamento de seus produtos, mas sem interferência na produção das cerâmicas, tecelagens, bordados etc. Como as toalhas de renda são caras e demoram para ser executadas, sugerimos que as artesãs façam também jogos americanos, para ter mais diversidade.

Um outro ponto foi ajudar os artesãos a atribuir para as suas peças um preço justo, que valorize seu trabalho. Por isso o custo da matéria-prima, a mão de obra e a margem própria devem ser computadas para montar o preço ao lojista ou consumidor.

Os artesãos não sabem ainda o valor que tem seu trabalho, e isso é triste. Quando se fala a eles o preço que deveriam cobrar, às vezes temem não conseguir vender seus produtos. Uma toalha de renda renascença, por exemplo, leva dois meses para ficar pronta. Não tem sentido cobrar por essa peça menos que dois salários mínimos, fora o custo da linha, não é?

Assim, a ideia da nossa plataforma virtual é criar **integração** entre todos os artesãos espalhados no País e os poucos lojistas (ainda) de artesanato ou galeristas. A intenção é dar saltos e conseguir comercializar os produtos em eventos de moda, lojas de decoração e de artigos utilitários. Na edição de 2015 da *São Paulo Fashion Week*, o artesanato foi o mote. Em breve, vamos abrir uma loja em São Paulo e outras em centros históricos como Paraty, Olinda, Ouro Preto e Tiradentes.

A outra iniciativa será lançar viagens culturais. Uma delas, por exemplo, pela Amazônia, em barco com todo conforto, na qual espera-se que o visitante possa apreciar e valorizar a culinária regional, com seus ingredientes, e pratos típicos com peixes. Queremos também que as pessoas fiquem encantadas nos seus passeios pelo rio Tapajós ou pelo rio São Francisco, conheçam esses lugares maravilhosos e entrem em contato com as comunidades que vivem ali, repletas de artesãos.

O plano ideal da ArteSol (que é mantida pelo grupo Iguatemi) consiste em mapear toda a cadeia produtiva do artesanato brasileiro e chegar até o monitoramento das entregas aos mercados e fortalecer os artesãos.

Imagine um grupo onde 60 famílias produzem, em certo período de tempo, 100 banquinhos e vendem apenas para um lojista. Se ele parar de comprar, sem nenhum aviso, aquele grupo ficará sem renda!!! Nossa ideia é montar um ciclo virtuoso. O objetivo que almeja a ArteSol é o desenvolvimento desses grupos de artesãos."

Ainda bem que do setor privado surgem essas iniciativas como a da ArteSol sob a liderança de Sonia Quintella de Carvalho para incrementar esse setor criativo da EC, ou seja, o **artesanato**, para que aqueles que produzem as mais variadas peças tenham uma remuneração digna.

Ao saber da regulamentação da atividade de artesão no âmbito federal, Lei nº 13.180/2015, Sonia Quintella de Carvalho comentou: "Espera-se que agora o artesão tenha acesso a uma linha de crédito específica que antes ele conseguia como pescador ou produtor rural. Mas devem ser criadas políticas públicas que ajudem o artesão a se manter de fato na profissão, tornando-se essa a sua principal fonte de renda. O artesão necessita desse apoio federal. Alguns ministérios até fazem algum trabalho voltado para o artesão, porém são medidas específicas."

Observação importante 1 – Os empreendedores criativos caracterizam-se pelo tom da sua administração, que é despojada e que inclui colaboração e também uma certa dose de improviso. Muitos deles estão se desenvolvendo, abrindo **empresas artesanais**.

Claro que eles sabem que os produtos artesanais também sofrem concorrência e por isso devem analisar bem o mercado e a competição. Numa empresa artesanal, a produção geralmente é menor, e por isso leva-se frequentemente um tempo maior até a obtenção do lucro. Além disso, as mercadorias artesanais exigem mais tempo de dedicação para dar certo.

Aí vão dois exemplos paulistas: as empresas Somos 55 e Clube do Bordado. A Somos 55, desde 2014, produz carteiras feitas com material reciclável, por costureiras de uma cooperativa da favela Vila Suíça, localizada em Santo André. Já o Clube de Bordado, instalado em São Paulo, é composto por seis mulheres que o fundaram em 2013, as quais unem a tradição da costura a temáticas pouco usuais, de cinema a vinho, passando pelo erótico.

O bordado é feito em quadros para decoração e pode ter também um tema sob enco-

"Os bordados e as rendas geram muito trabalho para as nossas artesãs."

menda, cada um deles custando algo próximo de R$ 300. Uma das sócias do clube explicou: "A gente encara o negócio quase como uma terapia de grupo, algo que queremos que evolua, mas do nosso jeito. O clube já se tornou popular graças às redes sociais e temos uma grande clientela, mas por enquanto estamos progredindo de forma vagarosa..."

* * *

Observação importante 2 – O principal cartão-postal de São Paulo, a avenida Paulista, se transformou em um camelódromo repleto de artesãos (ou talvez vendedores de artesanato). Desde 2014, quando foi aprovada a Lei dos Artistas de Rua, na gestão do prefeito Fernando Haddad, os artesãos formaram uma categoria regulamentada pela Superintendência do Trabalho Artesanal nas Comunidades (Sucato). Esse comércio foi autorizado para ambulantes que produzem seus próprios artigos. Para quem não vende artesanato, a via não tem nenhum termo de permissão expedido, que é um documento obrigatório para o comércio informal!?!?

A recente proliferação dos artesãos na avenida Paulista – eles são cerca de uns 250 – lotou as calçadas, principalmente perto das estações de metrô, quando a circulação das pessoas tornou-se bem complicada. A prefeitura diz que vai delimitar os espaços onde os artesãos poderão vender (ou produzir) os seus produtos, pois do jeito que está, é comum ver "engarrafamento" de pedestres na avenida Paulista.

O lado positivo é que muita gente está conseguindo sobreviver de forma decente graças ao seu trabalho artesanal, vendendo pulseiras, anéis, colares, cartazes temáticos, bonecos de *biscuit* e muitos outros objetos decorativos nos cerca de 3 km de extensão da avenida!!!

* * *

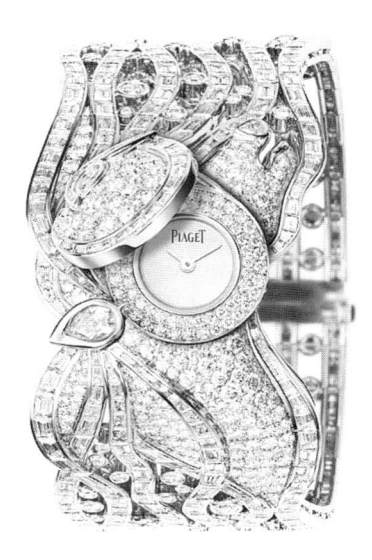

"Pois é, esse exclusivo *Limelight Exceptional Piece - Horse Inspiration* da Piaget, feito em ouro branco e diamantes está avaliado em R$ 4 milhões.
Quem disse que não é uma obra de arte?"

3.3 ARTES CÊNICAS

(teatro, ópera, dança, balé e circo)

3.3.1 – Conceitos gerais

Entre as **"artes cênicas"**, temos todos os tipos de exibições no palco ou em locais específicos para eventos. Elas envolvem a administração de alguns dos maiores e mais conhecidos prédios que representam um marco (entre os quais o Royal Albert Hall em Londres, a Opera House de Sidney, o Lincoln Center de Nova York, o teatro Bolshoi de Moscou ou ainda os teatros municipais de São Paulo e Rio de Janeiro), bem como muitos milhares de locais para eventos menores. Entre suas atividades, temos as técnicas da escrita, produção, elenco, direção e atuação; *design*, iluminação e som; figurino; cenário; *marketing* e administração.

A dramaturgia, assim como a música, recebe proteção de direitos autorais quando o trabalho original é escrito (como em uma obra literária) e também quando de sua representação. Entretanto, existem diferenças significativas. Muitos trabalhos contemporâneos não são escritos em papel e até mesmo um trabalho tradicional pode conter elementos que não se encontravam no *script* (roteiro) original. Cada um desses elementos terá poucas chances de receber proteção, a menos que sejam posteriormente colocados em papel ou registrados de alguma outra forma. Por exemplo, o arranjo de luzes (iluminação) de uma peça não recebe proteção, a menos que alguém (não

"Teatro Bolshoi, em Moscou, no qual já foram apresentados milhares de óperas e espetáculos de balé, cativando os espectadores."

necessariamente o diretor de iluminação) o faça por escrito, tornando-se um trabalho literário e tendo a sua qualificação.

Para se ter artes cênicas (ou visuais) é necessário, inicialmente, que existam espaços adequados para a sua apresentação. Um exemplo muito interessante e recente que ocorreu numa grande cidade é o de Madri, onde cinco imóveis antigos se transformaram em **espaços culturais**. Tal ação trouxe um grande progresso para a cidade a partir do incremento de sua EC.

Antigos edifícios industriais, um hospital, um matadouro e uma agência bancária, todos foram transformados em pontos de cultura de Madri. Na capital espanhola, estes são cinco espaços multidisciplinares, entre outros, que na primeira década do século XXI transformaram-se em locais para exposições, *shows*, cursos e atividades sociais.

Um exemplo é o La Casa Encedida, um complexo cultural de 6.500 m² no centro de Madri que ocupa um prédio construído em 1903, onde funcionava uma casa de penhores e, posteriormente, um banco. Essa construção foi erguida pelo italiano Fernando Arbós, depois expandida e reinaugurada no final de 2002, com ampla programação gratuita de exposições de arte contemporânea, arquitetura e *design*. Nos três andares do edifício há também uma sala de cinema, terraço e um restaurante pequeno e charmoso. A decoração descolada, que inclui um lustre feito com tampas de canetas transparentes, é um dos destaques do local. Na reforma executada respeitou-se o desenho original da fachada, das escadas e das duas torres; entretanto, não se tem atualmente a sensação de estar em um prédio antigo. A palavra espanhola *encendida* (que quer dizer "acesa" em português), presente no nome do centro cultural, refere-se a um poema do espanhol Luis Rosales e quer dizer "ocupação", isto é uma casa cheia de vida.

A principal vantagem da utilização desses edifícios antigos para se transformarem em centros culturais talvez seja a sua própria **idoneidade**. Além disso, normalmente são grandes, arejados, com estética industrial e com muitas possibilidades expositivas. Um antigo hospital foi o local que o premiado arquiteto Jean Nouvel transformou em um museu, fazendo uma conexão com o espaço original do museu Reina Sofia. Essa construção abriga, entre outras obras importantes, *Guernica*, de Pablo Picasso. A Tacabalera, antiga fábrica de fumo no centro de Madri, tornou-se um centro autogerenciado com exposições, palestras e montagens teatrais. Um dos grandes sucessos dessa galeria é a exposição com os trabalhos dos jovens fotógrafos espanhóis. No boêmio bairro de Malasaña, uma fábrica de cerveja deu lugar ao museu ABC. Completamente remodelado e com arquitetura contemporânea, essa instituição exibe atualmente mostras surpreendentes de *design* e ilustrações, como a da história da loteria espanhola, com mobiliários e cartazes publicitários desde a década de 1920.

Outro expressivo exemplo de remodelação de antigos espaços em Madri é, sem dúvida, o do Matadero. Esse antigo matadouro municipal ficou em funcionamento até 1996, quando foi fechado. Aí se planejou uma reforma que consumiu algo em torno de € 100 milhões, na qual se manteve a estrutura dos prédios de tijolos, mas foram introduzidos vários elementos modernos. Há quem diga que agora se tem a mais linda sala de cinema da Europa, decorada com fileiras de tubos de iluminação de LED (*light emiting diode*). Hoje, o Matadero é um espaço de 55 mil m², sendo um polo de eventos culturais das mais diferentes áreas. Esse centro cultural tem em média 700 mil visitantes por ano, promove residências artísticas em colaboração com países como Japão, França, Turquia e Brasil.

Madri conta com cada vez mais edifícios e espaços que lhe dão a condição de se considerar uma "**cidade da cultura**", pois neles cabem ou podem ser exibidas as mais diferentes manifestações artísticas.

Como se nota, para que exista uma evolução da EC não basta ter as pessoas talentosas em cada um dos setores que a constituem, mas também devem existir os espaços onde os seus trabalhos artesanais, musicais, teatrais etc. possam ser exibidos e apreciados. O exemplo de Madri deve servir de inspiração para as outras cidades do mundo, em particular as brasileiras, se quiserem incrementar a sua EC, isto é, não se devem demolir os edifícios antigos e que têm uma certa tradição, mas sim **transformá-los** em centros culturais, prontos para abrigar e exibir produtos criativos, obras de arte, apresentações teatrais e musicais, e assim por diante.

A boa notícia é que no Brasil, apesar de toda a crise econômica que o País vive, cinco teatros foram abertos no Rio de Janeiro em 2016.

Wolf Maya, diretor da TV Globo, investiu recursos próprios da ordem de R$ 12 milhões para abrir em janeiro de 2016, na Barra da Tijuca, o teatro Nathalia Timberg, com 400 assentos, que conta com um anexo, o "Nathalinha", com 100 lugares.

Em 17 de fevereiro de 2016, reabriu o teatro Ziembinski, na Tijuca, bairro no qual surgiu em março, o novíssimo teatro Cesgranrio, a partir de um antigo auditório.

Artes Cênicas

O centro da cidade recebeu de volta o histórico teatro Serrador e a partir de junho, o teatro Riachuelo, com 1.080 lugares.

O Serrador e o Ziembinski são teatros da prefeitura do Rio de Janeiro que estavam fechados, nos quais as peças apresentadas cobram preços populares – até R$ 40,00 –, com a maior parte do público pagando meia-entrada.

Se quisermos que as **artes cênicas** cresçam, é necessário ter muitos teatros públicos que cobrem pouco daqueles que trabalham no palco, bem como dos que vão aos mesmos para aplaudir esses artistas!!!

3.3.2 – O espetacular Cirque du Soleil

Charles Décarie, diretor de operações do Cirque du Soleil, é um gestor que dificilmente tem dois dias iguais, pois ele sabe que poucas coisas se repetirão no dia seguinte. Ele precisará saber o que se passou no mundo, pois o seu circo está espalhado bem além da sede da empresa em Montreal, no Canadá.

Embora todos os figurinos e acessórios sejam produzidos em Montreal, só 1.500 dos 4.000 funcionários da empresa trabalham neste espaço, uma

"A entrada do espetáculo *KA*, do Cirque du Soleil no hotel MGM em Las Vegas."

vez que o restante viaja pelo mundo. Nos últimos 31 anos, desde a sua fundação, foram apresentados espetáculos assistidos por mais de 155 milhões de pessoas, em cerca de 320 cidades do mundo, de 40 países, em todos os continentes. No circo, há funcionários e artistas de 50 nacionalidades diferentes e falam-se aproximadamente 25 línguas. Para assegurar um ano de espetáculo móvel, é necessário colocar na estrada 450 caminhões, comprar 1 milhão de refeições e pagar por 300 mil noites de hotel. Em 2015, espera-se que perto de 16 milhões de pessoas assistam aos espetáculos do Cirque du Soleil, que totalizam **20 no mundo todo**, sendo nove em Las Vegas (EUA).

Contou Charles Décarie: "A dimensão e a dispersão do nosso trabalho nos obriga a ter cerca de 1,6 milhão de fornecedores. Dos tecidos que compramos, 80% são brancos, e aí os novos padrões são criados na sede, no Canadá, por isso é que precisamos ter nossa própria tinturaria e serigrafia.

Atualmente, os espetáculos são muito mais sofisticados que há duas, ou até uma década, no que se refere à roupa, aos cenários, às danças, ao som e à luz, sendo a tecnologia a principal responsável por essa mudança. Assim, num dos nossos espetáculos, conseguimos trazer Michael Jackson ao palco através de um holograma em 3D.

Mas há uma coisa que se mantém igual há 31 anos, como quando a trupe se chamava de Os Pernaltas da Baía de Saint Paul e era só um espetáculo de rua: **a ambição de criar felicidade e emoção nos espectadores**. A principal novidade de 2015 será o **cinema na arena**, quando vamos apresentar um espetáculo inspirado no filme *Avatar*, de James Cameron."

Pois é, em 20/4/2015, por parecer ser um grande negócio no setor de entretenimento, o Cirque du Soleil, uma das maiores companhias nesse setor, foi vendido para um grupo de investidores liderado pela gestora norte-americana TPG, com a participação do fundo chinês Fosun Capital. O valor exato do negócio não foi divulgado, mas estima-se no mercado que a transação tenha ficado em torno de US$ 1,5 bilhão. Dono de uma fatia de 90% na empresa canadense, o fundador do Cirque du Soleil, Guy Laliberté, vai agora manter uma participação minoritária e atuar como **consultor criativo** da empresa nos seus diversos espetáculos.

Apesar de os termos exatos do negócio não tenham sido divulgados, a imprensa canadense noticiou que a TPG, que também já investiu na *start-up* de caronas Uber, comprou uma participação de 60% do Cirque du Soleil e a Fosun capital ficou com 20%. E o governo de Quebéc, por meio do seu braço de investimentos Caisse de Depot et Placement, ficou com 10% da empresa circense criada em 1984 por Laliberté. Os novos proprietários pretendem expandir o Cirque du Soleil na China.

A venda, que vinha sendo negociada há alguns meses, está sendo encarada como o fim de uma era, já que o controle da empresa deixará as mãos de uma família de artistas circenses para um grupo de investidores financeiros. Quando fundou a companhia, em 1984, Laliberté era um simples **cuspidor de fogo**.

Será que o Cirque du Soleil vai evoluir nessa usa nova fase, já que não contará mais com a administração e criatividade de Guy Laliberté?

3.3.3 – A notável ascensão de Michaela DePrince

Em agosto de 2014, Michaela DePrince, uma bailarina norte-americana negra de 20 anos, passou a integrar o Balé Nacional da Holanda, o que sob certos aspectos é equivalente a ser uma dançarina do grupo de artistas de um musical da Broadway, em Nova York. Ela perdeu seus pais durante a guerra em Serra Leoa e superou diversos obstáculos para se tornar bailarina. Porém virou celebridade somente em 2014, quando lançou o seu livro de memórias que foi publicado nos EUA e em alguns outros países sob o título *Hope in a Ballet Shoe* (*Esperança em uma Sapatilha de Balé*).

O diretor artístico do Balé Nacional da Holanda Ted Brandsen explicou: "Nesses últimos meses, houve uma enxurrada de pedidos de apresentações individuais, entrevistas e *talk shows* com Michaela. Ela também foi convidada para ser modelo de grifes, porta-voz de organizações humanitárias internacionais e até representante

"Michaela DePrince disse: 'Quis mostrar às pessoas que suas previsões estavam erradas. Foi isso que me motivou para evoluir tanto na dança.'"

cultural da embaixada de Serra Leoa na Holanda, uma espécie de 'embaixadora da boa vontade'. Mas ela recusou todos esses convites, pois está focada na sua carreira!!!"

Bem, Michaela DePrince está numa nova vida, muito diferente do que qualquer pessoa pudesse ter previsto para ela. Ela nasceu com o nome de Mabinty Bangura, em 1995, durante uma guerra civil que se arrastou por 11 anos e deixou 50 mil mortos, inclusive seu pai, quando ela tinha 3 anos. Mabinty e sua mãe se mudaram para a casa de um tio, o qual lhes dava tão pouca comida que sua mãe **morreu de inanição**!?!?

Passado algum tempo, o tio deixou-a em um orfanato. Ali, Mabinty foi apelidada de "**filha do diabo**". Diziam-lhe que ela era "feia demais" para ser adotada, devido às manchas brancas em seu pescoço e peito, causadas por um problema de pele. Mas um dia ela viu no orfanato uma revista em cuja capa estava uma bailarina com uma saia cor-de-rosa, com a perna dobrada, numa postura bem elegante. Mabinty, que tinha quatro anos, ficou fascinada e **jurou** que um dia seria como a menina da foto. Na época, ela nem sequer sabia o que era balé. Tudo isso está no seu livro de memórias que ela escreveu com a sua mãe adotiva, Elaine DePrince. Michaela DePrince também já contou sua história numa palestra TEDx em Amsterdã, em novembro de 2014, a qual já foi vista cerca de 70 mil vezes.

Em 2012, ela foi uma das várias dançarinas de balé mostradas no documentário *First Position (Posição Primária)*, de Bess Kargman, sobre participantes do concurso Youth American Grand Prix, o que lhe valeu uma bolsa de estudo na American Ballet Theater School.

Algumas semanas depois de ingressar na companhia holandesa, ela teve a oportunidade de dançar com um papel de solista em *O Lago dos Cisnes*. Ted Brandsen afirmou: "Agora ficou claro para todos que essa moça está fazendo o que sempre deveria fazer!!! Contratei DePrince para a companhia júnior 18 meses atrás, após tê-la visto em uma audição aberta. Aqui, na companhia, ela evoluiu muito depressa. No nosso programa, com quatro balés contemporâneos, ela já tem dois papéis de solista confirmados."

Por sua vez, Michaela DePince comentou: "No Balé Nacional da Holanda, no qual 30 nacionalidades estão representadas, estou no lugar certo. Além de que, aqui são apresentadas obras contemporâneas incríveis. Estou bastante surpreendida com toda essa fama repentina que conquistei. Com tanta gente querendo agora saber toda a minha história, sendo que não me agrada falar da minha infância.

Quando começou toda essa 'perseguição' sobre detalhes da minha vida, pensei: 'Por que vocês estão tão interessados?', mas depois de receber muitas mensagens de meninas jovens, das suas mães e muitas outras pessoas de países africanos, consegui entender a importância que posso representar à vida de muitas pessoas que estejam em situações tão trágicas como as que passei. Sei que a forma mais eficaz de comunicar-me com elas é procurar dançar cada vez melhor, o que, sem dúvida, será a maneira de inspirá-las mais ainda a lutarem pelos seus objetivos, seus sonhos, pois, com esforço, eles são realizáveis ou alcançáveis."

3.3.4 – Misty Copeland, no topo do ABT

Pela primeira vez, em 75 anos de história, o American Ballet Theatre (ABT), uma das principais instituições de balé clássico dos EUA, colocou no **topo da companhia** uma **dançarina negra**!!! Trata-se de Misty Copeland, que aos 32 anos foi promovida, em 30/6/2015, a uma das primeiras-bailarinas do ABT. Esse posto oferece não apenas o respeito do mundo da dança, mas também um salário maior, papéis mais importantes e maior divulgação de seu nome em espetáculos.

Nascida no Estado de Kansas, mas criada em San Pedro, no Estado da Califórnia, Misty começou no balé tardiamente – fez sua primeira aula aos 13 anos, porém logo se percebeu o seu enorme potencial. Já integrava o corpo do ABT com 17 anos e, em 2007, tornou-se solista da companhia. Em junho de 2015, protagonizou *O Lago dos Cisnes* na New York Metropolitan Opera e de acordo com a imprensa norte-americana, ela conseguiu arrancar aplausos efusivos do público.

Em entrevista à rede norte-americana CNN, Misty Copeland

"A espetacular Misty Copeland, protagonista no balé *O Lago dos Cisnes* no American Ballet Theatre."

relatou que sofria preconceito por causa da sua cor (no Brasil, ela poderia ser definida como mulata). De acordo com a bailarina, um funcionário da companhia comentara que ela não se encaixaria nas peças do grupo!?!? Também se questionou a respeito do seu porte, mais atlético e de estatura mais baixa do que o das bailarinas clássicas.

Misty nunca escondeu o seu maior desejo: **tornar-se a primeira negra a chegar ao posto de primeira-bailarina do ABT**. Aliás, ela descreveu essa ambição na sua autobiografia *Life in Motion: An Unlikely Ballerina* (algo como *Vida em Movimento: Uma Bailarina Improvável*), que foi lançada em 2014. Por sinal, a frase: "Meu objetivo é ser a primeira negra primeira-bailarina do ABT", virou *slogan* para anúncios de uma marca de roupas esportivas. Sua trajetória também já foi retratada no documentário: *A Ballerina's Tale* (*Um Conto de Bailarina*), dirigido por Nelson George e exibido em abril de 2015 no festival de Tribeca, em Nova York.

Misty Copeland foi apontada como uma das cem pessoas mais influentes de 2015 pela revista *Time* e estampou uma das cinco capas da edição publicada em abril de 2015. Bem, com todo esse movimento e poderoso *marketing*, finalmente Misty Copeland atingiu o seu **objetivo**!!!

3.3.5 – O brasileiro Thiago Soares, o primeiro bailarino do Royal Ballet de Londres

O posto de **"primeirão"** no Royal Ballet foi o suficiente para colocar o carioca Thiago Soares, de Vila Isabel, na categoria **brasileiros que venceram no exterior** e atrair um grande público para as suas apresentações em julho de 2015 no Rio de Janeiro e em São Paulo.

A maioria dos bailarinos começa a ser talhada para o balé a partir dos seis anos. Thiago, que fisicamente é considerado o **talhe perfeito** para um bailarino, come-

"Thiago Soares, o brasileiro que é agora o primeiro bailarino do Royal Ballet de Londres."

çou na dança de rua e só soube o que era calçar uma sapatilha aos 14 anos. Rapidamente, demonstrou que tinha um corpo e talento para a dança e aos 17 anos já fazia parte do corpo de baile do Teatro Municipal do Rio de Janeiro. Com 19 anos, estreava internacionalmente, ao dançar *O Quebra Nozes* no Japão.

Para comemorar esse feito de 15 anos atrás, em 2015, Thiago Soares montou um espetáculo seu e fez uma turnê no Brasil. Assim, o público presenciou *O Lago dos Cisnes*, no qual ele fez o terceiro ato completo e dançou com a argentina Marianela Núñez, que ocupa o posto de primeira bailarina do Royal Ballet e foi mulher dele. Em 2014, o casal separou as escovas de dentes, mas continuou juntando as sapatilhas. Marianela declarou: "Continuamos amigos. E a gente se conhece muito no palco, o que ajuda bastante na hora do espetáculo."

Ele também teve como parceira no *O Lago dos Cisnes*, na apresentação de São Paulo, Lauren Cuthbertson, outra estrela do Royal Ballet. Comentou Thiago Soares: "Dancei muito com Lauren no começo da minha carreira, é muito especial ela estar na celebração de 15 anos de minha carreira internacional."

Com Deborah Colker ele dançou *Paixão*. Explicou Thiago Soares: "Nunca trabalhei com Deborah Colker, mas ela sempre me apoiou, temos assim uma admiração mútua. Ela agora está trabalhando mais como coreógrafa e acabei resgatando-a para dançar comigo."

Numa entrevista para Marilia Neustein (publicada no jornal *O Estado de S.Paulo* em 22/6/2015), Thiago Soares relembrou, explicou e vaticinou: "Eu vim de um subúrbio, não tinha acesso à **cultura**.

"Em *Belle*, Deborah Colker criou um espetáculo visceral em que o embate entre a razão e desejo, carne e espírito, real e imaginário, assombra os pensamentos de Séverine. Nesse trabalho Colker reviveu um dos ícones do balé clássico: as sapatilhas de ponta."

Não falava 'obrigado', cuspia no chão. Eu era aquele menino que chutava os outros, jogava pedra neles. Mas era do bem, tá! Entretanto, fiz tudo isso. E a dança, de uma certa forma, me forçou a aprender o que é **disciplina**, me fez ser mais gentil. Ensinou-me a pegar gosto por música clássica, literatura, filmes, obras de arte etc. A dança mudou a minha personalidade. Eu era esse bronco carioca, que jogava bola e bebia cerveja depois. Então, de algum modo a cultura me salvou de uma vida medíocre e me fez muito melhor.

Se conseguirmos inserir mais cultura na sociedade, esse é o caminho do sucesso de um país. A **dança** realmente é uma arte lenta, dolorosa, mas muito **satisfatória**. Entendi isso desde cedo. E sei que só **dedicando muitas horas** a ela é que iria conseguir retorno. Qualquer pessoa que queira levar a dança como profissão tem de entender isso rapidamente. A dança tem que se tornar o seu modo de vida. Você precisa transformar-se em alguém fanático por ela, sempre procurando se aperfeiçoar cada vez mais para poder chegar a um desempenho cada vez melhor, embora aceitando que chegar à perfeição é impossível!!!

Quem me conhece sabe que eu trabalho duro, me dedico. Isso é parte do que me fez chegar a este patamar de destaque. Mas tento ser uma pessoa normal, sair, ver amigos. É claro que não posso beber o tanto que gostaria nem sair tanto quanto quero, mas eu tomo meus drinques, conheço lugares diferentes nos quais consigo me distrair.

A dança é uma arte de muita competição, principalmente no circuito internacional. Existe, sim, essa coisa de 'quem vai pegar o papel' ou 'quem é a melhor coreógrafa'. Mas acho que depende muito da forma como a pessoa lida com isso. Tem que se ter muito controle emocional, ou seja, 'estômago' para aguentar toda essa competição que gera um ambiente de insegurança o tempo todo. É óbvio que existem algumas competições que são sadias.

A carreira de um bailarino é curta, ainda mais na minha linha, que é a dança clássica. Então, conto desde o ponto em que me posicionei como artista mais internacional, de estar lá fora, vendendo ingresso para quem me queria ver dançando.

Sem dúvida, iniciei minha carreira aqui, mas ainda estava me consolidando. Era um semiprofissional. Vim agora ao Brasil para narrar meus 15 anos de carreira, desde que entrei no circuito internacional e deixei de ser semiprofissional. É a partir daí que conto minha retrospectiva. Esse momento é muito importante para mim.

Estou com 34 anos, passando por uma fase crucial que marca tudo o que já fiz, o que estou fazendo e para onde vou. Nas minhas apresentações procurei apresentar esse contexto. E tem outra coisa: sempre fui um artista de companhias grandes, como o Royal Ballet. Sempre estive **empregado** e, de certa maneira, minha carreira agora está entrando em um caminho no qual posso fazer minhas próprias coisas. Caminhar por mim mesmo. E esses espetáculos todos são a entrada nesse caminho.

Quero celebrar muito essa transição, que considero fundamental para me tornar um artista mais maduro. Tinha muita vontade de ter um grupo aqui no Brasil, uma companhia minha, e poder criar muitas oportunidades para bailarinos mais jovens e trazer novos coreógrafos.

Hoje, a coisa já está muito melhor para a dança no Brasil. Na minha época de adolescente, não existia a quantidade e a diversidade de companhias que há hoje. O mercado está bem maior, não havia tantas possibilidades e tantos musicais quanto os que vemos hoje. Tudo melhorou muito, inclusive nos projetos sociais. Entretanto, é indiscutível que a dança poderia ter mais visibilidade. Acredito que, na verdade, a **cultura** como um todo tem que ser vista como uma **prioridade**, porque ela muda a vida das pessoas. Posso falar pela minha própria experiência. Eu vivi isso!!!"

Observação importante 1 – O tango está nos costumes.

Pois é, para muitos, a palavra tango evoca um dançarino com gestos de pantera, cabelo penteado para trás, abraçando-se com sofreguidão a uma parceira **extasiada** e **flexível**, que expõe a coxa pela fenda da saia. Essa é a imagem promovida pelos grandes *shows* de tango: uma dança rigorosamente heterossexual e dominada pelo homem, envolta na dinâmica do desejo feminino e da sedução masculina.

No entanto, graças à iniciativa de três bailarinos alemães – Ute Walter, Marga Nagel e Felix Volker Feyerabend –, surgiu o movimento *Tango Queer* (*Tango Homossexual*), o qual está se difundindo em cidades como Berlim, Paris, Copenhague, Roma e até mesmo São Petersburgo e Moscou, apesar da rigorosa legislação contra a homossexualidade na Rússia.

No *Tango Queer*, vale dançar homem com homem, mulher com mulher e vale também a mulher conduzir o homem. Muitas vezes, os papéis mudam no meio da dança. Em Buenos Aires, que ainda tem algumas *milongas* (reuniões para dançar tango) hipertradicionais, nas quais homens e mulheres se sentam em lados opostos da pista de dança e as mulheres esperam pacientemente até serem tiradas para dançar, o Festival Internacional de *Tango Queer* é, desde 2007, um evento anual.

Tudo indica que o movimento *Tango Queer* se popularizou pela necessidade de pessoas do mesmo sexo quererem dançar juntas!!! Alguns argentinos resumem a sua relação com o tango usando as palavras de Ezequiel Martínez Estrada em 1933: "É uma dança do pessimismo, da tristeza de todos os membros."

Isso pouco tem a ver com o tango tal qual é vivido por quem dança. A *milonga* tem uma função social na Argentina. A partir de 1980, houve um *boom*, e o tango cresceu em popularidade em vários lugares do mundo, atraindo pessoas que buscavam o contato humano e alguma diversão através de uma movimentação bem criativa. De certa forma, o movimento *Tango Queer* está se consolidando apoiado nos mesmos fatores de atração. Além disso, como salientou a escritora e ativista dinamarquesa Birthe Havmoeller, que editou uma coleção de ensaios sobre a homossexualidade do tango: "No tango há uma tristeza nas canções e você dança para superar essa tristeza e transformá-la em alegria. O importante é que cada vez mais pessoas querem aprender a dançar tango, e isso faz com que surjam muitos instrutores e locais onde podem se movimentar alegremente pares de sexo diferente ou do mesmo!!!"

* * *

"Sem dúvida, o tango, com os seus exuberantes movimentos, fez muitos se apaixonarem pela dança....."

3.3.6 – A maior *performer* do mundo: Marina Abramovic

Em 10 de março de 2015, foi aberto, no Sesc Pompeia, em São Paulo, uma mostra da artista Marina Abramovic, considerada o **maior nome da *performance* no planeta**. E durante dois meses ela valeu-se de diversas ferramentas para doutrinar artistas performáticos e arregimentar um novo contingente de fãs com o seu famoso "**método Abramovic**".

Desde os anos 1970, Marina Abramovic vem revolucionando a linguagem de uma arte feita ao vivo, em frente ao público, valendo-se – e às vezes quase destruindo – o próprio corpo. Em quatro décadas de carreira, ela abandonou o *underground* (ambiente cultural que foge aos padrões e aos modismos) de ações viscerais, como aquela em que deixava facas e revólveres à disposição do público para que usassem nela, como quisessem. Dessa forma, ela chegou ao posto de maior celebridade que a *performance* já viu, conquistando para si um círculo de amizades que vai de Lady Gaga a Jay Z.

"Marina Abramovic é a mais importante musa performática do mundo, que acha que em estado de concentração, podemos ver almas e até prever o futuro!?"

Em São Paulo, em sessões abertas ao público, ela ensinou, entre outras coisas, como ficar em **silêncio absoluto**, a não morrer de fome em jejuns que duram dias e a entrar em comunhão com a natureza, ou seja, suas táticas quase militares para aprender a estar presente num grau de "consciência mais elevado". Explicou Marina Abramovic: "É preciso entender que o corpo é uma máquina. Por seu turno, a disciplina é necessária para executar corretamente as tarefas de uma *performance*. É uma questão de conexão entre mente e corpo para a criação de um espaço carismático".

O livro *Quando Marina Abramovic Morrer*, uma biografia da artista escrita por James Westcott, conta: "Marina Abramovic sempre abala o espaço físico com sua presença, como fez em Nova York, há mais de uma década, quando morou numa galeria por duas semanas, fazendo tudo à vista do público num apartamento cenográfico. Foi algo magnético. Era como ver um bicho no zoológico, só que com mais empatia."

Sem dúvida, Marina Abramovic já atraiu muita gente para as suas mostras e suas atividades. Agora ela prepara um filme em que interpretará uma cantora lírica assassinada sete vezes de formas distintas. Comentou Marina Abramovic: "Alguns vão me criticar dizendo que quero ser estrela de Hollywood, mas só quero deixar tudo ensaiado para o meu funeral. A morte é o último grande ato de um artista." Em outra ocasião, ela destacou: "Vivemos num estado de sonho, ignorando os outros. Nunca olhamos ninguém nos olhos de verdade. Procurei derrubar essas barreiras. Se você olhar nos olhos de alguém, terá respostas a todas as suas perguntas!"

A relevância de Marina Abramovic está não só nas *performances* radicais dos anos 1970, mas por conseguir, ao longo de décadas, manter o **corpo** com seu tema **essencial**.

A mostra *Terra Comunal: Marina Abramovic*, apresentada no Sesc (Serviço Social do Comércio) Pompeia, constituiu-se num novo patamar na carreira da artista sérvia. A radicalidade agora pertence ao outro, seja o público ou os artistas. Estiveram nessa mostra registros de trabalhos que deram uma excelente perspectiva de toda a sua obra: desde as suas primeiras *performances* como *Rhythm 5*, feita em sua terra natal, Belgrado (Sérvia), em 1974; passando por *Os Amantes*, de 1988, quando ela caminhou pela muralha da China por 90 dias para anunciar o fim do seu relacionamento com Ulay, após 12 anos juntos, até suas ações mais recentes, caso de *512 Horas*, feito em Londres, em 2014.

Como artista que gosta de correr riscos, na abertura da sua mostra, Marina Abramovic convidou oito brasileiros para realizarem *performances* de longa duração. Assim, durante 2h 30min, o público foi convidado a deixar seus celulares e relógios nos armários. Aí começou a experiência para as pessoas presentes: caminhar lentamente, sentar em cadeiras, deitar em mesas forradas de cristais etc. A ideia é que elas sentissem ou buscassem transformar o mundo a partir do corpo de cada um!?!? Quem participou dessas atividades disse que foi uma **experiência inesquecível**!!!

Observação importante 2 – Está cada vez mais evidente que várias deficiências enfrentadas pelos executivos podem ser superadas com um aprendizado apoiado pelas **artes cênicas**. É o caso por exemplo do clássico *Hamlet*, de William Shakespeare, que foi escrito por ele na virada do século XVI e na qual expõe conflitos existenciais de um príncipe dinamarquês que, ao tentar vingar a morte do pai, é levado a tomar uma série de decisões perigosas, em um contexto de disputa entre o seu país e a vizinha Noruega.

Na dúvida entre tomar uma atitude ou permanecer inerte frente aos acontecimentos, Hamlet, como um **grande estrategista**, usa a sua capacidade de observação para elaborar um plano de ação. Ainda que a história não tenha um final feliz, ela apresenta situações e personagens que podem servir de exemplo e inspiração para os líderes atuais, especialmente no **mundo dos negócios**. Afinal, o dia a dia da vida corporativa, com seus dilemas, questionamentos e reflexões, poderia servir de enredo para uma peça de teatro.

Luciele Velluto, no seu artigo *Há algo de novo no reino dos negócios* (publicado na revista *Isto É Dinheiro* de 18/2/2015), ressaltou: "As técnicas utilizadas nos palcos auxiliam, e muito, os profissionais que ocupam cargos de chefia a superar sua timidez, aprimorar a sua oratória e a sua comunicação, desenvolver o trabalho de equipe, bem como fortalecer os seus elos com seus liderados. Abandonar o papel de chefe carrasco, transformando-se em um líder inspirador, tem-se tornado uma exigência cada vez maior do mercado, dadas as mudanças de paradigmas trazidas pelas novas gerações, as quais querem enxergar um sentido para o trabalho que vai além de acharem adequada a sua remuneração.

A interação e colaboração entre as personagens é uma das lições mais enriquecedoras da dramaturgia. Ninguém faz nada sozinho. Hamlet só é esse personagem marcante há séculos porque contracena com outros, tão importantes, na peça.

De fato, o **teatro** ajuda a pessoa a ser mais clara e objetiva na forma de se expressar, principalmente nas reuniões. Facilita também desenvolver um bom trabalho em equipe e o indivíduo torna-se extrovertido. Vivemos momentos difíceis, e como diria Hamlet, há **algo de podre no reino do Brasil**, mas o teatro pode ajudar os líderes empresariais a superarem as tragédias da nossa economia."

* * *

3.3.7 - As grandes apresentações nos teatros

Aí vão as cinco apresentações musicais em teatros que tiveram as maiores arrecadações globais, a partir, principalmente do grande sucesso que conquistaram nos palcos da Broadway, em Nova York, e que se espalhou pelas salas de espetáculo do resto do mundo.

No que se refere apenas à receita obtida só na Broadway, aí vão os *top five* até agora (início de 2016):

1º) *Rei Leão* (primeira apresentação em 13/11/1997), com cerca de US$ 1,2 bilhão.

2º) *O Fantasma da Ópera* (estreia em 26/1/1988), com US$ 1,03 bilhão.

3º) *Wicked* (estreia em 30/10/2003), com US$ 976,3 milhões.

4º) *Mamma Mia!* (estreia em 18/11/2001), com US$ 624,4 milhões.

5º) *Chicago* (estreia em 14/11/1996), com US$ 541,3 milhões.

Caro (a) leitor (a), você assistiu a algum desses musicais em Nova York? E a sua apresentação em alguma outra cidade do mundo, ou particularmente em São Paulo?

Se não viu nenhum desses espetáculos está mais que na hora de fazer parte da lista dos felizardos que passaram muitos minutos de descontração e alegria envolvendo-se emocionadamente com essas maravilhas musicais.

Finalmente o musical *Wicked* foi apresentado em São Paulo, no teatro Renault, praticamente durante todo o mês de março de 2016.

Recorde-se que na Broadway em Nova York, *Wicked* já foi vista por mais de 9 milhões de pessoas desde o início de suas apresentações.

No mundo todo o espetáculo já foi visto por mais de 48 milhões de pessoas, tendo gerado um faturamento superior a US$ 3,9 bilhões.

Além de São Paulo, em 2016 *Wicked* tinha ainda mais cinco produções – Nova York, Londres, Sydney, uma turnê no Reino Unido e uma turnê nos EUA.

E para você foi possível ver em São Paulo, Glinda a fada boa e Elphaba, a bruxa má do oeste? Não!!! Que pena!!!

Não se pode esquecer nunca que as **artes cênicas** possibilitam que muita gente consiga viver dignamente, trabalhando na montagem e apresentação desses *shows*.

No caso do Brasil, já temos muitas coisas extraordinárias nos nossos teatros. Uma delas é a longevidade da peça *Trair e Coçar...É só Começar*, escrita por Marcos Caruso, que já comemorou 30 anos de apresentações ininterruptas (a primeira foi em 26 de março de 1986). Ela transformou-se em um sucesso que foi parar nas telas do cinema em 2006, tendo no papel principal Adriana Esteves na TV. *Trair e Coçar...* já foi vista por mais de 6,5 milhões de espectadores, tendo mais de 9.100 apresentações, com o que figurou várias vezes no livro dos recordes *Guinness Book* como a peça que ficou **mais tempo em cartaz no teatro brasileiro.**

Um outro fato notável, entre tantos no teatro brasileiro, é a capacidade de Bibi Ferreira atrair o público para as suas apresentações, como ocorreu com o espetáculo *Bibi Ferreira Canta Repertório de Sinatra*, em agosto de 2015, em São Paulo, com a atriz nos seus fulgurantes **93 anos (!!!)**, fazendo planos para novos *shows*.

Abigail (Bibi) Izquierdo Ferreira nasceu no Rio de Janeiro em 1º de junho de 1922, filha do ator Procópio Ferreira (1898-1974) e da bailarina espanhola Aída Izquierdo (1904-1985) e estreou no teatro em 28 de fevereiro de 1941, com *O Inimigo das Mulheres*, de Carlo Goldoni, e ela ainda quer ultrapassar 75 anos de carreira, com uma temporada em Nova York...

Na década de 1960, ela foi estrela dois musicais memoráveis: *Minha Querida Lady* (*My Fair Lady*), de Frederich Loewe e Alan Jay Lerner, baseado em *Pigmaleão*, de George Bernard Shaw, ao lado de Paulo Autran e Jayme Costa, e *Alô Dolly* (*Hello Dolly!*), adaptado a partir de *The Matemaker*, de Thornton Wilder, com Hilton Prado e Lísia Demoro. Por seus impecáveis desempenhos nesses musicais, tornou-se a **primeira atriz** do teatro musical brasileiro, aquela que **interpretava**, **cantava** e **dançava** com perfeição.

Em 1983, após cinco anos ausente do palco, voltou em *Piaf – A Vida de uma Estrela*, em que viveu a cantora francesa Edith Piaf. Sua *performance* foi tão elaborada que chegou a ser "mediúnica", tal a sutileza na encarnação da *anima/persona* da cantora: a semelhança da voz, o frágil aspecto físico e o temperamento quente. Ela abiscoitou muitos prêmios com essa sua apresentação.

Na virada do milênio, personificou a fadista Amália Rodrigues em *Bibi Vive Amália* e causou novo impacto nas plateias brasileira e portuguesa tal a verossimilhança. O público a viu brilhar também nos recitais *Bibi In Concert* e *Bibi In Concert Pop*, acompanhada por grande orquestra e coral, nos quais mostrou, de forma totalmente à vontade, um dos seus maiores prazeres: o de **cantar**.

" A extraordinária Bibi Ferreira, a musa mais longeva do teatro brasileiro e que sabe interpretar, cantar e dançar."

Bibi Ferreira vive na cidade do Rio de Janeiro, mas não se incomoda de passar vários meses do ano em hotéis. Ela comentou: "Sempre tive vida de cigana, estou acostumada, não tenho isso de ficar com saudades de casa, pois só caio no sono quase de manhã, pois avanço nas noites vendo filmes e lendo livros."

No espetáculo *Bibi Ferreira Canta Repertório de Sinatra*, ela realizou um desejo antigo, ou seja, apresentá-lo em inglês, recordando-se que foi educada neste idioma, numa escola britânica no Rio de Janeiro. Além disso, nos anos 1940, Bibi Ferreira viveu em Londres, onde estudou direção na Royal Academy. Lembrou Bibi Ferreira: "Só quando Getúlio Vargas chegou ao poder é que foi dada a ordem para mudar o currículo na minha escola, na qual aprendíamos tudo em inglês e só tínhamos português uma vez por semana. Mas até hoje tem coisas que eu decorei em inglês e não esqueço mais..."

Por último Bibi Ferreira confidenciou: "Fiquei um bom tempo fora do teatro, pois faltam bons textos no Brasil, em especial as comédias. Eu não sou cantora, mas sim uma atriz que canta, como se pode notar claramente nas minhas performances particularmente nessa em que 'amarrei' as histórias da vida do famoso cantor Frank Sinatra com as canções. Por outro lado, nunca aceitei papéis em telenovelas, pois não me sinto à vontade vivendo personagens na telinha."

Para encerrar essa observação, cabe recordar que *A Ratoeira* (em inglês *The Mousetrap*), uma peça de mistério e assassinato da escritora Agatha Christie, é seguramente a mais encenada no teatro, com cerca de 27 mil apresentações desde sua estreia em Londres em 1952. Quanta gente já não se empolgou com ela e que significativo contingente de pessoas conseguiu ganhar a sua vida de forma honrada graças a esse importante setor da EC, as **artes cênicas**!!!

3.3.8 – A dificuldade para gerenciar um negócio voltado para as artes cênicas

Michael M. Kaiser, que trabalhou aconselhando organizações de artes performáticas (modalidade das artes plásticas que consiste em apresentar os artistas trabalhando ao vivo) em diversas partes do mundo, além de trabalhar com líderes das artes no México, China, Grã-Bretanha, França, República Tcheca, países árabes, diversos países da América do Sul e, principalmente, nos EUA, escreveu o livro *The Art of the Turnaround* (algo como *A Arte da Reviravolta*), no qual contou a história de muitas organizações de arte em que trabalhou, as quais conseguiu tirar de grandes crises financeiras, como o Kansas City Ballet, o Alvin Ailey American Dance Theater, o American Ballet Theatre e a London's Royal Opera House.

No último capítulo do livro, Michael M. Kaiser descreve o tempo em que exerceu o cargo de presidente do John F. Kennedy Center, em Washington, uma organização que também precisou de uma **mudança** ou "**reviravolta**" artística, mas que depois passou a ser um exemplo que personifica as **10 regras** de Michael M. Kaiser para se tirar da crise uma organização que lida com artes performáticas, que sofre com falta de recursos, com as críticas severas da mídia, com artistas raivosos e insatisfeitos porque não recebem seus salários, com um quadro de funcionários inadequado, com poucos patrocinadores e com um conselho de curadores ineficiente. Aí vão as regras:

1ª Regra – É fundamental ter um líder.

É essencial que alguém seja escolhido para ser o **responsável** pelo destino da organização de arte, em particular para promover mudanças no sentido de tirá-la de uma crise que geralmente está próxima dela...

Essa pessoa precisa ter uma visão simples e bem focada para ajudar (ou salvar) a organização, ter a coragem de tomar decisões difíceis, em face de diversas controvérsias, possuir boas aptidões para negociar, saber respeitar todas as partes envolvidas, particularmente os artistas, trabalhar de forma denodada e estar obsessivamente concentrada na solução de problemas. Esse indivíduo deve entender de *marketing*, levantamento de fundos, ou seja, arranjar patrocínios e ser um *expert* em gestão financeira.

É uma descrição bem complexa das habilidades que deve ter aquele que vai dirigir uma organização voltada para as artes performáticas, mas o fato é que esse é o líder que ela precisa, pois não se pode dividir essas funções com outras pessoas. E o conselho de curadores deve também dar-lhe a autoridade plena para que possa efetivar as reviravoltas necessárias.

2ª Regra – O líder precisa ter um plano.

Todo líder que assumir uma organização de arte (geralmente em dificuldades...) precisa ter um bom plano, ou melhor, elaborá-lo o mais depressa possível. O líder não pode ser apenas encantador, determinado e resistente. Ele precisa ter um plano bem explícito no qual se explique como deverá transformar-se (ser) a organização para funcionar como uma entidade saudável novamente. E esse plano deve ser comunicado para os diversos interessados (*stakeholders*): os artistas, o quadro de funcionários, o conselho de curadores, os voluntários, a imprensa, as agências governamentais e o público que aprecia as artes performáticas, em especial a dança, o teatro e a música. Ele precisa ter:

- Uma apresentação clara da **missão** da organização.

    Caso as metas (objetivos) da organização não estejam transparentemente delineadas e as prioridades bem definidas, torna-se impossível desenvolver um plano apropriado.

- Uma revisão **concludente** do ambiente no qual a organização opera.

    Sem a compreensão das restrições e oportunidades apresentadas pelo mundo, é difícil criar um sólido plano de negócios.

- Uma **avaliação honesta dos pontos fortes** e **fracos** da organização.

    Isso significa que se deve apoiar e dar crédito aos ativos da organização, sem se esquecer de salientar a existência de suas fraquezas.

- Estabelecer um **conjunto coerente de estratégias** que auxilie a realizar sua missão no ambiente em que opera.

- Um **plano financeiro** que esclareça muito bem todas as implicações fiscais.

3ª Regra – Não se consegue ter uma organização saudável fazendo cortes abruptos.

Economias podem e devem ser feitas em todas as organizações sem fins lucrativos. Entretanto, não se pode tomar a decisão de fazer cortes no orçamento de forma indiscriminada. Dessa maneira, a redução de gastos em atividades que não levam a aumento de receita é aceitável ou até necessária. O que não se pode, é fazer cortes de gastos em atividades cruciais.

4ª Regra – Focar o agora e o amanhã, não o passado!!!

Existem muitas coisas que preocupam todo aquele que quer acabar com uma crise (geralmente financeira) numa organização de arte. Mas o que se deve fazer é não perder tempo remoendo os erros do passado, apontando dedos para os culpados, mas sim estabelecer um plano estratégico que indique, principalmente para os credores, que existe esperança e otimismo nas realizações a partir de agora e num futuro próximo.

5ª Regra – Ampliar o quanto possível o calendário do planejamento da programação.

Muitas organizações de arte planejam sua programação somente para um ou dois anos para frente e aquelas que tipicamente estão com problemas reduzem mais ainda esse intervalo do tempo!?!? Isso porque muitos executivos que lidam com a gestão da arte acham um tanto quanto tolo planejar para o futuro, já que este é tão incerto.

Mas isso está errado!!!

Se alguém planeja executar um plano que contemple apresentações espetaculares, ele deve estar voltado para o futuro, pois dessa maneira é possível conquistar grandes patrocinadores e preparar para elas uma audiência ávida.

Quando se cria uma programação para o futuro, isso lhe possibilita:

- Assegurar, que os artistas dos quais precisa, estarão disponíveis.
- Uma maior probabilidade de conseguir fundos para a realização desse grande projeto.
- Obter uma maior divulgação em diversos veículos de comunicação.
- Surgir a alternativa de negociar algumas apresentações antecipadamente.

6ª Regra – *Marketing* é muito mais do que elaborar brochuras ou materiais de divulgação das apresentações.

Claro que o *marketing* **programático** (anúncios em jornais e revistas, afixação de cartazes, envio de *e-mails*, confecção de brochuras etc.) não pode ser abandonado, pois isso leva ao potencial comprador de um espetáculo. Mas as instituições devem esforçar-se para promover o ***marketing* institucional**, ou seja, da instituição como um todo, o que agrada muito todos aqueles que a ajudam, em especial com as doações. Por exemplo, a venda de ingressos cresce quando as pessoas sabem que uma certa organização de arte mantém uma **escola para ensinar a dança** ou então para **formar gestores no campo das artes performáticas**.

7ª Regra – Deve existir apenas uma fonte, ou seja, um único comunicador das notícias da instituição e a sua mensagem precisa ser positiva.

Quando numa organização de arte diversas pessoas se comunicam com a imprensa, ninguém consegue controlar as mensagens. O pior é que geralmente o foco é sobre os problemas, quando ocorreram e que os causou. Com isso, os patrocinadores e os integrantes da audiência cativa, aqueles leais à organização, começam a ficar aborrecidos, alguns deles deixam de contribuir e fica bem difícil de arranjar outros apoiadores. Principalmente em situações de grandes mudanças (reviravoltas), a regra deve ser uma só: **apenas o líder que decide é quem deve comunicar-se com a imprensa**.

8ª Regra – O levantamento de fundos deve concentrar-se em grandes devedores, mas não se deve mirar muito alto.

Para se produzir de fato reviravoltas nas organizações de arte é vital trabalhar arduamente no incremento do levantamento de recursos com doadores, do que pensar em substancial aumento de vendas de ingressos. Obviamente, isso não significa que não se deve dar mais atenção ao que se arrecada nas bilheterias... Naturalmente, ao se desenvolver um plano de levantamento de fundos, e principalmente durante o período de solução de uma crise, é preciso que o valor das doações esteja de acordo com todas as promessas feitas aos doadores.

9ª Regra – O conselho de curadores de uma instituição precisa ser reestruturado periodicamente.

A atividade de levantamento de fundos é a chave para se obter uma reviravolta financeira, quando o conselho de curadores tem um papel muito importante para inclusive colocar o *staff* (quadro) administrativo em contato com novos potenciais patrocinadores.

Quando uma organização é jovem, o conselho é tipicamente formado por amigos e familiares de algum visionário das artes que a criou. Esses amigos agem como se fossem do quadro de funcionários e começam executando tarefas que os integrantes do *staff* deverão fazer, à medida que a organização for amadurecendo. E à medida que essa maturação for evoluindo, os integrantes do conselho de curadores devem ser trocados por gente nova, que tenha possibilidade de obter novos recursos e fornecerem, eles próprios, a sustentação da organização. Esses novos integrantes do conselho de curadores geralmente trazem mais energia e novos doadores, o que os antigos já não querem procurar, muitas vezes pressionados por um certo pessimismo até a exaustão de viver pedindo dinheiro para os mais diversos empresas, amigos e instâncias.

10ª Regra – A organização precisa ter a disciplina para obedecer e continuar seguindo cada uma das regras anteriores.

Nenhuma das regras citadas anteriormente pode ser desprezada se alguém deseja obter uma reviravolta, pois todas são igualmente importantes.

As organizações de arte que enfrentam dificuldades, geralmente, não têm muito tempo para construir consensos, realizar diversas reuniões com o quadro de funcionários ou com os grupos de foco. Elas necessitam de ações rápidas, inteligentes e bem determinadas. Inclusive alguns poucos talvez nem concordem com a decisão do líder ou, ainda, nem gostem dele. Mas, no final de cada reviravolta bem-sucedida, todos irão respeitá-lo, pois algo miraculoso acabou ocorrendo.

Na realidade, reviravoltas bem-sucedidas não são milagres!?!? São resultado de um bom planejamento e uma implementação persistente e bem coordenada do que se planejou. E, provavelmente, pela perda significativa de sono do líder...

Em 2015, Michael M. Kaiser estava dirigindo o DeVos Institute of Arts Management na Universidade de Maryland e lançou outros livros, sendo o último deles: *Curtains? – The Future of the Arts in America* (algo como *Cortinas? – O Futuro das Artes nos EUA*), recomendado para a leitura de todos aqueles preocupados com a gestão: de um teatro, ópera, balé, música moderna ou um museu. Ele acredita que a mídia tradicional irá cortar drasticamente a cobertura de eventos de artes, fazendo com que seja cada vez mais difícil as companhias manterem a sua visibilidade pública. Dessa forma, ficará cada vez mais difícil para as pessoas terem dinheiro para comprar os ingressos – que estão subindo – para, digamos, assistir a um balé ou ópera. E aí alerta Michael M. Kaiser: "Nenhuma tecnologia de *marketing* vai tomar lugar de uma arte excelente, mas uma excelente atividade artística precisará sempre ser apoiada por um eficiente *marketing*."

Observação importante 3 – Taras Domitro, que nasceu em Havana (Cuba), tornou-se em 2008 o primeiro bailarino do San Francisco Ballet (EUA). No começo, ele não gostava de assistir os jogos da NBA (a principal associação de basquete profissional dos EUA) mas a partir da temporada de 2014-2015 passou a acompanhar os jogos do Golden State Warriors, que venceram a competição tendo como seu principal astro, o jogador **Stephen Curry**.

Comentou Taras Domitro: "Ao observar Stephen Curry jogando, o que vejo é a incrível coordenação que ele tem dos braços e das pernas e o modo como manipula a bola, comparando isso com os movimentos que os bailarinos fazem para sustentar as mulheres quando elas executam um salto. Não usamos uma bola, mas o que precisamos fazer é semelhante ao ajudarmos uma mulher a fazer uma acrobacia. O modo como ele dribla com a bola é igual à maneira como manipularmos uma mulher no palco!?!?"

"O novo incrível jogador de basquete, o norte-americano Stephen Curry que parece um bailarino..."

Por sua vez, o diretor artístico da Oakland Ballet Company, Graham Lutig, afirmou: "Curry parece transcender o esporte, transformando o jogo em teatro, é lindo ver ele jogar. Grande parte da atração estética de Curry está naquilo que os bailarinos mais desejam: **que sua arte pareça não exigir esforço!!!**

Ninguém quer ver dor no rosto dos bailarinos quando eles terminam a execução de algum passo. Ninguém deseja vê-los contorcendo o rosto e dando a impressão que não conseguirão terminar um solo.

Steph realmente não parece se esforçar muito, não é?

Claro que isso não quer dizer que ele não usa a sua força, apenas que não demonstra...

Quando os bailarinos saltam, giram e deslizam no palco, devem possuir uma força central notável para conseguir girar e se erguer tão alto. É esse tipo de força que se vê quando Curry decola do chão, e principalmente quando pousa. É muito mais fácil atirar-se no ar e tentar fazer alguma coisa do que descer com controle. E o Steph, nem está sequer tentando fazer algo belo....

Cada momento no balé envolve técnica, mas os movimentos aéreos se baseiam na mesma raiz: os bailarinos flexionam as pernas antes de saltar e flexionam as pernas antes de pousar. Essa é a base a partir da qual todos eles trabalham.

Assim como os bailarinos, os jogadores de basquete usam seus corpos como instrumentos e o trabalho que desenvolvem nos treinamentos é bastante cansativo e até doloroso. Porém, diferentemente do que faz um bailarino, um cestobolista, em especial alguém como Stephen Curry, precisa ter uma incrível capacidade de improvisação. Ele inclusive tem uma função que exige dele criar **algo novo** toda vez que toca a bola e nota-se que existe um certo senso de sensibilidade no modo como seu corpo funciona. Parece que ele se move em uma dimensão ligeiramente diferente de todos os outros, e acredito que isso está ligado a sua velocidade, força e controle – um controle inacreditável. Para mim, com um treinamento adequado, Curry seria um **bom bailarino também!!!"**

"A imponente fachada do Theatro Pedro II em Ribeirão Preto, que infelizmente não tem sido usado com muita frequência para apresentar os mais variados espetáculos. Essa é a realidade brasileira não apenas nesse teatro!?!?"

"Você já imaginou assistir uma apresentação de um dos melhores violinistas do mundo, o russo Maxim Vengerov, tocando no seu Stradivarius de 1727 - apelidado de *Reynier*, avaliado em US$ 2 milhões e que pertenceu antes ao célebre violinista Rudolphe Kreutzer (1766-1831)."

3.4 ARTES VISUAIS

Aqui se focará mais na arte que se tem nas pinturas, esculturas e fotografias.

O mercado de artes é bem peculiar pelo fato de lidar apenas com obras originais que são **únicas** e **raras**, embora a maioria dos setores tente multiplicar e vender o maior número de cópias possível. O objetivo do *marchand* (vendedor de obras de arte) é enfatizar a **escassez**!!! Além disso, trata-se basicamente de um mercado de **segunda mão**, e objetos antigos normalmente **aumentam de valor**.

O artista é o detentor do direito autoral. A propriedade dada ao objeto de arte significa que vários artistas não encorajam a cópia de seus trabalhos, mesmo podendo obter benefícios financeiros disso. Nos últimos anos, a produção e a apreciação da arte chinesa se expandiu de modo expressivo, mas a maioria das vendas de alto valor ainda ocorre fora da China, mas não por muito tempo.

3.4.1 – SÃO PAULO, CAPITAL DO GRAFITE

Em São Paulo foi grande a proliferação dos **grafites**. Não deixa de ser uma ponta de ironia o fato de São Paulo ser, hoje, considerada a "capital mundial do grafite". Nos anos 1980, os muros começaram a subir em todos os pontos de São Paulo, assim como "brotaram" *shopping centers* e os condomínios fechados. A arquitetura paulistana parece ter encontrado aí uma solução para o medo de assaltos crescentes (apesar desses muros, os assaltos não pararam de ocorrer...). Foi justamente usando o muro como suporte que os grafiteiros passaram a se relacionar **artisticamente** com a cidade e a denunciar a segregação. Anos depois, em especial em junho de 2013, pichadores e grafiteiros tiveram participação política decisiva nas manifestações que também se alastraram para as outras grandes cidades brasileiras.

Em 1h30 min, um muro malcuidado de uma casa no Cambuci, num bairro que fica próximo ao centro de São Paulo, foi transformado em arte pelo grafiteiro Guilherme Matsumoto (conhecido como xguix). O desenho tomou forma aos poucos e as cores das 18 latas de tinta começaram a chamar atenção de todos que estavam passando em frente, recebendo elogios da maioria deles.

Em 2013, Guilherme Matsumoto, mais conhecido como o artista que pinta peixes radioativos, teve o seu trabalho promovido e facilitado por um *site* chamado Color+City (www.colorpluscity.com), cujo *slogan* é: "**Mais cor, por favor.**" Desde abril de 2013, o projeto possibilita o encontro *on-line* de pessoas que querem ter seus muros pintados e artistas que buscam um local para se expressar. Até o início de 2014, 375 muros foram pintados e 1.021 estavam reservados graças ao *site*.

Um dos idealizadores do projeto, o *designer* Gabriel Pinheiro ressaltou: "Não é um projeto nosso, é um projeto para a cidade. Aliás, o nosso *site* foi selecionado como um dos projetos mais inovadores de 2013 pela consultoria inglesa Contagious. Na lista, o Color+City está ao lado de um outro, criação do Bansky, um dos maiores nomes da arte de rua internacional. Não é todo dia que o nosso trabalho está ao lado de um Bansky."

Além de facilitar o encontro entre o artista e o espaço, o Color+City trouxe uma solução para questões como autorização, uma vez que os donos de fachadas e muros fazem um cadastro, permitindo a pintura. Guilherme Matsumoto comentou: "Dependendo do acordo feito entre os grafiteiros e os donos das 'grandes telas' cadastradas, a pintura pode ser remunerada ou não. Algumas pessoas entendem que a gente vive disso, mas há também aquelas que não podem pagar... Mas, hoje, eu trabalho com o que gosto e assim vou divulgando o meu talento."

Entre as conquistas do *site* Color+City, deve-se salientar que houve uma maior aproximação das pessoas com a arte dos grafiteiros. Enfatizou Gabriel Pinheiro: "O projeto aproximou os artistas das ruas, por torná-los mais convidativos, mas também aproximou as pessoas com as pessoas!!! Há casos em que os artistas criam vínculos com os donos do muro, se veem sempre e, inclusive, os recomendam para pintar os muros (com remuneração) dos seus amigos, parentes e conhecidos. Isto tem sido muito estimulante para que os grafiteiros aprimorem a sua arte."

Observação importante 1 – Trabalhei quase cinco décadas na Fundação Armando Alvares Penteado (FAAP). No início, como professor de algumas disciplinas na Faculdade de Engenharia (a partir de 1967); depois, exercendo o cargo de vice-diretor e diretor dessa unidade por cerca de 16 anos.

Em 1992, fui convidado para exercer o cargo de diretor cultural da FAAP, quando comecei a ter um contato bem mais próximo de todos os eventos artísticos e culturais que se desenvolviam na instituição. Esse envolvimento permitiu-me um grande aprendizado, inclusive a criação dessa consciência sobre a importância da EC.

A FAAP é tipicamente uma IES que forma um grande contingente de profissionais aptos a trabalhar em diversos setores da EC, como aqueles pela sua Faculdade de Artes Plásticas, que oferece cursos de arquitetura, *design* e moda e pela Faculdade de Comunicação e *Marketing*, da qual saem formados que têm se tornado profissionais talentosos, atuando em agências de publicidade, na produção de programas de rádio e TV, elaborando excelentes vídeos promocionais e contribuindo para a produção de filmes (inclusive os de animação) e fotografias de qualidade.

Seguramente, nenhuma IES brasileira privada fez tanto pela arte e a cultura do Brasil como a FAAP, especialmente porque ela possui um Museu de Arte Brasileira (MAB), criado em 1960, que nesses últimos 55 anos recebeu e/ou organizou cerca de 550 exposições, tornando-se uma referência no cenário das artes plásticas, fazendo, também, com que a FAAP conquistasse vários prêmios na área.

Além disso, a partir de 22 de setembro de 1976, a FAAP passou a ter um excelente teatro, no qual foram apresentadas as mais variadas manifestações artísticas, tanto do teatro brasileiro como do internacional. Ao longo desses seus quase 40 anos, o Teatro FAAP estimulou o surgimento do senso crítico e estético de gerações de espectadores e possibilitou que diretores ousados e intérpretes notáveis pudessem exprimir através das suas peças toda a sua criatividade e arte, nas quais se mostraram as transformações, as turbulências e as tendências que os seres humanos viveram no passado, bem como a cena atual, no Brasil e no mundo.

A especialista no campo da arte, Denise Mattar, que já foi curadora em diversos museus, além de trabalhar como curadora independente, recebeu a tarefa de preparar os livros *Memórias Reveladas – A Atuação Cultural da FAAP* e *50 Exposições do MAB-FAAP: 1960-2010, A História em Cena: 1976-2010*, os quais produziu de forma brilhante, pois constituem um registro incrível sobre o quanto a FAAP colaborou com a arte e a cultura durante toda a sua existência.

Na introdução do livro *50 Exposições do MAB-FAAP: 1960-2010*, a organizadora Denise Mattar explicou: "Foi uma opção na organização incluir nesse livro apenas as exposições brasileiras realizadas pelo MAB, porém nele ocorreram importantíssimas exposições internacionais e do seu acervo com mais de 3.500 mil obras dos mais expressivos artistas brasileiros. Foram montadas também exposições em outras cidades do País, particularmente em Brasília e também no exterior. Portanto, pode-se concluir que o MAB-

-FAAP é uma instituição única em nosso País, um lugar de excelência, que proporciona a visitantes, curadores e organizadores, a certeza de que em nosso País há espaço para a arte e a cultura." Infelizmente, nesses últimos anos, devido às crises política e econômica que abalaram o País, tornou-se mais difícil para a FAAP manter a qualidade de suas exposições e outros eventos correlatos com a arte, cultura e educação.

* * *

3.4.2 – A GUERRA DA ARTE ENTRE LONDRES E PARIS

Nota-se que em Paris, a "Cidade Luz", algo está mudando significativamente. Percebe-se que seus museus se reacenderam, há uma visível convocação do mundo da arte para as margens do rio Sena, está se tirando o pó da sua lendária *grandeur* (grandeza) e a cidade está chamando para si novamente o papel de centro artístico da Europa que há um século, exatamente, ela detinha. Tudo mostra que os caminhos agora são para Paris, depois de algumas décadas em que a maioria dos caminhos passou a levar os artistas para Londres.

A Londres dos *young british artists*, como Damien Hirst e Tracey Emin; da explosão do mercado da arte com as obras valendo números com muitos zeros à direita; dos recordes em leilões reunindo colecionadores do mundo todo; das galerias que se mudaram a cada seis meses para espaços cada vez mais gigantescos... Pois é, aquela Londres que havia tirado de Nova York seu cetro, tornando-se a meca dos artistas e o sonho dos galeristas; a que gerou a *Frieze Art Fair,* nascida de uma revistinha e engendrada sob uma tenda no meio de um parque, até chegar a ter ramificações em Basileia, está em um evidente declínio!?!? E, no entanto, nessa Londres, ainda centro de muita coisa importante na arte contemporânea, **se nota que ela se asfixia no excesso de riqueza!?!?**

Em novembro de 2014, o britânico Grayson Perry, artista bem excêntrico, mas celebrado, confrontou publicamente o prefeito de Londres, Boris Johnson, salientando-lhe: "Senhor prefeito, dá para perceber que Londres está se transformando num deserto? É possível notar que nenhum jovem artista pode se permitir viver aqui? Está ciente de que deve investir dinheiro público, intervir no valor da moradia e dos estudos ou de outra forma os jovens ingleses talentosos terão de emigrar? Já se deu conta de que todos esses ricos juntos não produzem nem um só grãozinho de cultura?". Esse *j'accuse* ("eu acuso") repercutiu muito nos principais jornais britânicos. Isso também ocasionou debates e apelos em Londres contra o excesso de investimento na *Tech City* – o maior *cluster* (conglomerado) digital da Europa –, contra as sete torres de *lofts* em construção e contra a mudança imobiliária provocada por bilionários.

Mas, sobretudo, causou estupor o fato de que essa bandeira tivesse sido levantada por um artista/*performer* conhecido por ostentar um *alter ego* feminino (Claire) – aliás, algo parecido faz o cartunista Laerte Coutinho em São Paulo – que adorna o cabelo com laços de fita, usa saias bufantes e salto alto, tudo escolhido em tons pastel. É uma criatura bizarra que, assim trajada, chegou a abiscoitar o prêmio Turner concedido pela Tate Gallery e cruzou os portões do palácio de Buckingham sob o consentimento da rainha. Foi ele (ela) o primeiro a dizer que **o rei estava nu,** ainda que os sinais havia tempos já estivessem presentes e que a edição da *Frieze*, de outubro de 2014, já houvesse alertado a ultrapassagem de Paris sobre Londres!!!

Pela primeira vez, o número de visitantes na feira do Regent's Park havia sido superado pelo da sua "prima" do outro lado do canal da Mancha, a Fiac do Grand Palais, inaugurada menos de uma semana depois: **foram 74 mil ingressos franceses contra 69 mil ingleses**!!! Assim, Paris comemorou a sua primeira vitória na guerra da arte e diga-se: **uma vitória merecida**!!!

Os franceses colocaram em campo suas melhores armas: o esplendor da nave de ferro e vidro, com 35 m de altura, a recobrir os 13 mil m² do Grand Palais; o presidente francês François Hollande sendo fotografado entrando nos estandes sob a iluminação extraordinária daquela obra-prima da arquitetura eclética. Isso ocorreu em paralelo com a inauguração da Fundação Vuitton no Bois de Boulogne, assinada por Frank O. Gehry, além do contraponto de uma mostra sobre o arquiteto no Centro Pompidou e a reabertura do museu Picasso, oferecendo o **gênio do século XX** como resposta aos leilões milionários da Sotheby's e da Christie's na semana de artes londrina.

3.4.3 – O MUSEU DE ARTE DE SÃO PAULO (MASP) VIVE NOVA FASE

Em setembro de 2014, o empresário Heitor Martins foi eleito presidente do Museu de Arte de São Paulo (Masp) com o objetivo de promover uma

"Uma vista do Masp na avenida Paulista em São Paulo, o mais importante museu da cidade e do hemisfério sul."

reestruturação total da instituição. O Masp foi fundado em 1947, possui no seu acervo cerca de 10.700 peças, já viveu muitas turbulências, situações complexas e contraditórias, crises financeiras etc., mas é o mais importante museu do hemisfério sul.

Heitor Martins, que antes presidiu com sucesso a Fundação Bienal de São Paulo, explicou: "Captamos em 2014 algo como R$ 30 milhões e, com isso, pagamos boa parte da nossa dívida e iniciamos as ações de reestruturação no museu. Em janeiro de 2015, foi reajustado o valor do ingresso no Masp, passando a ser de R$ 25 (sendo que às terças e quintas-feiras, das 17h às 20h a entrada é **gratuita**).

Em 2015 foram programadas nove exposições, e a média de visitantes nos dias em que se paga ingresso tem sido de 1.150 pessoas e naqueles em que a entrada é gratuita, de 1.363 pessoas. A receita proveniente da bilheteria nos garantirá 15% do nosso orçamento. O nosso preço está próximo do preço médio do cinema na cidade.

"O presidente do Masp, Heitor Martins, que está conseguindo equilibrar as finanças da instituição e está promovendo uma melhor gestão do seu acervo."

O Masp tem um **acervo vastíssimo**, mas achamos que ele precisa ser melhor **explorado**. A ideia é que o diretor artístico e os curadores das exposições trabalhem melhor o uso das nossas obras, para que elas sirvam como ponto de partida para um diálogo com a contemporaneidade. Uma coleção clássica só é interessante na medida em que ela nos ajuda a entender o mundo de hoje. O acervo precisa ter políticas claras para aquisições, doações e de refinamento. Não pode ser um depósito de coisas que se acumulam. As obras que entram têm de fazer sentido, mas essas políticas nunca foram muito bem definidas. Precisamos pensar em refinar esse acervo. Muitas coisas entraram para a coleção, mas nem todas são necessárias. A minha ideia é a de estabelecer um plano *deaccessioning*, ou seja, a venda de peças que não se adequem mais ao museu."

Observação importante 2 – É no Rio de Janeiro que estão surgindo cada vez mais locais para incrementar a cultura e o conhecimento das pessoas. Uma das atrações na abertura do Museu do Amanhã (17/12/2015) foi a *performance* dos insetos humanizados (ou humanos "insetizados") a cargo do grupo dinamarquês Superflex, o qual fez sucesso durante três anos no Museu de Ciência de Londres. Assim, os visitantes, em grupos de 30, se fantasiaram de barata e passearam pelos espaços museológicos sob a perspectiva dos seres que antecederam o *Homo sapiens* na Terra há 200 milhões de anos...

O objetivo do Museu do Amanhã é o de discutir o impacto do homem no ambiente em que vive e como isso determinará seu futuro no universo de recursos finitos e já escassos. Perguntas existenciais: **Quem somos?**, **De onde viemos?**, **Como queremos conviver nos próximos 50 anos?**, norteiam o que se apresenta.

  Um dos fundadores do Superflex, Bjornstjerne Christiansen, explicou: "A brincadeira do 'tour das baratas' se insere nessas reflexões. Sob o ponto de vista das baratas, os humanos são muito engraçados: eles lhes dão abrigo e comida e têm muito medo de morrer. Já elas, as baratas, sobrevivem até a bombas nucleares. A ideia é desafiar as pessoas a terem novas perspectivas, instigá-las a repensar tudo em que acreditam."

  O grupo também trouxe mais duas ferramentas para o Rio de Janeiro, a *Copy Light Factory* e a *Free Beer*. Esses são trabalhos que questionam as noções de **propriedade intelectual** e **marca registrada**. São dois *workshops* nos quais se ensinou aos visitantes a fabricar seus produtos – no primeiro, luminárias criadas a partir de imagens de *designs* consagrados, como os do francês Philippe Starck e do dinamarquês Paul H.; no segundo, tratou-se de lidar com cerveja, seguindo a receita de um cervejeiro da Dinamarca, que pode ser copiada por qualquer um!!! A *Free Beer* já havia sido trazida ao Brasil em junho de 2000 – na época em que o cantor Gilberto Gil foi ministro da Cultura. Na época, Gilberto Gil, aprovou, provou e brincou: "Não é só de graça, como é boa essa cerveja!!!". No Museu do Amanhã, a bebida foi elaborada por uma fábrica local, pois esses *workshops* foram realizados no laboratório de Atividades do Amanhã, ambiente pensado para experimentações.

Uma das finalidades do Museu do Amanhã é o de identificar tendências que moldarão o mundo em que vamos viver no futuro. A expansão do conhecimento é uma outra delas. Quando se maximiza a disseminação de informações, mais as pessoas terão capacidade de refletir sobre as escolhas que farão para seguir na sua vida.

Que bom que o Rio de Janeiro tem agora um museu que possibilitará ter todas essas experiências e aprendizados para os visitantes, não é?

* * *

3.4.4 – A MAIS IMPORTANTE GALERIA DA EUROPA: HERTFORD HOUSE!!!

Sir Kenneth Clark (1903-1983), antigo diretor da Nation Gallery e um dos mais conceituados historiadores de arte da sua geração, disse: "Hertford House, onde está a Wallace Collection, é a **maior e mais importante galeria de pintura da Europa!!!**"

Pois bem, em 2015, o português Antônio Horta Osório inscreveu-se no concurso público aberto para escolher o novo *chairman* para essa coleção e foi indicado para o cargo pelo primeiro-ministro David Cameron, que também o convidou para outros dois possíveis cargos que foram descartados pelo executivo que deu imediata preferência para Walace Collection. Ele ocupou o lugar de *sir* John Ritblat, uma referência do setor imobiliário londrino, que ficou no cargo na última década.

"A fachada do prédio que abriga a Wallace Collection."

Antônio Horta Osório tornou-se o **primeiro não britânico** a ser desigmado *chairman* de uma das mais relevantes coleções de arte dos séculos XVI, XVII e XVIII, do mundo. Como *chairman* de Wallace Collection, ele não vai ganhar nada, pois esse é um trablaho voluntário.

O museu em que se transformou a Hertford House se distingue por uma intimidade invulgar. Apesar de raras e de valerem muito, todas as peças de grandes dimensões – pinturas, móveis, esculturas e porcelanas – continuam tão próximas de quem visita a Hertford House como quando era a morada de Richard Seymour-Conway, o quarto marquês de Hertford, ou do seu filho ilegítimo, *sir* Richard Wallace (1818-1890), herdeiro de uma coleção de cinco gerações e do edifício que foi também embaixada da Espanha e França.

"O português Antônio Horta Osório, que tem agora a reponsabilidade de cuidar da Wallace Colection."

Quando o pai morreu, Wallace tinha 52 anos e ganhava a vida como seu secretário!?!? Ele sempre teve de trabalhar, mas ao ver-se proprietário de tamanha riqueza, decidiu mudar-se para Manchester Square, no centro de Londres, com a sua mulher, uma francesa, comerciante de perfumes. Acabou por ser ela a oficializar a **doação** de todo o patrimônio dos Wallace ao

Estado britânico, em 1897, no testamento que foi aberto após ter falecido, isso sete anos após a morte do marido. A entrega do legado pressupunha uma condição: manter sempre toda a coleção no interior da Hertford House, **sem retirar ou acrescentar peças**. Essa vontade dos benfeitores distingue a Wallace Collection de todas as outras, mas é, ao mesmo tempo, um dos principais obstáculos de quem a administra, pela dificuldade de atrair visitantes e, consequentemente, criar receitas. E há um outro problema, o acesso à Hertford House é **gratuito**, sendo que em 2015, 428 mil pessoas a visitaram, constituindo-se isso num recorde.

3.4.5 – A FAMÍLIA QUE MANDA NO HERMITAGE

Se existe um museu fantástico que todo aquele que admira arte não pode deixar de visitar um dia esse é o Hermitage, localizado em São Petersburgo (Rússia)!!! Talvez possa ser dito que ele é o **maior** e **o mais importante museu do mundo**, tendo sido transformado em uma empresa global pelo seu principal dirigente, o "czar da arte na Rússia", Mikhail Borisovich Piotrovsky. Aliás, ele sucedeu o seu pai no comando do Hermitage,em julho de 1992. Por sua vez, Boris Borisovich Piotrovsky dirigiu o museu de 1964 a 1990!!!

"A imponente fachada do museu Hermitage em São Petersburgo."

"O notável conhecedor de arte e diretor do museu Hermitage de São Petersburgo (Rússia), Mikhail Borisovich Piotrovsky, que está fazendo parcerias em muitas partes do mundo para torná-lo global."

Mikhail Borisovich é um grande conhecedor da arte, escreveu diversos livros importantes sobre o tema, sendo respeitadíssimo pelo seu conhecimento de cultura (em particular da árabe) e principalmene pela sua competência administrativa ao obter muitos financiamentos e conquistar patrocinadores (*sponsors*), multiplicando a presença de visitantes no Hermitage. Ele promoveu a instalação de uma filial do museu em Amsterdã, bem como possibilitou a abertura de associações Hermitage Friends, que busquem prestar apoio concreto para a proteção, valorização e promoção do patrimônio do Hermitage. Assim, existem essas associações nas cidades de Nova York (EUA), em Ottawa (Canadá), Londres (Reino Unido), Florença (Itália).

No caso específico da Rússia, o museu abriu filiais em Vyborg, uma cidade próxima de São Petersburgo, e também na cidade de Kazan, na república de Tartaristão, na Rússia. Também existem planos para a abertura de "postos avançados" do museu nas cidades russas de Omsk, Yekaterinburg e Vladivostok e, provavelmente, um novo local internacional na metade de 2016, em Barcelona. Em todos esses lugares cabe a cada cidade dispor de um local adequado e mantê-lo e o museu Hermitage apenas empresta as suas obras. Com essas ações, o Hermitage se transformou em um **museu global**!!!

Numa entrevista recente, Mikhail Borisovich Piotrovsky relatou: "Temos um patrimônio de obras de arte tão vasto que ele não pode ser mostrado apenas em São Petersburgo, por isso estamos promovendo muitas mostras itinerantes, exposições nas nossas filiais e com isso temos cerca de 3 milhões de visitantes por ano no nosso País, cerca de 1,5 milhão nas sedes que temos fora da Rússia e uns 4 milhões que admiram as nossas obras no *site* pela Internet. E queremos crescer mais, para que mais pessoas possam encantar-se com as maravilhosas coisas que temos em nosso acervo.

Nessa expansão, a única coisa na qual queremos ser parecidos com o que fez o museu Guggenheim é permitir que a **arte seja acessível para todos**. Toda exposição nossa tem a finalidade de reconstruir e recontar uma página da história, especialmente a da Rússia, e por isso ela deve ter um caráter explicitamente didático. Por outro lado, não tenho nenhum interesse de mudar qualquer coisa no Hermitage de São Petersburgo, que é um grande museu, de muita tradição. Talvez seja o único museu do século XIX que até agora mantém o estilo do século XIX. Por isso, ele vai continuar sendo o grande museu imperial, com sua imensa coleção, com obras que representam e mostram a cultura do mundo, com muitas janelas e a sua luz natural.

Claro que todo o progresso que se obteve nesses últimos 24 anos foi graças ao trabalho de equipe, com a colaboração de muitos colegas que aceitaram fazer parte do nosso International Advisory Council (algo como Conselho Internacional de Orientação), do qual fazem parte diretores e curadores dos melhores museus do mundo. Todos os anos, temos aqui em São Petersuburgo um encontro de trabalho de dois dias, quando são apresentados (e às vezes até solucionados imediatamente) os problemas do Hermitage, em especial o levantamento de fundos (*fund rising*). Foi possível também arranjar muitos parceiros, especialmente das muitas empresas estrangeiras que começaram a se instalar na Rússia à medida que ela foi se abrindo para o capitalismo, como foi o caso da IBM, McDonald's, bancos internacionais etc. Além disso, recebemos o apoio de alguns governos, como foi o caso do holandês, o que nos possibilitou fazer muitas melhorias nas salas em que tínhamos obras-primas de mestres holandeses. O mesmo aconteceu com as obras dos pintores franceses, particularmente quando o então presidente francês Jacques Chirac visitou o museu e intermediou a ajuda do banco francês Crédit Agricóle para a ala francesa. Na restauração do setor de mestres italianos, 50% dos gastos foram cobertos pelo banco Intesa Sanpaolo.

Para subsistir, o museu precisa financiar-se em cerca de 50% dos seus gastos, pois para os outros 50% temos a ajuda do nosso ministério. Precisamos, atualmente, de cerca e US$ 90 milhões para fazer frente aos nossos gastos anuais e é claro que não dá para conseguir esse montante só com a venda de ingressos nos nossos museus!!!

Tenho plena consciência da importância do meu cargo no comando do Hermitage. Para mim, esse trabalho de difusão da cultura e o intercâmbio de talentosos gestores de museu nos torna mais importantes para o país do que os seus melhores economistas, diplomatas ou políticos. Isso porque compreendemos melhor as relações entre os povos e as religiões que eles seguem. São os bens culturais que aproximam as pessoas, as tornam mais sensíveis e propensas a viver em paz. Os que não concordarem comigo, desculpem-me por essa opinião, a qual pode parecer arrogante demais..."

3.4.6 – O CENTRO DE ARTE DA FUNDAÇÃO PRADA EM MILÃO!!!

Nesses últimos 20 anos, a Fundação Prada promoveu exposições em armazéns e igrejas abandonadas de Milão. Dessa forma, o público italiano entrou em contato com obras de artistas contemporâneos como Anish Kapoor e Michael Heizer. Recentemente, porém, a entidade decidiu criar espaços permanentes para exposições e para exibir seu próprio acervo artístico, composto principalmente de obras dos anos 1950 até hoje.

Em 2011, a Fundação Prada abriu um centro artístico numa mansão do século XVIII no Grande Canal de Veneza, e em 4 de maio de 2015, estabeleceu suas raízes numa antiga destilaria em um bairro industrial decadente de Milão. Foi o arquiteto holandês Remment (Rem) Lucas Koolhaas e sua firma, a OMA, que criaram um complexo amplo com quase 11 mil m² de espaço para exposições. Miuccia Prada comentou: "Depois de mais de 20 anos produzindo mostras em todo o mundo, meu marido decidiu que era hora de fazermos algo permanente em Milão e aí está esse belo centro de arte." A empresa está consolidando agora a percepção exclusiva de que marcas como a dela **trabalham com coisas belas** (apesar dos executivos da Prada não terem divulgado quanto gastaram nesse centro de artes)!!!

"O complexo da Fundação Prada em Milão, que foi projetado pelo famoso arquiteto Rem Koolhaas e que tem um espaço de 11 mil m² para exposições."

Isso está acontecendo em um momento em que o dinheiro privado de marcas de artigos de luxo está começando a preencher o vazio deixado pelos cortes de despesas governamentais em arte e cultura. Ao mesmo tempo, essas empresas sabem que ter associação com o mundo da arte **ajuda a incrementar sua marca e sua influência**.

Note-se que Milão pode até ser um centro para a moda e o *design* de móveis, mas não é conhecido pela **arte contemporânea** ou algum tipo de exposição que atraiu plateias internacionais. O novo espaço da Prada inclui um teatro para sessões de cinema, *performances* ao vivo e palestras – Roman Polanski, inclusive, criou um documentário que foi exibido na sua inauguração –, um bar milanês à moda antiga produzido pelo cineasta Wes Anderson, um centro para crianças, e a intenção é no futuro ter uma grande biblioteca.

Esse complexo em Milão levou sete anos para ficar pronto e inclui imóveis industriais justapostos com construções novas e dramáticas. Rem Koolhaas, examinando a construção, comentou: "As pessoas falam em preservação e em arquitetura nova. Mas isto aqui não é nem uma coisa, nem a outra. Aqui, o novo e o antigo se encaram em um estado de interação permanente. A intenção não é que sejam vistas como uma coisa só. Assim, alguns espaços estão quase como os encontrei, outros foram reconfigurados, mas aparentam não ter sido tocados. Já os prédios novos foram feitos de vidro, concreto branco e um alumínio que foi 'explodido' para exibir uma superfície aerada como espuma. Aliás, o logotipo da Prada nem está presente na fachada. Miuccia Prada e seu marido, Patrizio Bertelli, salientaram que queriam conservar seu apoio às artes separado da marca Prada e não descrevem o novo edifício como um museu."

3.4.7 – TATE MODERN, O MUSEU DE ARTE MODERNA E CONTEMPORÂNEA MAIS VISITADO DO MUNDO!!!

O prédio da antiga termoelétrica em Bankside ainda era um canteiro de obras quando Marcus Dickey Horley entrou ali pela primeira vez, em janeiro de 2000. A quatro meses da inauguração da Tate Modern, tratores com cimento circulavam de um lado a outro pelo vão central, e o cheiro de óleo daquela antiga sala de turbinas ainda era forte.

Responsável por coordenar o acesso dos visitantes, Marcus Dickey Horley começou a trabalhar no novo museu seis semanas antes da inauguração e

"Tate Modern, planejando uma significativa expansão em 2016 para manter a sua posição de um dos museus mais visitados do mundo."

ele relembrou o seu primeiro fim de semana: "Nunca vi uma multidão como aquela. No sábado, a fila ia até a estação Blackfriars, no outro lado do rio. Tivemos que segurar até 400 pessoas no Turbine Hall, pois era impossível entrar mais gente nas galerias."

Pois é, essa multidão – cerca de 45 mil pessoas – foi só o prelúdio!!! No primeiro ano de funcionamento, a Tate Modern se tornou o museu de arte moderna e contemporânea mais **visitado** do mundo, com um total de **5,25 milhões de pessoas** – e segue nessa dianteira até hoje. Naquele ano, recebeu mais que o dobro de visitantes que o MoMA, em Nova York e, principalmente, o dobro do que era esperado. Apesar de o número ter diminuído de 5,5 para 4,8 milhões de visitantes em 2014, o museu bateu outro recorde naquele ano, quando a mostra *Henri Matisse: The Cut-Outs'* foi a temporária mais visitada da instituição, vista por 562.622 pessoas.

Pois bem, em 2015, Tate Modern comemorou seu 15º aniversário estando em **plena expansão**. O seu novo prédio, previsto para 2016, leva a assinatura dos arquitetos Herzog & de Meuron – a mesma dupla suíça que adaptou a antiga usina projetada nos anos 1940 por Giles Gilbert Scott (famoso por

Artes Visuais

ter criado as cabines telefônicas vermelhas) para instalação da Tate Modern. Os tijolos aparentes lembram a estrutura original, mas o complexo em construção, uma pirâmide assimétrica, de 11 andares e 21 mil m², é mais monumental e deve aumentar a capacidade do museu em até 60%. A sala de turbinas da antiga usina, o Turbine Hall, ligará os prédios. A ideia do novo complexo é ser também um ambiente que favoreça o encontro, um lugar de atividades.

Se acomodar melhor o público e ter mais salas para a coleção e mostras temporárias justificam a ampliação, orçada em 215 milhões de libras, a Tate tem ainda outra razão central para investir nela. Assim, desde que o financiamento que recebia do governo britânico pelo seu DCMS, foi reduzido em até 16% nos últimos cinco anos, **diversificar as fontes de renda** se tornou palavra de ordem na instituição. Portanto, o novo prédio é fundamental para esse processo. Como os investimentos públicos para museus vêm diminuindo, tornou-se cada vez mais necessário que eles encontrem outras formas de se manter. Dessa maneira, ter espaços para promover eventos é importante para atrair patrocinadores. Os restaurantes, loja e livraria também são fontes de renda. Para administrar hoje, de forma eficaz um museu, é preciso equilibrar todos esses componentes.

Deve-se recordar que a Tate Modern foi idealizada em 1992 para abrigar a coleção de arte moderna internacional e contemporânea da antiga Tate Gallery, sendo, assim, o terceiro ramo da instituição, que já tinha duas filiais no Reino Unido: a Tate Liverpool, aberta em 1988, e a Tate St. Ives, em 1993. Quando o novo museu em Bankside ficou pronto, o prédio original de Millbank, também no sul de Londres, passou a se chamar Tate Britain, abrigando só o acervo de arte britânica – base da coleção da instituição, fundada em 1889. Assim, a caçula – a Tate Modern – é a **mais bem-sucedida das galerias**. O número anual de visitantes das outras três equivale à metade do total de visitação da Tate Modern. Aliás, ela é também uma das três atrações turísticas mais visitadas no Reino Unido e dá a Londres um **retorno financeiro de 100 milhões de libras por ano**. Há quem critique também a aproximação exagerada com o setor privado.Em 2014, 30% de orçamento da Tate Modern, algo como 30,4 milhões de libras, veio do governo, os outros 70% foram captados em diversas frentes. Nesse mesmo ano, a Tate Modern fechou um acordo de 11 anos com a Hyundai para patrocinar as famosas instalações do Turbine Hall, e artistas como Louise Bourgeois, Olafur Eliasson e Ai Weiwei já criaram obras para o espaço.

A maior parte do setor cultural no Reino Unido adotou esse sistema, porém sempre existe o risco de ser patrocinado por uma empresa que possa vir a ter um desempenho "incoerente" ou ilegal, comprometendo a reputação de algum museu. Esse foi o caso do patrocínio da British Petroleum (BP) para a Tate Britain, quando em 2010 ela teve um sério acidente no golfo do México, provocando um desastre ambiental. Na oportunidade, essa parceria foi muito criticada. O pior de tudo é que em 17 anos de patrocínio, a quantia recebida da BP foi relativamente baixa, ou seja, 3,8 milhões de libras. Há quem receia que a nova Tate Modern venha a ter o patrocínio da BP, cuja reputação como poluidora dos oceanos não desapareceu ainda...

3.4.8 – O NOVO WHITNEY MUSEUM!!!

Com quase 85 anos de idade e instalado no Meatpacking District, uma das áreas de Manhattan atualmente mais em voga para galerias, restaurantes, lojas e clubes classe A, o Whitney Museum, dedicado **exclusivamente** à arte norte-americana, inaugurou, no dia 1º de maio de 2015, seu novo espaço – um edifício assimétrico de 20 mil m² divididos em nove andares

"O espetacular museu Whitney de Nova York."

de vidro e aço criado pelo arquiteto Renzo Piano, o que custou, entre projeto e construção, US$ 550 milhões.

Quando será que se poderá recuperar esse investimento?

Difícil de avaliar, pois não dá para mensurar quantos novos turistas virão para Nova York só para visitar alguma exposição no Whitney Museum. É o caso da *America is Hard to See* (algo como *EUA é Difícil de Ver*) a mostra inaugural com mais de 600 obras do acervo, distribuídas em 23 capítulos sobre a história da arte norte-americana nos últimos 150 anos, que ficou cinco meses em exibição.

À beira do rio Hudson, no lado oeste de Nova York, o novo Whitney tem o dobro do tamanho do prédio que ocupou desde 1966 até outubro de 2014 na esquina da avenida Madison com a rua 75. Seu antigo endereço no Upper East Side já está alugado pelos próximos oito anos para o Metropolitan Museum (MET) que, a partir de 2016, deve instalar lá um satélite para projetos educativos e expor arte moderna e contemporânea. Dessa forma, o MET também abriu mais o espaço na própria sede, situada a dez quadras. Com tais atitudes, ampliou-se em Nova York os espaços culturais, bem como de aprendizado de belas artes.

Com escadas de metal na parte leste conectando os três andares superiores construídos em recuos como os de degraus gigantescos, o novo Whitney lembra um pouco o edifício que ocupou por 48 anos, uma construção modernista de fachada também assimétrica desenhada pelo húngaro Marcel Breuer. Mas se o Whitney de Breuer é encerrado em concreto, o de Piano, apesar de colossal, é coberto por grandes janelas e terraços que, se não disfarçam suas 28 mil toneladas de peso (4 mil são de aço para sustentar as galerias sem colunas), o enchem de luz e dão vista para a silhueta de Manhattan.

O Whitney no Hudson tem agora de sobra o que antes lhe faltava para mostrar os cerca de 22 mil objetos de sua coleção: **espaço**. São 4.600 m² para exibições internas e 1.200 m² do lado de fora das galerias. O diretor do museu Adam Weinberg complementou: "O nosso museu não é só um lugar magnífico para se ver arte – é também material para artistas trabalharem nele, sobre ele e dentro dele. Aqui, a mudança significou uma total transformação. Além de

"O diretor do museu Whitney, Adam Weinberg."

galerias largas e de teto gradeado que permitem diversas configurações das paredes (uma delas, com 1.600 m², é a maior galeria sem colunas de Nova York), terraços externos para esculturas e *performances*, o museu ampliou seu centro de conservação e tem, pela primeira vez, um teatro com 170 lugares, um centro para estudos de obras em papel e um centro educativo. No *lobby*, serão exibidas obras do acervo com entrada franca para os visitantes; estão aí também a loja e o restaurante do museu, que tem ainda um café no oitavo andar.

A arte está literalmente no centro do edifício, como os quatro elevadores com paredes desenhadas pelo artista Richard Artschwager (1923-2013). *Six in Four* (*Seis em Quatro*) foi o título que Artschwager deu ao único projeto comissionado para o novo Whitney, e o último que ele criou antes de morrer, em 2013, e que se baseia em portas, janelas, mesas, cestos, espelhos e tapetes, os seis principais temas que eram seus preferidos."

O plano de expansão do Whitney Museum começou ainda na década de 1980, quando se pensava num espaço maior para ele na avenida Madison, onde estava já há meio século. Depois de décadas de estudos e várias tentativas de realização daquele plano no Upper East Side, o então prefeito de Nova York, Michael Bloomberg, abriu a oportunidade para o Whitney fazer parte do rezoneamento do Meatpacking District, tornando-se a base da High Line, o parque elevado construído sobre um antigo trecho ferroviário. A High Line favoreceu projetos imobiliários de alto valor na região que, no início do século XX, foi ocupada por matadouros e empacotadoras de carne, de onde vem o nome dela. Segundo os planos atuais da prefeitura, diversas construções deste passado industrial que ainda estão entre o museu e o rio vão desaparecer e dar lugar a parques, aumentando ainda mais a valorização dessa área.

O município é o segundo maior colaborador do novo Whitney, por ter negociado o terreno em que ele foi erguido e alocado US$ 55 milhões para a sua construção. A parte mais difícil para que essa empreitada – ter um novo Whitney – fosse bem-sucedida foi financiar o edifício e criar uma dotação adequada para o seu bom funcionamento. Assim, a campanha lançada pela American Art Foundation, organização presidida pelo empresário do setor de cosméticos Leonard A. Lauder, deu muito certo, pois ele doou US$ 125 milhões – a maior verba já recebida individualmente pelo Whitney – e conseguiu, até o início de maio de 2015, que outros filantropos colaborassem, com o que o capital arrecadado chegou a **US$ 800 milhões**... Esse exemplo, entretanto, não tem sido seguido pelas pessoas abastadas, que pouco ou raramente contribuem com uma parcela de suas fortunas para manutenção de instituições culturais, museus ou eventos voltados para as belas artes, particularmente no Brasil.

Recorde-se que o museu Whitney foi criado pela escultora (e milionária de nascimento e casamento) Gertrude Vanderbilt Whitney (1875 -1942), *patronesse* de muitos artistas norte-americanos que não conseguiam expor seus trabalhos nas primeiras décadas do século XX. Em 1914, Gertrude fundou o Whitney Studio, no Greenwich Village, promovendo as exposições dos seus protegidos. Em 1929, ela ofereceu ao MET mais de 500 obras de sua coleção, mas como a oferta não foi aceita, a milionária resolveu criar o próprio museu. Fundado em 1930, o Whitney Museum foi inaugurado no ano seguinte, na rua 8. Agora, o sonho de Gertrude V. Whitney tornou-se uma grande realidade nesse edifício criado por Renzo Piano.

No entanto, muita gente culta odiou o novo Whitney Museum, chamando-o de **"mamute assimétrico"**. Os defensores de Renzo Piano alegam que sua primeira obra arquitetônica de peso, o Centre Pompidou, em Paris, inaugurado em 1977, também indignou os tradicionalistas que protestaram contra aquela estrutura pós-moderna com canos e tubos coloridos externos que substituiu o antigo mercado Les Halles e que destoava da harmonia estética dos prédios do século XIX do bairro. E após dez anos, o Centre Pompidou conseguiu integrar-se totalmente à paisagem. Porém, o que o Whitney fez ao trocar de bairro foi uma mudança sábia para acompanhar a transferência do centro cultural e financeiro de Nova York, que há mais de uma década vem se deslocando para a ponta sul de Manhattan. Dessa maneira, o Whitney deixou a área onde estão há meio século os principais museus da cidade – MET, Guggenheim, Cooper-Hewitt, MoMA etc. – e as moradias dos milionários tradicionais, e veio engajar-se no Meatpacking District, o bairro da moda ligado a outros dois que jamais cairão da moda, West Village e Chelsea.

Essa zona está no ápice do valor imobiliário. Ali se concentram agora as galerias, restaurantes sofisticados, clubes noturnos, hotéis, butiques e a nova geração de executivos bem-sucedidos de Wall Street. É também foco de turistas (uma média de 750 mil por ano) que visitam a High Line, um dos mais ousados projetos urbanísticos de Nova York nos últimos anos: **a transformação de antiga ferrovia elevada em um parque suspenso**!!!

3.4.9 – ABU DHABI PLANEJA TER GRANDES MUSEUS!!!

Em Abu Dhabi, a capital dos Emirados Árabes Unidos (EAU), no local onde está sendo erguido o museu Guggenheim, ainda só se pode perceber o início dessa magnífica obra. Mas a expectativa é que essa península na ilha de Saadiyat se transforme em uma grande atração turística internacional dentro de uns dois anos, quando está prevista a inauguração do edifício projetado pelor Frank Gehry – um amontoado de gigantescos **blocos de plástico** e cones **azuis translúcidos**. Esse museu custará US$ 800 milhões e terá 42 mil m², ou seja 12 vezes a área do museu Guggenheim de Nova York, projetado pelo famoso arquiteto Frank Lloyd Wright.

No Gugenheim de Abu Dhabi serão exibidas as obras de arte dos anos 1960 até os dias atuais e o acervo está sendo montado pelos seus curadores. Ele é um dos três novos museus que foram finaciados pelo governo de Abu Dhabi. Uma filial do museu do Louvre projetada por Jean Nouvel foi inaugurada em 2015. Além desse, também tem-se o museu Nacional Zayed, em homenagem a um ex-governante, que deverá ser inaugurado em 2016, cujo projeto é de Norman Foster, com a consultoria do Museu Britânico para o seu funcionamento. O assessor cultural do ministério de Assuntos Presidenciais dos EAU, Zaki Anwar, explicou: "Sabemos que não podemos criar cultura

"Um aspecto da maquete do museu Guggenheim de Abu Dhabi, projetado pelo renomado arquiteto Frank Gehry."

da noite para o dia, então estamos estrategicamente construindo museus o que, com o tempo, permitirá formar nosso próprio pessoal para o seu bom funcionamento. A esperança é que dentro de 20 ou 30 anos tenhamos nossa própria elite cultural, para que os nossos jovens não precisem ir a Londres ou a Paris pra aprender sobre arte."

Deve-se recordar que na década de 1950, Abu Dhabi era pouco mais que um local com algumas plantações de tâmaras e um grupinho de vilarejos habitados por pescadores, apanhadores de pérolas e beduínos nômades. Foi apenas com a chegada da produção petrolífera, na década de 1960, que o emirado ganhou as suas primeiras estradas pavimentadas e mais tarde foram construídos hospitais e escolas.

Abu Dhabi anunciou sua intenção de ter diversos museus em 2006, mas os temores econômicos e a instabilidade política congelaram os trabalhos até 2012. Frank Gehry comentou: "Toda a estacaria já tinha sido colocada, e então tudo parou. Mas agora, as obras estão de fato em andamento. O museu terá quatro níveis, sendo o primeiro voltado ao acervo permanente e os outros dedicados a exposições especiais. O edifício também terá tipos diferentes de espaços, incluindo grandes cones externos que garantirão sombra. Idealizei esses cones depois que passei algum tempo no Oriente Médio. Percebi que, apesar de fazer calor, os homens tendem a passar bastante tempo ao ar livre, porque o ar condicionado é muito forte. O meu sistema de cones, que parece um pouco com uma tenda indígena norte-americana, solta o ar quente pelo topo. Com o tempo, os curadores pretendem encomendar obras de arte que serão criadas especificamente para serem expostas nos cones." Pessoas próximas a administração do museu Guggenheim Abu Dhabi dizem que ele dispõe de um orçamento de US$ 650 milhões e que já foram adquiridos cerca de 280 obras de arte de prestígio.

Em 2014, cerca de 10,5 milhões de visitantes foram à região. Por isso, o aeroporto de Abu Dhabi está sofrendo uma grande ampliação, e a ideia é que até 2017 possa receber os estimados 45 milhões de passageiros por ano, vindos não só dos países da África, da Europa e da Ásia, mas também da América. Richard Armstrong, diretor da Fundação Salomon R. Guggenheim, destacou: "Para atender a essa variedade de culturas, estamos trabalhando para criar exposições em Abu Dhabi que possam afastar-se da bipolaridade de enxergar a história da arte pela ótica da América e da Europa. Vamos assim pensar que em Abu Dhabi temos um **museu transnacional**, para refletir a rica tessitura de informação que é compartilhada entre culturas no Oriente Médio.

Estarão nas futuras exposições do Guggenheim Abu Dhabi grandes nomes da arte contemporânea, tais como Andy Warhol, Rauschenberg, Richard Prince, Frank Stella, Donald Judd, Jeff Koons e James Rosenquist, mas também estarão presentes artistas do Oriente Médio e da Ásia, os quais são, em grande medida, desconhecidos dos visitantes norte-americanos, sul-americanos e europeus."

3.4.10 – ALGUNS PINTORES BRASILEIROS DE MUITO SUCESSO NO ÂMBITO MUNDIAL

Vamos nos restringir a apenas quatro exemplos: Claudio Torquato Portinari, Adriana Varejão, Eduardo Kobra, Beatriz Milhazes e, sem dúvida, cometa-se aí o desprimor de não citar dezenas de outros pintores que também já alcançaram renome mundial. A palavra cultura, em seu âmago, traz o significado maior de ser "a **ação de cuidar, tratar e venerar.**" E, quando se cuida, trata e venera algo, para além de vivificar, se está a **fornecer**. Assim, por exemplo, por meio da música, se consegue valorizar a aptidão de muitos para a arte e incentivar-lhes a ter sensibilidade para o que é **harmonioso** e **belo**.

Utilizar imaginação e sensibilidade para exercer a compreensão do mundo permite aprimorar o nível cultural humano, ou seja, evidencia que nossos sentidos existem para nos traduzir o real em sensações que, de modo compartilhado ao que aprendemos nos livros, também influenciam nossa reação e relação com o que nos cerca. Formações culturais que nos aproximam dos conhecimentos científicos e artísticos nos transformam em pessoas melhores, mais compreensivas e ponderadas, menos agressivas e não tão pessimistas.

A cultura serve muito para compreender a ciência e a arte, sendo o cinzel que entalha e esculpe o ser humano que desejaríamos ter no futuro. Valendo-se da sua imaginação, provavelmente nossos cientistas e artistas despertarão cada vez mais para a criação e inovação de tecnologias, pois as próximas décadas deverão ser aquelas nas quais se sobressairá muito a EC. Sensibilizados, eles cuidarão e respeitarão melhor o seu próximo e estarão realmente preocupados com a sustentabilidade no nosso planeta. Cultura para compreender a ciência e a arte é, com certeza, a chave-mestra para conseguirmos cuidar, tratar e venerar a grande riqueza que somos: os **seres humanos inteligentes**!!!

→ CÂNDIDO TORQUATO PORTINARI

Para se referir a um grande talento brasileiro nas artes, vale a pena recordar de **Cândido Torquato Portinari** (1903-1962), sem dúvida o mais conhecido e genial pintor brasileiro de todos os tempos!!!

Ele elaborou pelo menos 4.700 obras reconhecidas como autênticas, entre elas está o painel *Guerra e Paz*, exposto na sede da Organização das Nações Unidas (ONU) em Nova York (EUA). Aliás, em junho de 2003, no leilão do acervo da família do abolicionista Joaquim Nabuco, três painéis do artista representando a fauna e a flora brasileiras, em óleo sobre tela, de 1938, foram comprados por um colecionador de São Paulo por R$ 7,6 milhões e não era porque estava se comemorando o centenário do nascimento do artista. O valor das obras do artista plástico Cândido Portinari é **inquestionável**.

"Cândido Portinari, que elaborou milhares de obra."

Sua produção poética foi bem menor. Ele próprio costumava dizer que escreveria mais se tivesse o mesmo talento com as letras que tinha com as tintas. Mas no que escreveu, ele demonstrou uma extrema sensibilidade e impressiona ainda mais quando se sabe que o poeta **nem terminou** o **curso primário!!!**

"O mural *Guerra e Paz* de Cândido Portinari foi restaurado e reinaugurado na sede da ONU em setembro de 2015."

Filho de imigrantes vindos do nordeste da Itália, começou a trabalhar para ajudar na manutenção da família, aos 9 anos de idade. No seu primeiro emprego, orientado por artistas italianos, ele restaurou as estrelas da pintura da igreja de Brodowski, cidade do interior paulista em que nasceu. Do dinheiro que ganhou, guardou uma parte para financiar uma viagem que planejara com os olhos no futuro. Em 1918, aos 15 anos de idade, deixou a família e foi para o Rio de Janeiro, onde estudou pintura no Liceu de Artes e Ofícios e vendeu sua primeira obra, *Baile da Rosa*, em 1920. Em 1921, ingressou na Escola Nacional de Belas Artes e a partir daí sua carreira deslanchou!!!

Foram muitas as exposições das quais participou e que lhe deram muita fama, a possibilidade ganhar prêmios e como consequência surgiram diversos convites para execução de trabalhos. Assim, ele fez o mural do prédio do Ministério da Educação no Rio de Janeiro, no governo de Getúlio Vargas, um outro trabalho para o pavilhão brasileiro da Feira Mundial em Nova York, de 1939, e outro ainda em 1941, para a biblioteca do Congresso em Washington, com temas referentes à história latino-americana. A convite do então prefeito de Belo Horizonte, Juscelino Kubitschek e do arquiteto Oscar Niemeyer, trabalhou no projeto da igreja de São Francisco, na Pampulha. Foi companheiro de poetas e escritores, jornalistas e diplomatas. Quando eclodiu a Segunda Guerra Mundial em 1939, sua faceta política aflorou. A escalada do nazifascismo e os horrores da guerra reforçaram o caráter social de sua obra, levando-o à produção das séries *Retirantes* (1944) e *Meninos de Brodósqui* (1946). Portinari filiou-se ao Partido Comunista Brasileiro (PCB) e foi candidato a deputado em 1945 e a senador em 1947, mas não se elegeu... Em 1948, decidiu exilar-se no Uruguai para escapar de perseguições políticas.

Seu trabalho artístico continuou ganhando reconhecimento internacional. No final da década de 1950, realizou diversas exposições em Paris (França) e Munique (Alemanha). Foi o único artista brasileiro a participar da exposição *50 Anos de Arte Moderna*, no Palais des Beaux Arts, em Bruxelas (Bélgica), em 1958, e foi o convidado de honra em sala especial da I Bienal de Artes Plásticas da Cidade do México.

Esta é uma história sucinta de Portinari, artista plástico, poeta e político. Sobre o homem de família, o que há a dizer é o seguinte: casou-se em 1930 com a uruguaia Maria Vitória Martinelli, que viria a ser sua *marchand*. Teve um único filho – João Cândido Portinari – que fez doutorado no Massachusetts Institute of Technology (MIT), na área de engenharia de telecomunicações, e tornou-se o diretor do projeto Portinari, uma ONG que está estudando a obra do seu pai. Quando Cândido Portinari tornou-se avô, ele começou a pintar uma tela por dia para a neta, embora os médicos lhe tivessem recomendado que deixasse de lidar com tinta, pois estava com uma concentração muito alta de chumbo no organismo.

O filho, João Cândido Portinari, explicou: "Tenho plena convicção que a obra do meu pai é terna e lírica. A infância sempre ficou dentro dele. Ele não foi apenas um pintor, mas sim se tornou um pintor social, sempre preocupado com o mundo à sua volta e com todas as pessoas. Ele pintou a criança, o velho, o pobre, a dor e a alegria, mas sempre existe em suas pinturas uma mensagem de esperança."

Existem alguns livros sobre esse que foi um dos maiores artistas que retratou o Brasil e seu povo, tais como: *Portinari, o Pintor do Brasil*, de Marília Balbi, *Retrato de Portinari*, de Antonio Callado e o livro de poemas *Menino Retirante vai ao Circo de Brodowski*, de Eric Ponty.

⇾ ADRIANA VAREJÃO

Quando alguém se referia à pele de uma pessoa, poderia ter dito: branca – melada, branquiça, morena – canelada, retinta, encerada etc. Pois bem, a artista Adriana Varejão, nos seus trabalhos, criou uma tinta para cada um dos 33 tons relatados (ou existentes) e se autorretratou numa série de telas com intervenções que refletem essa gama espontânea de raças!!!

A historiadora e antropóloga Lilia Moritz Schwarcz, no seu livro *Pérola Imperfeita*, que escreveu com a ajuda da Adriana Varejão, disse: "Adriana Varejão é uma detonadora de histórias. Há um anacronismo muito bonito no trabalho dela. E agora estamos num momento distante de perceber como a história é uma construção sempre voltada às indagações do presente."

"*Autorretrato* de Adriana Varejão, com diversas intervenções nas cores criadas por ela , que acredita que existem 33 tons diferentes."

Por sua vez, Adriana Varejão salientou: "No livro *Pérola Imperfeita* aparece uma síntese de muitas ideias que estavam pairando no ar. Minha ideia era que a Lilia escrevesse um livro de história tendo a minha obra como bússola. A história não é um monólito estático do passado. Procuramos reconstruir o passado no presente arejando as coisas. Obviamente, o livro reflete um pouco a lógica interna da minha obra, que sempre atravessou tempos históricos, incorporando a azulejaria barroca, a violência da escravidão ou os relatos exagerados do canibalismo tribal. Agora, poucos temas têm aflorado com tanta força na indústria cultural quanto as questões raciais. Enquanto os acadêmicos fizeram uma revisão histórica da escravidão, os artistas, por sua vez, investigaram esse assunto com muita inquietação. Eu acredito que fui quem começou esse trabalho contra e terminei a favor das cotas raciais!!!

Sempre me perguntavam se o Brasil não era o **paraíso do povo cordial** e retrucava que não era nada disso... Todos esses nomes das cores são maneiras de ludibriar, de não dizer negro para falar baiano, queimado etc. Isso é a sistemática de um país racista."

↠ **KOBRA**

O muralismo existe desde a era paleolítica. Artistas pintando em grandes espaços ao ar livre estiveram presentes nas civilizações clássicas da Grécia, no Egito e no Império Romano. Giotto, Michelangelo e Leonardo da Vinci foram muralistas.

Na década de 1920, a arte floresceu no México, especialmente com o seu maior representante, Diego Rivera. No fim do século XX, se espalhou por Nova York na onda do *hip--hop*. É a arte fora da galeria, para todos e em qualquer parte das cidades.

Para alguns críticos e especialistas, o mais importante artista plástico do Brasil é o **muralista Kobra!!!** O que ele faz ganhou um nome contemporâneo aceito por todos: *street art*.

"Carlos Eduardo Fernandes Leo, o Kobra, o grafiteiro brasileiro mais demandado pelos clientes do mundo todo, pois suas obras de fato impressionam e até incrementam o turismo nas cidades em que ele as executa."

↠ **Mas quem é Kobra?**

O garoto Carlos Eduardo Fernandes Leo nasceu em 1976, no Campo Limpo, bairro periférico de São Paulo, e nunca foi bom aluno. Mas seus cadernos – não importava a matéria – eram somente **desenhos**. Ao mesmo tempo, o menino não aguentava ficar em casa. Ele percebeu que sua arte precisava de espaço. Aí juntou a arte e o chamado da rua, participando, no final dos anos 1980, do grupo Jabaquara Brakers. Enquanto os garotos dançavam o *break,* Eduardo sacava o *spray* e pichava onde podia e não podia!!! Queria apenas espalhar seu nome cada vez mais longe, marcando território. Seus pais não gostaram nada daquilo, pois "grafiteiro" era sinônimo de **vagabundo**, inclusive dava cadeia. Mas as pichações toscas de Eduardo evoluíram para ilustrações cada vez mais sofisticadas. Como Carlos Eduardo era muito bom no que fazia, era chamado de "**cobra**". E assim virou o Kobra.

Comentou Kobra: "Sempre caminhei no limite da lei. Assim, numa noite de 1990, estava vivendo a fúria dos meus 14 anos, pintando os muros de um acesso à avenida Paulista. Aí apareceu uma viatura e fui levado com todos os outros grafiteiros para a delegacia. Fiz parte de movimentos de rua, nos quais se lidava com as coisas de uma forma agressiva. Tudo eu queria descontar na base da violência. Acabei, entretanto, a ser mais equilibrado e, atualmente, sou muito grato pelas coisas que estão dando certo e não me deixo abater pelas coisas negativas."

Eduardo Kobra já pintou mais de **3 mil obras** em São Paulo e outras cidades do Brasil. Mas o mundo o está chamando cada vez mais. Ele acertou uma parceria com o francês radicado em Los Angeles (EUA), Thierry Guetta, mais conhecido como Mister Brainwash, um dos papas da *street art*. Kobra espalhou seu nome muito mais do que podia imaginar quando grafitava os muros do Campo Limpo, e, por isso, já deixou sua assinatura em imensos painéis de cidades da França, EUA, Reino Unido, Canadá, Rússia, Grécia, Itália, Suécia, Polônia e Suíça, **ganhando muito dinheiro com o seu trabalho**!!!

Certamente, boa parte de sua fama se deve a um painel pintado em Nova York, reproduzindo em muitas cores uma famosa foto de Alfred Eisenstaedt: o beijo entre uma enfermeira e um marinheiro comemorando o fim da Segunda Guerra, em 1945. A cena aconteceu ali mesmo, no local mais badalado de Nova York, na Times Square. Representa o espírito de outro projeto conceitual de Kobra, o *Muros da Memória*. Assim, ele recriou no local uma cena de sua história!!! Dessa maneira, como num fenômeno quântico, o presente e o passado convivem ao mesmo tempo no mesmo espaço.

A fama de Kobra levou sua arte além das ruas e chegou aos olhos das grandes corporações internacionais. Ele seguiu os passos de Salvador Dalí e Andy Warhol e desenhou *pin-ups* para o rótulo de uma série especial da água

"O notável mural do artista brasileiro Kobra em Nova York, retratando o famoso beijo registrado por Alfred Eisenstaedt."

Perrier. Já realizou campanhas para a Coca-Cola, Chevrolet, Ford, Nestlé, Johnny Walker, Roche, Iódice e outras empresas gigantes.

A obra de Eduardo Kobra está registrada (de um jeito pouco organizado) no Instagram e no Flickr, parecendo um caleidoscópio de imagens do século XX. Dessa maneira, o *rapper* Tupac está num muro de Miami; Alfred Nobel nos observa na parede lateral de um edifício de Boras (Suécia). Kobra já retratou a escultura *O Pensador*, de Rodin, Oscar Niemeyer, os quatro presidentes dos EUA no monte Rushmore, garotos dos anos 1930, um urso polar no último bloco de gelo, uma gueixa curvada no Japão, um casal de idosos olhando placidamente para uma praia, um bonde com destino à Barra Funda, Adoniran Barbosa e seu "trem das onze", remadores no rio Tietê, Carmen Miranda, Jimi Hendrix, o ator Mario Lago, o pianista Arthur Rubinstein, a ativista paquistanesa Malala Yousafzai, Nelson Mandela etc.

Seu estilo é hiper-realista, com imagens subdivididas em pequenos blocos multicoloridos, como uma colcha de retalhos. Às vezes, ele pinta em preto e branco imagens de um passado que não conheceu e, por serem tão reais, as personagens parecem revividas.

Artes Visuais

Esse artista brasileiro virou referência global e enfrenta atualmente um estresse de excesso de demanda pelos seus serviços que muitos outros artistas gostariam de ter. Eduardo Kobra tem uma fiel equipe de colaboradores na hora de pintar. Mas trafega nesse mundo de convites e contratos internacionais com um *staff* de apenas duas pessoas. Uma é Andressa Munin, sua mulher, secretária, produtora e assessora de imprensa. O outro é o Márcio, um arquiteto que o ajuda a organizar sua complexa agenda.

Com toda essa agenda de trabalhos ininterruptos, Kobra acabou lentamente se envenenando com o chumbo que está presente nas tintas, pois trabalhou muitos anos sem nenhuma proteção, com o que acabou respirando muitas substâncias tóxicas que se misturaram no seu sangue. Kobra não pinta mais sem a proteção de máscaras e de luvas, mas sofre hoje com problemas digestivos e pulmonares e uma sinusite. Comentou Kobra: "Os sintomas de mal-estar não desapareceram, assim melhoram num dia e pioram no outro. A intoxicação da tinta mexe com o meu sistema nervoso. Dizem que Van Gogh cortou a orelha por causa da loucura causada pela intoxicação. Portinari, se não me engano, morreu por causa disso também. Mas, no final das contas, pintar para mim sempre foi uma terapia e me ajudou nas minhas fases de depressão. O que me faz realmente muito mal é **não poder pintar**!!!"

➤ BEATRIZ MILHAZES

Ela é, sem dúvida, uma das artistas mais badaladas da arte contemporânea brasileira. Colecionadores precisam entrar em grandes filas de espera (além de gastarem somas significativas) para adquirir uma obra sua, já que o seu complexo processo de trabalho, cheio de fases e camadas, lhe permite pintar cinco a dez telas por ano!!!

Em janeiro de 2015, Beatriz Milhazes realizou sua **primeira** retrospectiva nos EUA, apresentando 40 telas de grande formato no Perez Art Museum de Miami, com as suas telas alcançando quantias superiores a US$ 2 milhões, sendo assim a artista brasileira viva **mais valorizada de todos os tempos**.

"Beatriz Milhazes, que tornou-se uma das artistas brasileiras mais valorizadas da arte contemporânea."

Beatriz Milhazes é uma verdadeira militante da pintura, como explica ela própria: "Sempre estou procurando criar motivos novos, mas o mundo da pintura é sempre o mesmo. É **cor**, **forma** e **composição**. E acabou!!! Acho que o grande desafio da pintura contemporânea é o **foco na própria pintura**!!! Isso parece simples, mas não é. O momento hoje convida a todos, não só o artista, à dispersão. Você tem muitas ofertas, a começar pela Internet, que têm todas as vantagens, desvantagens e armadilhas para que você caia. A pintura é um meio que requer concentração, foco, solidão. Você não vai conseguir solucionar problemas pictóricos sem estar dentro do ateliê tentando resolvê-los. Hoje, para um jovem brasileiro fazer essa opção, num mundo em que a arte contemporânea abriu um leque tão vasto – o que agora está virando um problema –, é difícil fazê-lo, ficando concentrado dentro do ateliê para tentar descobrir alguma coisa. Para esse jovem, toda a história da arte ainda está centrada na pintura, entretanto, existe uma história da arte antes dele. Nós, brasileiros, somos sempre mais flexíveis e abertos, temos uma leitura da nossa história com muitas lacunas, ela não foi tão estratificada, ela não exerce um enorme peso sobre a nossa criação. Mas esse não é o caso na Europa ou nos EUA, onde a história é um enorme peso para os artistas. E a pintura é que carrega muito desse peso, no sentido de que nela está toda a história da cultura ocidental. Por isso filtrar e selecionar são os grandes desafios contemporâneos. Eu sempre estou criando motivos novos,

"Um aspecto da exposição das obras de Beatriz Milhazes, no Perez Art Museum em Miami (EUA)."

mas eles com certeza vêm de uma leitura do mundo que existe. Como já disse, pintura é cor, forma e composição. E pincel e tinta. Esse é o universo da pintura sempre. E o raciocínio precisa também ser bidimensional. Isso é o fascinante da pintura!!!"

3.4.11 – CLAUDIO AUN, UM EXCEPCIONAL ESCULTOR

Temos no Brasil muitos **escultores talentosos,** e entre eles também está o paulista Claudio Aun, que usou pedras, galhos ou qualquer outro material orgânico para criar uma nova interpretação da realidade. Uma delas é a *Sereia,* uma personagem mitológica que tem um microfone para cantar suas canções sedutoras e a sua cabeça foi substituída por um livro!?!?

Ninguém deve esperar formas lógicas nem ideias comportadas ao contemplar o trabalho de Claudio Aun, um dos raros escultores **surrealistas** de que se tem notícia. Mas com um rigor e ousadia de um artista incrível, ele transformou em arte tudo o que encontrou pela frente, ou seja, peças de demolição, tecidos, galhos, cacos de vidro e até calças *jeans,* nada passou ileso para o seu imaginativo cérebro e as suas mãos com habilidades mágicas. Confessou Claudio Aun: "A mania de reciclar materiais vem da infância. Era só eu encontrar uma concha, um pedaço de folha seca ou algum cano de metal ou de plástico abandonado."

"Claudio Aun, um escultor excepcional."

Foi o bronze o escolhido pelo artista para eternizar suas criações mirabolantes. Mas antes de chegar a essa parte do seu trabalho, ele ousou muitas vezes, esculpindo diretamente na cera, pulando a etapa da argila (material em que o escultor dá forma à peça que será fundida em bronze). Essa habilidade Claudio Aun desenvolveu como protético e ourives, profissões que exerceu paralelamente à de escultor. Também passou pela fase de confeccionar velas decorativas, manipulando com destreza a parafina, produto que quando sólido tem consistência próxima à da cera. Seu domínio sobre o material permitiu-lhe chegar a uma outra inovação: mergulhar tecido e madeira diretamente na cera derretida, eliminando mais uma etapa do trabalho. Dessa maneira, ele conseguiu fazer com que o molde preservasse detalhes minuciosos do objeto original. Mas foram necessários 10 anos de pesquisa dentro de oficinas para colocar essa técnica em prática. No processo de fundição, o material orgânico se desfaz e sobra somente o bronze. O resultado pode ser observado na sua escultura *Leitor Anônimo*. Assim, depois de forrar as calças *jeans* com tela de arame, Aun deu à peça o desenho que desejava e mergulhou-a na cera líquida. Em poucas horas, o molde estava pronto para ser fundido em bronze. Os galhos e raízes de árvores que complementam a peça passaram pelo mesmo processo.

Claudio Aun tornou-se um artista conhecido pela sua rapidez e pela espetacular sintetização de ideias. Em apenas um peça ele conta a história de personagens mitológicos e, apesar de resgatá-los dos antigos livros, procura trazê-los para o mundo moderno. Por outro lado, a absoluta fidelidade às questões ecológicas é habitualmente exibida nas entrelinhas de todas as esculturas de Claudio Aun. Por isso, a maioria delas traz mensagens sobre a necessidade de preservarmos a natureza ou, ainda, críticas ao descaso do homem com o próprio ambiente em que vive.

"A *Sereia*, personagem mitológica que inclusive tem um microfone para que se escutem melhor as suas canções mais sedutoras, uma escultura incrível de Claudio Aun."

Apesar de ser um apaixonado por Salvador Dalí, mestre do surrealismo, Claudio Aun sempre confessou a sua forte admiração por Vincent van Gogh, o que explica a sua mania de esculpir orelhas. Conta-se que o pintor holandês arrancou a própria orelha por não ter sido correspondido numa das suas paixões avassaladoras. Entretanto, nas esculturas de Claudio Aun, o órgão simboliza o som, o ar, os sentimentos. E é ainda usado para alertar sobre o fato de que as pessoas, ao estarem correndo contra o tempo, na turbulência da vida, muitas vezes deixam de ouvir, olhar, falar, sentir, relacionar-se com os outros, tocando-os.

"O escultor Claudio Aun confessou que foi muito influenciado pelo excêntrico, mas muito criativo, Salvador Dalí."

O impacto das esculturas de Claudio Aun tem causado no público uma relação de muito amor e outras vezes de um certo desprezo, ou até um certo ódio, com as pessoas resistindo até de se aproximarem das suas peças. O escultor Aun explicou: "Às vezes toco muito fundo o observador, que fica muito incomodado. Abrir o peito significa mostrar para o mundo o que contém lá dentro, e muita gente não suporta esse tipo de exposição. A beleza estática nem sempre tem sido a minha maior preocupação, mas o que sempre quero é transmitir algo construtivo para as pessoas, para que elas tenham a oportunidade de conhecer o meu trabalho, mesmo que inicialmente ele desperte sensações negativas. É a partir dessas experiências que normalmente nos conhecemos melhor, mais profundamente."

Claudio Aun foi criado numa família de marceneiros. Assim, passou uma parte da sua infância numa fábrica de móveis, vendo imensas toras de madeira sendo transformadas em mesas, cadeiras, armários, sofás etc. E desde aquela época o incomodava a ideia de "cortar uma árvore para fazer móveis", tendo certamente nascido aí o motivo pelo qual se recusou a esculpir em madeira. Prefere aproveitar os galhos soltos e secos que encontra pelo caminho... Essa é uma atitude de quem não só se preocupa em evitar a degradação da natureza, como também em ajudar a perpetrá-la.

O pomar que criou na sua própria casa, localizada num histórico bairro do Rio de Janeiro, onde mora desde que saiu de São Paulo, em 1979, é outra prova de paixão de Claudio Aun pela natureza. Enfatizou Claudio Aun: "Tenho o prazer de colher frutas praticamente o ano inteiro do meu quintal. É nesse pequeno paraíso que consigo me desligar do mundo. Ao mesmo tempo, é aqui que vem a minha inspiração e surgem minhas ideias."

No início do século XXI, Claudio Aun retornou às tintas e pincéis que ele abandonou em 1969, quando resolveu dedicar-se a escultura, mas nunca deixou de se aprimorar na pintura e aperfeiçoar-se cada vez mais na escultura, o que lhe possibilitou ganhar muitos prêmios com elas. Mas na sua nova fase profissional, o objetivo foi reproduzir na tela as suas esculturas e exibir essa coleção ao público. Em 18 de novembro de 2010, a Academia Brasileira de Belas Artes realizou o evento de posse dos novos acadêmicos, e Claudio Aun passou a ocupar a cadeira nº 41, que tem como patrono o fotógrafo francês Marc Ferrez. Nesse mesmo ano, em fevereiro, Claudio Aun comemorou 40 anos de carreira realizando, no Forte de Copacabana, no Rio de Janeiro, uma exposição individual retrospectiva de sua carreira.

3.4.12 – DOIS ARTISTAS ESTRANGEIROS CONTEMPORÂNEOS QUE JÁ GANHARAM MUITO...

→ **JEFF KOONS**

Jeff Koons nasceu em York, no Estado da Pensilvânia (EUA), em 1955. Ele começou a ter aulas de arte aos 7 anos de idade!!! Seu pai era comerciante e expunha as obras do jovem Koons em sua loja de móveis. Suas pinturas eram cópias de antigos mestres. O jovem Koons vendeu sua primeira pintura aos **11 anos**. Em 1972, Koons foi estudar no Instituto de Arte de Maryland, em Baltimore, e posteriormente na escola do Instituto de Arte de Chicago. Em 1976, bacharelou-se em belas-artes e mudou-se para Nova York. Para se sustentar, conseguiu seu primeiro emprego no Museu de Arte Moderna (MoMA) de Nova York, o que exerceu uma profunda influência sobre ele, pois podia estudar o seu acervo todos os dias, visitar suas galerias, ir ao departamento de educação e assistir aos filmes de Man Ray e Duchamp.

"O incrível Jeff Koons."

Logo no início de sua carreira, Koons buscou manter sua autonomia para executar seus projetos por conta própria. Por isso, trabalhou como corretor de *commodities* em Wall Street, especializando-se em algodão. Embora ele tenha minimizado a importância desse trabalho, durante esse período aprofundou seu conhecimento sobre o mecanismo básico do mercado, isto é, de que maneira a **oferta** e a **demanda estabelecem os preços**. Nessa óptica, Koons considerou a **produção artística** bem além da criação da uma simples ideia, mas sim um investimento indispensável para oferecer um alto nível de qualidade de produção em sua obra. Isso se tornaria, posteriormente, um dos principais fatores de sucesso de seu trabalho.

Para compreender como Koons se projetou como líder da arte contemporânea no final da década de 1970, vale a pena considerar cada uma de suas séries artísticas. Jeff Koons declarou: "Tendo a trabalhar muito bem quando formo um grupo de obras e consigo dar unidade à minha narrativa, ampliando-a ao máximo e, em seguida, dando-lhe continuidade."

Uma análise mais minuciosa da obra de Koons revela claramente que ele potencializou três dimensões, a saber:

1ª) **Quem sou?** – Exibiu, nesse caso, de que modo as experiências de vida moldaram sua individualidade e sua personalidade.

2ª) **Quem somos?** – Procurou aí demonstrar os valores e os comportamentos de um grupo.

3ª) **Para onde estamos indo?** – Buscou nesse caso explicar o que é novo e criou uma sensação de entusiasmo pela direção escolhida.

Quando Koons mudou-se para Nova York, ele abandonou a pintura por considerá-la muito subjetiva. Ele desenvolveu uma sólida relação com a arte dadaísta da década de 1920 e com o surrealismo. Koons queria unir-se à experiência cotidiana de sua geração e produzir obras que estivessem relacionadas e refletissem o mundo circundante, e não evidenciar sua visão subjetiva e pessoal. Sua primeira série foi *Inflatables (Infláveis)*, como *Inflatable Bunny and Flower (Coelho e Flor Infláveis)*. Koons afirmou o seguinte sobre esses objetos: "Sempre gostei de objetos infláveis, porque eles me fazem lembrar de nós mesmos. Quando respiramos, nos enchemos de ar. Nessa condição, nos tornamos vulneráveis; além disso, ela nos mantém em um estado de constante mudança, inflando e desinflando, inspirando e expirando."

"A escultura de um cão *highland terrier,* em frente do Guggenheum de Bilbao, executada por Jeff Koons."

Foi a decisão de Koons de trabalhar com objetos prontos e compráveis, em vez de produzir elementos originais, os quais ele chamava de **arte subjetiva**, que lhe possibilitou desenvolver um ponto de vista próprio em meio à complexa produção artística de Nova York no final da década de 1970. Embora soubesse intuitivamente que aquele era o momento para uma nova reviravolta, Koons desenvolveu sua história para um público, para galerias e para compradores de arte que ele sentia que estavam prontos para uma mudança. Nesse sentido, seu estilo foi adaptado para um público mais sofisticado, mas também apoiado pela referência a uma grande tradição, que abarcava o público menos sofisticado.

No início da década de 1980, Koons deu continuidade ao seu conceito de **arte pronta** quando iniciou a série *The New (O Novo)*. Todas as obras foram criadas em torno do termo **"novo"**. Koons expunha aspiradores novos em folha e máquinas de polimento exibidas em vitrinas de Plexiglass e iluminadas por luz néon. Como descreveu Jeff Koons: "Grande parte de minhas obras tem características antropomórficas. Quando pensei em utilizar aspiradores de pó, eu os imaginei como uma máquina de respirar. Sempre gostei dessa característica de semelhança com os pulmões. Quando nascemos, a primeira coisa que fazemos é respirar para nos mantermos vivos."

Em 1983, Koons começou a criar um corpo de obras denominado *Equilibrium (Equilíbrio)*. Ele queria mostrar um aspecto mais masculino, visto que várias pessoas associaram os aspiradores de pó com a dona de casa feminina da década de 1950. Por meio de seu trabalho, Koons exibiu uma espécie de lado sombrio do mundo de consumo, com um direcionamento mais masculino e mais biológico. Os objetos da série eram pôsteres da Nike de astros do basquetebol, equipamentos de mergulho em bronze e aquários com bolas de basquete que flutuavam de uma maneira miraculosa. E a série completa seguiu uma estratégia segundo a qual cada peça tinha um papel específico.

A obra *Dr. Dunkenstein*, um pôster da Nike emoldurado para o qual Koons havia pedido permissão da empresa para utilizar na exposição, o levou à posição de astro do *show* de equilíbrio. O astro do basquetebol Darrell Griffith, cujo apelido era "Dunkenstein", segurava uma bola de basquete dividida exatamente ao meio. Esse pôster era uma associação direta com as obras provavelmente mais fortes de Koons naquela série, os **aquários 50/50** — caixas de vidro com água até a metade contendo bolas de basquete. Essas obras davam a sensação de que as bolas pairavam exatamente 50% para cima e 50% para baixo da água. No caso dos aquários completamente cheios, elas pairavam exatamente no meio.

Para essa obra, Koons recebeu o apoio científico do ganhador do prêmio Nobel Richard Feynman, que o ajudou a realizar os complicados cálculos de composição da água. Koons criou uma história para amarrar as obras discrepantes dessa série. Ele via a obra *Dr. Dunkenstein* como uma sereia que preconizava o equilíbrio e os aquários 50/50 como objetos para uma pessoa que desejava um estado de ser superior. Os equipamentos de mergulho ofereciam os instrumentos para mergulhar metaforicamente nesse estado de espírito específico.

Depois da série *Equilibrium*, em 1986, Koons começou a trabalhar com uma nova série denominada, *Luxury and Degradation (Luxo e Degradação)*, que se baseou em propagandas de bebidas alcoólicas que não agradou aos seus colegas e críticos de arte que disseram que era dirigida e atendia principalmente os ricos. Em seguida, Koons produziu a série *Statuary (Estatutário)*, no qual quis mostrar a liberdade que os artistas modernos haviam conquistado a partir da Revolução Francesa. O seu objetivo durante essa etapa foi o de fortalecer o lado emocional da arte.

Em 1987, Jeff Koons foi convidado para a exposição **Projetos Esculturais — Münster**, na Alemanha, na qual ele apresentou uma obra inspirada na estátua *Kiepenkerl*, que representava a independência da classe média de Münster enquanto comunidade agrária nos séculos XIX e XX, que estava carregada de significados e emoções e falava ao sentimento do "cidadão simples da rua". Comentou Jeff Koons: "Quando produzi essa obra, foi um total desastre. Ela havia sido produzida por uma oficina de fundição, e no momento em que eles tiraram o aço inoxidável do forno, para extrair o revestimento cerâmico, jogaram-no contra a parede, quando a peça estava em fase de fusão. Todos os lados ficaram dobrados e deformados. Eu teria de abandonar a exposição ou submeter a peça a uma cirurgia plástica radical. Optei pela cirurgia radical. Recorremos a ajuda de um especialista em aço absolutamente fenomenal. Ele poderia fazer qualquer coisa redobrando e reconvertendo as formas para que a peça voltasse a ser o que era antes. Esse trabalho me libertou. A partir daquele momento, eu estava livre para trabalhar com objetos que não preexistiam."

Em 1988, Koons foi para a Europa onde produziu a série seguinte, *Banality (Banalidade)*, através da qual tentou associar-se a outros artistas para fazê-los abraçar — por meio do conceito de banalidade — o poder da comunicação livre de preconceitos. E aí Koons deu à sua história uma nova virada ao trabalhar com porcelana e madeira, materiais com os quais ele ainda não havia feito nada. Para favorecer essa mudança, ele se mudou para a Europa e se vinculou à sólida tradição artística europeia.

Em 1989, o museu Whitney pediu para que Koons criasse uma exposição que deveria abordar o papel da mídia na arte contemporânea – *Mundo das Imagens* – e aí ele inspirou-se nas fotos de Ilona Staller Cicciolina, uma atriz pornô italiana que ficou famosa entre 1980 e início de 1990. Aliás, Koons apaixonou-se e casou-se com ela. Ele produziu uma série completa em torno desse romance, chamando a sua obra de *Made in Heaven (Feito no Céu)*, título que incluía esculturas do casal fazendo amor e *closes* (detalhes aproximados) de seus órgãos genitais durante a relação sexual. Essa série destacou o tema de **"culpa e vergonha"**, referindo-se a como as pessoas sentem seu corpo, o desejo, o sexo e a pornografia. Sua relação com Cicciolina não foi fácil, e o casal se separou depois de mais ou menos um ano de vida em comum.

Em 1992, para a prestigiosa exposição *Documenta,* na cidade de Kassel, na Alemanha, Koons produziu sua escultura *Puppy*, com a forma do cão de raça *highland terrier* com a qual contou a história, de forma emocional, que todo mundo já teve pelo menos uma vez na vida (provavelmente na infância) algum grau de relacionamento com um animal de estimação... Em 1994, Koons começou a produzir um corpo de obras denominado *Celebration (Celebração)* que o levaram a elaborar grandes esculturas em aço que lhe abriram um novo mercado, e muitas comunidades nos EUA e nos países da Europa as adquiriram como objetos decorativos para modernizar praças, a arquitetura de jardins ou fontes. Em 1999, Koons iniciou uma nova série de pinturas para uma exposição no Guggenheim de Berlim – *EasyFun-Ethereal (Diversão Fácil-Etéreo)* –, nas quais inseriu várias referências à história da arte, com elementos de Warhol, Dalí e outros artistas renomados dos séculos XIX e XX. Os críticos descreveram essas pinturas como imagens irritantes nas quais o prazer infantil e o desejo sexual adulto estavam associados de uma forma esquisita.

Ao longo de sua carreira, Koons recorreu a raízes pessoais e à sua paixão pela arte, enraizada logo no início de sua carreira. A história **"Quem sou?"** de Koons evidencia uma narrativa que tece suas experiências na infância, no MoMA, e as adversidades e atribulações que enfrentou para montar um estúdio próprio, no Soho, em um pequeno apartamento. Koons também soube posicionar a sua narrativa de **"Quem somos?"** para os principais consumidores de arte contemporânea — consumidores (espectadores), colecionadores e galerias de arte moderna. Assim, em praticamente todas as suas séries, sem exceção, ele se referiu à história da arte, afirmando que isso oferecia uma firme associação entre sua obra e a humanidade. No tocante à dimensão **"Para onde estamos indo?"**, Koons ajudou seu público a perceber que a arte contemporânea estava evoluindo e explicou quais seriam as tendências no século XXI.

Embora os críticos de arte tenham opiniões divergentes sobre os méritos de seu estilo, hoje, suas obras são expostas em várias das mais importantes galerias de arte do mundo e obras específicas suas chegam a ser vendidas por até dezenas de milhões de dólares, demonstrando o grau de adesão e envolvimento de clientelas importantes. Koons construiu sua **credibilidade** corporificando de uma maneira consistente as histórias que ele contou, que estão relacionadas às várias séries de obras por ele produzidas. Ele se projetou como um artista do mais elevado mérito e, sem rodeios, associou sua carreira à dos artistas mais reconhecidos de todos os tempos. O crítico de arte Robert Hughes o define de uma forma bem estranha: "Koons, de fato, pensa que é Michelangelo e não tem vergonha de dizer isso. O curioso é que existem colecionadores, particularmente nos EUA, que acreditam nisso!!!"

O artista plástico norte-americano Jeff Koons, que foi responsável pela capa do disco *Artpop* de Lady Gaga, em novembro de 2013 bateu o recorde de valor pago por uma obra de arte de um artista vivo. A sua escultura *Balloon Dog (Orange)* [ou *Cachorro de Balão (Laranja)* em tradução livre] foi vendida por US$ 58,4 milhões em um leilão em Nova York, superando o valor pago por uma obra do pintor alemão Gerhard Richter, que em maio de 2013 foi vendida por US$ 37,1 milhões. Essa escultura de Jeff Koons mede cerca de 4 m de altura e é trabalhada em aço inoxidável para se assemelhar a um típico cachorro construído com o auxílio de bexigas por algum palhaço numa festa infantil. Ela faz parte de uma série de cinco esculturas de cores diferentes – amarelo, azul, vermelho e magenta – de propriedades dos colecionadores de arte Steven A. Cohen, Eli Broad – que, aliás, expôs a obra *Balloon Dog (Blue)* no Museu de Arte de Los Angeles –, François Pinault e Dakis Joannou. No catálogo do leilão, a obra *Balloon Dog (Orange)* foi descrita como: "Uma das imagens mais reconhecíveis no catálogo da história da arte atual e a mais amada de todas as esculturas contemporâneas." Bem, aí está uma comprovação que Jeff Koons tem compradores com grande poder aquisitivo e que acreditam que estão comprando algo incrível!!!

Em 7/12/2014 chegou ao Centro Pompidou uma mostra de Jeff Koons que lotou alguns meses atrás o Whitney Museum em Nova York e que conquistou a admiração dos críticos norte-americanos. A mostra foi magistralmente organizada pelo curador Scott Rothkopf, pois é seca, clara, absurda, espetacular, entediante e repulsiva!?!? Inclui quadros cujos temas são massinha de modelar e Popeye, esculturas pornô em vidro púrpura, um *poodle* policromático de madeira e uma Pietá de porcelana; *Michael Jackson and Bubbles* (1988), na qual se mostra o cantor com o seu macaco de estimação, dourados e em escala maior que a natural, ambos com um olhar morto e sombrio. Essa foi a peça que mais se destacou na mostra, pois foi a única com algum vislumbre de ressonância emocional, sendo o emblema que atribuiu a Koons sua posição como **sereia do culto ao dinheiro dos anos 1980**.

Para muitos críticos de arte, **ele nada fez de original depois disso.** Apesar de tudo isso, a mostra é importante: desafiadores em seu vazio, os feitos da arte monumental de Koons exibem de forma gritante as questões sobre as forças – financeiras, sociais e tecnológicas – que fizeram da arte dele a mais reconhecível e a mais cara do planeta.

Artes Visuais

"Aí está o *Cão Balão Dourado*, uma escultura de aço inoxidável de Jeff Koons, que faz parte de uma série de figuras banais que foram elevadas à condição de relíquias, pois valem no mínimo US$ 35 milhões no mercado de arte."

O bilionário empresário francês François Pinault emprestou três obras da sua coleção para a mostra, inclusive o *Balloon Dog*, o tal cão cor de laranja.

Durante a maior parte de sua carreira, Koons elaborou uma interessante estratégia que para ele tem dado certo: exagerar a aura de coisas simples e comuns, engrandecendo-as em forma de obras de arte, com o uso de materiais cada vez mais caros, e oferecendo-as de volta para as pessoas que fazem parte do 1% dos **mais ricos** do mundo como sendo bens de *status* definitivos.

→ **Será que Koons aprendeu, no período em que trabalhou em Wall Street como operador, a lançar essas bugigangas de edição limitada em forma de novas *commodities*, promovendo uma escalada nos custos de produção com o uso de materiais cada vez mais luxuosos em cada série, como uma sequência de empreitadas especulativas?**

→ **Ou será que seu instinto de santificar o *kitsch* (algo de mau gosto, vulgar ou barato) e o cafona emergiu das lembranças da loja de decoração residencial do seu pai, a Henry J. Koons Decorators, na qual ele testemunhou em primeira mão o poder das mercadorias para seduzir as pessoas?**

Enquanto o mercado o enriquecia e aceitava, Jeff Koons foi inchando, criando cada vez mais suas séries de obras. E é evidente porque Koons, como qualquer empreendedor que se vangloria de um monopólio sobre um mercado, orientou sua fábrica a produzir uma quantidade rigorosamente controlada de bobagens de alto preço e alta tecnologia. Menos óbvio, entretanto, é o **motivo** pelo qual essa moeda de troca dos muito ricos deva interessar aos demais ou ainda pior, por que museus e certos críticos endossem que as obras de Koons são realmente espetaculares? Um desses críticos afirmou: "Koons é o artista símbolo do mundo atual e se você não gosta disso, reclame com o mundo!!!"

Sob essa leitura, Koons está acima da crítica, pois é **um realista em uma era em que se abandonou o idealismo e a esperança**!!!

↣ DAMIEN HIRST

Damien Hirst nasceu em Bristol (Grã-Bretanha), em 1965. Na juventude, ele se inscreveu na Faculdade de Arte e *Design* de Leeds, mas foi **recusado**!!! Depois disso, antes de começar a estudar na Faculdade de Ourives, na Universidade de Londres, entre 1986 e 1989, trabalhou ao longo de dois anos em canteiros de obra londrinos. Depois de dois anos na Faculdade de Ourives, Hirst, ainda estudante, organizou uma exposição independente com seus colegas, denominada *Freeze* (*Congelamento*). A contribuição de Hirst foi uma escultura composta por caixas de papelão pintadas com tinta caseira.

A mostra foi realizada em um prédio vazio recém-construído na área portuária de Londres e foi visitada por Charles Saatchi, que na época era um dos principais colecionadores de arte ingleses e cofundador, com seu irmão Maurice, da agência global de propaganda Saatchi & Saatchi. Além de seu trabalho na área de publicidade e propaganda, Charles Saatchi era conhecido no mundo todo como um colecionador de arte e proprietário da galeria Saatchi. Hirst desenvolveu uma relação profissional com Saatchi, relacionamento este que se tornou um dos primeiros pilares de sua carreira.

"O artista britânico Damien Hirst na abertura da exposição *Requiem* em 23/4/2009, em Kiev (Ucrânia)."

Após sua formatura, Hirst foi curador de duas mostras realizadas em um "armazém" — *Modern Medicine* (*Medicina Moderna*) e *Gambler* (*Apostador*) —, na companhia de seu amigo Carl Freedman. Novamente, Charles Saatchi visitou a exposição e disse ter ficado de boca aberta quando viu a primeira grande instalação com animais montada por Hirst, *A Thousand Years* (*Mil Anos*), um grande tanque de vidro contendo larvas e insetos que se alimentavam da cabeça de uma vaca em putrefação. As larvas incubadas em uma caixa branca menor transformavam-se em moscas e então se alimentavam do sangue da cabeça da vaca no assoalho da caixa de vidro. As moscas saíam e ficavam zumbindo em torno da caixa branca!?!? Hirst fez isso utilizando, pela primeira vez, seres vivos como parte de uma escultura!!!

Quando Charles Saatchi começou a trabalhar com Damien Hirst, ele lhe deu **"carta branca"** e se propôs a financiar qualquer obra que o artista produzisse. O resultado disso foi apresentado em 1992 na primeira exposição *Young British Artists* (*Jovens Artistas Britânicos*) na galeria Saatchi. A primeira obra financiada por Charles Saatchi foi *The Physical Impossibility of Death in the Mind of Someone Living* (*A Impossibilidade Física da Morte na Mente de Alguém Vivo*), um imenso tubarão preservado em formol em um tanque de vidro. O tubarão havia sido capturado por um pescador contratado na Austrália e custou 6.000 libras. O custo total de produção foi de aproximadamente 50.000 libras.

"Um imenso tubarão preservado em formol, em um tanque de vidro, uma ideia criativa e excêntrica de Damien Hirst."

Em 1993, a primeira grande apresentação internacional de Damien Hirst aconteceu na Bienal de Veneza, com a obra *Mother and Child Divided* (*Mãe e Filho Divididos*), uma vaca e um bezerro serrados ao meio e expostos em tanques de vidro distintos. Ele foi curador da exposição *Some Went Mad, Some Ran Away* (*Alguns Ficaram Loucos, Outros Escaparam*) em 1994, na galeria Serpentine, em Londres, onde expôs *Away from the Flock* (*Fora do Rebanho*), uma ovelha preservada em um tanque de formol. Com o total apoio financeiro de Saatchi, as mostras de Hirst tiveram um sucesso contínuo, apesar de alguns sérios problemas como o que ocorreu com as autoridades de saúde pública de Nova York, que baniram a obra de Hirst *Two Fucking and Two Watching* (*Dois Copulando e Dois Olhando*), que exibia uma vaca e um touro em putrefação, por temer que os "**visitantes vomitassem**".

A relação entre Charles Saatchi e Damien Hirst começou a degringolar a partir de 2003, quando a galeria Saatchi se transferiu para um novo espaço no prédio County Hall, em Londres, e aí Charles Saatchi fez uma exposição que incluía uma retrospectiva de seus trabalhos que não lhe agradou. Após o rompimento com Saatchi, Hirst começou a administrar e a conduzir sua própria carreira. Acabou percebendo que as pessoas se acostumam com as **provocações** e impactos e que ele teria de encontrar uma maneira de dar maior credibilidade às suas obras de arte. Para estabelecer e garantir um mercado, uma postura já bem testada para um artista é construir uma ponte entre sua nova abordagem artística com referências relevantes da história da arte. Um artista será reverenciado e reconhecido pela **renovação** que está apto a fazer. Contudo, para que os consumidores de fato aceitem um artista, eles precisam ser tranquilizados quanto ao valor futuro esperado de seus investimentos nas suas obras comparativamente a seus pares e predecessores históricos. Poder-se-ia dizer que se é o artista que **quebra as regras**, é a história da arte que estabelece a **continuidade**. Essa combinação é fundamental para se ter sucesso duradouro no mercado de arte.

Em maio de 2007, Hirst fez uma nova experimentação por meio da exposição *Beyond Belief* (*Inacreditável*) na galeria White Cube, em Londres. O destaque da mostra foi um crânio humano recriado em platina e adornado com 8.601 diamantes, no valor de aproximadamente 15 milhões de libras, um custo de produção que sem dúvida alargou as fronteiras da produção de arte contemporânea. *For the Love of God* (*Pelo Amor de Deus*), título atribuído a essa obra, foi oferecida por 50 milhões de libras. Ela não foi vendida imediatamente, mas isso acabou ocorrendo em 30 de agosto de 2008, por meio de um consórcio que incluiu o próprio Hirst, e a galeria White Cube o comprou!?!?

Esse projeto do crânio permitiu que Hirst inovasse em duas dimensões. Primeiramente, ele relacionou sua obra com um dos temas mais populares da história da arte, o *memento mori* (lembrança da morte). Contudo, ele foi bem mais além do que qualquer outra obra *memento mori* já criada no que diz respeito ao custo e à extravagância. As artes *memento mori*, originalmente criadas como lembretes da mortalidade dos seres humanos, foram bastante populares nos séculos XVIII e XIX. No entanto, raras vezes, as obras desse tipo incorporaram pedras preciosas ou metais. Em segundo lugar, depois de vender o crânio para o consórcio, ele foi exibido em uma das casas mais bem estabelecidas da arte tradicional — o museu Rijks, em Amsterdã. Uma das primeiras mostras proporcionadas por Hirst no mercado de arte, criada quando estava em parceria com a Saatchi, foi o reconhecimento de que no final do século XX surgiram consumidores de arte **não tradicionais** – um novo **quem** cujo atendimento por parte do mundo da arte contemporânea de artistas, *marchands*, curadores e galerias mostrava uma certa lentidão. Eram clientes, muitos dos quais de uma classe abastada relativamente nova do Oriente Médio, da Ásia e de outros mercados emergentes, que não compravam pelo prazer em si — eles **investiam** e esperavam obter uma **boa margem de lucro** quando decidissem revender a obra de arte.

Tanto Hirst quanto Saatchi perceberam que uma questão, em grande medida legítima, para esses compradores no segmento superior do mercado de arte era o retorno esperado sobre o investimento — o **grau de certeza** com que uma obra havia sido adquirida. E a única forma de oferecer esse grau de certeza sobre o retorno esperado era criar produtos que tivessem uma **marca sólida**

"Esse crânio cravejado com 8.601 diamantes, obra do artista Damien Hirst foi vendido por US$ 100 milhões."

e **especial**. Outro lampejo inicial de Hirst foi o reconhecimento do fato de que, ao final do século XX, o mundo estabelecido da arte passou a definir as "**obras de arte**" de uma maneira um tanto quanto estreita.

Nos primeiros anos da carreira de Hirst, tanto ele quanto o seu colaborador Charles Saatchi identificaram a necessidade de criar um novo "**o que**" – imagens, símbolos e sinais que os compradores reconhecessem como **únicos,** independentemente de sentirem atração por eles. Essa tática foi refinada por Saatchi por meio de sua experiência como diretor de uma agência de publicidade e encaixou-se perfeitamente bem no potencial **extrovertido** e **provocativo** de Hirst enquanto artista.

Embora a exposição de animais – vivos e mortos – em museus, aquários, jardins zoológicos e em mostras científicas já existisse há séculos, o mundo da arte ainda se mantinha em grande medida cego à possibilidade de incorporar elementos biológicos. Desse modo, a escultura do tubarão de Hirst tornou-se um ícone da arte britânica da década de 1990 e símbolo dos artistas jovens britânicos no mundo inteiro. Mesmo que o tubarão pudesse ser visto em um aquário ou como um espécime preservado em uma exposição zoológica, qualquer artista que tentasse reproduzir o conceito de Hirst seria visto até certo ponto como um **plagiador**. A ideia de Hirst não foi a de produzir acima de tudo um corpo de obras **sólido** e sustentável, como os artistas Paul Klee, Picasso ou Barnett Newman. Mesmo as modernas táticas de produção de Andy Warhol ou de Jeff Koons não pareciam atraentes para Hirst no início de sua carreira. Aliás, tudo indica que o principal objetivo de Hirst foi estabelecer uma marca própria por meio de **provocações diretas** e em muitos casos, **chocantes**. O que ele demonstrou, e o que deixou vários críticos perplexos, foi o fato de existir um **mercado multimilionário** para obras artísticas que incorporavam **carne em decomposição**, **larvas de mosca**, **ovelha morta** e toda a sorte de matérias-primas "exclusivas" que alargavam as fronteiras do significado da arte. Hirst acreditava que os **artistas modernos** estavam em grande medida cegos para um novo **como** – a venda de arte contemporânea por meio de casas de leilões mundiais.

Em meados de 2008, Hirst executou um passo extraordinário ao preterir os *marchands* e galerias primárias já estabelecidas em favor da sua mostra *Beautiful Inside My Hand Forever (O Belo Dentro da Minha Cabeça para Sempre)*, que contou com a cooperação da casa de leilões Sotheby's. Essa atitude foi um choque para os *marchands* primários – durante várias décadas seguiu-se um modelo tradicional, em que eles vendiam as obras para os colecionadores para que estes (em algum momento) as vendessem para as casas de leilões e para que estas as vendessem para *marchands* "secundários" que então as venderiam para colecionadores ou galerias públicas. Os colecionadores "sérios" do mercado primário normalmente vendiam as obras por um dentre três motivos: **morte**, **divórcio** ou **dívida** (conhecidos no setor como os **3Ds**, de *death, divorce* ou *debt*). O interesse dos *marchands* primários era construir a carreira de um grupo de artistas individuais, ao passo que o objetivo das casas de leilões e dos *marchands* secundários normalmente era tentar obter o maior preço possível!!!

Bem, nos dias 15 e 16 de setembro de 2008, Hirst conseguiu **quebrar** todas as regras do mercado de arte!!! Ele ignorou todos os canais de distribuição comerciais – *marchands* e proprietário de galerias – ao formar uma parceria direta com a casa de leilões Sotheby's, e com sua ajuda conseguiu vender mais de **200 peças de sua coleção!!!** A Sotheby's leiloou obras de arte com menos de dois anos de existência, outra ruptura com a tradição. Hirst ganhou mais de 110 milhões de libras com o leilão, em meio a uma crise econômica global e no mesmo dia em que a instituição financeira Lehman Brothers Investment foi à falência. Esse leilão abalou profundamente a comunidade da arte "estabelecida". Algumas pessoas chegaram a afirmar que o método de Hirst acabara minando o papel histórico das galerias na comercialização e distribuição de obras de arte sofisticadas. Por meio do leilão da Sotheby's, Hirst tornou-se um dos artistas vivos mais rico do mundo, com uma fortuna estimada em **R$ 1 bilhão**. Ele conseguiu esse feito ao desafiar tradições consagradas em torno do significado de arte e dos processos e estruturas do próprio setor artístico.

O "consumo" de arte já existe há milênios. Entretanto, na virada desse último milênio, foi possível definir três níveis de consumo de arte: **observadores**, **colecionadores** e **investidores**. Os **observadores** apreciavam a arte em galerias públicas e privadas, mas **não compravam** obras de arte assiduamente, em especial no segmento superior do mercado. Os **colecionadores** as **compravam** com frequência e as possuíam por prazer, como uma força de consumo pessoal e podiam ser classificados de acordo com a sua fortuna. Os indivíduos com grande patrimônio líquido até então sempre haviam sido um segmento importante de colecionadores, e os "novos" colecionadores em geral provinham da classe de novos-ricos empreendedores e de economias emergentes como a Rússia, China e Índia. Estava surgindo também o que o setor chamou de "segmento de massa afluente", que comprava obras de arte no valor de 3.000 libras ou menos. Já os **investidores**, tanto os individuais quanto os institucionais, compravam obras como uma forma alternativa de investimento e a expectativa de obter lucro por meio do movimento ascendente dos preços das obras ao longo do tempo. Eles podiam procurar retornos mais de longo prazo, mantendo um objeto de arte por muitos anos ou agir de uma maneira mais especulativa "lançando ao ar" uma obra logo após a compra, tal como uma moeda, para obter um retorno em curto prazo.

O sucesso de Damien Hirst tem implicações importantes para os gestores culturais e executivos ativos na EC. Eles precisam reconhecer que sua experiência pode torná-los desavisadamente cegos para as oportunidades latentes de criação de um novo segmento do mercado. Além disso, eles devem se perguntar se estão cegos para novas oportunidades relacionadas aos fatores **quem, o que e como**. O que poderia ser interpretado aos olhos modernos como algo indistinto e distante, pode ser visto no futuro como um nítido e esclarecido lampejo de sabedoria. O desafio para esses administradores é nada menos que remover a **catarata de sua organização em relação à inovação**.

"*Charity*, uma escultura em bronze pintada com 6,7 m de Damien Hirst que está em Londres (Reino Unido)."

Damien Hirst esteve em São Paulo em novembro de 2014 para inaugurar a sua exposição. Enquanto em Londres, onde Hirst se diz "amado e odiado em doses iguais", com o que evita ir às próprias exposições, em São Paulo deu as caras, pois segundo ele: "Em São Paulo todos são genuínos e calorosos." Talvez tudo isso tenha a ver com o fato de ter vendido, em plena abertura, seis de suas 17 telas em exibição, cada uma delas avaliada em R$ 3,6 milhões.

Numa entrevista para o articulista Silas Martí, da *Folha de S. Paulo* (10/11/2014) ele disse: "Alguns dizem que sou o artista mais famoso do mundo, mas há também aqueles que me detestam sem nunca ter visto uma obra minha ao vivo, o que é maluco do ponto de vista da crítica. Fama é uma coisa difícil. Medir as coisas é complicado. Nunca quis ser famoso!?!? Queria fazer arte boa, e a fama é subproduto disso. É uma coisa estranha. Aliás, no começo da minha carreira, não conseguia vender nada, nem o tubarão. Mas depois, as pessoas começaram a comprar e queriam cada vez mais e mais daquilo, e tudo custava cada vez mais dinheiro. Vi que tudo virou uma *commodity*, que as pessoas compravam apenas para **revender**. Era uma coisa que passava de mão em mão só para gerar mais dinheiro. Passou a ter menos a ver com arte e mais a ver com dinheiro. Compravam meus trabalhos e nem tiravam da caixa, vendiam para alguém que também não tirava da caixa e revendia. Ninguém via mais os meus trabalhos, que ficavam nas caixas que iam passando de mão e mão.

De repente, vi que minha vida era só fazer coisas e vender, fazer e vender, fazer e vender. Não me reconhecia mais na obra, e o problema era que entendi que eu estava envelhecendo, **mas as minhas obras nunca envelheciam!?!?**

Toda obra de arte de qualquer artista é um autorretrato. Acredito que a arte é um reflexo da vida, e o mundo está ficando cada vez mais complicado e multifacetado. A arte reflete isso, porque se está cada vez mais prestes a perder o foco. E o mundo também está nessa situação.

Pessoalmente passei por uma época de desvario, isso em 2008, quando ganhei muito dinheiro num leilão e aí como era ainda muito jovem, comecei a sair com muitas estrelas do *rock and roll*... Parecia que era imortal e que estava numa festa sem fim, quando inclusive desenvolvi vícios... Felizmente, os excessos acabaram, pois os intensos momentos de celebração também desapareceram... Faz seis anos que eu não bebo, mas lembro-me que os primeiros anos, para a minha completa reestruturação, foram muito difíceis, pois tive de aprender tudo de novo, como conversar com as pessoas, até mesmo **como fazer sexo sem estar bêbado!!!**

Sempre acreditei que a arte é a moeda mais poderosa do mundo, mais que o dinheiro. Desde que entrei para o mundo da arte, vejo com mais nitidez que em todo lugar, onde há dinheiro, surgem cultos, pessoas que vão abusar de suas posições. Tudo aí pode se tornar mais agressivo, violento. Mas, hoje, a animosidade continua, só que ela é mediada por contratos. Entretanto, continuo adorando a ideia de poder vender arte e acredito que ela é capaz de sobreviver a qualquer cenário hostil."

3.4.13 – TRÊS FOTÓGRAFOS NOTÁVEIS

Existem, sem dúvida, milhares de fotógrafos que poderiam ser citados pelas incríveis imagens que conseguiram captar, mas vamos nos restringir a três deles: Robert Mapplethorpe, Helmut Newton e o brasileiro Sebastião Salgado.

↝ A retrospectiva de ROBERT MAPPLETHORPE no Grand Palais

As fotografias provocadoras do norte-americano Robert Mapplethorpe, que retrataram em um estilo neoclássico a Nova York alternativa e libertária dos anos 1970 e 1980, chegaram a Paris em 26/3/2014 e ficaram até 13/7/2014, com a maior retrospectiva dedicada a este artista.

De acordo com Jérôme Neutres, o curador da mostra organizada no Grand Palais, Mapplethorpe (1946-1989) surpreendeu e escandalizou com muitos dos seus trabalhos por recorrer à "estética mais refinada para enobrecer temas-tabu." Explicou Jérôme Neutres: "O corpo humano passou na lente de Mapplethorpe com o objetivo de se demonstrar que não existem nele partes vergonhosas, mas que tudo era nobre e dependia de como era olhado. Por isso, no seu trabalho, ele fez tantas imagens explicitamente sexuais. Ele foi obcecado pela beleza e queria que tudo fosse perfeito. Dotou sua obra de uma dimensão clássica e destacou que queria ser considerado, um primeiro lugar, como um **artista**, e depois como **fotógrafo**."

O próprio Robert Mapplethorpe explicava que "se tivesse nascido 100 ou 200 anos antes teria sido escultor, sem dúvida", mas a fotografia foi o meio adequado para registrar uma época com um ritmo de vida frenético. Por sua objetiva passaram atores como Richard Gere, artistas como Roy Lichtenstein (1923-1997) e Yoko Ono, e escritores

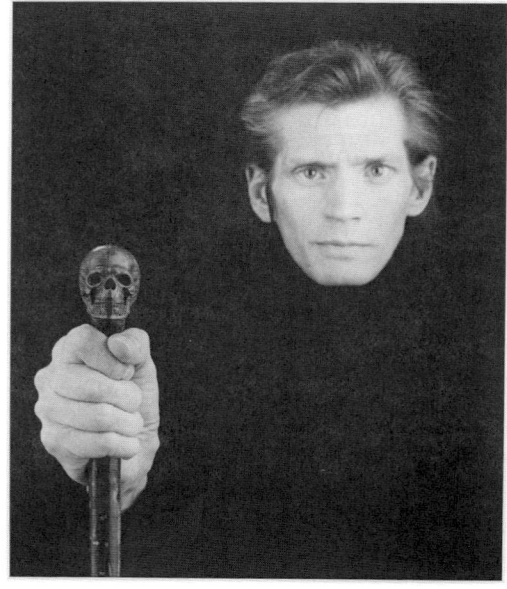

"Autoretrato de Robert Mapplethorpe."

como Truman Capote (1924-1984), embora uma das artistas que mais o influenciaram e que também retratou foi a cantora, famosa pela voz rouca, Patti Smith, sua companheira sentimental durante alguns anos antes de ele revelar plenamente sua homossexualidade. Sua outra musa foi a culturista norte-americana Lisa Lyon, cuja figura musculosa encarnava um ideal estético, ou seja, ela se parecia com as modelos de Michelangelo. Aliás, dessa sua admiração resultou a publicação em 1983 do livro *Lady Lisa Lyon*.

A escultura clássica, especialmente a do pintor e escultor italiano Michelangelo, o qual ele reivindicava como "modelo absoluto", foi para Mapplethorpe sua principal referência no tratamento dos nus, embora também reflita influências de Caravaggio em suas imagens em claro-escuro. Para Jérôme Neutres: "Algumas das obras de Mapplethorpe se afastam da fotografia e parecem quadros graças ao uso de técnicas mistas, como a fotografia sobre tela. Ele orgulhava-se muito dos seus retratos de flores e dizia que preferia estas imagens, nas quais cuidava particularmente da cor, à natureza viva."

Bem, Robert Mapplethorpe é considerado como um dos grandes mestres da **foto de arte do século XX**. Ficou famoso por seus retratos em preto e branco, extremamente estilizados, suas fotos de flores e seus nus masculinos. O forte apelo erótico de seu trabalho causou muita polêmica no mundo das artes nos anos 1970 e 1980 e seu trabalho ficou bastante associado a isso. A inovação artística de Robert Mapplethorpe deixou sua marca em muitos criadores, não apenas nos fotógrafos, mas também nos cineastas, como foi o caso do espanhol Pedro Almodóvar Caballero, que confessou sua influência e que em 2011 foi curador de uma exposição dedicada a ele na galeria Elvira González, em Madri.

Mapplethorpe, que morreu em decorrência da AIDS, nasceu numa família católica praticante e manteve a fé durante toda a sua vida, sempre se debatendo entre seus desejos de liberdade sexual e a cultura tradicional.

→ **HELMUT NEWTON e o calendário da Pirelli em comemoração de 50 anos.**

Criar uma edição comemorativa de 50 anos do calendário mais *pop* do mundo não foi uma tarefa fácil. Imagine os executivos e criativos da empresa italiana Pirelli – marca dos pneus da Fórmula 1 – sentados na sala de reunião para decidir como fazer esse trabalho. A data a ser comemorada merecia cuidados extras e, inclusive, deveria conseguir aumentar a curiosidade sobre como seria o calendário nos próximos anos; afinal, a empresa se saiu até então muito bem, desde 1964, quando se aventurou no mundo das sensuais folhinhas de borracharia pela primeira vez, com imagens clicadas por Bob Freeman – mais conhecido como o retratista dos Beatles.

Pois bem, num misto de inspiração divina com um perfume de *mea culpa*, a Pirelli acabou tirando do fundo da gaveta um calendário encomendado, mas jamais publicado, o que é (e era) a cara da marca: as fotos feitas pelo grande Helmut Newton (1920-2004), em 1985, em Mônaco, durante o Grande Prêmio, e na Toscana, na Itália, com três modelos: Antonia Dell'Arte, Susie Bick e Betty Prado.

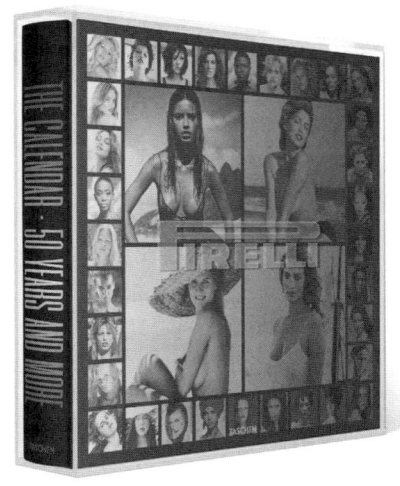

"O *The Cal* em comemoração aos seus 50 anos."

Esse catálogo foi lançado pela Pirelli na última semana de novembro de 2013, em Milão, com uma evidente dose de magia e emoção, criando um verdadeiro *buzz* ("murmúrio de admiração") na festa comandada pelo ator Kevin Spacey, como se fosse a noite de entrega do Oscar. Para os brasileiros houve uma emoção extra, pois Betty Prado foi a primeira brasileira a fotografar para o calendário, que depois passou a ter sempre, quase que religiosamente, uma brasileira em suas páginas: de Gisele Zelany a Gisele Bündchen, passando pela recordista Isabeli Fontana, que já participou de sete edições.

Betty Prado, hoje consultora artística da TV Globo, era uma das modelos preferidas de Helmut Newton, de quem se tornou amiga – tanto que chegou a promover uma exposição dele no Brasil e até o convenceu a fotografar a campanha do lançamento de um *shopping center* em São Paulo. Betty estava entre os convidados do mundo todo para o lançamento do novo calendário – *The Cal*, como é chamado pelos íntimos – mas não sabia de nada. Ela apareceu logo na primeira foto, abrindo o ano de 1986 num balanço de corda e pneu pendurado numa árvore. Muito emocionada, ela contou que os motivos alegados na época para a não publicação do calendário nunca foram claros. Disse Betty Prado: "Estávamos fotografando na Toscana quando Helmut Newton recebeu a notícia de que Jane, sua mulher, tinha sofrido um enfarte. Um helicóptero veio buscá-lo e ele entregou a Manuela Pavesi a missão de concluir o trabalho. Acho que aquilo inclusive impulsionou a carreira de Manuela Pavesi como fotógrafa, que era só *stylist* até então. Ela é hoje consultora e fotógrafa da Pirelli e da Prada."

Esse fato talvez tenha melindrado a Pirelli, mas a versão oficial é que dois calendários estavam sendo produzidos simultaneamente: Helmut Newton, na Itália, e Bert Stern (1929-2013), na Inglaterra, onde o calendário nasceu, refletindo o espírito de liberalismo da vibrante Londres, que estava em grande agitação cultural. De acordo com Marco Tronchetti Provera, presidente da Pirelli, Bert Stern acabou sendo escolhido em consideração à equipe de Londres, responsável tradicionalmente pela *The Cal*.

Versão à parte, o trabalho de Helmut Newton, quase 30 anos depois, preservou seu valor com um bom vinho. Newton tinha um estilo único, marcado pelo erotismo e fetichismo que quebrou o paradigma da fotografia de moda nos anos 1960, até então glamourizada dentro de clássicos padrões de elegância. O conceito das fotos foi inspirado num editorial de moda que ele havia feito com Manuela Pavesi para a revista *Vogue Italia*, mostrando o contraste entre uma mulher pobre e uma rica.

Para o editor Benedikt Taschen, que preparou um livro sobre o calendário Pirelli de 2014: "As imagens de Newton pareceram ter sido feitas ontem, são clássicas. Aliás, ele dizia que a foto estava na cabeça dele, a câmera apenas a realizava. Talvez isso explique por que, apenas com suas instruções sobre posicionamento da câmera e atitude, Manuela Pavesi tenha concluído o trabalho como se fosse ele próprio."

A história do calendário do Pirelli pode ser dividida em três períodos distintos. O primeiro vai de 1964 a 1974, seguido por uma longa interrupção de sua publicação (nove anos), devido à recessão econômica e à política de austeridade. O renascimento começou em 1984 e foi até 1994, quando adquiriu suas características atuais. A partir de 1994, o calendário conquistou muita fama e tornou-se um **objeto de culto**.

Em seus 50 anos, o calendário da Pirelli transformou-se num dos mais respeitados veículos de divulgação da marca da empresa, isso desde 1964, quando Robert Freeman tirou os primeiros retratos em Mallorca (Espanha). Desde então, nomes fulgurantes da fotografia mundial, como Annie Leibovitz e Mario Testino, foram convidados para realizar o trabalho. Com o tempo, a sensualidade aliada à naturalidade tornou-se a marca registrada dos calendários da empresa. E o Brasil já foi cenário para duas edições – para a edição de 2010, as fotos sensuais de Terry Richardson foram feitas em Trancoso, na Bahia.

E as fotos do calendário Pirelli de 2013 foram realizadas por um respeitável fotojornalista, o norte-americano Steve McCurry, que clicou no

Rio de Janeiro. Ele é o autor da famosa foto da garota afegã de olhos verdes que virou capa da revista *National Geographic* e que rodou o mundo. As fotografias foram feitas em maio de 2012 e Steve McCurry deixou de lado a tradicional nudez das modelos. No lugar disso, fez fotos conceituais em becos, favelas e parques no Rio de Janeiro. Entre as modelos que participaram dessa edição estão: Adriana Lima, Isabeli Fontana, Summer Rayne Oakes, Elisa Sednaoui, Sônia Braga, Marisa Monte, além de transeuntes, grafiteiros e os bondinhos de Santa Teresa.

Para a elaboração do *The Cal 2015*, o renomado e recluso fotógrafo Steven Meisel valeu-se das imagens das modelos Adriana Lima, Raquel Zimmermann, Cameron Russell, Isabeli Fontana, Sasha Luss, Natalia Vodianova, Joan Smalls, Karen Elson, Candice Huffine, Gigi Hadid, Anna Ewers e Carolyn Murphy. Todas essas beldades apareceram em cenas ultra *hot* ("super quentes") vestindo *looks* ultra *sexy*, como espartilhos e *tops* de látex combinados com direito a luvas e *over knee boots*.

Jimmy Moffat, que representou Steven Meisel na cerimônia de lançamento em 18/11/2014 do *The Cal 2015*, disse: "Steven Meisel não gosta de falar em público, é muito tímido e prefere que suas fotos falem por si só. Mas ele é adorado por todas as *top models*. Ele adora as mulheres, gosta de transformá-las e foi ele quem fez as **supermodelos**, ajudando-as a construírem suas carreiras. É obcecado por moda, *glamour*, gosta de contar uma história. No *set* ('cenário'), ele se preocupa o tempo todo com as modelos, se elas estão sendo bem cuidadas, se estão confortáveis."

Steven Meisel é tão mito, ou seja, tão extravagante, que ninguém da Pirelli foi autorizado a acompanhar as fotos, o que acabou até virando piada, já que os executivos da empresa precisavam perguntar para as modelos se era ele mesmo quem as clicou!!!

Observação importante 3 - A famosa fotógrafa Annie Leibovitz foi escolhida para elaborar a edição 2016 do calendário Pirelli – conhecido pelo erotismo de suas imagens de mulheres nuas e seminuas há mais de cinco décadas – que surpreendeu a muitos ao apresentar mulheres influentes e vestidas!!!

Leibovitz convidou mulheres que considera inspiradoras ou grandes personalidades como a artista Yoko Ono, a tenista Serena Williams, a cantora Patti Smith, a escritora Fran Lebowitz, a atriz e humorista Amy

Artes Visuais

Schumer, a presidente emérita do Museu de Arte Moderna de Nova York (MoMA), Agnes Gund, a blogueira Tavi Gevinson, a modelo Natalia Vodianova e a cineasta Ava DuVernay entre outras.

Entre as convidadas para as fotos, a maioria já tinha uma relação antiga com a fotógrafa, mas evidentemente a japonesa Yoko Ono (agora com 82 anos) é a que tem a história mais forte. Foi Annie Leibovitz quem fez a última foto dela e do marido, John Lennon, antes do assassinato do ex-Beatle, em 1980. O famoso retrato, que mostra Lennon nu abraçado à mulher, vestida, foi feito no dia da morte dele.

Na época, as duas se desentenderam. Leibovitz queria fotografar apenas Lennon, mas ele insistiu que a mulher participasse. A fotógrafa então pediu que os dois ficassem nus; Yoko se recusou a **tirar a roupa!!!** Talvez por isso a artista classifique sua relação com Annie como *off and on* (algo como "oscilante"), se bem que agora tudo indica que voltou a ser bastante boa...

"Yoko Ono, artista plástica, cantora, compositora, militante e viúva de John Lennon (1940-1980) integrante dos Beatles."

* * *

→ **SEBASTIÃO SALGADO,**
  o fotógrafo em preto e branco.

Certamente, o nosso fotógrafo mais reconhecido no exterior (e também o que ganhou mais dinheiro lá fora...) é o mineiro Sebastião Salgado. Ele fez muitos trabalhos interessantes, mas *Genesis* certamente foi um projeto monumental que lhe consumiu oito anos (de 2004 a 2012) e recursos da ordem de R$ 20 milhões para o registro de **tribos** e **paisagens isoladas**.

"Sebastião Salgado, o mais famoso fotógrafo brasileiro."

"Sebastião Salgado documentando os plantadores de café no mundo, exibidos na Expo 2015 em Milão."

O fotógrafo viajou com sua equipe por mais de 30 regiões extremas da Terra, elaborando **imagens** de animais em extinção, das paisagens raras e de povos vivendo em grande solidão, bem isolados de muitas vantagens do mundo moderno.

Em 2013, frente a uma plateia de 1.400 pessoas que participavam da famosa conferência TED, em São Francisco, no Estado da Califórnia (EUA), ele procurou explicar o projeto *Genesis*, que iria gerar livros, um documentário feito por Wim Wenders e muitas exposições nas grandes cidades do mundo. Tudo isso de fato aconteceu e na oportunidade que falava no TED, Sebastião Salgado salientou: "A partir desse projeto, desejo criar um movimento em torno destas minhas fotografias para provocar um debate sobre o que devemos preservar no planeta. Fiz uma viagem de sonho para conhecer os *nenets* na península do Yamal (na Rússia). Eles são nômades, criadores de renas, vivendo em um inverno extremo. Era primavera e fazia entre -35 °C e -45 °C. Por cerca de 45 dias fiquei sem me lavar!!! Eles também não se lavavam e não tinham água como nós. A água que têm, conseguem quebrando um pedaço de gelo e colocando numa panela para aquecer!!! Para fazer as necessidades, é preciso ir para fora do abrigo. Aí você abaixa sua calça num tremendo frio e os seus testículos ficam rapidamente do tamanho de uma castanha de caju. **Dá para captar isso?** Mas você acaba se adaptando a tudo isso, porém usando as roupas que os *nenets* me emprestaram...

No norte da Etiópia, participei de uma caminhada de 800 km pelas montanhas. Aí organizei uma expedição com diversos jumentinhos e um corredor de maratona etíope levou o meu material mais sensível. Claro que não estávamos totalmente desconectados do mundo e tínhamos um telefone por satélite, e caso alguém sofresse um acidente grave ou acontecesse alguma outra catástrofe, poderíamos recorrer ao socorro, sendo retirados por um helicóptero. Nada de grave aconteceu, apesar de que durante esses oito anos do projeto tive alguns pequenos acidentes, malária e outras doenças...

Durante o projeto *Genesis*, encontrei povos que vivem da mesma forma como na Idade da Pedra, usando como instrumentos de trabalho (e defesa) **machados de pedra**!!! São clãs com cerca de 10 a 12 pessoas vivendo no alto de uma árvore!!! Eles já tinham visto um branco. Viram a direção que vínhamos e o chefe me perguntou se eu pertencia ao clã de brancos que vinham daquela direção!!! Porque, para eles, o mundo é construído de clãs."

Para realizar *Genesis*, o fotógrafo Sebastião Salgado afirmou que seguiu os passos de Charles Darwin, de quem leu *O Diário do Beagle* (1839). Assim, Salgado visitou uma das ilhas Galápagos e, ao pé do vulcão Alcide, no oceano Pacífico, encontrou uma tartaruga da espécie que dá nome ao arquipélago equatoriano. Ele teve muita dificuldade de fotografar o réptil gigante até lhe vir à mente a ideia de agachar-se e movimentar-se com as palmas das mãos e os joelhos colados no chão. Ao ficar na altura do animal, Salgado acredita ter passado uma mensagem de respeito (!?!?), a mesma atitude que se preocupou em adotar tantas outras vezes ao retratar um homem, uma mulher ou criança.

Em sua autobiografia, *Da Minha Terra à Terra* (2014), relatou: "Quando fotografo seres humanos, nunca chego de surpresa ou incógnito a um grupo, **sempre me apresento**. Percebi que, da mesma forma, o único meio de conseguir fotografar aquela tartaruga seria **conhecendo-a**; eu precisava me adaptar a ela. Então me fiz tartaruga!!!"

Tal como Darwin, do qual se diz "um discípulo", Salgado defende a teoria de que existe uma origem comum entre todos os seres vivos. Para ele, a natureza e os animais têm uma racionalidade, uma personalidade, uma identidade ou – a palavra que o fotógrafo costuma usar com muita frequência – uma **dignidade**. Apesar de ter iniciado *Genesis* com uma câmera analógica, Sebastião Salgado mudou de ideia e adotou uma digital no decorrer do empreendimento. As novidades pararam aí. O preto e branco, a composição, a tonalidade, a estética barroca e o efeito dramático que Salgado empregou em trabalhos anteriores aparecem muito em *Genesis*, uma tentativa de apresentar lugares do planeta **intocados pela urbanização**.

Susie Linfield, autora de *The Cruel Radiance: Photography and Political Violence* (em tradução livre: *A Radiância Cruel: Fotografia e Violência Política*), publicado em 2010, comentou: "A abordagem de Salgado é muitas vezes reverente em relação ao que ele fotografa. Suas imagens agradavelmente em preto e branco são compostas com muita minúcia, são dramaticamente teatrais e apresentam um uso da luz semelhante ao da pintura. É verdade que as fotografias de Salgado podem sugerir um tipo de romantismo nostálgico que relembra o realismo socialista. Oficialmente adotado na antiga URSS, o realismo socialista é uma doutrina segundo a qual as artes deviam participar da consolidação do regime comunista com um registro supostamente realista das conquistas do governo e sem as tendências experimentais das artes modernas, consideradas burguesas. Não considero Salgado um pessimista, mas ao contrário, um romântico. Se ele se aventurou novamente para criar *Genesis,* e porque foi estimulado pelo otimismo para conduzi-lo. Ele não tinha concluído esse trabalho se a esperança tivesse cessado..."

Por sua vez, Fred Ritchin, diretor do Centro Internacional de Fotografia (ICP), em Manhattan (Nova York), que foi o mesmo que abrigou a exposição *Genesis* nos EUA, comentou: "Neste projeto, Salgado comportou-se como um **fotógrafo proativo**. O costume da tradição fotojornalística é o **fotógrafo reativo**. Ele desafiou o mundo no lugar de denunciar um mundo destruído, destacando o que merece ser preservado. Salgado é um fotojornalista monumental, nostálgico, lúdico e lírico."

Já Sebastião Salgado explicou: "Acredito que sempre fui capaz de colocar minhas imagens dentro de uma visão histórica e sociológica. Se a fotografia é uma 'escrita ou linguagem', acho que com ela estou realizando o que fazem todos os outros fotógrafos. Fotografo em função de mim mesmo, daquilo que me passa pela cabeça, daquilo que estou vivendo e pensando. É por isso que os indígenas de diferentes regiões do planeta integram o conjunto de imagens que fiz, pois o mundo em que vivem merece ser preservado.

O homem das origens é muito forte e muito rico em algo que fomos perdendo com o tempo, tornando-nos **urbanos**: nosso **instinto**!!! Esse instinto permite sentir e prever muitas coisas, uma mudança de temperatura

Artes Visuais 277

"Foto de Sebastião Salgado na área do café na Expo 2015 em Milão, cujo tema principal foi a alimentação."

ou fenômenos climáticos, por meio da observação do comportamento dos animais. Na verdade, estamos abandonando o nosso planeta, porque a cidade é um outro planeta!!!"

Para acompanhar as exposições do projeto *Genesis*, a editora Taschen publicou um livro-catálogo com 520 páginas e cerca de 500 fotos, divididas, como foi o caso das mostras, em cinco regiões, ao "preço popular" de € 54. O livro chegou às livrarias no primeiro semestre de 2013 e se manteve sempre entre os mais vendidos ao ano. Já para os colecionadores, foram oferecidas duas opções. A mais cara, de 704 páginas, e *design* do arquiteto japonês Tadao Ando, com a caixa do livro virando uma mesa, com um peso total de 59 kg. Foram quatro edições de cem livros, com o preço inicial de € 5.000 que acabaram custando mais... A segunda opção era com uma versão um pouco mais barata, custando cada livro € 2.500, com uma 1ª edição de 2.500 cópias. A ideia dos livros de luxo foi concebida pela mulher e parceira do fotógrafo, Lélia Wanick Salgado, e tem dado muito certo, pois Sebastião Salgado está tendo um significativo retorno financeiro com as suas vendas, remunerando o seu laborioso projeto.

O documentário *The Salt of the Earth* (*O Sal da Terra*) foi apresentado em 20/5/2014 no Festival de Cannes, com a presença dos diretores Wim Wenders e Juliano Ribeiro Salgado, filho do fotógrafo Sebastião Salgado, e a exibição foi aplaudida de pé por mais de 5 min pelo público presente no Palais des Festivals. Ao contrário do que se imaginava, o filme não é apenas um registro de luxo das viagens de Sebastião Salgado nos seus mais de oito anos trabalhando para produzir o livro *Genesis*. A produção viajou da infância do fotógrafo ao projeto do Instituto Terra, área do Estado de Minas Gerais onde cresceu, a viu quase desaparecer com a seca e hoje é uma floresta protegida. Mas a mola central do filme é a transformação de Sebastião Salgado de um estudante de economia em um dos maiores fotojornalistas do mundo – sempre com imagens em preto e branco.

Narrado por Wenders ou por Juliano Salgado, o documentário é uma espécie de exposição comentada das mais famosas imagens de Salgado. Dono de uma memória impressionante, esse notável fotógrafo brasileiro contou como ninguém por meio das suas fotos a história por trás dos "formigas" (os garimpeiros) de Serra Pelada, dos famintos da Etiópia, do massacre em Ruanda e dos incêndios no Kuwait pós-Saddam. Wenders e Juliano Salgado não se transformaram em personagens por muito tempo e apenas tentam se situar essa relação a seu retratado, mas 80% do filme é protagonizado por imagens estáticas, algumas vezes com a face de Sebastião Salgado sobreposta, unindo **criador** e **criatura**. E nos 20 min finais que se apresentam imagens com o fotógrafo preocupado com o meio ambiente e viajando para compor *Genesis*. No fim do filme, ele fala sobre o ciclo de vida e morte e da natureza.

3.4.14 – FOTÓGRAFOS BRASILEIROS NO MoMA!!!

Em 1949, o fotógrafo brasileiro de origem húngara Thomaz Farkas (1924-2011), que foi um dos pioneiros da moderna fotografia no Brasil, entregou sete imagens suas ao então diretor do departamento de Fotografia do MoMA de Nova York, o também fotógrafo Edward Steichen (1879-1973). Passaram--se muitos anos até que essas fotos fossem oficialmente incorporadas ao acervo com a cooperação da família Farkas – uma delas foi comprada em 1959, mas as outras seis restantes tiveram de passar pelo crivo dos curadores do museu norte-americano.

Em 2016, Farkas vai finalmente figurar no **segundo volume da coleção de fotografias**, que já conta com vários outros fotógrafos brasileiros, entre eles, Geraldo de Barros (1923-1998).

Para tornar a coleção brasileira do MoMA ainda mais orgânica, a atual curadora do departamento de Fotografia do museu, Sarah Hermanson Meister, incluiu recentemente no acervo fotos de outro pioneiro, integrante do histórico Foto Cine Clube Bandeirantes, o paulistano Gaspar Gasparian (1899-1966), filho de imigrantes armênios, um inovador não só no campo da fotografia, como também no setor têxtil (ele criou um lanifício que marcou o setor industrial paulistano nos anos 1940).

A curadora Sarah H. Meister o elogiou muito, como também demonstrou entusiasmo com alguns outros brasileiros que ajudou a incorporar ao MoMA – Alair Gomes (1921-1992), Regina Silveira, Rosângela Rennó e Vik Muniz –, fazendo crescer o time de profissionais que já figuraram na coleção do museu – Claudia Andujar, Mário Cravo Neto (1947-2009), Nair Benedicto, Sebastião Salgado e Valdir Cruz. Ela foi responsável pela instalação das galerias de fotografia Edward Steichen no MoMA, que resumem a história da fotografia entre 1840 e 1970, e tem dirigido seu olhar aos fotógrafos latino-americanos, tanto é que em 2014 levou ao Grand Palais, em Paris, a mostra *American Photography*, em conjunto com Paris Photo. Explicou Sarah Meister: "Os europeus ficaram surpresos com a *American Photography*, pois imaginaram que eu só levaria os fotógrafos norte-americanos e canadenses, mas as reações foram muito positivas. É nossa obrigação divulgar os fotógrafos de todas as Américas, até porque o MoMA tem como missão promover o intercâmbio entre os povos, como deixou claro em 1942, ao comprar nove fotos de Manuel Álvarez Bravo (1902-2002). Não devemos seguir apenas em uma única direção. Aliás, uma coisa que me chamou a atenção logo que entrei no MoMA foi que, desde a época em que Alfred Borr era diretor, sempre se privilegiou a experimentação, destacando-se as primeiras entradas no acervo de Eugène Atget (1857-1927) e Lázló Moholy-Nagy (1895-1946). Atget, que já foi chamado de 'Balzac da câmera', talvez seja o fotógrafo de

"Sarah Meister, curadora do MoMA que tem estimulado a incorporação de trabalhos de fotógrafos brasileiros ao acervo do museu."

maior presença na coleção do MoMA, que tem mais de **200 mil obras** no acervo e **10 mil artistas** representados nele. Seus negativos renderam quatro volumes dedicados ao fotógrafo francês pelo museu, que comprou a coleção Abbott/Levy com o seu trabalho. Normalmente, não usamos nosso acervo comercialmente, porém a venda dos livros de Atget nos ajudou a comprar fotos que se tornaram fundamentais para o museu.

O MoMA foi um dos primeiros museus a incluir a fotografia em uma coleção. Em 1938, o MoMA, promoveu uma exposição individual do fotógrafo Walter Evans (1903-1975), um dos mais influentes nomes da **fotografia documental**, que registrou com grande sensibilidade a miséria dos norte-americanos durante a Grande Depressão, que abalou o modo de vida não só nos EUA, mas no mundo todo.

Acabamos de incorporar ao nosso acervo, em junho de 2015, a coleção completa de 619 retratos de August Sander (1876-1964), produzidos num período de 60 anos, com a generosa contribuição de sua família. Como os familiares de Sander, considerado o maior retratista alemão de todos os tempos, os parentes de fotógrafos brasileiros – como as famílias Farkas e Gasparian – têm desempenhado um papel exemplar no incremento do acervo do MoMA."

* * *

Observação importante 4 – Você sabe quais são as 10 fotografias mais caras do mundo?

Pois é, a fotografia tornou-se uma "verdade cara", ou seja, uma imagem que vale mais que mil palavras...

Muitos anos depois da invenção da câmera escura, a fotografia, agora, movimenta fortunas antes só dedicadas às pinturas de artistas conceituados.

Na Tabela 3.1 estão as fotos, os seus valores e o(a) autor(a).

Título	Autor(a)	Valor (US$ milhões)
Rhein II	Andreas Gursky (1999)	4,3
Sem título	Cindy Sherman (1981)	3,89
Dead Trops Talk	Jeff Wall (1992)	3,6
Cowboy	Richard Prince (2001-2002)	3,4
5.99 Cents II	Andreas Gursky (2001)	3,3
Chicago Board of Trade III	Andreas Gursky (1999-2000)	3,3
The Pond - Moonlight	Edward Steichen (1904)	2,9
Los Angeles	Andreas Gursky (1988)	2,9
Sem título	Cindy Sherman (1985)	2,7
Billy the Kid	Autor desconhecido (1880)	2,3

Tabela 3.1 – As fotos mais caras do mundo.

Como se pode notar, o alemão Andreas Gursky é o fotógrafo mais "queridinho" do mundo das artes, tendo produzido imagens panorâmicas gigantescas, algumas com mais de 6 m, com a aura majestosa das pinturas de paisagens do século XIX, sem perder o ineditismo meticulosamente detalhado, próprio da fotografia. Não é por acaso que na lista das **dez mais** estão quatro fotografias que ele conseguiu captar.

"Tirar fotografias é necessário e quando elas são espetaculares, transformam-se em imagens desejadas, pelas quais as pessoas pagam muito..."

3.4.15 – OS NEGÓCIOS COM OBRAS DE ARTE

O artista norte-americano Andy Warhol, que faleceu em 1987, tornou-se célebre por algumas de suas frases. Foi ele quem disse que todos merecemos ter os **15 min de fama**!!! Uma outra frase de Warhol, talvez menos conhecida de alguns, descreve bem o que está se vivendo no mundo das artes em 2015: "Ganhar dinheiro é arte, trabalhar é arte e fazer bom negócios é a melhor arte que existe." Aliás, em novembro de 2014, o icônico quadro *Triple Elvis*, do próprio Warhol, foi vendido por US$ 82 milhões pela empresa de leilões Christie's, em Nova York. Nesse leilão, que reuniu 80 obras de diferentes e importantes artistas, arrecadou-se mais de US$ 852 milhões em 90 min!!! Nunca uma casa de leilão havia faturado tanto em tão pouco tempo.

A venda de quadros famosos tem chegado a preços estratosféricos, como é o caso do quadro de Paul Gauguin, que agora é o **mais caro do mundo**! A tela *Nafea Faa Ipoipo* (título em taitiano que significa "Quando você vai se casar?") foi vendida, de acordo com o jornal *The New York Times*, por

"Uma figura de cera de Andy Warhol no Madame Tussauds em Nova York."

US$ 300 milhões para um comprador do Catar (uma estimativa), tornando-se assim o **quadro mais caro já vendido na história**. A obra foi realizada em 1892 por Paul Gauguin e pertence a série de mulheres taitianas que o pintor francês desenvolveu na fase mais brilhante de sua carreira. Esse quadro já integrou o acervo do Kunst-museum, na Basileia, na Suíça, durante mais de cinco décadas, mas nos últimos anos a tela estava em mãos de colecionadores privados suíços, estando em exposição na Fundação Beyeler. O vendedor de arte Rudolf Staechelin, antigo executivo da casa de leilões Sotheby's de Nova York, responsável pela venda (e que recebeu uma comissão milionária) informou que a tela vai continuar na Suíça em 2015 e só irá para o novo dono em 2016.

"A tela *Nafea Faa Ipoipo* de Paul Gauguin, a mais cara até agora..."

Observação importante 5 – Foi obtido um novo recorde na compra de obras de arte em leilão. Isso aconteceu em 11/5/2015 no leilão na Christie's, em Nova York, com a tela de Pablo Picasso, *As Mulheres de Argel*, que foi vendida por US$ 179,4 milhões, tornando-se a obra mais cara arrematada em **leilão em toda a história**!!! Pintada pelo mestre espanhol em reverência ao estilo dos mestres franceses Eugène Delacroix e Henri Matisse em 1955, *As Mulheres de Argel* (*Versão 0*) retrata um harém e é considerada uma das últimas grandes obras do mestre cubista, que acreditava ver nela a última de suas mulheres, Jacqueline Roque.

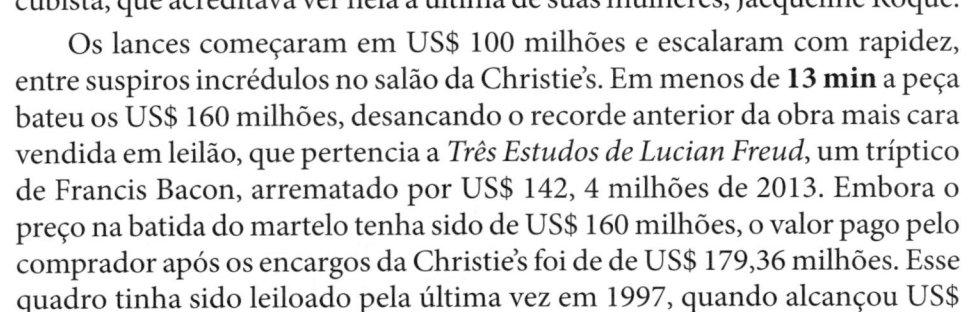

Os lances começaram em US$ 100 milhões e escalaram com rapidez, entre suspiros incrédulos no salão da Christie's. Em menos de **13 min** a peça bateu os US$ 160 milhões, desancando o recorde anterior da obra mais cara vendida em leilão, que pertencia a *Três Estudos de Lucian Freud*, um tríptico de Francis Bacon, arrematado por US$ 142, 4 milhões de 2013. Embora o preço na batida do martelo tenha sido de US$ 160 milhões, o valor pago pelo comprador após os encargos da Christie's foi de de US$ 179,36 milhões. Esse quadro tinha sido leiloado pela última vez em 1997, quando alcançou US$

48,4 milhões, um recorde para a época também.

Outro recorde de peso foi batido no mesmo leilão, ou seja, a escultura *O Homem Apontando*, uma obra de 1943 do suíço Alberto Giacometti (1901-1966), foi arrematada por US$ 126 milhões, chegando ao preço final de US$ 141,28 milhões, o que fez dessa peça a **escultura mais cara já leiloada**!!! O lance inicial para essa escultura foi também de US$ 100 milhões e em apenas **3 min** a peça chegou ao seu valor mais alto, uma venda relâmpago para uma obra dessa relevância histórica. Última de uma série de seis estátuas idênticas criadas pelo artista nos anos 1940, a obra foi exibida na retrospectiva dedicada a Giacometti pelo museu Guggenheim, em Nova York, em 1974. Essa venda, também, por sua vez, desbancou o recorde anterior de escultura mais cara, outra peça de Giacometti, vendida em 2011 por US$ 104,3 milhões.

"A vibrante pintura multicolorida de Pablo Picasso, *As Mulheres de Argel (Versão 0)* no dia 11/5/2015 estabeleceu o novo recorde de US$ 179,36 milhões, vendida na casa de leiões Christie's, na qual também foi vendida a escultura *O Homem Apontando*, de Alberto Giacometti, com um novo recorde: US$ 141,28 milhões."

Os especialistas em arte comentaram que os preços de todas as obras-primas de arte do século XX foram impulsionadas devido à ação de colecionadores ricos que estão cada vez mais ávidos por esse tipo de obra. Contudo, tanto para o quadro de Picasso como para a escultura de Giacometti, as identidades dos compradores **permaneceram anônimas**!?!?

* * *

Obras de arte impressionistas e modernas continuam a dominar o mercado da arte, porque elas são bonitas e justificam grandes investimentos, pois já têm valor comprovado!!! Há coisas entretanto que espantam nos altos preços que têm sido pagos recentemente pelas obras de arte.

Inicialmente, é bem estranho que não se divulgue, por exemplo, quem pagou os US$ 179,36 milhões pelo quadro de Picasso *Les Femmes d'Alger* (*Versão 0*), nem de onde veio o dinheiro ou o que realmente motivou essa(s) pessoa(s) a gastar(em) mais do que qualquer um já gastou para arrematar uma única obra de arte. O que dá para concluir é que ao mesmo tempo em que ocorreu essa **astronômica valorização** das obras de arte mais procuradas na última década, percebe-se o desenvolvimento da crescente **desigualdade global**.

Na essência, isso é o que há de mais simples na matemática econômica. Apesar da oferta de telas valorizadas como as de Picasso ou de esculturas como as de Giacometti ser fixa, o número de pessoas com disposição e recursos para comprar arte de altíssimo nível está **aumentando** graças à distribuição da riqueza extrema.

Uma das mais importantes conclusões dos economistas que estudam a desigualdade é que a riqueza e a renda no topo do topo são "fractais". Ou seja, à medida que se examina em maior proximidade a ponta da distribuição de riqueza, padrões se repetem em escalas cada vez menores. Assim, sócios de escritórios de advocacia, que estão no grupo do **1%** com maior renda, tiveram um **aumento de rendimentos mais rápido** do que dentistas bem-sucedidos na faixa dos **10% mais ricos**. Mas por uma margem semelhante, executivos-chefes (CEOs) de grandes empresas, que estão entre o **0,1% em maior renda**, viram seus ganhos crescerem mais rapidamente que os advogados sócios de escritórios. Gestores de fundos de *hedge* na faixa de **0,01%** de maior renda, por sua vez, tiveram maiores rendas, superando aqueles CEOs que estavam no **0,1%** de renda maior. E quem pode confortavelmente pagar mais de US$ 100 milhões por um Picasso – a faixa dos **0,001% mais ricos**, digamos – está se saindo ainda melhor.

É possível tirar essa conclusão lendo o trabalho dos economistas franceses Thomas Piketty e Emmanuel Saez. Ou então examinando atentamente o mercado para as obras de um certo pintor espanhol. Suponhamos que ninguém gastaria mais de **1%** de um patrimônio líquido total em uma única pintura!!! Por esse cálculo (ou lógica), o comprador de *Les Femmes d'Alger (Versão 0)* precisaria ter uma fortuna de pelo menos US$ 17,4 bilhões. Isso implicaria, com base na lista *Forbes Billionaires*, que há no mundo todo exatamente 50 compradores plausíveis. Isso é para ser ilustrativo, não literal.

De fato existem pessoas que estão dispostas a gastar mais de 1% de sua riqueza em uma pintura. Steve Wynn, o magnata dos cassinos, particularmente em Las Vegas e Macau, deu até um lance de US$ 125 milhões por essa obra de Picasso, o equivalente a 3,7% do seu patrimônio líquido estimado. É claro que a lista da revista *Forbes* pode ter significativas imprecisões, ou talvez faltem muitas pessoas (famílias) que conseguem manter suas fortunas em segredo.

Porém, essa métrica bruta indica o quanto o conjunto dos compradores de arte megaricos desde a última vez que um quadro de Picasso foi leiloado, em 1997, **está crescendo**. Descontada a inflação e adotando a nossa premissa de 1% do patrimônio líquido, seria preciso ter US$ 12,3 bilhões em 1997 para poder comprar essa obra. Olhando a lista da *Forbes* daquele ano, apenas uma **dúzia** de famílias em todo o mundo superava esse patamar. Em outras palavras, o número de pessoas que por essa métrica poderia facilmente ter recursos para pagar US$ 179,36 milhões num Picasso mais do que **quadruplicou** desde que a pintura esteve no mercado pela última vez. Isso ajudou a explicar o preço que a obra alcançou em 1997: "meros" US$ 31,9 milhões, o que em valores atuais seria US$ 46,7 milhões. Naquela época havia menos pessoas na estratosfera da riqueza, capazes de disputar o leilão até fazerem o preço chegar ao nível que alcançou em 2015.

Mais pessoas com mais dinheiro disputando uma oferta mais ou menos fixa de alguma coisa é uma situação que só pode resultar em aumento de preços. A mesma dinâmica se aplica a imóveis de luxo no centro de Londres ou em Nova York com vista para o Central Park ou por garrafas de *Bordeaux 1984*. Isso auxilia a explicar por que *Les Femmes d'Alger* se valorizou **462%** desde o seu leilão anterior, período em que o índice Standard & Poor's 500 da Bolsa de Nova York rendeu **215%**, incluindo dividendos reinvestidos.

É verdade que essa comparação não é totalmente adequada, visto que a pintura exigiria gastos anuais em segurança, armazenamento e seguro, reduzindo razoavelmente o retorno. Por outro lado, o quadro de Picasso fica mais bonito na parede de uma sala do que um "comprovante" de fundo mútuo!!!

→ **O que isso significa para o futuro?**

Não existe almoço grátis, mesmo para as pessoas que pagam muitos milhões de dólares por uma pintura. Os preços das obras de arte são muito vulneráveis à moda. Dentro de alguns anos, esse quadro de Picasso poderá estar relativamente em baixa, e, nesse caso, o seu comprador anônimo poderá não ter um retorno tão excepcional quanto o proprietário anterior.

Há riscos legais também.

Por exemplo, a China está **coibindo** a **ostentação**, o que poderá tolher a demanda por arte nos próximos anos. Autoridades norte-americanas e europeias podem intensificar seus esforços para impedir que o comércio de obras artísticas seja usado para **lavar dinheiro** ou **sonegar impostos**, como alerta o especialista em problemas e crises financeiras, Nouriel Roubini. Mas qualquer bilionário que pague quantias astronômicas por uma pintura ou escultura deve torcer acima de tudo para que se mantenha intacta a tendência de **ampliação da desigualdade**, ou seja, que a riqueza dos ultrarricos cresça mais rapidamente que a economia mundial como um todo. Porque, enquanto isso acontecer, sempre poderá haver por aí outro comprador que alimente uma guerra rápida de lances como a que ocorreu na compra do quadro de Picasso por US$ 179,36 milhões. Por sinal, em 2014, o comércio de arte no mundo movimentou € 51 bilhões, um aumento de 7% em relação a 2013, o maior valor da história, de acordo com um estudo da Fundação Europeia de Artes Plásticas.

Apesar de existirem investidores dispostos a gastar algumas centenas de milhões de dólares em artistas do século XIX, como as telas do holandês Vincent van Gogh (1853-1890), são os artistas contemporâneos os responsáveis pelo momento excepcional do mercado de arte. Eles responderam por quase metade das vendas que aconteceram em 2014, e as duas principais casas de leilão, as inglesas Christie's e Sotheby's arrecadaram, juntas, mais de US$ 5 bilhões com peças contemporâneas. E a lógica no setor das artes parece óbvia: comprar obras de novos artistas ainda em baixa e revendê-las quando estiveram em alta. O presidente da empresa de consultoria inglesa Anders Petersen explicou: "Todo investidor quer descobrir o Andy Warhol de amanhã. O duro, claro, é conseguir isso antecipadamente..."

Com a economia europeia ainda se equilibrando no fio da navalha e a economia global repleta de incertezas, não deixa de ser curiosa essa alta no mercado da arte. Alguns dizem que apesar de todas essas coisas, são os ultrarricos que estão ficando cada vez mais ultrarricos, e com disposição de "guardar" o seu dinheiro excedente em obras de arte.

De acordo com a revista norte-americana *Forbes*, em 2016, existiam no mundo 1.810 bilionários, um pouco menos que em 2015, quando eles eram 1.826. Juntos, essa turma acumulou uma riqueza de US$ 6,48 trilhões, quando em 2015 esse montante foi de US$ 7 trilhões. E muitos deles são conhecidos colecionadores de arte, como o francês Bernard Arnault, dono do conglomerado de artigos de luxo LVHM. É o poder de fogo de gente como ele ou então de colecionadores como Ella Fontanals-Cisneros, que possui uma coleção particular de cerca de 2.600 obras, que ditam os rumos dos leilões.

Por incrível que possa parecer, mas aproximadamente **100 compradores** movimentam mais de **50% do mercado mundial de arte**!!! Inclusive uma parte deles é que foi responsável pela valorização ocorrida nos últimos anos de artistas contemporâneos brasileiros, como Adriana Varejão, Beatriz Milhazes e Vik Muniz. Entre os ocidentais, as obras do pintor norte-americano Israel Lund, que eram vendidas por cerca de US$ 7.500 em 2013, alcançaram nos leilões de 2014 valores superiores a US$ 225.000.

Nessa corrida por possíveis talentos rentáveis, já há quem fale em uma **bolha no mercado de arte**!!! Assim, em janeiro de 2015, Nouriel Roubini, professor de Economia na Universidade de Nova York, famoso por ter previsto no início de 2008 o estouro da bolha imobiliária nos EUA, aproveitou a sua palestra no Fórum Econômico Mundial, em Davos (Suíça), para alertar que os preços de obras de arte podem estar chegando ao auge e que a queda poderá ser **abrupta**.

Roubini defendeu a ideia de que esse mercado seja regulamentado como o de ações. A mudança, de acordo com Roubini, poderia evitar o estouro de bolhas e serviria de antídoto contra a **lavagem de dinheiro**!?!? Suspeita-se (com muita razão...) que uma grande quantidade de obras seja comprada por quem quer investir anonimamente num patrimônio que possa ficar na sala da casa, longe dos olhares e controle das autoridades. Obviamente, os envolvidos com essas negociações e representantes do setor se opõem à ideia de se estabelecer alguma regulamentação. Como disse Marc Porter, presidente da Christie's para as Américas: "Somos favoráveis a regras que impeçam que corruptos adquiram obras, mas também não podemos exigir que as pessoas divulguem as mobílias que compram para sua casa."

Por enquanto, não há ainda nenhuma indicação que o mercado de arte venha a ser regulado. Desde que mais bilionários (ou grandes milionários) estejam dispostos a encontrar novos talentos, os preços vão continuar favoráveis. Um exemplo típico de valorização de artistas contemporâneos é aquele dado pela colecionadora Ella Fontanals-Cisneros, que na exposição *Memórias da Obsolescência*, que aconteceu no Paço das Artes (março de 2015), em São Paulo, divulgou o trabalho de 25 artistas – um retrato compacto do seu colecionismo contemporâneo – alguns já consagrados internacionalmente como o sul-africano William Kentridge, a sérvia Marina Abramovic, o chinês Song Dong, a norte-americana Francesca Woodman (1958-1981), o argentino Miguel Ángel Ríos, a guatemalteca Regina José Galindo, a brasileira Regina Silveira e os cubanos Felipe Dulzaides e Lázaro Saavedra.

A colecionadora Cisneros, nascida em Cuba e criada na Venezuela, contou: "Sigo comprando geométricos, mas já me interessei muito por fotografia, depois passei pelo conceitual e, nos últimos anos, meu foco mais importante tem sido arte urbana. Não vejo risco em investir em arte contemporânea, até porque sou uma colecionadora apaixonada pelo que compro. E tomo o risco como parte do que faço, encarando-o como um aprendizado. Hoje em dia, há muitos compradores de arte, que são diferentes dos colecionadores. Eles investem seu dinheiro em uma área que consideram segura. Como colecionadora de arte, aposto na produção contemporânea e então o risco vem como consequência do colecionismo. Acho inclusive que o mercado de arte no Brasil vem vindo todos esses anos de um *boom* econômico muito grande. E os próprios brasileiros dão suporte ao mercado, pois têm comprado obras de artistas brasileiros. Isso fez com que os preços dos trabalhos dos artistas brasileiros tenham subido muito, mesmo os dos mais emergentes. Hoje, os brasileiros estão com preços muito acima dos outros latino-americanos, o que torna difícil comprar suas obras. E talvez, com a baixa do real, os preços caiam um pouco.

"Ella Fontanals-Cisneros, uma das mais importantes colecionadoras de obras de arte no mundo."

Um problema que atrapalha são os altos impostos brasileiros que dificultam a entrada de arte no País. No momento, acredito que o país latino-americano que tem a produção artística mais expressiva é Cuba. Os artistas cubanos têm uma preparação muito forte, uma escola clássica, sofisticada. A produção do país está também crescendo muito. E isso começou antes do movimento político que está acontecendo agora.

Tenho vivido parte do meu tempo em Cuba nos últimos cinco anos e tenho acompanhado desde antes seus artistas. Apesar da dificuldade que eles têm para conseguir materiais para trabalhar, são pessoas muito manuais e de muita inteligência, que puderam passar por esses problemas e criar suas obras.

Como parte da abertura política, já se pode antecipar uma grande quantidade de norte-americanos indo para lá **comprar arte**. É como um descobrimento de arte cubana para muitos, creio que semelhante ao que aconteceu com a China.

Tenho também me interessado bastante pelos artistas asiáticos e comprei alguns trabalhos dos artistas chineses há cerca de oito anos, mas me dei conta de que, quando se está tão longe de um mercado, fica bem mais difícil seguir os artistas daquele lugar. E a China é um país muito grande. Decidi, então, não continuar comprando quadros chineses porque, para mim, parte do processo é ter contato com os artistas. E penso exatamente o mesmo sobre os artistas do Oriente Médio e da África. Por isso tenho algumas obras de artistas europeus, mas não tantos!!!"

Observação importante 6 – Você sabe quais são as dez obras de arte (pinturas ou esculturas) mais caras da história, vendidas em leilão?

1ª) O quadro *Les Femmes d'Alger (Versão 0) (As Mulheres de Argel)*, do pintor Pablo Picasso, que foi arrematada em 11/5/2015, na Christie's de Nova York por US$ 179,36 milhões.

2ª) *Nu Couché (Nu Deitado)*, uma pintura de Amedeo Modigliani, comprada por US$ 170,4 milhões na Christie's de Nova York em 9/11/2015.

3ª) *Três Estudos de Lucian Freud*, o tríptico pintor Francis Bacon, na Christie's de Nova York, em 12/11/2013 por US$ 142,4 milhões.

4ª) *L'Homme au Doigt (O Homem que Aponta)*, uma escultura de Alberto Giacometti, na Christie's de Nova York em 11/5/2015, por US$ 141,28 milhões.

5ª) *O Grito* (provavelmente uma das obras mais famosas do mundo), do pintor Edvard Munch, vendida na Sotheby's de Nova York em 2/5/2012, por US$ 119,92 milhões.

6ª) *Nu, Folhas Verdes e Busto*, de Pablo Picasso, vendida na Christie's de Nova York em 4/5/2010, por US$ 106,48 milhões. É considerada uma das mais importantes pinturas feitas pelo mestre espanhol no pós-guerra.

7ª) *Silver Car Crash - Double Disaster*, de Andy Warhol, arrematada por US$ 105,44 milhões, na Sotheby's de Nova York, em 13/11/2013.

8ª) *Muchacho con Pipa*, de Pablo Picasso, adquirido na Sotheby's de Nova York em 5/5/2004, por US$ 104,16 milhões.

"A representação em cera do famoso pintor Pablo Picasso que tem dois dos seus quadros entre os mais caros do mundo e outros, muito valorizados."

9ª) *O Homem que Caminha I (L'Homme qui Marche I)*, de Alberto Giacometti, comprada por US$ 104 milhões, em 3/2/2010, na Sotheby's de Londres.

10ª) *Carro (Chariot)*, de Alberto Giacometti, vendida na Sotheby's de Nova York, por US$ 100,96 milhões, em 4/11/2014.

Claro que as grandes vendas não ocorreram só nas mais famosas casas de leilão, como já foi dito antes.

3.4.16 – O MERCADO DE ARTE ESTÁ AGITADO

Durante boa parte da semana que terminou em 21 de junho de 2015, a pista do aeroporto de Basileia ficou muito movimentada com os **jatos particulares** que trouxeram muitos colecionadores de arte super-ricos que vieram para a feira *Art Basel*, a **mais importante feira de arte moderna e contemporânea do mundo**. Ele é apenas uma das mais de **180 feiras** internacionais de arte realizadas todos os anos, um significativo aumento em relação às **55 feiras** realizadas em 2000, de acordo com relatório recente da Fundação Europeia de Belas Artes (TEFAF).

Algumas décadas atrás havia duas maneiras de colecionar arte contemporânea: visitar muitas galerias, envolvidas com centenas de negociantes, ou então participar de leilões. Mas as feiras de arte, onde os colecionadores podem ver e comprar obras de centenas de negociantes, têm respondido por uma fatia cada vez maior do mercado. Em 2014, quase US$ 13,4 bilhões em arte mudaram de mãos nas **feiras**, representando **40% do total de vendas dos negociantes**.

O calendário de eventos de arte tornou-se tão saturado que se fala cada vez mais em "exaustão de feiras", isto é, um cansaço entre visitantes e expositores. E a empresa de pesquisas Skate's diz ter números para comprovar essa tendência. Empresas e indivíduos donos de feiras de arte não costumam informar os números precisos, de modo que a pesquisa da Skate's teve como base os melhores dados que foram possíveis de encontrar, ou seja, o número do total de visitantes e expositores divulgado pelas 12 principais feiras realizadas no 1º trimestre de 2015. Revelou-se que, pela primeira vez em dez anos, os números tiveram um aumento abaixo de 10%. A Skate's destacou a *Armory Show*, em Nova York (crescimento de 0% entre os visitantes e 9% de galerias a menos), e a irmã da feira *Art Basel*, em Hong Kong (7,7% de visitantes a menos e 4,9% de galerias a menos).

A conclusão é que o mercado de belas artes parece estar "**esfriando**", principalmente porque as vendas de arte *on-line* estão invadindo esse espaço. Desde a sua divulgação (em abril de 2005), o levantamento da Skate's parece ter colocado o dedo numa ferida. Num relatório lançado pelo Citigroup, *The Global Art Market,* Noah Horowitz, o diretor executivo da *Armory Show*, contestou os números da Skate's dizendo: "Os levantamentos da Skate's não devem ser considerados definitivos, pois a *Armory Show* recebeu um número recorde de inscrições de negociantes para o evento em março, mas optou por um menor número de cabines maiores, para manter a qualidade e evitar a superlotação. Há uma regra prática segundo a qual um terço dos expositores **lucra** com as feiras, e outro terço **busca evitar o prejuízo**. O restante procura frequentar os eventos ainda que eles não cubram seus custos, para **reforçar as suas relações com os colecionadores**."

Já o diretor da *Art Basel*, Marc Spiegler, explicou: "A *Art Basel* de Hong Kong teve menos visitantes esse ano porque o período de vendas de ingressos em 2015 foi mais curto; além disso, a feira foi antecipada de maio para

"A *Art Basel* atrai sempre muitos compradores de obras de arte."

março e tivemos menos dias disponíveis naquele mês. O número de visitantes representa apenas 10% das receitas. As principais contribuições são a contratação dos espaços (estandes) e serviços com 60% e os patrocínios, com 30%. Mas concordo que em 'algum momento' o número de feiras se tornará grande demais e algumas vão falir. Esse momento ainda está distante. Estamos falando de um mercado que ainda apresenta crescimento bastante significativo."

Nos últimos anos, várias feiras novas foram anunciadas. Em 2012, a *Frieze Art Fair*, de Londres, a *Frieze Masters* (com foco na arte histórica), também em Londres, e a *Frieze New York*. A diretora da Frieze, Victoria Siddall disse: "Com as economias de escala, a lucratividade do negócio da arte aumentou muito." Desde 2013, o empreendedor britânico Tim Etchells, do ramo de eventos, anunciou três novas feiras: *Art 15* em Londres (a primeira edição foi *Art 13*, número do ano da realização), *Sydney Contemporary* e *Art Central*, em Hong Kong. Etchells enfatizou que suas feiras são voltadas para o público de compradores de **arte secundários**: indivíduos ricos que compram poucos objetos por ano, mas são dados a **compras impulsivas** quando veem algo **irresistível**.

Independentemente de tudo isso, há indícios claros que esse mercado tem limites. Quando a *Art Basel* decidiu montar uma feira em Hong Kong, comprou uma feira já existente – *Art HK*, cofundada por Etchells – no lugar de criar uma nova feira a partir do zero. Clare McAndrew, da Arts Economics, que compilou os dados do relatório da TEFAF, previu que o mercado de feiras de arte **deve se consolidar**, com um pequeno número de grandes concorrentes passando a dominá-lo, como ocorre com Christie's e Sotheby's no ramo de leilões.

Levando em consideração a força do mercado global de arte, talvez seja precipitado falar em cansaço das feiras. Mas não há dúvida de que a indústria está amadurecendo e seus maiores participantes estão agora se concentrando na **qualidade**, e não **apenas no crescimento**!!!

3.4.17 – AS ARMADILHAS E AS BENESSES DO MERCADO DE ARTE

Pode até ser que o martelo que foi batido na casa de leilões Christie's de Londres seja para uma nova venda de **arte moderna**, mas a maioria dos potenciais compradores parece ser constituída de gente bem mais madura, pois são diversos os paletós de *tweed* e os conjuntos surrados de blusa e cardigã. Não importa tudo isso, pois quando chega a vez das principais atrações do dia, o dinheiro de verdade escorre pela Internet ou por telefonemas operados por jovens bem elegantes. Assim, por exemplo, um quadro que pertenceu a Noël Coward (1889-1973) provocou uma guerra de lances pelo telefone. Estimava-se que uma certa obra sua poderia ter sido adquirida por US$ 30 mil, mas acabou sendo vendido por US$ 400 mil!!!

Painéis espalhados pelo salão convertem os valores da venda em libras, imediatamente em rublos, ienes ou dólares de Hong Kong.

Pois é, o **mercado global de arte está em alta.**

Após o recorde batido no início de 2015 com a compra por US$ 300 milhões do quadro *Nafea Faa Ipoipo*, de Paul Gaugin, por um **anônimo**, alguns dias depois, outro recorde foi batido, quando um norte-americano pagou US$ 45 milhões por uma pintura dos Gerhard Richter – valor máximo alcançado até agora por uma obra de um artista europeu vivo. Em média, as obras de arte contemporânea e do período do pós Segunda Guerra Mundial registraram uma alta de 19% em 2014. Os valores que trocam de mãos são tão elevados que fizeram surgir uma nova categoria profissional: **consultores que selecionam obras para os clientes** não com base em critérios estéticos, mas de acordo com seu **potencial de lucro**.

Philip Hoffman, que administra fundos criados com recursos de famílias ricas que desejam investir em arte, diz que o mercado passa por uma mudança nítida: o atrativo das obras de arte está **cada vez menos no prazer** que **proporcionam** do que em seu **valor como investimento**!!!

De acordo com a empresa de consultoria Deloitte, a elevação dos preços nos últimos anos atraiu muitos especuladores: atualmente, quase 75% dos negócios com obras de arte têm, ao menos em parte, a **função de investimento**. Há não mais de dois anos, esse percentual era de 50%.

A primeira vez que os investidores institucionais entraram no mercado de arte no Reino Unido foi na década de 1970, quando tentavam se proteger da inflação: o fundo de previdência da British Rail, por exemplo, aplicou US$ 60 milhões do seu patrimônio. Mesmo que os retornos não tenham sido ruins, cabe destacar que o fundo se desfez do último item de sua coleção em 2003.

Outra característica atraente é o fato de que as obras de arte são **ativos tangíveis**, atributo que ganhou muita popularidade depois da crise, quando por trás de uma profusão de instrumentos financeiros abstratos e incompreensíveis descobriu-se haver dívidas gigantescas. Diferentemente de outros ativos reais, como terras e imóveis, as **obras de arte** também são **bens transportáveis** – característica muito conveniente para compradores que não pretendem informar o fisco sobre elas. Além disso, são uma forma de investimento relativamente discreta, e ao longo de 2014, por exemplo, a Christie's intermediou vendas particulares no valor de US$ 916 milhões. Em 2009, esse valor tinha sido somente de US$ 216 milhões.

Apesar de tudo isso, investir em arte é um **negócio arriscado**. Isso porque os preços são **voláteis** e o mercado foge dos padrões normais, pois não há dois quadros intercambiáveis!!! Especialmente no topo, onde os valores dependem das paixões e caprichos de um pequeno grupo de colecionadores. Assim, os gêneros mais populares e as obras mais caras distorcem o desempenho geral do mercado. Dessa maneira, em 2014, **0,5%** das transações foi responsável por quase **metade** do **valor gerado pela venda** de obras de arte em leilões. De acordo com o instituto de pesquisas e consultoria Art Economics, as peças que custam mais de US$ 220 mil têm se **valorizado cinco vezes** mais do que obras de menor preço.

Apesar de a arte contemporânea ter tido anos recentes excepcionais, no mercado dos velhos mestres, os preços estão de certa forma estagnados (!?!?) e a arte decorativa chinesa vem se desvalorizando. Além disso, os custos de transferência, que às vezes chegam a 4%, fazem das obras de arte um **ativo de transação dispendioso**. Mas a atual alta no mercado de arte pode se explicar como sendo resultante de um clima um pouco mais otimista da economia como um todo, especialmente na Europa, onde a última crise financeira finalmente parece que já está ficando para trás.

Da próxima vez que as coisas eventualmente desandarem, os investidores menos afortunados, no mínimo, terão algo de belo para admirar.

3.4.18 – SP-ARTE 2015

No Brasil, o mercado de arte infelizmente vive uma certa retração, e isso foi percebido nesses últimos anos na feira SP-Arte. Nessa feira, em 2015, estiveram presentes 140 galerias de 17 países e a sua diretora Fernanda Feitosa relatou: "Agora, o '**humor**' nacional está bem diferente de anos anteriores. Temos de fato um mercado interno que consegue gerar bons negócios, mas vivemos uma situação em que as pessoas de um modo geral não estão muito propensas a gastar em coisas que não sejam **essenciais**. Abri a primeira edição

" A colecionadora e idealizadora da SP Arte, Fernanda Feitosa, que se transformou numa espécie de Midas do mercado de arte nacional."

dessa feira paulistana de arte em 2005, que começou com 41 galerias, e foi ocupando, ano a ano, uma área maior do edifício da Bienal até se espalhar por todo o prédio como ocorreu agora. Do térreo ao terceiro andar desse edifício – que, aliás, já está alugado para abrigar a SP-Arte até 2020 –, nesse evento de cinco dias, aproximadamente, 2,8 mil criações artísticas foram vistas em público. Entretanto, em relação ao número de galerias expositoras, o crescimento da SP-Arte foi pequeno de 2014 para 2015. A feira teve agora apenas quatro novos participantes, entre eles a sul-africana Goodman Gallery, da Cidade do Cabo. Mas o evento seguiu o seu perfil 'competitivo', estabelecido, especialmente, desde a edição de 2013, marcada pela chegada maciça de expositores estrangeiros de peso. De novo vieram para cá David Zwirner, Gagosian e Marian Goodman Gallery, de Nova York, assim com a Lisson, de Londres, além da britânica White Cube, que criou, em 2012, uma filial em São Paulo, onde já apresentou, por exemplo, individual de Damien

Hirst, um dos mais valorizados artistas contemporâneos e em 7/4/2015 inaugurou uma exposição de pinturas do consagrado alemão Anselm Kiefer.

A feira deu um salto para a Europa, pois estiveram aqui 57 galerias de países como Alemanha, Áustria, Espanha, Portugal etc. ante 83 brasileiras. Infelizmente, a SP-Arte nunca teve uma pegada latino-americana. Isso porque é o Brasil que tem, dentro da América Latina, um custo de vida mais caro, assim como as obras brasileiras têm preços mais altos que as dos outros países latinos.

O mercado brasileiro conquistou uma profissionalização maior que as nações vizinhas. Em 2015, a SP-Arte foi orçada em R$ 5,7 milhões (do montante, R$ 1,5 milhão foi captado valendo-se da Lei Rouanet) e apostou em programas curatoriais estritamente expositivos. Todos os compradores brasileiros ou estrangeiros tiveram isenção de 18% de ICMS (Imposto sobre Circulação de Mercadoria e Serviços) em suas aquisições no evento, uma medida resultante do decreto assinado com a secretaria da Fazenda do Estado de São Paulo."

No que se refere à SP-Arte 2015, as vendas com isenção do ICMS caíram 10,4% em relação a 2014, e as 500 obras nessas condições foram vendidas por R$ 139 milhões. Esses dados da secretaria da Fazenda paulista mostram que

"Um aspecto da SP Arte 2015."

houve uma certa retração no mercado, mas não dão o quadro todo de vendas na feira, visto que nem todas as **transações** foram **declaradas**... Usando o método da SP-Arte para calcular de forma estimativa o faturamento total do evento, baseado no fato de que vendas com a isenção correspondem, em geral, a 60% do total, é possível avaliar que, no todo, os negócios totalizaram algo próximo de R$ 232 milhões, um pouco menos do que em 2014, quando chegaram a R$ 250 milhões.

Num momento de crise econômica no País, e com a disparada do dólar, um resultado mais fraco já era esperado em 2015. Mas essa é a primeira queda em faturamento da feira, que vinha em curva ascendente nos últimos anos. Segundo a secretaria da Fazenda, 330 das 500 obras vendidas com isenção do ICMS na feira eram nacionais e 170 importadas. As peças estrangeiras foram vendidas por R$ 430 mil em média, enquanto as brasileiras custaram em média R$ 200 mil. Juntas, as vendas geraram R$ 17 milhões em arrecadação de impostos federais. Esse valor é o maior argumento da diretora da feira, Fernanda Feitosa, para que o evento continue usando recursos obtidos via Lei Rouanet.

Apesar de ter sido iniciado em clima de incerteza devido à crise econômica que abala o País, a SP-Arte terminou com os seus participantes comemorando os seguintes números: 23 mil visitantes passaram durante o evento pelo prédio da Bienal no Ibirapuera, ou seja, foi de 30% o aumento do público em relação a 2014 e alguns negócios foram muito bons. Fábio Cimino, da Zipper Galeria, que investe em jovens artistas, fez muitos bons negócios com obras na faixa de R$ 20 mil a R$ 50 mil, ou seja, ele não sentiu o impacto da crise. Ele disse: "Foi bem melhor que em 2014, e não tinha todo esse clima ruim. Vendi um conjunto de fotografias de João Castilho, bem como um retrato de Adriana Duque e outros negócios ficaram bem estabelecidos e administrados."

"A autora do *best-seller Sete Dias no Mundo da Arte*, Sarah Thornton, que apresentou no seu livro os artistas como pessoas reais, evitando mistificá-las como se fossem santos ou magos!?!?"

Sarah Thornton, autora do livro *O Que é um Artista?*, na palestra que fez na 11ª edição do SP-Arte em 9/4/2015 destacou: "Realmente, artistas como Jeff Koons e Damien Hirst sempre falam de arte como se ela não existisse sem as casas de leilões. No meu livro, apresento 33 entrevistas incluindo aí o chinês Ai Weiwei, a *performer* Marina Abramovic, a pintora brasileira Beatriz Milhazes, Jeff Koons e Damien Hirst. Aliás, Damien Hirst virou meu inimigo, pois o apresentei como o **rei da autopromoção** que só busca o lucro, com o que prejudica evidentemente sua reputação. Jeff Koons também segue o mesmo esquema, apenas de um modo um pouco mais leve.

É verdade que a liquidez do atual mercado permite que cada vez mais artistas possam viver exclusivamente do seu trabalho, o que é um dado bem positivo. Mas em arte contemporânea não há correlação entre altos preços e qualidade superlativa da arte. Isso não existe!!!"

3.4.19 – O LADO OBSCURO DOS NEGÓCIOS DE ARTE

No artigo *As cores de um mercado cinzento,* Cinthia O'Murchen, articulista do *Financial Times* (publicado no *Valor Econômico* em 17/5/2015), relatou: "No fim de fevereiro de 2015, Yves Bouvier chegou à casa de um de seus melhores clientes em Mônaco. Esperava que Dmitry Rybolovlev, o bilionário russo dono do clube de futebol AS Monaco, lhe pagasse dezenas de milhões de dólares por uma pintura de Mark Rothko recém-adquirida, a *N6 (Violet, Vert et Rouge)*. Bouvier, dono da Natural Le Coultre, uma das maiores empresas especializadas em guarda e transporte de obras de arte, já vendia para os Rybolovlev há dez anos. Com a sua ajuda, a família havia adquirido uma coleção de obras-primas no valor de US$ 2 bilhões, incluindo trabalhos de Leonardo da Vinci, Amadeo Modigliani e Henri de Toulouse-Loutrec, ou seja, segundo o próprio Yves Bouvier: '**Eles possuem agora a coleção mais linda do terceiro milênio!**'

Compradas como investimento, as obras foram então armazenadas nas amplas instalações da empresa de Bouvier, **livres de impostos**. A frutífera relação, contudo, acabou espetacularmente naquele mesmo dia de fevereiro!?!? Antes mesmo de cruzar a soleira da porta, Bouvier foi preso e depois acusado de manipulação de preços e lavagem de dinheiro pelas autoridades de Mônaco. Uma queixa havia sido apresentada semanas antes por advogados, agindo em nome do *trust fund* (é um fundo constituído por um ou vários tipos de ativos, cujos rendimentos se destinam a uma pessoa, família ou instituição) da família Rybolovlev.

Bouvier, depois de pagar uma fiança de € 10 milhões e ser liberado, disse: 'Sofri uma emboscada e fui colocado em um *gulag* (campo de trabalho forçado da antiga URSS).' A notícia da prisão de Bouvier sacudiu o mundo da arte, que se viu abalado pela disputa entre um dos operadores mais bem conectados do mercado da arte e um empresário russo que ganhou bilhões de dólares com a mineração de potássio."

Esse caso colocou em evidência como as obras de arte mais cobiçadas do mundo são compradas – muitas vezes após uma série de transações por meio de empresas em paraísos fiscais – antes de desaparecer dentro dos cofres de segurança máxima em entrepostos aduaneiros, livres de impostos – os chamados **portos francos**. Também fez emergir a questão da possibilidade de muitos negócios escusos com as obras de arte e a falta de transparência da titularidade de compradores e vendedores deixar o mercado muito vulnerável a manipulações.

Essa disputa também mostrou como vendas de obras de arte de vários milhões de dólares podem ser realizadas **sem maiores controles** e **sem contratos escritos**. Por sinal, a ascensão de Rybolovlev como colecionador destacado coincidiu com uma alta incrível no mercado de arte. Esse crescimento foi alimentado, em parte, pelo aumento constante de recém-chegados ao clube de multimilionários de países emergentes e também pela busca de ativos reais pelos investidores em uma época de taxas de juros ultrabaixos.

À medida que as obras de arte passaram a assemelhar-se a outros tipos de ativos – sendo usadas como garantias em empréstimos ou como forma de diversificar uma carteira de investimentos –, começaram a surgir argumentos para sua regulamentação da mesma forma que se faz com outros produtos financeiros. Nouriel Roubini, que é um apaixonado colecionador de arte, declarou: "O mercado de arte está propenso a abusos por meio de negócios rotineiros com informações privilegiadas. Isso porque as obras de arte são frequentemente usadas para evasão e elisão fiscal e lavagem de dinheiro. Você pode comprar algo no mercado de arte por US$ 500 mil, nem mostrar um passaporte e providenciar o embarque. Muitas pessoas vêm usando isso para lavagem de dinheiro."

Esse ponto de vista de Roubini é também o de muitas autoridades policiais, para quem a arte serve para lavar dinheiro e acumular riqueza com eficiência comprovada ao longo do tempo. Por exemplo, Rybolovlev descobriu que sua família pagou muito mais (!?!?) por um nu de Modigliani – *Nu Couché au Coussin Bleu* –, bem por acaso, quando estava em um almoço na véspera do Ano-Novo, no luxuoso Eden Roc, em Miami Beach, com o consultor de arte Sandy Heller, e aí ficou sabendo que o bilionário Steven Cohen, da SAC Capital Advisors, havia vendido aquela obra de Modigliani por US$ 93,5 milhões e o *trust fund* de Rybolovlev havia depois pago por ela US$ 118 milhões!?!? Advogados de Rybolovlev acusaram Bouvier justamente por isso e outras vendas similares, de ter ficado com as enormes diferenças, incluindo-se aí a *Salvator Mundi*, uma pintura **redescoberta** de Leonardo da Vinci, pela qual o seu *trust fund* pagou US$ 127,5 milhões.

Naturalmente, Bouvier negou todas essas acusações. Seus advogados informaram que ele realizou a transação como negociante e não como agente em nome do *trust fund* de Rybolovlev. Por sua vez, o próprio Yves Bouvier declarou: "Comprei pelo melhor preço e pude vender pelo melhor preço. Ele estava livre para escolher o preço. Se não quisesse, não tinha de comprar. Ele não é meu único cliente."

Precificar a arte é mais arte do que ciência!!!

O preço da arte é inteiramente determinado pelo momento em que **duas pessoas estão interessadas nisso**!!! Um dos principais termômetros mundiais de remuneração em arte é o Mei Moses All Art Index (MMAAI), um índice que indicou que entre 2003 e 2013 esse retorno foi de 7% ao ano!!!

Para os que têm como investir, a arte continua **atraente** e **segura** em **tempos de incerteza econômica**. E com ela vêm as vantagens tributáveis. Os portos francos – com seus armazéns gigantescos em áreas livres de impostos, como os operados por Bouvier – beneficiaram-se muito com o crescimento do mercado de arte. Eles são equipados com modernos sistemas de vigilância, controle climático, salas de exibição privadas, sendo locais muito interessantes para os colecionadores ricos, proprietários de muitas obras.

No *site* da empresa de Bouvier, a Natural Le Coultre , que opera no porto franco de Genebra (Suíça) está escrito: "**Se fosse um museu, alguns dizem que provavelmente seria o melhor do mundo.**"

Genebra constituiu seu primeiro porto franco em 1854. Esse tipo de entreposto aduaneiro tornou-se um negócio multimilionário com a entrada de negociantes como Bouvier – ele inclusive ganhou o apelido de "**rei dos portos francos**". Os portos francos tornaram-se lojas de múltiplos serviços. Galerias e empresas especializadas em empréstimos de obras de arte têm escritórios onde os clientes podem ver, comprar e vender arte. Os bens vendidos não estão sujeitos a impostos sobre o valor agregado. Não se retém imposto na fonte sobre ganhos de capital, embora os vendedores talvez devam precisar informar a autoridade tributária de seus países as suas operações.

Yves Bouvier exportou o seu conceito para a Ásia através de sua empresa Euroasia Investments. Em 2010, abriu um porto franco no aeroporto de Changi, em Cingapura. Também deu consultoria para uma iniciativa igual em Pequim e assinou recentemente um acordo para criar outro porto franco em Xangai, na China, além de ser o grande acionista do Luxembourg Freeport, aberto em 2014.

Os amantes das artes podem lamentar que belas obras fiquem escondidas em cofres, mas os que as veem como investimento argumentam que elas precisam estar armazenadas (ou guardadas) em condições imaculadas, **para preservar o seu valor**. Claro que os portos francos não gozam de boa imagem perante muitos críticos que os enxergam como possíveis refúgios para evasão fiscal e lavagem de dinheiro. É verdade que se você quiser esconder arte, então os portos francos não são um bom lugar, pois todas as empresas aí instaladas precisam manter inventários para a fiscalização pela alfândega que, entretanto, não faz o acompanhamento dos circuitos de propriedade!?!? Por exemplo, a alfândega suíça declarou através de um porta-voz: "O dever da autoridade alfandegária é assegurar que mercadorias de arte não entrem em nosso território sem o devido controle e não o de acompanhar mudanças na propriedade delas."

Se no caso de imóveis existem escrituras registradas e, mesmo se estivessem em nome de uma empresa, há uma certa condição para que se rastreie quem é o dono, já não há muita transparência sobre quem está comprando ou vendendo arte. A arte é portátil e facilmente transportada através de fronteiras. As transações podem ser intermediadas por consultores que não são regulamentados. E os consultores de arte podem ser especuladores bem espertos ou, inclusive, garotos ricos que tenham os amigos certos...

Negociantes e leiloeiros não estão sujeitos à regulamentação contra a lavagem de dinheiro, como os bancos estão, mas é crime em praticamente todos os países conduzir transações que envolvam recursos provenientes de atividades ilegais. Em 2012, o Basel Institute on Governance propôs diretrizes de autorregulação para o mundo da arte. Thomas Christ, membro do conselho do instituto e coautor das **diretrizes de autorregulação**, comentou: "Elas não estão focadas apenas na procedência dos objetos, mas também dos recursos. Queremos estancar no país o fluxo de dinheiro ilegal. Se você não autorregular, em algum momento, o Estado vai aparecer e elaborar uma lei, e isso pode não ser bom para o mercado de arte." Mas, até agora, esses esforços não deram em nada... Ter problemas com a lei ou vender inadvertidamente arte falsa ou roubada traz riscos devastadores para reputações. As casas de leilão Christie's e Sotheby's têm por isso mesmo grandes departamentos para verificação de conformidade de normas, que realizam investigações sobre clientes e conferem a procedência e a autenticidade das peças. Mas nem todos os envolvidos no comércio de arte têm os meios ou a vontade de realizar as investigações apropriadas.

Cynthia O'Murchen citou em seu artigo: "Há casos notórios que prejudicaram a reputação do mercado. Esse é o caso do ex-banqueiro brasileiro Edemar Cid Ferreira, condenado por lavagem de dinheiro e fraude bancária, que acumulou muitas obras de arte no valor de milhões de dólares, incluindo *Hannibal*, de Jean-Michel Basquiat (1960-1988). Essa pintura, no valor de US$ 8 milhões, foi contrabandeada para os EUA com um formulário alfandegário em que o valor declarado do conteúdo foi de US$ 100.

O consultor de arte alemão Helge Achenbach foi sentenciado em março de 2015 a seis anos de prisão por falsificar faturas e cobrar sobrepreço de Berthold Albrecht (1954-2012), um magnata dos supermercados, em pinturas, esculturas e outros clássicos.

Outro caso foi o do advogado norte-americano Marc Stuart Dreier, condenado em 2009 por fraude com valores mobiliários, que tinha entre seus ativos mais de 200 obras de arte, incluindo um Picasso e obras de Andy Warhol."

Para alguns especialistas, o problema dessas fraudes não está especificamente nas peculiaridades do mercado de arte. **O fluxo de recursos é a grande questão**!!! A propriedade de obras de arte, muitas vezes, se dá por intermédio de empresas em paraísos fiscais. Para alguns, isso traz sigilo, para outros, é uma forma de economizar com impostos ou estruturas de divisão de herança. Assim, por exemplo, as transações entre Bouvier e Rybolovlev foram feitas por meio de empresas registradas em paraísos fiscais. Duas empresas nas ilhas Virgens Britânicas – Xitrans Finance e Accent Delight International, em nome de um *trust fund* de Chipre, entre cujos beneficiários estava Ekaterina, filha de 25 anos de Rybolovlev – compraram as obras de arte por meio da Mei Invest, empresa de Bouvier em Hong Kong. Essa estrutura impediu (até agora) que a ex-mulher de Rybolovlev, com a qual ele está em um uma intensa batalha de divórcio, reivindique para si algumas dessas valiosas obras de arte!!! Em 2014, Elena Rybolovlev conseguiu um acordo recorde de quase US$ 4,2 bilhões.

Aqui no Brasil, apesar de ser em uma escala monetária bem menor, também temos a lavagem de dinheiro por meio de obras de arte. O desembargador Fausto Martin De Sanctis, que ficou conhecido por conduzir o caso do ex-banqueiro Edemar Cid Ferreira, que também foi detentor de uma coleção de arte milionária, destacou no seu livro *Lavagem de Dinheiro por Meio de Obras de Arte*: "O uso de obras de arte é uma brecha fértil para a criminalidade organizada. É preciso que o Brasil se preocupe bem mais com essa questão. Nos EUA, segundo o FBI (a agência federal de investigação norte-americana), crimes envolvendo aquisição de obras de arte com a finalidade de lavagem de dinheiro movimentam mais de US$ 6 bilhões por ano. Mas lá existe o Art Crime Team (ACT) e nos diversos países da Europa há uma polícia especializada em investigar crimes relacionados, inclusive a aquisição ilegal. Mas, no Brasil, não temos nada disso, por isso o setor tem sido atrativo para criminosos em termos internacionais. Há casos de traficantes de drogas adquirindo arte, criminosos do colarinho branco, e aí entra a **corrupção**. Isso porque é um setor caracterizado pela confidencialidade, pela pouca transparência dos atos negociais, pela facilidade com que se paga em espécie e não há regulamentação, a não ser uma autorregulação de ética discutível. Assim, até as casas de leilão e as galerias de arte consagradas no exterior não estão livres do crime. Algumas, inclusive, se oferecem para servir de depósitos de arte. Uma obra de arte pode ficar escondida muito tempo. Ela pode ser de um colecionador ou investidor, como também de um criminoso. No caso de um criminoso, ele pode usar esses serviços para ocultar o seu dinheiro em forma de arte e evitar que seja alcançado pela Justiça. Por isso é fundamental um controle mais rigoroso das atividades dos chamados *art dealers*, negociadores ou intermediários do mercado da arte. Quando as pessoas vão às galerias e adquirem normalmente as obras, a documentação exigida é formal, como nome, endereço e profissão. Entretanto, não há preocupação sobre a origem do dinheiro que será usado na compra. Nem mesmo a forma de pagamento é controlada. **Na verdade, é facilitada!!!** As galerias costumam aceitar até pagamentos de terceiros. Podem ser feitos também com transferências de recursos de *off-shores*!?!?"

Por outro lado, o procurador da República, Rodrigo de Grandis salientou: "Milhões de reais podem ser transportados no porta-malas de um carro, correspondendo ao valor das obras de arte aí colocadas. Ao contrário do sistema financeiro, em que há alguma **fiscalização**, no mercado artístico ela é frágil.

Em mais de dez anos de experiência, nunca vi um relatório do Conselho de Controle de Atividades Financeiras (Coaf) produzido a partir de uma **comunicação de galeria de arte**!!! E no Brasil existe a lei de lavagem de dinheiro que regulamenta o mercado de obras de arte. Há uma resolução do próprio Coaf que determina a comunicação de operações suspeitas tanto de pessoa física quanto jurídica. Os números do Coaf, órgão vinculado ao ministério da Fazenda, mostram que as **comunicações** de transações financeiras atípicas ou suspeitas envolvendo artigos de arte são poucas, ou seja, de 1998 a 2014, em quase 17 anos foram **68 no total**.

É fundamental a adoção de um mecanismo eficaz de controle de negócios com obras de arte. Nesse sentido, acredito que devia se estabelecer uma cadeia de domínio em órgão de regulamentação. Algo semelhante a quando alguém compra um carro usado, e todos os proprietários que o antecederam constarem da base de dados do departamento de trânsito."

Para os representantes do comércio de arte, essa sequência seria difícil de estabelecer e poderia até criar uma certa confusão. Em 2015, houve no Brasil dois casos muito interessantes que deram a ideia de que o proprietário de obras de arte as recebeu de alguém como propina. Um desses casos pode ser sido o ex-diretor de Serviços da Petrobras, Renato Duque, preso e acusado de corrupção e lavagem de dinheiro. Em 16 de março de 2015, a Polícia Federal (PF) apreendeu 131 obras de arte em sua residência, no Rio de Janeiro, durante uma fase da operação Lava Jato. O juiz Sérgio Moro, titular dos processos penais da Lava-Jato na Justiça Federal do Estado do Paraná determinou: "Considerando o aparente profissionalismo na prática da lavagem de dinheiro e que, por conseguinte, é razoável concluir que pode-se tratar de produto do crime lavado, autorizo a apreensão destes bens." Aliás, a mesma força-tarefa, quando deflagrada em 17 de março de 2014, descobriu obras de arte e joias em endereços do doleiro Alberto Youssef, personagem central da investigação federal.

Alguns leiloeiros e *marchands* consultados sobre quanto valem as obras apreendidas na casa de Renato Duque, chegaram a afirmar que não eram valiosas por se tratarem na maioria de **reproduções** e **gravuras**. Elas passaram por peritagem na PF, que depois confiou a sua guarda e sua manutenção ao museu Oscar Niemeyer, em Curitiba. A instituição, inclusive, exibiu ao público 48 obras das apreendidas na operação Lava-Jato, mas com a ressalva pela sua assessoria de imprensa de que não cabe a ela questionar ou proceder à avaliação de autenticidade e a peritagem das peças!?!?

De um modo geral, as galerias de arte do Brasil descartam o seu envolvimento em negociações fraudulentas porque não temos ainda artistas com obras supervalorizadas. O maior valor atingido por um artista brasileiro em leilão (da Bolsa de Arte em 2013) foi de US$ 2,25 milhões pela obra de Lygia Clark (1920-1988), arrematada por um norte-americano; para artista vivo, o valor é de US$ 2,1 milhões para a tela *Meu Limão*, de Beatriz Milhazes, em leilão 2012 da Sotheby's em Nova York.

3.4.20 – OS CHINESES FAZEM RÉPLICAS DOS GRANDES MESTRES

➤ **Imagine ter uma pintura de Picasso, Gaugin, Monet ou Van Gogh na sua sala!?!?**

Não uma impressão sobre papel, mas um óleo sobre a tela!!!

Pois para quem não tem milhões de dólares para comprar as obras autênticas, não importa se isso seja uma réplica delas, executada por talentosos artistas chineses, não é?

O país dos grandes números e das cópias não ficou atrás no quesito pinturas e produz, em um só lugar, **cerca de 60% das reproduções de arte do mundo**!!! Dafen, intitulado o bairro da pintura a óleo, na periferia de Shenzhen, uma grande cidade no sul da China, reúne em torno de **5.000 artistas**. Essa região é repleta de lojas, ateliês e galerias – onde são pintadas e vendidas cópias de pinturas dos grandes mestres tanto das artes ocidentais quanto da arte chinesa.

O cineasta chinês de Hong Kong, Loh Yeuk Sun, que fez o documentário *Affordable Art* (*Arte Acessível*) disse: "É surpreendente ver tantos pintores nas ruas de Dafen ou do lado de fora das galerias aí instaladas, desenhando a óleo com grande habilidade e eficiência. Aquilo me fez pensar se existe arte naquelas cópias profissionais. Quando conversei com eles, percebi que a maioria daqueles pintores ama tanto pintar que extrai satisfação no processo, mesmo que seja apenas uma imitação vendida por preços baixos."

Em Dafen, pode-se encomendar *on-line* para as mais diversas galerias quaisquer obras de arte – como uma réplica dos girassóis de Van Gogh – por cerca de US$ 100 e elas são enviadas para quaisquer países do mundo!!! Aliás, na cidade de Shenzhen há outras coisas incríveis, como o parque Window of the World (em tradução livre "Janela do Mundo"), semelhante a um ou-

"Artistas trabalham em uma oficina de Dafen, onde produz-se cerca de 60% de todas as reproduções de pinturas do mundo."

tro parque menor, próximo de Pequim e que serviu de cenário para o filme *O Mundo* (2004), de Jia Zhang-ke. Esse espaço de Shenzhen foi aberto em 1994 e reúne cerca de 130 reproduções em tamanho reduzido de marcas de diferentes lugares do mundo, como o Taj Mahal (Índia), as pirâmides do Egito e a torre Eiffel, em escala 1:3. Quem visita esse parque sai com a ideia de que visitou o mundo...

Dafen, em 2004, foi elevada a **modelo de indústria cultural**. Na ocasião, o governo chinês estava respondendo a acusações de violações de direitos autorais do Ocidente e alegou que graças às **habilidades de imitação dos artistas** de Dafen, consumidores de todo o planeta podiam ter acesso ao mundo da grande arte como contou Winnie Won Yin Wong no seu livro *Van Gogh on Demand: China and the Readymade* (em tradução livre *A Demanda por Van Gogh: A China e a Réplica Perfeita*). O livro dessa professora da Universidade da Califórnia, em Berkeley, partiu do caso de Dafen para investigar a relação entre a apropriação chinesa da cultura ocidental e a construção no imaginário do Ocidente de uma China que representa o mimetismo (camuflagem ou imitação) por excelência.

A cópia como método de aprendizagem, comum nas academias de artes no mundo todo, **faz parte da cultura chinesa e de sua pedagogia**, ligada ao pensamento de Confúcio, para quem copiar é um exercício de humildade, um grande valor de seus ensinamentos. No bairro dos pintores, donos de oficinas contratam e treinam **centenas de aspirantes a artistas e camponeses que abandonaram o meio rural**, mudando-se para Shenzhen, uma das Zonas Econômicas Especiais (ZEEs) do país. Loh Yeuk Sun explicou: "Com exceção daqueles que frequentaram escolas de artes nas grandes cidades, muitos dos pintores não estão interessados nos artistas das pinturas originais e não têm conhecimentos sobre esses personagens. Eles estão preocupados com o tamanho da pintura, porque é o tamanho que determina o preço.

Desde 2008 existe na China um órgão fiscalizador de violação de direitos autorais em Dafen. Como Dafen está muito próximo de Hong Kong, isso permite a muita gente que vive nessa região ter ligações com a pintura desde o século XVIII, mas o surto crescente de "oficinas" repletas de pinturas aconteceu no final dos anos 1980.

Surgiu uma demanda de pinturas para exportação para a Europa no sul da China desde a década de 1760, com o que o governo chinês criou uma narrativa oficial de "fundação" de Dafen, que remete a somente um homem: Huang Jiang, um negociante de Hong Kong que fundou "a primeira" oficina de pintura em Dafen, em 1989.

A região conheceu o auge da fama e das vendas no período de 2006 a 2008, exportando cerca de US$ 193 milhões. Porém, a região sentiu as consequências da crise financeira que atingiu os EUA e os países da Europa a partir do final de 2008, pois aí estavam os maiores compradores de suas reproduções.

A maioria dos quadros vendidos em Dafen era para decoração de ambientes, não apenas de casas, mas de hotéis e centros de compras. Os seus clientes obviamente tinham algum conhecimento de arte, mas não possuíam o dinheiro suficiente para comprar obras de artistas conhecidos. Em 2012, as exportações em Dafen caíram 50%, e os proprietários das mais de 1.200 oficinas de arte tiveram de cortar seu pessoal.

Hoje, praticamente recuperada, a região dá mais atenção ao gosto local e, além de reproduções ocidentais em óleo, produz cópias de arte tradicional do país. As criações originais correspondem a cerca de **20% das vendas**. Afinal, as paredes chinesas não pararam de subir e precisam cada vez mais de quadros para serem pendurados nelas, não é?

Entretanto, ainda que a lei chinesa permita reproduções de artistas que morreram há mais de 50 anos, os quadros de Salvador Dalí, morto em 1989, por exemplo, estão entre os mais copiados. Os outros favoritos em Dafen são Monet, Van Gogh, Bouguereau, Klimt e Ivan Chichkin.

Ainda que existam pintores originais na região e copistas que realizam todas as etapas de um mesmo quadro – estes mais caros –, grande parte dos profissionais executa as tarefas como em uma **linha de montagem**. Cerca de um terço do valor da venda do quadro fica com os pintores.

Complementou Loh Yeuk Sun: "Eles encaram isso como um trabalho e o fazem para sobreviver, recebem ordens e repetem a tarefa como trabalhadores de fábricas. Mas o dinheiro que recebem é bem mais do que o salário de uma fábrica qualquer na China e as condições de trabalho também são muito melhores. Há também artistas recém-saídos das escolas de artes que, por conta da grande concorrência em Xangai e Pequim, começam suas carreiras em Dafen. Eles insistem em fazer pinturas originais, vendendo-as muitas vezes por um preço abaixo da cópia!?!?"

Destacou Winnie Wong no seu livro: "Dafen não é apenas onde são feitas 'cópias chinesas perfeitas de originais verdadeiros ocidentais' por trabalhadores explorados em más condições de trabalho (!?!?), mas um lugar que acumulou práticas artísticas eminentemente modernas e contemporâneas. Assim como os artistas conceituais, os de Dafen levantam questões centrais para a história e a teoria da arte, tais como técnica, habilidade, delegação, autoria, fotografia, gênero e participação do Estado. Aliás, os artistas chineses famosos vão para Dafen em busca do entendimento das habilidades técnicas dos seus 'pintores imitadores' para, dessa maneira, terem condição de finalizar melhor os seus próprios trabalhos antes de vendê-los pelo preço que o prestígio de seus nomes acrescenta às obras. Portanto, Dafen, atualmente, estimulou muito a discussão sobre a comercialização da arte, a identidade do artista e do pintor copista e sobre os valores da arte e de sua imitação."

Observação importante 7 – Como fazer para entender o comunismo capitalista da China?

Sem dúvida, a resposta enfática: **praticamente impossível**, principalmente pelo aumento significativo, a cada ano, de novos bilionários e grandes milionários nesse gigantesco país asiático que tem um partido só: o **comunista**!!!

Bem, aí vão dois exemplos do extravagante capitalismo comunista da China. O primeiro é o que foi dado em 9 de novembro de 2015, quando o ex-taxista Liu Yiqian arrematou no leilão da Christie's, em Nova York, a obra *Nu Couche* (*Nu Deitado*), de Amedeo Modigliani, por US$ 170,4 milhões superando o recorde anterior do artista, que teve um quadro seu vendido por US$ 71 milhões.

A obra ultrapassou as expectativas da Christie's, que esperava atingir US$ 100 milhões por esse que foi um dos últimos trabalhos da carreira tragicamente curta de Modigliani, o paradigma do pintor boêmio romântico em Paris. Essa obra, na qual se retrata uma mulher nua deitada sobre um sofá, provocou escândalo quando foi exibida pela primeira vez em Paris, em 1917. Com o valor alcançado, a obra ocupa agora o 2º lugar de mais cara do mundo vendida em um leilão, perdendo no momento só para *Les Femmes d'Alger* (Version O), de Pablo Picasso, arrematado em 2014 por US$ 179,36 milhões na própria Christie's. Mas o importante é comentar que o atual proprietário do quadro *Nu Couché* – o multimilionário chinês Liu Yiqian – fez fortuna, estimada em US$ 1,5 bilhão, como operador da bolsa.

Por meio de um *link* presencial com o leilão, Liu Yiqian conseguiu vencer, mesmo estando na China, outros cinco colecionadores que disputaram acirradamente a obra. Ele já havia batido um recorde meses atrás, quando adquiriu em um leilão da Sotheby's uma **xícara de porcelana** da dinastia Ming por US$ 36 milhões. A compra valeu-lhe muitas críticas, pois foi fotografado tomando chá nela pouco tempo depois, o que lhe valeu a alcunha de o **"magnata taxista arrogante"**.

O fato é que Liu Yiqian é um grande colecionador de arte junto com sua esposa Wang Wei, com quem abriu dois museus em Xangai, e um dos objetivos de ambos é atrair muitos visitantes aos mesmos para admirar quadros muito valiosos...

Será que é só isso que sonha esse casal na China comunista?

Mas na China há outros super-ricos que gostam de gastar muito, como é o caso do bilionário de Hong Kong, Joseph Lau, que em 2016 a revista *Forbes* colocou no 65º lugar das pessoas mais ricas do mundo com um patrimônio estimado em US$ 13,1 bilhões. Pois bem, nos dias 10 e 11 de novembro de 2015, a sua filha Josephine, de 7 anos, recebeu presentes difíceis de "classificar", pois o seu pai lhe comprou dois diamantes, um de 12,03 quilates, azul, por nada menos que US$ 48,4 milhões e um outro um pouco mais baratinho, por US$ 28,5 milhões, ambos na casa de leilões da Sotheby's, em Genebra (Suíça). Ele comprou o comprou o *Blue Moon* (*Lua Azul*) tornando-o o mais caro do mundo e em seguida o renomeou para *Blue Moon of Josephine* (*Lua Azul de Josephine*). O mais baratinho também tem um novo nome, ou seja, *Sweet Josephine* (*Doce Josephine*). E este tipo de presente do pai babão não foi algo inédito. Pois algum tempo antes ele comprou uma joia de 9,75 quilates e outra de 10,10, por € 30 milhões e quase € 8 milhões respectivamente, para a sua filha mais velha, Zoe, de 13 anos, quando mudou o nome das peças para *The Zoe Diamond* e *The Zoe Red*. Assim, ele evitou qualquer tipo de discussão mais agressiva no ambiente doméstico.

Joseph Lau é um conhecido colecionador de arte e vinho, e tem aumentado constantemente o seu acervo e as garrafas na sua adega. Por exemplo, um retrato de Mao Tsé-tung feito por Andy Warhol, que custou € 16 milhões, é dele!!!

Hoje, o que espanta é a existência de tanta gente com muito dinheiro na China, acumulado em tão pouco tempo e sendo gasto com joias ou obras de arte, não é?

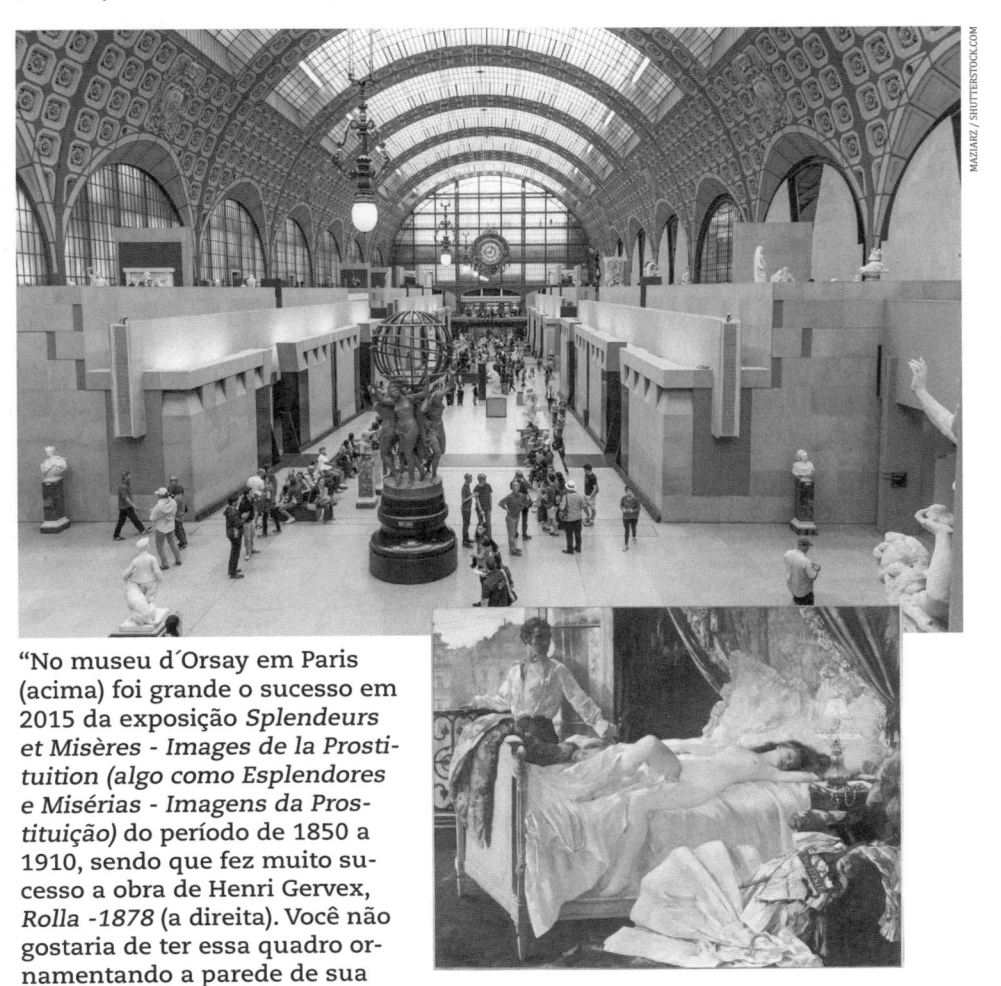

"No museu d´Orsay em Paris (acima) foi grande o sucesso em 2015 da exposição *Splendeurs et Misères - Images de la Prostituition* (algo como Esplendores e Misérias - Imagens da Prostituição) do período de 1850 a 1910, sendo que fez muito sucesso a obra de Henri Gervex, *Rolla -1878* (a direita). Você não gostaria de ter essa quadro ornamentando a parede de sua sala de jantar? Então, faça uma encomenda para algum artista de Dafen e realize o seu sonho..."

"Por que você não encomenda para os artistas chineses lá de Dafen uma 'réplica' da obra *Nu Couché*, do Amedeo Modigliani, para sua casa e assim poderá demonstrar a sua cultura sobre o valor das obras de arte, já que a original foi arrematada em 9/11/2015 na Christie´s por US$ 170,4 milhões?"

3.5
BRINQUEDOS

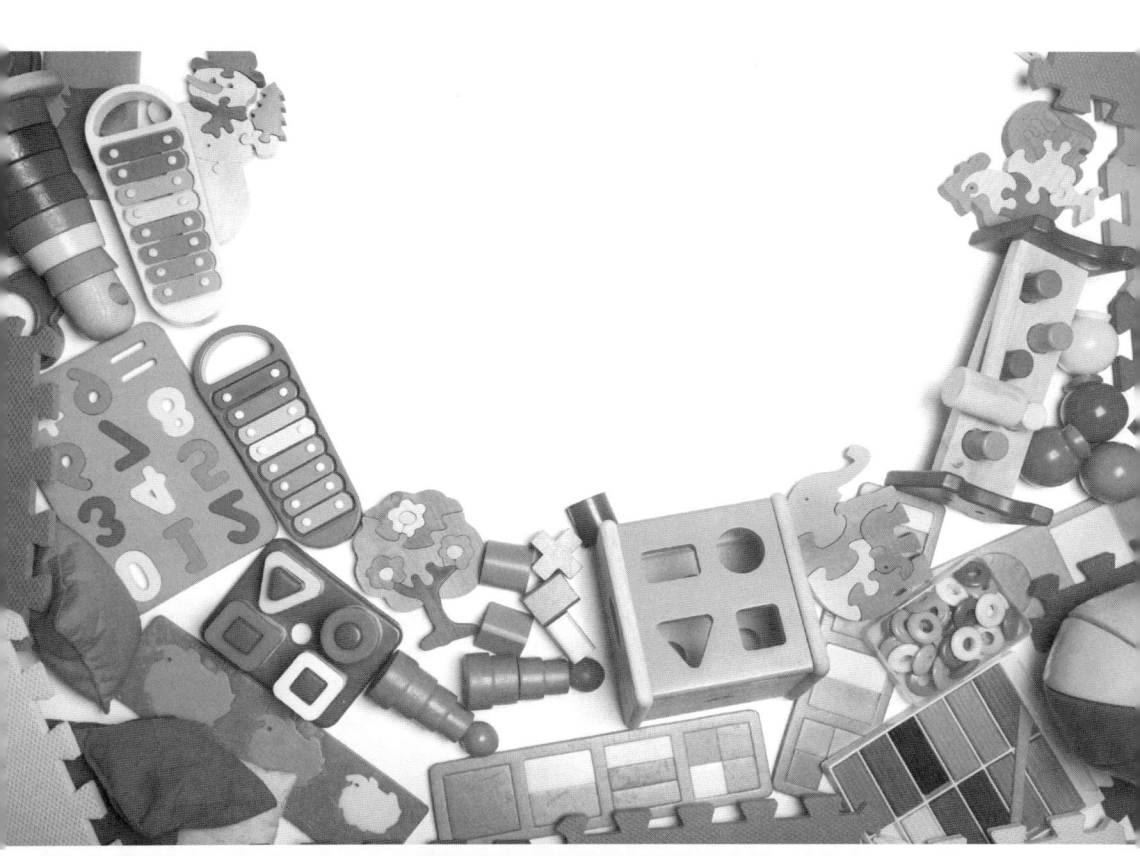

O desenho, a manufatura e a venda de brinquedos e jogos têm sido afetados pelo crescimento da TV e dos *videogames*. Um brinquedo ou jogo se qualifica para vários tipos de propriedade intelectual. O seu nome pode ter uma marca registrada (como é o caso do Lego®) e seu desenho e elementos artísticos podem ser protegidos por direitos autorais. Por exemplo, o desenho impresso de um jogo de tabuleiro como o *Monopoly* (*Monopólio*) e os personagens *Pokémon* são protegidos como uma obra artística. Mas as regras, muito embora possam parecer a alma de um jogo, **não podem ser protegidas**. Assim, a legislação britânica de patentes exclui especificamente as regras para "jogar uma partida".

3.5.1 – LEGO, O GRANDE FABRICANTE DE BRINQUEDOS

A palavra *lego* vem do dinamarquês *leg* e *godt* e pode se traduzida como "**brinque bem**". Aliás, em 1932, Ole Kirk Christiansen fundou o grupo Lego usando a contração dessas duas palavras dinamarquesa.

O sistema Lego é um brinquedo cujo conceito se baseia em partes que se encaixam, permitindo diversas combinações. As peças de plásticos que se tornaram icônicas foram patenteadas em 1958. Hoje, existem em torno de 4.200 elementos Lego diferentes, disponíveis em 58 cores, com mais de 9.000 combinações possíveis. A ideia de negócio da Lego é muito simples: você pode construir quase tudo com os seus blocos (elementos), desde um avião até um dinossauro. Aonde você vá, alguém (geralmente com mais de 20 anos...) diz que uma parte do seu sucesso profissional se deve ao fato de ter brincado com as peças Lego quando criança... Um dos fundadores do Google, Larry Page, declarou que a Lego foi a tecnologia mais importante da sua vida, porque a brincadeira com os blocos o ensinou a pensar matematicamente.

Hoje, para adquirir as competências necessárias para se dar bem no ambiente globalizado e sua constante mudança requer flexibilidade e criatividade. O uso de peças Lego pode contribuir muito também para a discussão e tomada de boas decisões, além da obtenção de resultados expressivos numa empresa.

Contudo, a marca Lego não está mais relacionada apenas a peças de plástico. Em torno de quatro bilhões de "minifiguras" diferentes foram produzidas com os elementos da Lego ao longo dessas últimas cinco décadas.

Brinquedos   315

Mas para competir com uma nova concorrência no campo do entretenimento e das brincadeiras com produtos tecnológicos do tipo dos *iPads* e os muitos *videogames*, os executivos da empresa dinamarquesa aderiram às licenças, firmando franquias populares como as que surgiram a partir dos filmes *Indiana Jones, O Senhor dos Anéis, Guerra nas Estrelas, Harry Porter* etc., com o que as suas vendas começaram a crescer novamente. Além disso, a empresa ampliou seus produtos para âmbitos mais sofisticados da Lego, direcionados a adultos – como versões elaboradas das obras icônicas de Frank Lloyd Wright (1867-1959), como *Fallingwater*, ou o museu Guggenheim de Nova York. E também entrou no jogo tecnológico em si, com o lançamento de *kits* de montagem de robótica, vendidos sob a nova marca denominada Lego *Mindstorms*®, resultado de uma longa colaboração com engenheiros do

"Você acha que esses tipos de brinquedos deveriam existir em todas as praças das nossas cidades, bem conservados e que pudessem ser usados por todas as crianças gratuitamente?"

laboratório da mídia do MIT dos EUA. Adicionalmente, o grupo Lego começou a lançar *videogames* e DVDs, alguns dos quais tornaram-se *best-sellers*.

O lucro da multinacional dinamarquesa, em 2014, foi algo em próximo de U$ 1 bilhão, com crescimento de 15% em relação a 2013, e as suas vendas aumentaram dois dígitos em todas as regiões do mundo, obtendo a Lego uma receita próxima de US$ 4,45 bilhões. Dessa maneira, a Lego se recuperou da grande crise que a empresa viveu nos anos 2003 e 2004 que quase a levou a falência...

É importante destacar as quatro inovações que têm ajudado a Lego ampliar seu negócio. Inicialmente, a **rede de acordos de licença** com empresas cinematográficas importantes, o que possibilitou a criação de conjuntos de brinquedos espetaculares. Em segundo lugar, a oferta de seu **sistema de produtos diferentes**, em especial aos *kits* de montagem de robótica. Em terceiro lugar, ampliou-se a experiência com os seus novos parceiros, ou seja, houve um **incremento de canais**.

A loja *on-line* da Lego vende conjuntos bem caros que podem chegar a US$ 300, como é o caso do *Death Star*, do *Guerra nas Estrelas*, ou uma versão Lego de Villa Savoye, criada pelo famoso arquiteto Le Corbusier. Varejistas importantes norte-americanos como Toys "R"Us e Target, oferecem a principal linha de montagens Lego, ao passo que determinados itens exclusivos são só oferecidos nas lojas de varejo especiais da própria empresa e em outros canais dirigidos especialmente ao consumidor.

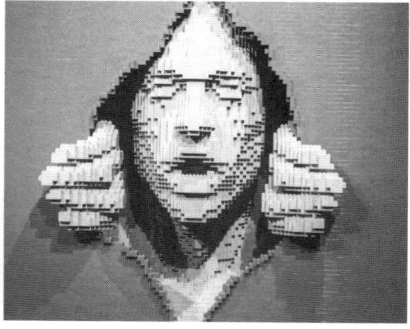

"Aí estão algumas esculturas feitas com blocos Lego pelo artista Nathan Sawaya, que o tornaram requisitado no mundo todo, para fazer essas obras."

Finalmente, foi importante a **criação dos parques** construídos com peças Lego, sendo que o Legoland Billund foi aberto em 1968 e rapidamente se tornou a grande atração turística dinamarquesa, a mais popular, excluindo-se aquelas que existem na capital Copenhague. A Lego teve problemas com alguns parques, mas um sexto parque foi aberto na Malásia em 2012. Hoje, os parques pertencem e são operados pelo grupo Merlin Entertainments, sob a licença da Lego.

No interessante livro *Peça por Peça*, David C. Robertson e Bill Breen descrevem como ocorreu a fundação da Lego, seus problemas e principalmente como a companhia redefiniu o conceito de inovação e dessa maneira recriou a indústria mundial de brinquedos. O bloquinho da Lego realmente permite montar qualquer coisa que a imaginação humana possa conceber

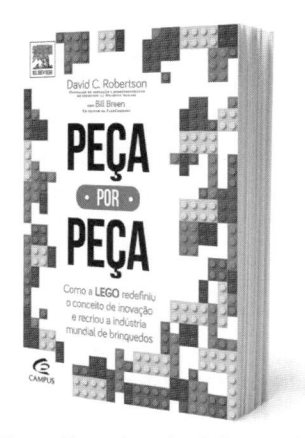

"Um livro incrível de David C. Robertson e Bill Breen sobre a evolução do brinquedo mais popular do mundo, que permite às pessoas 'construírem' edificações, como uma réplica da basílica de São Pedro."

e é bom que a empresa continue a prosperar, porque um mundo em que a Lego exista é um pouco mais inteligente, um pouco mais criativo e muito **mais divertido**!!!

Sea Cow, o novo navio do capitão Barba de Ferro no filme *Uma Aventura Lego*, e os conjuntos de montar das séries *Jungle Tree Sanctuary* e *Arctic Base Camp* foram os produtos que levaram a Lego a obter um recorde de vendas e lucros em 2014, firmando sua posição de ser a **fabricante de brinquedos mais lucrativa do mundo!!!**

Pois é, essa empresa familiar dinamarquesa produziu mais de 60 bilhões de blocos em 2014. Desde o início de sua produção, estima-se que foram produzidos 760 bilhões de peças, incluindo aí 5 bilhões de bonecos. A Lego estima que, em média, cada pessoa do planeta possui em sua casa cerca de 103 de seus "tijolos".

Nos últimos anos, as indústrias de brinquedos de todas as partes do mundo vêm lutando contra a preferência das crianças por *tablets* e *smartphones* em detrimento dos brinquedos tradicionais. Mas a Lego vem se valendo também de *videogames* e **aplicativos** para lutar contra essa tendência, registrando um crescimento muito maior que o do mercado de brinquedos como um todo.

Observação importante 1 - A Lego reafirmou sua liderança mundial no setor de brinquedos no primeiro semestre de 2015, recuperando a posição que estava nas mãos da Mattel, fabricante norte-americana de produtos como *Barbie* e *Hot Wheels*.

De janeiro a junho de 2015, as vendas da fabricante dinamarquesa subiram 23%, para US$ 2,1 bilhões, ante queda de 5% na Mattel, para US$ 1,9 bilhão. A Hasbro, fabricante de brinquedos como *Transformers, Monopoly* e *My Little Pony*, teve um leve aumento de vendas de 0,2%, para US$ 1,5 bilhão. A disparidade nos lucros é ainda mais notável. O lucro operacional da Lego subiu 27%, para US$ 700 milhões, ante o prejuízo de US$ 54 milhões para a Mattel e lucro de US$ 130 milhões na Hasbro. O sucesso de linhas de produção como sua coleção de *Guerra nas Estrelas* e do filme *The Lego Movie*, em 2014, permitiram que ela contrariasse a tendência declinante do setor.

Os fabricantes de jogos tradicionais enfrentam dificuldades para atrair as crianças, que cada vez mais optam por **jogos digitais**. A Lego respondeu lançando dezenas de *videogames* (veja neste capítulo a seção 3.18) e outras experiências digitais. Uma das maiores – o *Lego Dimension, videogame*, que permite que as crianças importem figuras como as de Batman, Bart Simpson e Gandalf – foi lançada em setembro de 2015.

O vice-presidente da Lego, John Goodwin, explicou: "Estamos sempre tentando levar adiante as fronteiras do digital para continuarmos presentes em qualquer ambiente no qual as crianças desejem brincar. Claro que é o segundo semestre do ano, especialmente as semanas anteriores ao Natal, é que são decisivas para os fabricantes de brinquedos, e a Lego espera se beneficiar com o novo filme da série *Guerra nas Estrelas – O Despertar da Força*, no final de 2015.

A nossa companhia tem lançado mais de 300 novos conjuntos por ano e planejamos ofertar diversos produtos de nossas séries *Ninjago* e *Elves*. Também estão nos nossos planos calendários natalinos baseados nas linhas *Guerra nas Estrelas, City* e *Friends*."

* * *

Observação importante 2 – Não faz muito tempo, em uma galáxia não muito distante, os brinquedos derivados dos filmes da saga *Guerra nas Estrelas* eram pedaços de plástico sem vida. Isso mudou em setembro de 2015, quando foi lançado o brinquedo chamado *BB-8*, um robô de verdade que pode andar por toda a casa, como um parceiro mecânico, que todo fã da série sempre sonhou ter. Na realidade, o *BB-8* é o personagem mais fofo já visto no novo filme *Guerra nas Estrelas — O Despertar da Força*, sendo o sucessor espiritual do robô *R2-D2*, apesar dos dois robôs possuírem uma cabeça semelhante. O *BB-8* emite engraçados sinais sonoros enquanto sua cabeça flutua sobre o seu corpo em forma de bola, que gira de maneira ruidosa.

A versão de brinquedo do *BB-8* é bem menor, quase do tamanho de uma bola de beisebol (combinando perfeitamente com os bonecos de ação de *Guerra nas Estrelas* de cerca de 30 cm). Ele foi criado pela Sphero, uma *start-up* que fabrica robôs, que também produz bolas programáveis via controle remoto com o mesmo nome da empresa novata. Assim como a bola *Sphero*, o *BB-8* pode ser conduzido por meio de um aplicativo no *smartphone* (disponível para *Android* e *iOS*) e usa giroscópios e motores para ser impulsionado para frente, para trás e para os lados a uma velocidade de até 8 km/h.

O *BB-8* nasceu da boa e velha sorte de Hollywood, quando em 2014, o diretor-presidente da Disney, Robert Allen Iger, mostrou uma fotografia do supersecreto personagem *BB-8* para os executivos da Sphero, então fazendo parte de um programa patrocinado pela Disney junto a *start-up*.

"O incrível robô *BB-8*!!!"

"Seria possível fazer uma versão da bola *Sphero* existente com uma cabeça que permanecesse no topo enquanto ela girasse?", perguntou Iger aos dirigentes da Sphero.

E a resposta foi: "**Sim!!!**"

Ele também perguntou para a diretora sênior de *marketing* da Sphero, Kelly Nyland, como a empresa conseguiu uma maneira de manter a cabeça sempre no topo da esfera giratória. Ela respondeu: "A cabeça se prende ao corpo giratório através da **força magnética**. Assim, se uma criança peralta arrancar a cabeça do *BB-8* (ou se ela cair acidentalmente depois de bater em uma parede), não se deve preocupar muito, pois ela poderá ser colocada no lugar perfeitamente..."

Além de conduzir o *BB-8* como um carro de controle remoto, o seu "proprietário" poderá ativar alguns dos seus recursos já programados, como enviá-lo para patrulhar seu ambiente no piloto automático!!! Como ele não pode ver, não deve ser colocado perto de escadas, e quando bate nos móveis, acaba parando e depois pode tomar um caminho diferente. Caso seja ativado o seu "módulo diversão", ele dança um pouquinho... É possível dar-lhe ordens através do microfone de seu *smartphone*. Dessa maneira, se você gritar: "**É uma armadilha!**", ele vai se mover rapidamente. Ele entende outros comandos, como: "Acorde", "Olhe ao redor", desde que se diga primeiro "OK, *BB-8*."

Por enquanto, esses comandos estão em inglês, mas provavelmente serão também disponibilizados em outras línguas à medida que as habilidades do *BB-8* forem aumentando com o tempo por meio do aperfeiçoamento do seu *software*.

Nesse brinquedo, tudo gira em torno da pequena "cabeça". O *BB-8* tem tanta versatilidade ao se deslocar, girar e de vez em quando se esforçar para manter sua cabeça erguida, como uma pessoa que bebeu demais, que é difícil alguém não se apaixonar por esse brinquedo!!!

3.5.2 – O SUCESSO DE *HELLO KITTY*

Um outro exemplo de brinquedo fantástico em termos de **permanência** do seu sucesso é, sem dúvida, a gatinha sem boca *Hello Kitty*, criada em 1974, sendo uma personagem resistente da cultura de massa, que atraiu várias gerações.

Muitas cantoras famosas como Lady Gaga, Avril Lavigne, Katy Perry, Nicki Minaj, Mariah Carey e Lisa Loeb, entre outras, sabem que vestir-se de *Hello Kitty* e apresentar-se num *show* no Japão é garantia de sucesso, sendo que o mercado fonográfico daquele país movimentou em 2014, US$ 4,6 bilhões. É por isso que ao longo de muitos anos, todas elas reafirmaram seu amor pela felina de cara redonda em entrevistas, eventos fotográficos e, no caso de Avril Lavigne, nas letras de músicas. O CD da cantora e compositora canadense Avril Lavigne, que leva seu nome e foi lançado em novembro de 2013, tem uma faixa *tecno-pop* intitulada *Hello Kitty*.

"*Hello Kitty,* continua tendo grande sucesso entre as crianças."

Claro que para a mantenedora corporativa de Kitty-chan – a empresa de produtos e comercialização de licenças de personagens Sanrio – ter celebridades mundiais, nenhuma das quais uma divulgadora paga, se curvando perante a sua principal marca é uma dádiva dos céus!!! Aliás, as sólidas vendas e o crescimento de dois dígitos de lucro operacional da *Hello Kitty* contribuíram para que as ações da Sanrio subissem 70% em 2013, e dessa maneira transformaram seu fundador Shintaro Tsuji num dos executivos mais ricos do Japão, com uma fortuna pessoal de cerca de US$ 1 bilhão, de acordo com as estimativas da Bloomberg.

O fato é que a *Hello Kitty* (que no Japão constitui o visual *kawaii*) vende muito em todas as partes do mundo e não por acaso muitas cantoras populares sabem que o "brilho de uma bonequinha sem boca" pode garantir o seu sucesso no mercado fonográfico!!!

Então, por que não enaltecê-la?

Você acha que *Mother Monster* (o apelido autoatribuído de Lady Gaga) combina com *Hello Kitty*?

3.5.3 – NÃO ESTÁ FÁCIL SOBREVIVER NOS NEGÓCIOS COM BRINQUEDOS

No decorrer de 2015, Nova York perdeu duas lojas icônicas de brinquedos que atraíram muitos turistas, a FAO Schwarz e a Toys "R" Us da Times Square. E esse problema está acontecendo em muitas outras grandes cidades, como Londres, Paris e Buenos Aires, que abrigam lojas que vendem brinquedos incríveis e, inclusive, objetos históricos, muitas vezes exclusivos e feitos à mão, capazes de atrair gente de todas as idades. Mas Nova York, em particular, ainda conta com muitos estabelecimentos incríveis para quem quer comprar brinquedos para crianças ou se lembrar da própria infância.

Atualmente, os aluguéis nas principais áreas turísticas da cidade, como a Times Square e a região em torno do Rockefeller Center – ambas no centro de Manhattan –, pode-se afirmar, são **astronômicos**. É por isso que o roteiro turístico de Nova York ficou mais enxuto, pois duas das principais megalojas de brinquedos da cidade, a Toys "R" Us da Times Square e a centenária FAO Schwarz, fecharam suas portas, prejudicadas pelo custo do aluguel.

Para manter uma roda-gigante de 18 m de altura e um tiranossauro animado de 6 m, a Toys "R" Us ocupava 10 mil m² na Broadway. Quando a construção dessa loja foi anunciada, em 2000, a empresa concordou em

"Infelizmente, essa centenária loja de brinquedos, a FAO Schwarz, na Quinta Avenida, em Nova York, não existe mais!?!?"

pagar US$ 12 milhões por ano pelo espaço. Hoje, segundo a Cushman & Wakefield, responsável pela comercialização do imóvel, ele vale o **dobro disso**. Um corretor de imóveis comerciais de Nova York comentou: "É verdade que os preços dos aluguéis dos imóveis aqui na cidade dispararam, mas não consigo pensar em uma marca (empresa) que possa pagar por espaços tão grandes como é o caso da Toys "R" Us."

O contrato de aluguel da loja venceu no início de 2016 e por isso foi necessário deixar o local. De acordo com a administração da Cushman & Wakefield, esse espaço todo será dividido em lojas menores, pois não se tem mais um locatário que possa pagar sozinho por ele. Ainda é possível, no entanto, visitar outras lojas da Toys "R" Us em Nova York, com 15 unidades espalhadas por Manhattan, Bronx, Brooklyn e Queens.

No caso da FAO Schwarz, a mais antiga loja de brinquedos da cidade, a perda foi bem maior. Ela estava naquele famoso endereço na Quinta Avenida, onde mantinha o piano em que Tom Hanks dançou no filme *Quero Ser Grande* (1988), o único da marca nos EUA, e fechou suas portas em julho de 2015.

Além da elevação dos custos do aluguel, as marcas de brinquedo estão sofrendo com a concorrência de lojas *on-line*, que oferecem o conforto de não ser preciso ir até algum local e além disso, descontos maiores. A F.A.O. Schwarz chegou a ter 40 lojas nos EUA, todas fechadas nos últimos anos, isso porque elas só tinham grande volume de vendas durante poucas épocas do ano. O que era pior, as pessoas as visitavam e ficavam alucinadas com os novos brinquedos exibidos, passeavam nelas e **deixavam para comprá-los depois pela Internet!!!**

Brinquedos artesanais, bonecas de pano e blocos de madeira coloridos são a atração na Acorn, uma alternativa para as lojas famosas de Manhattan. Localizada no Brooklyn, ela não tem **brinquedos eletrônicos**. A sua proposta é resgatar brincadeiras das gerações pré-Internet, com destaque para as tendas de tecido e madeira, uma ideia para substituir as cabanas de almofadas e lençóis. Nessa loja, como a maior parte dos brinquedos é feita à mão, a média de preços é alta.

No famoso Rockfeller Center, os dois andares da Lego Store atraem adultos e crianças, lotando em todos os dias da semana. Uma maquete feita de Lego retrata as centenas de turistas que circulam por ali. A maior atração é o *Pick-A-Brick Wall*, em que se podem encher baldes com peças por até US$ 15,99. Na torre *Build-A-Mini*, a proposta é montar bonequinhos que se pareçam com a própria pessoa.

Para os órfãos da F.A.O. Schwarz, existe em Nova York uma grande loja da Disney, em dois andares em um local privilegiado, na Times Square, que parece um castelo repleto de vestidos de princesas, bichos de pelúcia e bonecas, além de bonecos falantes do *Buzz Lightyear*. A decoração dá o tom de contos de fada: nas escadas, a iluminação imita o *show* de lanternas do filme *Enrolados*. No faltam, é claro, os produtos de *Frozen*.

Voltada para colecionadores e aficionados pela cultura, tem-se em Nova York, a loja Toy Tokyo, que importa quase todo o seu catálogo do Japão e de Hong Kong. Vale a pena dispor de um tempo para pesquisar o acervo, que tem até uma boneca de Hillary Clinton. Os bonecos da linha *Pop!*, da Funko, transformam em *toy art* personagens como Walter White, de *Breaking Bad*, e podem ser comprados a preços mais acessíveis que em outras lojas!!!

Em Londres está a Hamleys, que divulga ter direito ao título de **loja de brinquedos mais antiga do mundo** – foi fundada em 1760 e se mudou para a rua onde está hoje em 1881. Os seus sete andares abrigam 50 mil brinquedos, que atraem quase 6 milhões de turistas por ano. E vale a pena

"Quem for a Londres e quiser levar um brinquedo criativo e atraente, não pode deixar de ir a Hamley's."

visitar todos os andares, desde o térreo, que abriga pelúcias (aí está o ursinho britânico *Paddington*) até o último andar, onde o costume é tirar foto com a família da rainha em tamanho real feita de blocos de Lego. Os seus vendedores sempre estão fazendo algo divertido, como tocar pianos gigantes com os pés ou pilotar brinquedos de controle remoto.

O mercado de Covent Garden, fundado em 1830, é uma atração em si, mas subir a escada do número 44 até a Benjamin Pollock's, que vende miniaturas de teatro de papel para montar desde 1856, torna-se algo como chegar para valer a outra época. Há 30 modelos à venda, sempre acompanhados de um roteiro. O mais vendido é o *Pantomima*, com a Cinderela, que não precisa de cola ou tesoura para ser montado.

Esse espaço é apinhado de preciosidades como reproduções de caixas de músicas dos anos 1960, marionetes e fantoches. Lá são vendidos também jogos de tabuleiro *vintage* e edições especiais de livros como *Peter Pan*.

Hoje, a maioria dos brinquedos é fabricada por empresas que reproduzem com exatidão brinquedos de outros tempos. Há ainda em Londres uma filial da loja Sylvanian Families, uma das duas da marca no mundo (a outra fica no Japão, onde o brinquedo surgiu, em 1985). Próximo ao estádio do Arsenal, o espaço abriga várias prateleiras com 68 famílias de pequenos animais de plástico flocado (técnica que dá textura parecida com a do veludo) e seus detalhados móveis, comércios e casas. É impossível não se impressionar com os mostruários e, principalmente, com o minimundo no centro da loja. Alguns clientes contentam-se com a aquisição de um bichinho e sua minigeladeira, que vem com miniaturas de leite, caixas de ovos etc. Outros já podem gastar mais e adquirem um impressionante hotel, um brinquedo para as "famílias". Não há quem resista a uma família inteira (pai, mãe e dois filhos, de coelhos, gatos, ursos e dezenas de outros animais) que custa algo próximo de £20; já um conjunto de móveis para montar o cômodo de uma casa custa por volta de £ 25.

Em Paris, encontrar um **presente original e criativo** para as crianças não é tarefa das mais complicadas. Basta ficar longe de grandes redes, como a Oxybul, que tem 17 lojas na região metropolitana, e da La Grande Récré, com 11 unidades – que vendem o *default* ("trivial") e enveredar pelas lojinhas de brinquedos artesanais ou exclusivos.

Existe pelo menos uma boa opção em praticamente todos os bairros da capital francesa. Elas trabalham com carrinhos de madeira, bonecas e bichinhos de pano, miniaturas perfeitas e jogos de antigamente. Nesses espaços, as coloridas vitrines são geralmente tomadas por "heróis" de acento local, como a família *Barbapapa*, inspirada no desenho animado dos anos 1970, *O Pequeno Príncipe*, criado pelo francês Saint-Exupéry em 1943, e o elefantinho *Babar* e o desenho animado da década de 1990. Só não espere cruzar com *Barbie* e *Ken*: o casal norte-americano é uma espécie de *persona non grata* na maioria desses endereços.

Criada em 1910, a Vilac é uma das lojas de brinquedos mais antigas de Paris, alojada dentro do Palais Royal, palácio de 1628, vizinho ao museu do Louvre. Na sua vitrine, estão reunidos os "super-heróis" do espaço: bonecos e jogos inspirados nos desenhos animados da família *Barbapapa*, do elefantinho *Babar* e dos pequenos ursos marrons. Peças exclusivas, de marca própria, ocupam as prateleiras internas, nas quais se destacam aviões e carrinhos de madeira, de diferentes tamanhos – incluindo os "gigantes", para as crianças bancarem o motorista. Há uma variada oferta para os menorzinhos, de dois e três anos, de *jouets à tirer*, bichinhos e palhaços com rodinhas e barbante. Também possui a maior coleção da *Petitcollin*, delicada boneca feita pela única fabricante francesa que sobreviveu à invasão chinesa, além de brinquedos inspirados em artistas plásticos como o norte-americano Keith Haring (1958-1990).

Um tesouro "guardado" em uma charmosa galeria de Paris é a loja Pain d'Épices, que é um paraíso para aqueles que amam miniaturas. Casas, carros, instrumentos musicais, animais, utensílios, alimentos e outros milhares de objetos são reproduzidos à perfeição, com detalhes delicados.

As miniaturas não são as únicas boas opções do endereço, que se dedica também a brinquedos *vintage*. À venda, há versões de jogos com mais de 700 anos, como o *Échelle de Jacob,* formado por pequenos blocos de madeira coloridos. Destacam-se ainda as criações da marca francesa Moulin Roty: peões, *kits* de jardinagem, cabanas e bonecas de tecido e madeira. Aí se encontram excelentes brinquedos para crianças a partir de 10 meses até 14 anos.

Não se pode esquecer da Millimètres, que fica num típico bairro *bobo* – sigla em francês para burguês e boêmio. Essa loja reúne de bonecos a objetos de papelaria, passando por móveis e roupas, vindos de mais de 20 países e selecionados pela dona, a decoradora Laura Chede. Na escolha, ela segue critérios como fabricação com preocupação ecológica. Os brinquedos, de preferência exclusivos, têm um toque retrô. Fazem sucesso os bichos de pano da japonesa Craftholic: os seus coelhos, ursos e gatos são feitos com um tecido tão macio que dá vontade de passar o dia abraçada a eles. De madeira, destacam-se um saco com cem blocos para construir uma cidade, importados da Polônia, carrinhos japoneses e as *draisiennes,* minibicicletas para os "menorzinhos", além dos livros para colorir com imagens de Paris, que estão entre os mais vendidos.

Entrar em uma loja de brinquedos, em particular em Buenos Aires, é como embarcar numa viagem ao passado recente. A **limitação às importações** nos últimos anos na Argentina, resultado da crise cambial, não permitia, por exemplo, que a *superstar Peppa Pig* brilhe nas versões gigantes como no Brasil (porém agora sob o comando do presidente Maurício Macri, as coisas devam mudar na Argentina...). A maior rede de Buenos Aires, a Cebra, só tinha a porquinha em miniatura. O boneco *Furby,* outra sensação estrangeira, custa algo como R$ 600. As lojas Cebra são uma espécie de supermercado de brinquedos – abertas por muitas horas e com caixas como aqueles que existem nos supermercados.

Já na Uffichicos, é uma pequena loja de bairro, aberta em 2000, em Palermo Soho, na qual o chamariz são produtos *hechos en Argentina* ("produzidos na Argentina"). Lhamas e pinguins de madeira pintados à mão e Pinóquios com a camisa da seleção argentina encantam as crianças. Há brinquedos para estimular a criatividade, como quebra-cabeças e jogos de encaixes com figuras típicas do país, como o gaúcho; e também caixinhas de madeira em formato de trem para guardar livros e teatros de fantoches.

"Os criativos brinquedos e algumas guloseimas à venda na loja argentina de brinquedos Sopa de Príncipe."

Não muito distante dali, no mesmo Palermo Soho, o *design* criativo com tecidos de Verônica Longoni está a serviço na loja Sopa de Príncipe, que tem como carro-chefe seus fofos bonecos de tecido. Ali também se encontram quadrinhos para decoração de ursos-polares, jacarés e leões--marinhos, além de bonecos estilizados de vários bichos: vacas, macacos, tamanduás e galinhas. A criação mais recente é o dinossauro, cuja estampa mistura listras cinza com detalhes em amarelo-flúor. Há também produtos para bebês, como trocadores e bandeirinhas de pano para decorar o quarto.

Bem, vivemos uma época em que a China, com a sua produção em massa e com preços menores, acaba fabricando os brinquedos de muitas partes do mundo, porém não se pode arrefecer e, em particular, aqui no Brasil, os nossos artesãos devem continuar na sua luta para manter as coisas típicas brasileiras, até porque são de qualidade melhor...

Quando você quer comprar um bom brinquedo em alguma grande cidade brasileira, vai a que loja? Ela é especializada em algum brinquedo nacional? Perguntas um tanto capciosas, não é?

"Você já passou momentos de descontração e fantasia, escolhendo algum brinquedo para dar de presente para filho ou neto, numa RiHappy, aliás a maior rede de lojas de brinquedos do Brasil, fundada pelo pediatra Ricardo Sayon."

3.5.4 – MENOS REUNIÕES E MAIS DIVERSÃO É O NOVO LEMA DA MATTEL

Ao terminar 2014, a Mattel, que fabrica muitos brinquedos entre eles a boneca *Barbie*, teve uma surpresa desagradável. Ela perdeu um terço do seu valor – uma queda avaliada em US$ 6,1 bilhões –, o que a tornou uma das grandes empresas norte-americanas com o pior desempenho.

Bryan Stockton, o então diretor-presidente da Mattel, resolveu fazer um comunicado no qual exigia uma reformulação drástica da cultura nas salas de reunião e nas apresentações apoiadas no *PowerPoint*, para que a empresa pudesse voltar a pensar mais

"Quando a *Barbie* foi capa da famosa revista *Sports Illustrated*, sofreu muitas críticas porque estava em trajes de banhos. Mas, agora, se tornou uma super-heroína!?!?"

em brinquedos e para que se tivesse mais alegria na organização e se instigasse a criatividade. Disse Bryan Stockton: "Temos sido muito acanhados em pressionar o nosso lado criativo. Devemos fazer um esforço bem maior e possibilitar que sejamos mais livres e um pouco menos óbvios." Em 26/1/2015, Brian Stockton anunciou que iria deixar o cargo, e foi substituído por Chistopher Sinclair.

A Mattel é ainda a **maior fabricante mundial de brinquedos**, mas existem vários concorrentes, tais como a Lego e VTech, aproximando-se dela. Há uma crise na indústria de brinquedos, pois está havendo uma queda de natalidade e as crianças mais velhas estão **divertindo-se cada vez menos** com brinquedos tradicionais. A indústria de brinquedos em geral mudou drasticamente desde que a Apple lançou, em 2010, o *iPad*, que hoje atrai a atenção das crianças. Pesquisas da Mattel indicam entretanto que as crianças menores ainda gastam muito tempo se divertindo com brinquedos tradicionais, mas que isso está diminuindo bastante entre as que têm entre 8 e 11 anos.

Ajustar os negócios da linha *Barbie* é uma prioridade da empresa. A boneca *Barbie* já chegou a gerar vendas anuais de US$ 1,8 bilhão, mas nos 12 meses encerrados em setembro de 2014, esse valor ficou em torno de US$ 1 bilhão, tendo uma queda significativa em relação aos melhores anos. Analisando a grande variedade de bonecas para 2015, Richard Dickson – diretor da marca Barbie – centrou sua atenção em uma delas – a *Barbie Super-heroína* – e decidiu que ela seria a prioridade desse ano, pois as **"garotas estão um pouco cansadas de princesas"**.

Observação importante 3 – Seja como astronauta, executiva ou professora de ginástica aeróbica, a carreira da *Barbie* sempre foi um reflexo das mais amplas mudanças culturais e sociais. Entretanto, o quarto ano consecutivo nas vendas dessa boneca em baixa evidenciou a irrelevância da *Barbie* para as meninas de hoje e para as suas mães.

No mundo, em 2012, as vendas de *Barbie* foram de US$ 1,3 bilhão e em 2015 estimou-se que foram próximas de US$ 850 milhões. Note-se, porém, que a *Barbie* é extremamente lucrativa, com margens brutas de cerca de 70%, próxima apenas da Lego, de 75%. A *Barbie* enfrenta agora uma dura concorrência, depois de ter mantido uma participação de liderança no segmento de bonecas por mais de duas décadas. Entretanto, com a perda da bem-sucedida franquia *Frozen* para a empresa rival Hasbro, a Mattel não tem mais tempo a perder...

O sucesso de *Frozen* mostrou o poder de sedução nas jovens, de personagens femininos que assumem o controle sobre o seu próprio destino. Por isso, a nova ideia é a de mostrar a *Barbie* como uma super-heroína, pois isso se encaixa bem em uma abordagem mais ampla de toda a indústria de brinquedos, ou seja, explorar personagens licenciadas de séries cinematográficas que se tornaram populares, como as da Marvel e *Guerra nas Estrelas*. Assim, a Mattel está inicialmente ampliando a sua linha de bonecas *Sheroes ("Heroínas")*, baseadas em várias mulheres reais famosas. E na linha "fashionista", a *Barbie* começou a ser oferecida em oito tons de pele, para que mais meninas possam se identificar com ela... E, pela primeira vez, ela tem também a opção de usar sapatos sem salto. Os analistas reconhecem que com essas medidas a Mattel conseguiu um certo progresso, mas, com a competição feroz – de jogos digitais e aplicativos para as outras bonecas –, a *Barbie* vai precisar dos seus novos superpoderes para estancar a sua queda nas vendas.

* * *

Observação importante 4 - Será que os Jogos Olímpicos de 2016 permitirão uma grande venda de *Tom* e *Vinícius*? Bem, os bonecos de pelúcia *Tom* e *Vinicius* – que homenageiam Tom Jobim e Vinicius de Moraes, dois dos maiores ícones da música brasileira – são o carro-chefe de vendas de produtos licenciados para os Jogos Olímpicos do Rio de Janeiro em 2016.

É verdade que as mascotes oficiais dos Jogos não são brasileiras, pois saem de fábricas da China e chegam ao País após quase 40 dias de viagem... Além delas, muitos outros produtos serão vendidos para lembrar dos Jogos, como camisetas, broches, canecas, joias etc.

A diretora de Licenciamento e Varejo da Rio 2016, Sylmara Multini, comentou: "Só de *Tom* e *Vinícius* esperamos vender uns 2,5 milhões de cada um. As vendas se aquecem uns dois a três meses antes do início dos Jogos, atingem seu pico no período da competição e vão até o final das Paraolimpíadas, em setembro. A crise econômica no País não nos preocupa porque os Jogos criam uma dinâmica própria na economia. As 205 delegações estrangeiras que chegarão ao País estarão com a moeda valorizada, e isso será bom para as vendas. Haverá muitas lojas, ou seja, pontos de venda nos principais aeroportos, nas arenas, nos hotéis, nos *shopping centers* etc. A expectativa do comitê olímpico é de gerar uma receita de até R$ 1 bilhão. Não se pode esquecer que outros produtos também serão colocados no mercado, algo próximo de 8.000, por 70 empresas 'licenciadas.'"

* * *

Observação importante 5 – Está ocorrendo a volta da diversão *off-line* (sem conexão) com os jogos de tabuleiro. Pois é, o impensável está acontecendo: muitos jovens estão saindo da frente dos consoles de *videogames* e se desconectando da Internet, voltando-se para diversões que não exigem cliques ou equipamentos eletrônicos!?!?

Os **jogos de tabuleiro** – que já foram moda no Brasil nos anos 1980 e cuja origem remonta à própria história da humanidade – ganharam roupagem moderna e estão voltando a ocupar as mesas em disputas que juntam não só os adultos, mas também os jovens.

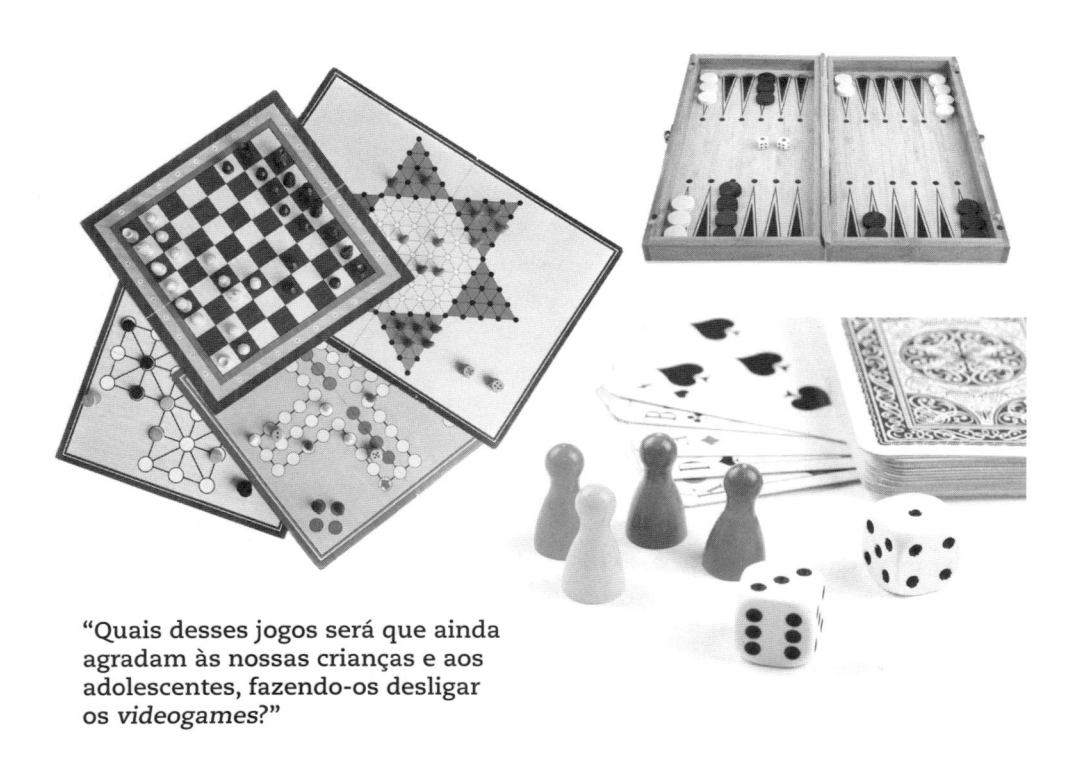

"Quais desses jogos será que ainda agradam às nossas crianças e aos adolescentes, fazendo-os desligar os *videogames*?"

Quando se fala desses jogos, logo vêm à mente a racionalidade do xadrez ou as monótonas partidas do *Banco Imobiliário*. Não, não são esses jogos de tabuleiro aos quais está se referindo. Agora os jogadores podem literalmente **observar zumbis** andando nos tabuleiros!!! E não se trata de uma figura de linguagem, pois no jogo denominado *Zombicide*, que reaqueceu o mercado de brinquedos brasileiros a partir de 2013, é o próprio sistema de jogo que controla a direção das hordas de miniaturas de mortos-vivos, que só precisam de um empurrãozinho para ameaçar o grupo de sobreviventes, esses, sim, **controlados pelos vivos**, ou seja, pelos **participantes da diversão**. Armados com revolveres, machados e até uma motosserra, os jogadores vasculham aposentos, caminham pelas ruas desolados ou atacam os inimigos, cumprindo missões. O objetivo é vencer o tabuleiro em conjunto, visto que as partidas são cooperativas.

Zombicide, entretanto, é apenas o ápice de um movimento que cresceu a partir de 1995, com o lançamento de *Colonizadores de Catan*, na Alemanha. Nele, os jogadores encarnam os moradores de uma ilha e devem controlar territórios para extrair matérias-primas a serem usadas na construção de vilas, cidades e estradas. As casas do tabuleiro são dispostas de forma que ninguém monopolize todos os materiais. Para ganhar, é preciso fazer trocas com os competidores, ou seja, ninguém ganha se não souber se relacionar.

Esse novo estilo de jogo, que envolve mais habilidades do que o mero lançar de dados e o movimento do peão pela respectiva quantidade de espaços no tabuleiro, conquistou cada vez mais adeptos. Luis Francisco Baroni Coutinho, formado em *design* gráfico, sócio da editora Funbox, foi o responsável por criar, desde 2010, o visual de títulos como *Coup* (um jogo de cartas de blefes), *Flashpoint* (cooperativo, em que os jogadores controlam bombeiros para apagar incêndios e resgatar pessoas) e *The Resistance* (um espião infiltrado tentar sabotar os planos do grupo de resistência), entre outros que foram antes lançados no exterior, e agora podem ser comprados nas suas versões nacionais, inclusive da própria Funbox.

As editoras enfrentam dificuldades para importar componentes – pois quase tudo vem da China –, além de sofrer com os entraves da burocracia e com o peso dos tributos. A parte na qual o Brasil se garante é a gráfica, cuja indústria se mostra apta a imprimir tabuleiros, cartas e caixas com qualidade.

Mesmo com todos os obstáculos – que impactam diretamente no preço final –, editoras como a Devir, ao lançar *Alquimistas* (um desafio de dedução em que magos misturam ingredientes para descobrir seus efeitos mágicos), em um dia, teve seu estoque zerado mesmo com o jogo custando R$ 279.

Francisco Baroni comentou: "Há dois anos não imaginava ver meus jogos chegando ao público como agora."

Uma notícia que acaba sendo boa é que o Brasil está pegando essa onda tardiamente, e as editoras têm à sua disposição um grande cardápio de opções de jogos no exterior para licenciar e estão investindo em títulos que já obtiveram muito sucesso. A Grow, por exemplo, lançou, em 2015, *Puerto Rico* (sobre administração de grandes fazendas), que ocupou o quinto lugar na lista dos melhores jogos da BoardGameGeek (BGG), porém, em anos passados, já ocupou o topo dessa classificação.

A Funbox está prometendo o *Terra Mystica* (civilizações fantásticas se enfrentam por controle de território), que está em 2º lugar do BGG, e a Devir, o *Agrícola* (o dia a dia de uma família em um sítio), o sexto melhor título do BGG. Tem feito bastante sucesso o *Survive* (exploradores de Atlântida têm de fugir da ilha que está submergindo), lançado pela Conclave e que é um sucesso há três décadas.

Essa enxurrada de jogos tem proporcionado bons retornos para as editoras e muito **divertimento** e **desenvolvimento da inteligência** para os jogadores. Isso porque os jogos são recortes da realidade, simulando situações, preparando a mente para desafios, ou seja, constituem um ambiente seguro para testar hipóteses, errar, aprender com o erro e para testar novas soluções. É por isso que muitas IEs (instituições de ensino) no Brasil todo têm incluído os jogos de tabuleiro como uma atividade extracurricular, estimulando tanto o uso recreativo, quanto a criação de títulos originais!!!

Um dos comportamentos que se consegue desenvolver nas crianças com os jogos é que elas entendam o que é **ser honesto.** Um educador tem pouca eficiência ao explicar o que é ser honesto, porém as crianças compreendem logo o que é **não ser honesto** no decorrer de um jogo!!! Por exemplo, em *Lobisomen* (evolução de um jogo livro conhecido como *Detetive* ou *Cidade Dorme)* há monstros à solta que, com piscadas e agindo em conjunto, **matam suas vítimas!?!?** A identificação dos papéis a serem desempenhados pelos jogadores é feita numa etapa inicial em que todos ficam de olhos fechados e apenas os lobisomens espiam uns aos outros. Nesse jogo, notou-se que quem deveria caçar os monstros, no lugar de investigar, pouco a pouco o comportamento dos participantes dava um jeito de flagrá-los antecipadamente!?!?

Mas a graça está justamente em vencer o jogo sem trapacear, não é?

E é bem isso que se conseguia, tanto é que após algumas partidas, todos se engajavam ou seguiam rigorosamente as regras, com o que se comprovava que os jogos **podem provocar mudanças nos valores**.

Renato Sasdelli, sócio da Galápagos, que trouxe para o Brasil o *Zombicide*, comentou: "Os jogos de tabuleiro são uma forma fantástica de socialização. Num mundo cada vez mais digital, eles criam uma oportunidade de reduzir um pouco o ritmo alucinante em que vivemos, sentar ao redor de uma mesa com pessoas de quem gostamos e nos divertirmos rindo juntos. Além do ganho social, os jogos de tabuleiro também desenvolvem raciocínio lógico e a capacidade emocional, entre outros benefícios. E tudo isso, ao lado das pessoas de quem se gosta, ou seja, não há desculpa para não descobrir o jogo certo para começar a jogar! O brasileiro tem o costume de se reunir muito em família e com amigos, e essas são excelentes oportunidades para disputar um jogo de tabuleiro e se socializar, tendo para essa finalidade muitos deles em português. Eles exigem muita colaboração, envolvimento e entusiasmo, fazendo com que ninguém saia da mesa triste ou nervoso porque perdeu. Para que possam ganhar, os jogadores precisam aprender a cooperar."

"Que tal uma cidade ter mais parques com instalações para as crianças brincarem como as exibidas? Você aprova?"

3.5.5 – PALAVRAS CRUZADAS DISTRAEM OS BRASILEIROS HÁ MAIS DE 90 ANOS!!!

Luciano Mussolin, junto com o seu irmão Adriano, edita a revista *A Recreativa*, a mais longeva do gênero em circulação no País, que os amantes das palavras cruzadas não deixam de adquirir. Luciano Mussolin é um **cruzadista**, ou seja, autor de palavras cruzadas, talento que adquiriu na empresa fundada pelo seu pai, Owen Ranieri Mussolin (1922-2002), há 65 anos, 25 anos depois de as primeiras cruzadas terem sido publicadas no Brasil, segundo o dicionarista Sérgio Xavier.

"Você é um aficionado por palavras cruzadas?"

Na realidade, no mundo, quem inaugurou o gênero foi Arthur Wynne (1871-1945), editor do jornal *New York World*. Ele publicou as primeiras cruzadas da história em **21 de dezembro de 1913**!!! Na edição de 22 de abril de 1925, a capa do jornal carioca *A Noite* apresentava o desafio com o título: **"O moderno jogo da paciência que empolga os europeus e os *yankees*."** Estava escrito no artigo: "Está na moda nos EUA e em diversos países da Europa um curiosíssimo jogo que os ingleses denominavam de *crossword puzzles*; os franceses *mots croisés* e que nós poderíamos chamar simplesmente de **palavras cruzadas**. É um passatempo excelente, além de um admirável exercício para a memória e para o espírito."

Owen Mussolin, que nasceu no interior paulista, mudou-se temporariamente para a Itália com toda a sua família. Lá, conheceu revistas de passatempo como a *Enigmística Moderna*, na qual se inspirou para a criação da *A Recreativa*, em 1950. De volta ao Brasil, Owen Mussolin dividiu o seu tempo entre o expediente como bancário do extinto Bovespa durante o dia e editor da revista de passatempo à noite.

Sob o pseudônimo de Esopinho – como explicaram os filhos, uma referência ao autor de fábulas –, Owen Mussolin publicou o *Pequeno Dicionário de Monossilábicos e Abreviatura* e o *Dicionário de Alquimia, Cabala e Forças Ocultas*.

Sua maior obra, porém, jamais foi editada: um dicionário com cerca de 100 mil entradas (um quarto do que tem hoje o dicionário *Houaiss*), escrito à mão com caneta esferográfica ao longo dos anos 1950. Organizado em 11 cadernos do tipo brochura tinha muitas definições para as palavras não muito triviais, e esse vernáculo, orienta até hoje o trabalho dos filhos na elaboração de novas palavras cruzadas.

Digitalizada desde 2003, a criação de uma cruzadinha segue os princípios do tempo em que era feita à mão. Ou seja: começa-se digitando uma palavra longa, digamos "peremptoriamente" ou "geometrografia", ou então, um pouco mais curta, como "pascaliano" e a partir dela um computador gera um diagrama e propõe combinações.

Se hoje um jogo pode ser feito em minutos – há um século, podia levar alguns dias, ou até uma semana –, o fechamento ainda é artesanal, pois o computador "adora" propor siglas misteriosas ou verbetes que caíram em desuso como "ababelar", que significa "tornar-se desordenado ou confuso, embaralhar-se." Então cabe ao próprio cruzadista garimpar novas soluções, valendo-se de sua criatividade e dos seus conhecimentos da língua.

Em 2015, *A Recreativa* tinha cerca de 10 mil assinantes, sendo que 85% deles com mais de 60 anos de idade e 64% deles eram **aposentados**. Nas bancas de jornais, a revista chega a vender uns 60 mil exemplares mensalmente, apesar da tiragem ser superior a esse número. Já a *Coquetel*, da Ediouro, contabiliza 20 mil assinantes e tem uma tiragem de 1 milhão de exemplares!!!

O que preocupa Luciano e Adriano Mussolin é a falta de renovação do público amante das palavras cruzadas. Contam os irmãos: "O nosso negócio ainda existe por conta da fidelidade dos leitores. Eles são tão fiéis que chegam a renovar a assinatura mandando a folha do cheque em branco (!?!?) e ligam para a empresa agradecendo o passatempo que a revista lhes proporciona."

Observação importante 6 – Um fato muito emocionante ocorreu com o cruzadista John Graham. Codificadas em uma cruzadinha do jornal *The Guardian*, as palavras inglesas para "câncer", "cuidados paliativos", "esôfago" e "pôr do sol" foram usados pelo reverendo John Graham para contar ao mundo, em dezembro de 2012, que ele enfrentava uma doença terminal. Sob o pseudônimo de Araucária, Graham publicou mais de 25 mil jogos no diário inglês durante 55 anos até a sua morte, aos 92 anos, em novembro de 2013. O anúncio da sua enfermidade usando o quebra-cabeça que elaborou por décadas comoveu os leitores que se distraíam com ele e o cineasta Matt Houghton contou essa história no minidocumentário *Dear Araucária*.

"Um outro passatempo incrível, além das palavras cruzadas, é o de colorir; aliás, essa onda de 'livros para colorir' tornou-se algo como bonecas em forma de brochura, uma distração criativa e diminuidora de estresse."

* * *

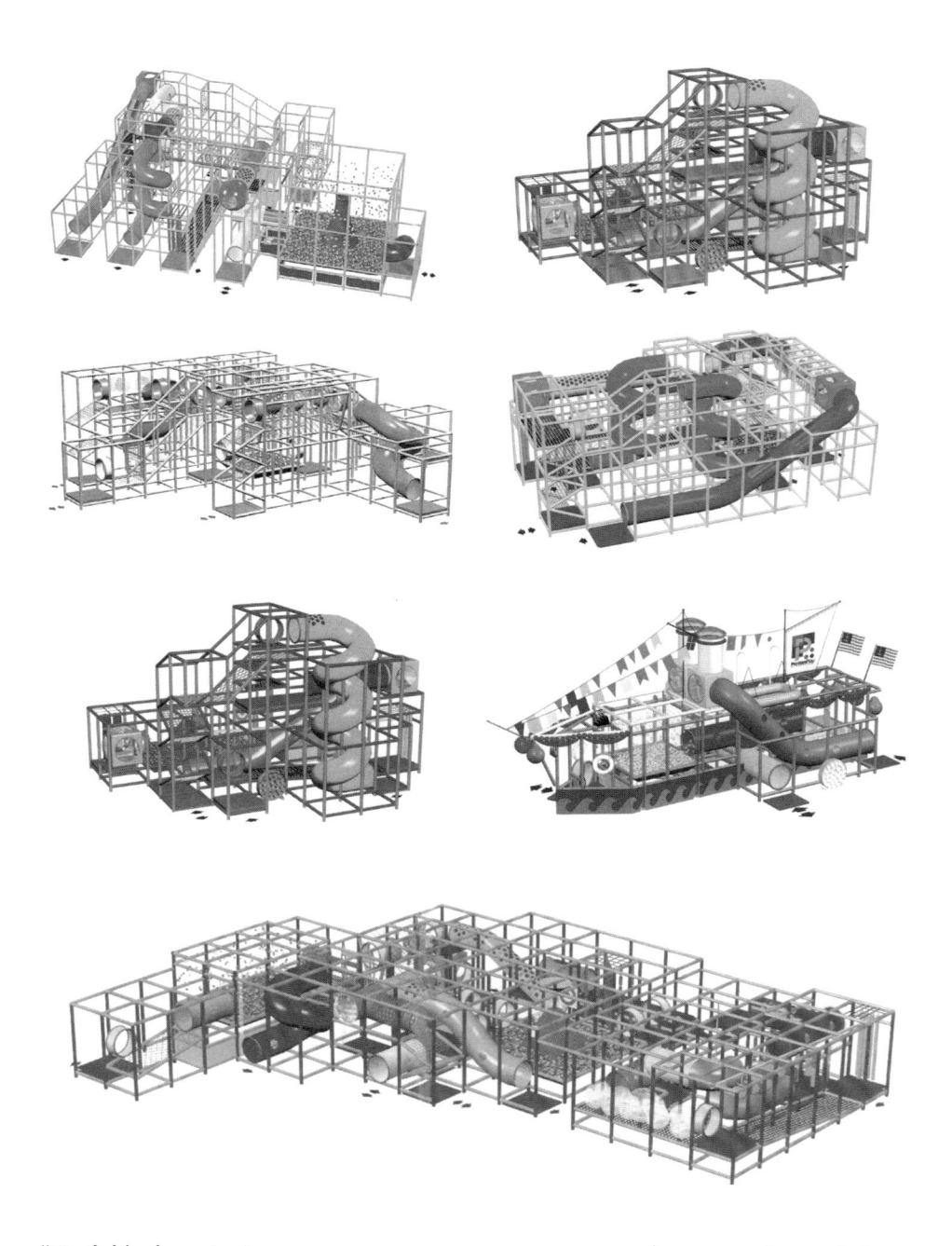

"Você já viu estruturas como essas para as nossas crianças poderem brincar nos parques públicos? Não, então mande essas sugestões para o prefeito de sua cidade."

3.6 CINEMA

3.6.1 – FILMES RECENTES GERANDO GRANDES ARRECADAÇÕES

Nenhum arquiteto consegue fazer da arquitetura uma atividade profissional projetando apenas um prédio; nenhum estilista pode sobreviver idealizando apenas um vestido, mesmo que belo. Mas a indústria cinematográfica é um setor (as indústrias fonográfica e editorial são outras) em que o sucesso pode vir rapidamente e apenas **um** pode ser o bastante!!!

Por exemplo, só o filme *Titanic*, da Fox, de 1997, arrecadou US$ 1,8 bilhão, e vários outros já passaram de US$ 1 bilhão depois disso, o que gerou um fascínio devido ao tamanho da riqueza obtida, atraindo para esse campo um grande contingente de pessoas que esperam tornar-se milionárias ou bilionárias a partir de **uma produção cinematográfica.**

Aí vão alguns exemplos do grande sucesso comercial que os filmes bem feitos têm gerado para os empreendedores desse setor criativo, para os diretores, para os artistas e para todos aqueles envolvidos (muitas vezes milhares de pessoas...) com a sua produção. Além disso, é fundamental entender o quanto os locais ou cenários onde os filmes são feitos são importantes para essa indústria.

"O cinema tem divertido (e assustado) o público desde 28/12/1845!!!"

1º) *Interestelar*, um filme com muita afetação!

O diretor do filme *Interestelar*, Christopher Nolan, no seu lançamento – ocorrido no Brasil em novembro de 2014 – o comparou com *2001 – Uma Odisseia no Espaço*, o clássico de Stanley Kubrick (1928-1999), cuja influência se estendeu na saga *Guerra nas Estrelas* e *Gravidade*. Entretanto, os grandes astros de *Interestelar* são as complexas naves espaciais que transportam os exploradores do filme, interpretados por Matthew McConaughey, Anne Hathaway e David Gyasi, para novas galáxias. Explicou Christopher Nolan: "Para essa história foi fundamental construir uma estação espacial que chamamos de *The Endurance*. Naturalmente, o ponto focal do filme é a nossa Terra. Eu e o meu diretor de arte, Nathan Crowley, passamos meses elaborando os desenhos iniciais, baseados nas espaçonaves existentes. Para isso, contamos com a ajuda da astronauta Marsha Ivins, que explicou diversos aspectos importantes sobre o sistema de atracação da nave. Se para alguns, as nossas naves não contêm muito futurismo, mesmo assim, foi possível passar aos que assistiram o filme uma ideia plena de como é o interior do módulo, inclusive o *cockpit* e os alojamentos dos astronautas. As próprias imagens espantosas de corpos celestes vistas na tela fizeram parte do *set*, ao contrário dos efeitos *chroma key* que em geral são acrescentados mais tarde.

"O astronauta Cooper no filme *Interestelar*."

Mandei construir dois modelos das naves quase de tamanho natural e as levei à Islândia, na época coberta de neve, para filmar as cenas principais do pouso sobre um planeta gelado. Foi uma façanha e tanto encher todo o espaço reservado para a carga de um 747 e depois depositar uma nave sobre uma geleira, no meio da água, na Islândia. Em seguida, mandei trazer as espaçonaves de volta para o estúdio em Los Angeles e elas foram instaladas sobre suportes com uma câmera para conseguir tomadas comparáveis às da NASA (National Aeronautics and Space Administration). Acredito que esse grau de detalhes ajudou os atores e permitiu maior envolvimento dos espectadores. Produzir esse filme, para mim, entre outras coisas, foi a realização de um sonho de criança, ou seja, construir naves como estas e poder filmá-las. Durante toda a minha vida, ansiei pela chegada desse momento, de poder fazer o que fiz!!!"

O crítico de cinema Luiz Carlos Merten analisou a película de Nolan: "Da mesma forma que em *2001 – Uma Odisseia no Espaço*, o filme *Interestelar* evolui à medida que adentra o mistério, ou seja, quando enviereda por aquele confim do conhecimento humano em que as teorias científicas deságuam em questões metafísicas sobre a origem, o sentido da presença no universo e o destino de cada um de nós, como indivíduos, e de todos nós, como espécie. Neste ponto, ao lidar com teorias contraintuitivas sobre as noções imediatas de espaço e tempo, Nolan cede às tentações da **explicação em excesso**. Elas se dão, em especial, pelas palavras do protagonista, o astronauta Cooper (Matthew McConaughey), do velho cientista vivido por Michael Caine e da nova cientista, e filha de Cooper, Murph (Jessica Chastain, na fase adulta). Essa opção deixa os diálogos forçados, porque obviamente se destinam ao público e precisam garantir a adesão leiga ao inusitado daquilo que está sendo narrado.

Há um momento problemático, em que o filme quase desaba pela pieguice do '**só o amor constrói**... etc.' Por sorte, essa não é sua característica principal. Apesar disso, é bastante animador ver que nessa película foram colocados muitos recursos técnicos e financeiros a serviço da **especulação humana**.

Ainda que exija, em contrapartida, concessões comerciais bastante perceptíveis no tecido da narrativa sob a forma de emoções baratas, e em especial, diluição das partes mais difíceis do conhecimento humano, pouco assimiláveis ao senso comum. É no final das contas um belo e inteligente filme. Ainda que beleza e inteligência pareçam às vezes um tanto ostentatórias."

Na abertura, o filme parece um (falso) documentário, com velhos que dão seu testemunho sobre um tempo em que a vida na Terra começou a **ficar impossível**. Tempestades de areia transformaram o pó numa ameaça cotidiana a destruir os pulmões das pessoas e secar as plantações – num mundo em que ficou cada vez mais difícil alimentar os seus bilhões de habitantes.

Claro que o documentário rapidamente evolui para uma ficção no qual o ex-piloto da NASA, Cooper, quer virar **agricultor** (!?!?) e acaba engajando-

-se numa incrível odisseia no espaço. Sua missão, ele pensa, será descobrir novos planetas capazes de abrigar a espécie humana, do seu planeta de origem. Porém, não é bem isso que o cientista Brand (interpretado por Michael Caine) vai preparar para ele, e Cooper, acompanhado pela própria filha do cientista (papel de Anne Hathaway), vai fazer descobertas (e escolhas) difíceis. A primeira delas é deixar na Terra a filha pequena, que vai crescer amargurada, certa de que o pai a abandonou – a ela e a humanidade inteira – para morrer.

Murph nunca vai desistir de encontrar uma solução para o problema quântico que poderá resolver o drama humano. A forma como isso ocorre é das mais engenhosas e inclui um labirinto escheriano, uma construção improvável, para não dizer impossível, em que Cooper, lá pelas tantas, vai poder acompanhar todas as idades da filha.

Bem, o renomado crítico de cinema Luiz Carlos Merten explicou: "Como outros que enveredaram em produzir filmes de espaçonaves nos confins do universo, Christopher Nolan baseou-se na ideia de que para **atingir o impossível, a primeira coisa a fazer é transpor os limites do possível**. Aliás, Christopher Nolan exibe claramente isso, pois é um visionário que tem se utilizado dos meios que Hollywood lhe permite usufruir, para apresentar questões das mais relevantes. É por isso que ele faz Cooper ir aos confins do universo, atravessando o buraco negro, o que, no fundo, é a mais íntima das viagens: seu reencontro com a filha. A chave de *Interestelar* é uma frase que Cooper diz a Murph: 'Os pais existem para legar memórias aos filhos.'

Pode ser que, como filme, *Interestelar* seja desequilibrado; entretanto, é uma experiência portentosa. Estética, humana. Política também, como só Christopher Nolan, o **grande**, sabe fazer!!!"

2º) O sucesso de *Velozes e Furiosos 7*.

O último filme da franquia, com a presença do ator Paul Walker, que morreu durante as filmagens, em 30/11/2013, aos 40 anos, **recriado digitalmente** para o longa *Velozes e Furiosos 7*, arrecadou no Brasil, no primeiro fim de semana de abril de 2015, cerca de R$ 36,5 milhões, e segundo as previsões do portal Filme B, aproximadamente 2,3 milhões de pessoas viram o filme em quatro dias. O filme *Cinderela*, que liderou as bilheterias na semana anterior, havia arrecadado R$ 11,9 milhões.

De acordo com essa empresa, que também tabula os dados sobre as bilheterias dos cinemas do País, "ainda não havia registro de uma *performance*

"O diretor James Wan disse: 'A morte de Paul Walker foi um tremendo choque e para terminarmos o *Velozes e Furiosos 7* sem ele, aproveitamos os seus dois irmãos Caleb e Cody, que serviram como dublês de corpo em alguns momentos, tendo seus rostos retrabalhados digitalmente.'"

de estreia como essa". A média de espectadores por sala, de 2.068 pessoas, é algo "**decididamente fora do comum**."

No mundo, *Velozes e Furiosos 7* já é uma das dez maiores estreias da história e maior sucesso para abril, um mês geralmente fraco de *blockbusters* (filmes ultrabadalados). O filme obteve em apenas uma semana uma receita de US$ 384 milhões no mundo todo, sendo US$ 143,6 milhões apenas nos EUA. Um próximo filme de franquia já está sendo discutido em Hollywood. Em entrevista ao programa de TV, *Jimmy Kimmel Live!*, o ator Vin Diesel, um dos protagonistas da série, afirmou que *Velozes e Furiosos 8* deverá se passar em Nova York!!!

A comoção em torno da presença de Paul Walker no filme, **que morreu em um acidente automobilístico**, gerou uma grande repercussão nas redes sociais. Fãs da série relataram que as sequências finais do filme, uma espécie de tributo ao ator, **as levaram às lágrimas!!!**

No dia 5 de abril de 2015, o *rapper* Wiz Khalifa divulgou o clipe de *See You Again* (algo como *Vê-lo Novamente*), a trilha sonora de *Velozes e Furiosos 7*. O vídeo mostrou cenas de Paul Walker desde o primeiro filme da franquia, em 2001, e prestou uma homenagem ao ator!!!

3º) *Vingadores: Era de Ultron.*

Pois é, *Vingadores: Era de Ultron* é um filme muito bom, principalmente para fãs de super-heróis. É um filme surpreendente, pois apresenta muita ação e uma aventura ficcional bem interessante, envolvendo inclusive os que não estão acostumados a ler gibis. Já para quem é consumidor de HQs (histórias em quadrinhos), se deliciou com a película na qual o autômato Ultron consegue se vingar de seu criador, Tony Stark, e agride a humanidade. Ele é um vilão surgido nos gibis em 1968.

Joss Whedon dirigiu esse segundo longa de *Os Vingadores* sem abdicar de cenas de ação ininterrupta, rapidamente desenvolveu esse "**quem é quem**" da sua equipe. O seu time tem dois fortões, Thor (interpretado por Chris Hemsworth), o deus nórdico e destemido, e Hulk (Mark Ruffalo), um rastro verde de destruição a cada vez que Bruce Banner surta com alguma coisa.

Uma dupla cerebral, Capitão América (Chris Evans), herói da Segunda Guerra Mundial e líder natural da turma, e Homem de Ferro (Robert Downey Jr.) que o mundo sabe que é o cientista milionário Tony Stark com a armadura que ele mesmo criou. E existe a dupla fracote com Gavião Arqueiro (Jeremy Renner), que nunca erra os disparos, e a Viúva Negra (Scarlett Johansson), a agente secreta. Ela tem uma função primordial no grupo, que é despertar e adormecer Hulk na mente de Banner. Quando o "gigante verdão" está furioso, ele só volta à forma de Banner com uma canção de ninar da Viúva Negra. Sim, ela é a "Bela e a Fera" dos heróis"!!!

"O diretor de *Vingadores: Era de Ultron*, Joss Whedon, trouxe para a Marvel retornos incríveis..."

O sexteto começa o filme atacando uma base da organização terrorista Hydra, uma sequência de tirar o fôlego, ou seja, não deixando quase o público respirar... Na tentativa de criar um programa de computador para proteger o mundo, baseado em IA, Stark inventa Ultron. Mas a criatura se volta contra o criador. Aí os heróis terão de enfrentar centenas de robôs criados por Ultron e o próprio supervilão, que acomoda seu cérebro virtual em um corpo metálico.

Os Vingadores foram criados em 1963, e o nº 1 da revista em quadrinhos saiu em setembro. Entretanto, os seus integrantes já tinhas aparecido antes nos gibis da Marvel. Criados por Stan Lee e pelo desenhista Jack Kirby (1917-1994), foram lançados com alguns meses de intervalo nesta ordem: Homem-Formiga, Hulk e Thor, em 1962, Homem de Ferro e Vespa, em 1963. No nº 2 da revista, o Homem-Formiga passaria a ser o Gigante; em 1964, o Capitão América entrou para a equipe. Era um herói de gibis dos anos 1940, repaginado por Lee e Kirby.

A ideia para formar um grupo de heróis veio da editora rival da Marvel, a DC Comics, em 1960, com a Liga da Justiça, que reunia Batman, Super-Homem, Mulher Maravilha e Flash, entre outros. Agora, mais de 50 anos depois, a Marvel voltou a ganhar muito dinheiro com os *Vingadores*, que foi o filme mais visto em 2012, com US$ 1,5 bilhão de bilheteria no mundo, ficando cada vez mais global!!!

Vigadores: Era de Ultron é um ótimo filme e tudo indica que superará o sucesso do primeiro...

"*Vingadores: Era de Ultron* não foi apenas um excelente filme para os fãs de super-heróis de quadrinhos, mas também um longa de ação e aventura impecável, até para quem não abre um gibi há décadas."

4º) *O Exterminador do Futuro: Gênesis*

Quando Arnold Schwarzenegger apareceu no primeiro *O Exterminador do Futuro*, em 1984, essa obra de ficção científica transformou-se em um clássico da cultura *pop*. O filme elevou o antigo fisiculturista ao posto de ator de sucesso, sendo que mais tarde ele chegaria a alturas improváveis no mundo da fama artística (e política). Foi de James Cameron a ideia esdrúxula de entregar o papel central desse filme a um indivíduo meio folclórico, que em *Conan, o Bárbaro* impressionara tanto pela fartura de músculos bem como pela escassez de talento dramático.

Com sua forma toda rígida e dura de desempenhar o seu papel, Arnold Schwarzenegger deu um novo sentido ao seu apelido de "**o carvalho austríaco**". Mas em 1983, ninguém sabia direito quem era James Cameron e do que ele seria capaz. Entretanto, James Cameron tinha a certeza de que Schwarzenegger era o ator que precisava para interpretar o seu robô assassino – T-800 – vindo do futuro, que se materializa completamente nu em uma pose agachada, tal qual o titã grego Atlas, com os músculos retesados caminhando em direção a Los Angeles.

James Cameron esperou vários meses para começar a filmagem de *O Exterminador do Futuro* enquanto rodava *Conan, o Destruidor*. Pois bem, em 1984, *O Exterminador do Futuro* chegou aos cinemas, arrasou na bilheteria e revolucionou o conceito de efeitos especiais. Fez mais ainda: abriu uma brecha gigantesca na cultura *pop* e invadiu seu vocabulário e imaginário. E no centro de tudo isso estava aquela figura maciça, de andar compacto, que com seu sotaque teutônico e falta de inflexão popularizou a frase *"I'll be back"* ("Eu voltarei") no léxico mundial.

Superastro daí em diante até o fim da década de 1990, governador (ou *governator* para rimar com *terminator*) do Estado da Califórnia de 2003 a 2011, Schwarzenegger, hoje com 68 anos, não

"Arnold Schwarzenegger como o robô T-800 no filme *O Exterminador do Futuro: Gênesis*."

tem mais o mesmo físico, mas no novo filme – o quinto da série – **provou que vale tudo o que pesa**!!! É ele o eixo em torno do qual girou tudo aquilo que funciona em O Exterminador do Futuro: Gênesis, que entrou em cartaz no Brasil no início de julho de 2015.

Arnold Schwarzenegger, ele próprio, andou até falando mal do filme O Exterminador do Futuro: Gênesis, mas esse não foi o consenso da crítica brasileira e mundial **que gostou do filme.** De certa maneira, é até natural que o público desconfiasse desse quesito longo da franquia. Em 1984, o primeiro filme tinha Schwarzenegger em ponto de bala e a direção de James Cameron sem muita verba na época, a qual ele contornou com maestria… No segundo filme, de 1991, com muito dinheiro e o personagem principal passando de bandido a mocinho, a franquia se transformou em culto mundial, com status de clássico da ficção científica. As outras duas sequências sem Cameron, de 2003 e 2009 – esta sem Schwarzenegger –, trataram de pôr tudo a perder, pois foram filmes medíocres. Mas aí veio Gênesis, dirigido por Alan Taylor. Nesse filme, as máquinas que dominam a Terra no futuro enfrentam a resistência de humanos comandados por John Connor.

A "ditadura metálica" envia ao passado (anos 1980) um robô para matar Sarah, mãe do líder rebelde, para impedir seu nascimento e eliminar sua presença no século XXI. Mas,quando o Exterminador chega peladão ao passado, nada mais acontece como no final original. O robô, que é a figura de Schwarzenegger rejuvenescida por computação gráfica, nem tem tempo de vestir uma roupa. O enviado do futuro é destruído por… Schwarzenegger, que aparece como um Exterminador de idade madura!!! Um robô maduro?!?! Sim, e o público viu o Exterminador aparentando várias idades, inclusive grisalho e cheio de rugas. "**Sou velho, mas não obsoleto!**" é o bordão que ele repete algumas vezes, substituindo o antigo "Eu voltarei", celebrizado no segundo filme, de 1991.

O "envelhecimento" do herói robótico é explicado pelo roteiro, mas talvez seja a menor perplexidade daquele que assistir ao filme diante da trama de passados e futuros alternativos. É uma maluquice tremenda, mas o roteiro é inteligente. Principalmente porque brinca com os filmes anteriores, apesar de que quem não os assistiu, não sofre nenhum prejuízo de entendimento do Gênesis. E não se pode esquecer o simpático Exterminador/Schwarzenegger enfrentando de igual para igual robôs muito mais complexos e letais do que ele.

Da mesma forma como seu personagem, essa franquia pode estar **velha**, mas não **obsoleta**!!!

Cinema

5º) *Chappie*.

Outro filme fundamentado na IA é *Chappie*, no qual a pergunta básica é: "**Quando uma máquina puder pensar, para que servirá o ser humano?**"

Assinada pelo cineasta sul-africano Neill Blomkamp, essa produção é estrelada por um robô programado para raciocinar e até ter emoções. O diretor Neill Blomkamp comentou: "Não nos cansamos de abordar a IA no cinema por ela nos forçar a questionar as razões pelas quais existimos e o fato de termos consciência. A IA também gera polêmica por colocar o ser humano no papel de Deus, criando inteligência, algo que supostamente só Deus poderia fazer. A ficção científica não precisa necessariamente prever o futuro. Pode apenas comentar os medos do homem moderno de modo mais alegórico."

Em *Chappie*, o robô protagonista de Blomkamp demonstra ser mais humano que a maioria dos homens!!! Trata-se de um policial androide de Johannesburgo que foi reprogramado para agir por conta própria, enquanto seus semelhantes se limitam à função de combater o crime nas ruas.

Ao **ganhar consciência**, Chappie (uma espécie de Pinóquio *high-tech*) age como qualquer criança, que formará sua personalidade e criará seus valores de acordo com o ambiente e com a perspectiva de vida das pessoas

"O cineasta sul-africano Neill Blomkamp valeu-se muito do IA no sue filme *Chappie*, no qual o robô protagonista demonstra ser mais humano que a maioria dos seres humanos."

ao seu redor. Enquanto seu criador, um jovem cientista, quer incentivar sua criatividade, uma gangue que rouba o robô ensina a ele a malandragem do submundo das drogas. Quando passa a ser caçado, como se fosse uma ameaça ao futuro da raça humana, o androide surpreende por ser menos letal do que se imaginava, **revelando-se inclusive um herói!!!**

Disse o diretor Blomkamp: "Ainda que a linha divisória entre os seres humanos e as máquinas pareça tênue nas telas, com os robôs sendo uma realidade na nossa vida, não sei se chegaremos a ver o nascimento de máquinas com pensamentos e sentimentos humanos como nós, cineastas gostamos de ficcionalizar."

E o diretor Blomkamp não tem tanta razão assim, pois muitos especialistas, ao contrário, acreditam, sim, que a humanidade corre sérios riscos com o surgimento de "equipamentos" que simulam a capacidade humana de ser inteligente, de tomar decisões e de resolver problemas. Por enquanto a IA está mais interessada em suprir a deficiência cognitiva do ser humano. Esse é o caso da leitura automatizada. Nosso cérebro é limitado, não conseguindo processar na mesma velocidade de uma máquina. Assim, a máquina, em um dia consegue ler volumes enormes de texto, fazendo resumos, algo que uma pessoa levaria meses ou anos para fazer.

Outro exemplo já bem difundido é o dos jogadores do campeonato de futebol – Robocup Humanoid League – com equipes dos EUA, da Inglaterra, do Japão, da Alemanha e do Brasil entre outros países. Com câmera na cabeça e rodinha nos pés, eles – os jogadores – são autômatos (não há uso de controle remoto). São também bem comuns hoje em dia robôs que **não tem a forma humana** como os que inspecionam tubulações ou fazem algumas tarefas domésticas.

Mas além das técnicas usadas em controle de eletrodomésticos, na leitura automatizada em sistemas de sensoriamento e nas competições entre robôs, a IA está cada vez mais presente no nosso cotidiano. Ela é usada em jogos por computador, aplicações em bolsas de valores, no gerenciamento de sistemas de transportes, nos mecanismos de busca na Internet (como o Google), nos aplicativos de trânsito (como Waze) e nos sistemas de reconhecimento de fala (como a fantástica nova versão Siri, da Apple, lançada em abril de 2015, já em português).

A IA começou a ser desenvolvida após a Segunda Guerra Mundial (1939-1945), com a finalidade de impulsionar a indústria bélica. O termo surgiu pela primeira vez em 1956, tendo sido usado durante uma conferência no

Dartmouth College (EUA) por John McCarty, um cientista norte-americano considerado um pioneiro na área. Uma das primeiras tentativas de desenvolver IA foi realizada no período da Guerra Fria, particularmente entre os EUA e a URSS, quando foi inventado um tradutor automático de inglês para o russo e vice-versa, com o objetivo de interceptar mensagens que, entretanto, foi um fracasso pela sua incoerência...

O receio do homem diante da tecnologia, apoiando a inteligência humana, de fato nasceu muito antes, no mundo na ficção. Assim, temamos a IA do Frankenstein desde que a britânica Mary Shelley (1797-1851) publicou em 1818 o seu romance de terror decorrente das ações do seu monstro criado no laboratório.

6º) Em *Pixels*, Pac-Man é vilão!!!

O Pac-Man, herói de um dos *videogames* mais populares da história, chegou finalmente às telas de cinema no filme *Pixels*. Mas nesse longa não se tem um personagem simpático que tenta comer bolinhas enquanto foge de fantasmas coloridos. Nessa produção da Sony, que traz Adam Sandler no papel principal, o Come-Come foi transformado, pela primeira vez, em **vilão**.

Essa produção chegou aos cinemas praticamente junto com o aniversário de 35 anos do lançamento do Pac-Man – um jogo criado pelo japonês Toru Iwatani para as máquinas de fliperama da Namco e que revolucionou os *games*.

No primeiro ano, após o seu lançamento, em 1980, mais de 100 mil máquinas com o jogo foram vendidas nos EUA. Em 1982, foi a vez de o produto chegar ao Atari. A simplicidade do jogo garantiu o seu sucesso, pois todos conheciam as regras e ele atendeu aqueles que queriam um divertimento com desafios moderados. De fato, Toru Iwatani, quando criou o jogo, buscou com que ele não intimidasse as mulheres, seja pelo personagem ou pela dificuldade, sendo que elas representam hoje 47% dos jogadores de *games* no Brasil.

O Pac-Man contribuiu também para a evolução dos gráficos dos *videogames*, além de trazer recursos até hoje presentes, como a progressão de níveis de dificuldade e IA, tornando-se realmente um modelo e referência para os *games* modernos.

Segundo a Bandai Namco, mais de 50 títulos foram lançados desde a criação do Pac-Man. A partir de 1999, a empresa tentou modernizar o jogo com versões em 3D, mas não obteve sucesso. Pois ele fez tanto sucesso em 2D que não conseguiu emplacar as versões 3D...

A versão mais recente do Come-Come, chamada de *Pac-Man and The Ghostly Adventures 2*, está disponível para *Play Station 3* e *Xbox 360*. Aliás, para os *smartphones* e *tablets*, os fãs podem baixar a edição comemorativa de 35 anos do personagem.

Mas nem só da venda do *game* vive o Pac-Man, que ainda nos anos 1980 foi transformado em série de TV de Hanna-Barbera e inspirou a música *Pac-Man Fever*, da dupla norte-americana Buckner e Garcia. Bem, antes desse filme recente – *Pixels*, no qual alienígenas que usam *games* famosos para atacar a Terra –, Pac-Man participou do filme *Detona Ralph* (da Disney) e estrelou a série de TV, *Pac-Man e As Aventuras Fantasmagóricas*, disponível na Netflix.

"Pois é, em *Pixels*, um filme do mestre do entretenimento Chris Columbus, tem-se os personagens dos *videogames* de 1980 de volta à vida e eles são vilões!!! É também um filme de piadas verbais e visuais."

Chris Columbus produziu *Pixels* de maneira surpreendente, tendo assimilado de forma incrível o ritmo vertiginoso dos *games*. É verdade que ele contou com um elenco de peso, ou seja, com Adam Sandler, Kevin James, Josh Gad e Peter Dinklage da série (*Game of Thrones*). Sandler interpretou um garoto craque dos *games*, que se transformou em um instalador de equipamentos de áudio e vídeo. O personagem de Josh Gad ainda mora com a avó, é apaixonado por uma personagem dos *games* e nutre o apreço exagerado pelas teorias da conspiração. Dinklage vive um *nerd* criminoso e Kevin James é o mais bem-sucedido do quarteto de heróis imprevisíveis que virou presidente dos EUA, com a popularidade despencando, mas ela subiu e vertiginosamente.

O personagem conhecido no Brasil como Come-Come é um vilão, ou melhor, um dos guerreiros enviados por uma raça alienígena na tentativa de invadir o planeta.

Se Pac-Man fosse um *game* atual, uma mudança de lado, dos mocinhos para bandidos, não representaria nada fora do comum... Mas o Pac-Man do filme *Pixels* não é de forma alguma o do passado e pode devorar a mão do próprio criador, como ocorre na película...

3.6.2 – A IMPORTÂNCIA DOS FILMES DE ANIMAÇÃO

Nos últimos anos, os **filmes de animação** têm sido muito aplaudidos pela originalidade, ao menos quando são consideradas as produções lançadas pelos estúdios de Hollywood (EUA). Raramente deixam de surpreender, seja pelo avanço técnico ou pela coragem narrativa. Isso se confirmou mais uma vez nos filmes *Divertida Mente*, de Peter Docter e Ronnie Del Carmen, lançado pela Pixar, e *Minions*, de Pierre Coffin e Kyle Balda, produzida pela Illumination para a Universal.

Divertida Mente se desenrola no cérebro de uma garota, Riley, de 11 anos, e tem como personagens principais cinco emoções: **Alegria, Tristeza, Raiva, Medo** e **Nojinho**. O produtor do filme, Jonas Rivera, que trabalhou nesse projeto cinco anos, lembrou: "Todo mundo adorou a nossa ideia, mas John Lasseter, o diretor criativo da Pixar, foi o primeiro a dizer que não ia ser nada fácil fazer essa animação. E ele estava certo, mas agora que está tudo pronto, vamos comemorar o sucesso obtido."

Minions já é uma história de origem dos personagens que roubaram a cena nos dois *Meu Malvado Favorito*, ou seja, é uma "prequência" (o inverso de uma sequência). Só que em *Minions*, os personagens principais são as criaturas em formato de cápsula que falam uma língua ininteligível, são meio imbecis e sempre seguem os vilões. Pierre Coffin, que também faz as vozes de todos os *Minions*, explicou: "Foi um grande desafio fazer esse filme. Mas, na animação, temos um grande presente: o **tempo**. Tivemos três anos, e então pudemos fazer algumas besteiras diversas vezes. Nesses anos de desenvolvimento, o roteiro foi reescrito algumas vezes."

Por exemplo, na Pixar existe o chamado "**conselho de cérebros**", que assiste às várias etapas de um filme, fazendo críticas. A cada três meses há uma exibição do material feito até aquele momento, aberta a todos os funcionários do estúdio, dos seguranças a John Lasseter. John Lasseter costuma afirmar: "Sempre podemos dizer que em algum momento tivemos na nossa frente o pior filme da história!?!?" Com esse processo, a Pixar e a Disney

"Segundo o estudioso norte-americano Jon Negroni, os 14 longas do catálogo da Pixar foram ambientados no mesmo universo e seguem uma ordem de acontecimentos que os conectam – a despeito de cada filme trazer um rol distinto de personagens, como robôs, insetos e até veículos falantes. Você aceita essa tese?"

não hesitam em jogar fora sequências inteiras que principalmente para o "conselho de cérebros" não funcionam...

Cada filme apresenta suas próprias dificuldades técnicas, porém a tecnologia avançou tanto que possibilita executar praticamente tudo. O **principal**, porém sempre será a **história**. O único grande desafio no presente e no futuro é fazer com que ela não se perca em meio às possibilidades oferecidas pela tecnologia.

Comentando *Divertida Mente*, Jonas Rivera destacou: "Tivemos de fazer no nosso filme, a tecnologia funcionar a serviço da caricatura, em vez do realismo. O objetivo era que as personagens não parecessem pessoas, mas emoções – Alegria, por exemplo, aparece coberta de lantejoulas refletoras de luz."

Pete Docter, ou seja, o Docter Pixar, como ele é chamado, assim descreveu *Divertida Mente*, e o que está mudando na animação: "Bem, inicialmente é preciso salientar que é um filme sobre a **mudança na vida de uma criança**.

Outra, é o que as novas mudanças (progressos) tecnológicos estão fazendo com os filmes e, em especial, com as **animações**. O avanço da digitalização não envolve apenas as ferramentas para se fazer os filmes, mas também uma forma como são vistos. Hoje, as pessoas veem filmes em *tablets, iPhones* e *smartphones*. As crianças jogam *videogames* e leem *e-books*. É muito diferente do meu tempo, mas uma coisa não mudou. As pessoas, sejam adultos ou crianças, continuam querendo **histórias**. E isso é o fundamental. Muitas coisas ainda vão mudar, mas a questão é sempre: **contar uma história**. Contá-la bem, valendo-se das ferramentas que não cessam de evoluir."

A originalidade (e ousadia) de *Divertida Mente* está no fato do Docter Pixar ter transformado em personagens as emoções na cabeça de uma menina. Ele se inspirou em sua filha, mas como diz, isso não é o mais importante. Poderia ser outra criança, qualquer criança.

Como dar forma à aventura da mente foi um grande desafio de *Divertida Mente*, em especial com o título brasileiro, que criou um duplo jogo, um duplo sentido. É a mente engraçada, mas também é um advérbio de modo. Divertidamente, como especialmente!!!

Muitos pais enviaram mensagens para John Lesseter, parabenizando-o pelo filme. Como pais, todos queremos a felicidade para nossos filhos, e esse filme mostrou para eles que a felicidade **não pode e nem deve ser um estado permanente**!!! Com esse filme, os pais aprendem a enxergar a importância da tristeza, da perda.

E tudo isso não foi inventado, é uma realidade!!!

Vivemos hoje numa era de **correção política**, em que os pais procuram resguardar excessivamente os seus filhos. Walt Disney também nos seus filmes não deixou de abordar a perda – como a morte da mãe – criou medo, até o terror na cabeça das crianças. Enfatizou Docter Pixar: "Mas o importante sempre foi a história. *Bambi, Peter Pan* e outros filmes da Disney devido às suas histórias permanecem comigo até hoje. Por isso, espero nos meus filmes criar histórias que façam a diferença e sejam perenes. Embora tenha me inspirado na minha filha, o meu desejo em fazer esse filme é bem anterior. Estou sempre me perguntando: **o que ainda não vi, o que gostaria de ver?**

Há tempos que tinha um intenso desejo de falar sobre o funcionamento do corpo humano. Claro que filmes como *Viagem Fantástica*, de Richard Fleisher (1916-2006), e *Viagem Insólita*, de Joe Dante, já viajaram pelo corpo humano. Woody Allen foi o único que viajou pela mente, mostrando o funcionamento da ereção em *Tudo o que Você Quer Saber sobre Sexo*. E vi esse filme fantástico várias vezes. Ao transformar as **emoções** em **personagens**, trabalhamos com o que a animação tem de melhor – o vigor e a força de fazer caricaturas de personalidade, e **nos divertimos** com isso!!!"

Para alguns críticos, *Divertida Mente* é o **melhor filme** já produzido pela Pixar. Pode não vir a ser o preferido da audiência e dos críticos, nem seu mais estrondoso sucesso. Mas o melhor, na medida em que cumpriu com **maestria inigualável** a missão do estúdio de contar boas histórias que sejam, ao mesmo tempo, **inovadoras** e **emocionantes**.

A história se passa na mente da pré-adolescnte Riley, onde Alegria – a narradora do filme – trabalha para manter a menina sempre feliz. É ela que apresenta seus colegas de trabalho. O Medo a protege dos muitos perigos do mundo. O Nojinho previne que seja envenenada ("tanto física como socialmente"). Raiva garante que a menina não sofra injustiças. E há também a Tristeza, que ninguém sabe muito bem para que serve...

"Peter Docter (à direita) e Jonas Rivera explicaram que tiveram como inspiração para produzir *Divertida Mente* – no qual uma garota de 11 anos chamada Riley lida com personagens principais: Alegria, Tristeza, Raiva, Medo e Nojinho – os desenhos clássicos da década de 1940, como Dumbo e Bambi. Aí estão eles exibindo as suas estatuetas ao terem sido os ganhadores do Oscar pelo filme na categoria animação na 88ª entrega que ocorreu em 28/2/2016."

Riley se muda com os pais de Minnesota para São Francisco e, testemunhando as adversidades pelas quais a família passa, faz de tudo para manter-se **otimista** e **alegre** – enquanto a Alegria está só começando e não há espaço para a Tristeza. Porém a garota terá que enfrentar seus próprios problemas, como adaptação à nova escola, a distância dos antigos amigos, a tensão que vê em seus pais. E essa mistura de emoções acaba provocando um acidente na sala de comando, onde ficam as emoções – impedindo Alegria e Tristeza de agirem. A partir daí, o controle fica com Medo, Raiva e Nojo, que sozinhos não dão conta de regular os afetos da garota, para desespero de seus pais.

O filme impressionou realmente pelo grau de precisão com que os elementos psíquicos foram apresentados. De fato, foi claramente possível perceber que existem as chamadas **emoções primárias**, tão instintivas que independem de palavras ou pensamentos, ocorrem antes mesmo que tenhamos consciência do que estamos sentindo.

Os cientistas ainda discutem quantas e quais são elas, mas o time na cabeça de Riley as representou muito bem. Elas não são exatamente sentimentos, mas reações instintivas que existem para nos fazer **sobreviver** – seja evitando perigos, seja procurando comer ou nos reproduzir. A rigor, não estão no nosso controle, simplesmente acontecem conosco, queiramos ou não!?!? E essa animação é muito feliz em representar essa primazia das emoções que dão seus comandos em resposta ao ambiente e deixam as pessoas com a árdua tarefa de tentar controlá-las. Não só instintivas, elas também são contagiosas – e o diretor Pete Docter se aproveitou muito bem disso, e consegue levar os espectadores junto com a menina pela montanha-russa sentimental na qual ela precisou se deslocar.

E os conflitos de Riley só podem ser resolvidos quando Alegria aprende a trabalhar em conjunto com a Tristeza. Sempre empolgada e falante, a primeira não é capaz de ouvir, tem dificuldade de ser empática e se colocar no lugar dos outros. Isso ficará ao encargo da melancólica colega. A cena em que ambas pilotam a mesa de controle em parceria exibe o que a neurociência demorou a descobrir. Alegria e Tristeza podem ocorrer ao mesmo tempo, na mesma situação, cada uma emprestando um pouco de suas cores ao momento. Sem dúvida essa é a grande mensagem do filme. Não adianta fugir da tristeza. Quando a abafamos, a tarefa que cabia a ela fazer termina sendo assumida pela raiva, pelo medo, o que pode ser bem pior. Mas quando nos permitimos chorar, e quando não tentamos inutilmente privar nossos filhos das lágrimas, **as emoções podem, finalmente, entrar em sintonia**.

3.6.3 – O GRANDE SUCESSO DE
FROZEN: UMA AVENTURA CONGELANTE

O Patriot Center, na Universidade George Mason, a meia hora de carro de Washington, capital norte-americana, é um local muito popular para assistir a concertos e competições de esporte universitário, ou seja, eventos para um público mais adulto. Porém, nenhuma atração nos 29 anos de história da arena atraiu tanto público quanto a *performance Disney no Gelo Apresenta: Frozen*, durante seis dias de novembro de 2014.

Nesses dias, lá chegaram grupos numerosos de meninas vestidas de branco e azul, igual à princesa Elsa, além de muitos pais, igualmente fantasiados, que cantaram em alto e bom som a música *Let It Go* (*Deixe Ir*), degustaram sorvetes custando US$ 15 e posaram para fotos com molduras de papelão, pagando por cada uma por US$ 25. Pois é, foi um grande sucesso, em especial financeiro, para os organizadores do **entretenimento**.

Desde que o filme *Frozen* foi lançado em novembro de 2013, Elsa e sua irmã Anna rapidamente viraram duas das personagens mais estampadas em produtos no mundo. No final de 2014, a Disney informou que vendeu cerca de 3,5 milhões de vestidos *Frozen* (no valor aproximado de US$ 100 cada um), próximo do número de meninas de 4 anos na América do Norte (Canadá, mais EUA). Em 2015, a agência Aventuras da Disney promoveu muitas viagens às paisagens norueguesas que inspiraram a animação por cerca de US$ 5 mil para cada pessoa. Só em 2014, a marca *Frozen* vendeu aproximadamente US$ 1,5 bilhão.

Os criadores de *Frozen*, Jennifer Lee e Chris Buck, afirmaram que se propuseram a criar personagens nos quais as meninas de hoje pudessem se espelhar. Comentou Jennifer Lee: "Eu adoro a Cinderela, mas tenho algo a ver com ela? Não!!! Cresci e me tornei alguém mais independente. É por isso que Elsa e Anna são princesas que carregam o peso de um reino em seus ombros. Fiquei muito feliz em ver quantas pessoas vivem cantando *Let It Go* e acho que essa canção ficará no cérebro das meninas, mesmo quando elas já estiverem bem velhas...".

Há quem diga que as marcas estão em declínio. Os estudos mais recentes mostram que os consumidores estão cada vez mais ávidos em experimentar o **novo**, sem se importar tanto com a marca como chancela de qualidade!?!?

A Disney sabe disso e tem se aproveitado muito bem dessa avidez.

"Com *Frozen*, a Disney conseguiu com que as duas princesas do filme se tornassem as personagens mais estampadas em produtos no mundo, inflando suas receitas com o licenciamento."

E uma das suas vantagens é que a empresa não vende produtos baseados na qualidade de manufatura, mas por suas **histórias**. De certa maneira, a Disney se especializou um "**luxo acessível**". Um vestido das princesas do *Frozen* custa bem mais do que uma roupa similar comum, mas também não é um absurdo, permitindo que os pais façam essa extravagância. Outra vantagem é que o público que alimenta boa parte das suas vendas não sabe ainda ler direito, e assim pouco se importa com as resenhas e ofertas de produtos como os que podem ser adquiridos na Amazon.

A Disney está na sua "**era de ouro**" de sua lucratividade. Personagens de estúdio estampam seus produtos de 1929, quando Walt Disney incluiu uma imagem do Mickey em um bloco de papel. Porém o licenciamento, que começou como um negócio secundário, agora se tornou o **grande foco da empresa.**

Bem, a popularidade de *Frozen* foi tanta que surgiram vários subprodutos, como a máquina de "geladinho" Olaf, criada à imagem do boneco de neve que serve de alívio cômico no filme. A popularidade de *Frozen* também expandiu o mercado de brinquedos para as meninas. Hoje, a separação dos brinquedos no que se refere ao gêneros está cada vez mais evidente e até a Lego, sempre vista como um brinquedo masculino, entrou na onda, com o lançamento da linha Lego Friends, basicamente um "**Lego para meninas**".

3.6.4 – CARLOS SALDANHA: O "BRASILEIRO MAIS BEM-SUCEDIDO" EM HOLLYWOOD

Carlos Saldanha passou o início da sua infância e boa parte das férias em Marechal Hermes, um subúrbio do Rio de Janeiro. Seus pais (um militar e uma dona de casa de classe média, já falecidos) nasceram lá, mas viajaram pelo País, seguindo as transferências que o Exército demandava ao patriarca. Assim, ele e as suas irmãs (uma é corretora imobiliária e a outra, médica), já moraram em Forte de Coimbra, Alegrete e Resende.

De volta ao Rio de Janeiro, passaram a adolescência na Barra da Tijuca, na zona oeste da cidade. Naquela época, Carlos Saldanha já era desenhista amador e passava longas horas em frente ao computador, interessado nas possibilidades da máquina. Seus pais o pressionaram a fazer faculdade de processamento de dados. A opção de estudar **arte** foi **vetada**, então, pela família. Ele lembrou rindo: "Eles diziam que eu era jovem demais para tentar ser artista."

À época, já namorava Isabela Scarpa, então estudante de engenharia. Quando soube que, em Nova York, poderia ter acesso aos melhores cursos que uniam **arte** e **computação gráfica**, Carlos Saldanha lhe propôs casamento e uma viagem aos EUA. O plano deles era ficar uns seis meses, mas eles nunca mais voltaram ao Brasil de forma definitiva... No início, viveram em uma sala (estúdio) em East Village, em Manhattan (Nova York). O apartamento era de uma amiga da mãe de Isabela, que solidária ao casal acabou por acolher a dupla por 11 anos, e ajudou também a bancar o mestrado de Carlos Saldanha na School of Visual Arts. Disse Carlos Saldanha: "Eu só tinha dinheiro para fazer um curso, mas os professores me encorajaram a tentar o mestrado, diziam que eu levava jeito. Não tinha dinheiro para isso, mas eles insistiram. Procurei vários amigos na época, constrangido, pedindo ajuda. Até que essa amiga disse que bancaria e sabia que, um dia, eu lhe devolveria todo o dinheiro gasto comigo. Em um ano, já estava dando aula no curso em que tinha começado como aluno e já fazia o mestrado."

Em 1993, um dos seus professores, o diretor Chris Wedge, convidou-o para integrar a equipe da Blue Sky como **animador**. No começo, ele fez apenas a publicidade. Antes de ser comprada pela Fox Filmes e se tornar uma das três maiores do cinema de animação (ao lado de Disney/Pixar e Dream Works), a Blue Sky fazia propaganda e efeitos especiais sob encomenda para os filmes. Relembrou Carlos Saldanha: "Em Nova York, todos estavam procurando fazer publicidade com animação. E isso virou uma tendência, ou seja, todos queriam que uma latinha de Coca-Cola falasse, que a pílula da Advil ou um confeito da M&M se transformasse em algum personagem. E nós fazíamos isso. Estávamos no mercado, mas era aquela coisa: fazíamos publicidade, tratávamos com agências, e o trabalho ainda não tinha tanto valor criativo."

Os menos de cem funcionários da Blue Sky conseguiram se organizar para deixar com que Chris Wedge tocasse *Bunny*, que ganhou o Oscar de curta-metragem de animação em 1998, o que chamou muito a atenção para a empresa. Afirmou Carlos Saldanha: "O *Bunny* foi um projeto coletivo embora a direção e a concepção tenham sido de Chris Wedge. Todo mundo trabalhou no filme. Se você tinha um tempo, passava lá e modelava alguma coisa. Levamos dois anos para fazer um filme de 8 min!!!

Mais tarde assumi o cargo de codiretor de *A Era do Gelo* (2002) e *Robôs* (2005), ambas ao lado de Chris Wedge. A Fox já tinha adquirido a Blue Sky Studios em 1997. Finalmente, fui o diretor de *A Era do Gelo 2*, lançado em 2006, que obteve uma receita de US$ 660 milhões em bilheterias no mundo todo, superando as cifras do primeiro longa de animação. Não foi por acaso que a Fox me deu carta branca e inicialmente mais de US$ 100 milhões para desenvolver *Rio*, lançado em 2011. O filme protagonizado por uma ararinha azul na capital carioca arrecadou mais de US$ 500 milhões só em bilheteria, sem contar o licenciamento de produtos. A sequência *Rio 2*, lançada em 2014, repetiu o sucesso do primeiro filme. O que faz uma animação ter sucesso é, antes de tudo, uma boa história. Pode ser uma história **simples**, mas tem que ser universal, tem que ser forte."

"O diretor brasileiro Carlos Saldanha, que conquistou o mundo com as animações *A Era do Gelo* e *Rio*, vai também fazer filmes com atores de carne e osso..."

Naturalmente, dá para entender claramente porque Carlos Saldanha tem o direito de ostentar o título de "**brasileiro mais bem-sucedido de Hollywood**", não é? Atualmente, além de ter um contrato de exclusividade com a Fox, mantém sua própria empresa, a Bottle Cap Productions, destinada a longas de *live-action* – termo que define os filmes de **não animação**, ou seja, vividos por atores de carne e osso. Comentou Carlos Saldanha: "Não é que tenha me cansado de animação. Acredito que isso jamais vai ocorrer. Animação é a minha cara. Já faço isso há 23 anos. O que estou buscando é novidade!!! Foi por isso que corri atrás de fazer *live-action*. Na verdade, o ideal seria balancear – fazer uma animação, depois um *live-action,* voltar à animação e, em seguida, outro *live-action,* e assim sucessivamente."

Agora, a equipe da empresa de Carlos Saldanha decidiu ler roteiros para produzir *live-action*. Ele, depois, apresenta as ideias que considera interessantes à Fox e, com os executivos do estúdio, decidem em que vão investir!!! Dessa maneira, apareceram as ideias para se fazerem adaptações de *Rust: Visitor in the Field* (algo como *Rust: Visitante do Campo*), uma *graphic novel* de Royden Lepp, e de *Timeless* (*Atemporal*), uma trilogia de livros infantojuvenis de Armand Baltazar (antigo artista da empresa de animação norte-americana Pixar). Ambas são histórias de ficção científica que precisarão usar atores e claro ainda estão em desenvolvimento. Por exemplo, em *Timeless*, o conceito de tempo deixa de existir, unindo personagens de futuro, do passado e do presente, em Chicago e, nesse cenário, um garoto tenta salvar o pai, capturado pelo exército romano. E essa produção do longa será assinada por um dos ídolos de Carlos Saldanha, ou seja, o premiado Riddley Scott.

No gênero animação, são os clássicos que fazem brilhar os olhos de Carlos Saldanha, como as aventuras de *Tom & Jerry*, a magia de *Pinóquio* e longas como *Fantasia* (1940), da Disney. E a animação *Ferdinando, o Touro*, lançada pela Disney há quase 80 anos (foi em 1938) e que ganhará agora uma revisão em 3D nas geniais adaptações vindas do cérebro de Carlos Saldanha. Trata-se de um desenho simplório sobre um touro que não quer entrar para as touradas, mas sim, seguir uma vida contemplativa que se presta mais para apreciar os aromas das flores do que às bravatas nas arenas espanholas. Ao apresentar um projeto de animação sobre um touro para a Fox, Saldanha ouviu dos diretores-executivos da companhia que era possível **comprar os direitos** de *O Touro Ferdinando* (1936), um clássico infantil da literatura norte-americana de Munro Leaf (1905-1976), que inspirou o desenho da

Disney de 1938. Comentou Carlos Saldanha: "Eu já tinha escrito a história de um menino e de um touro, mas reescrevi tudo para poder usar o livro de Munro Leaf. É um processo de negociação constante com a Fox. No mundo do cinema, você precisa deixar o seu ego na porta. É claro que quebramos o pau às vezes, mas tenho que respeitá-los; afinal, eles é que estão querendo um filme meu. A sorte é que sou uma pessoa agregadora e lido bem com esse processo."

Para desenvolver um personagem, o diretor e os animadores de sua equipe cercam-se de referências. Se em tempos de *Rio*, ornitólogos, livros sobre pássaros e miniaturas de ararinhas azuis circulavam pela Blue Sky, agora na empresa vive-se um momento de "bovinocultura", o que explica a capa usada por um toureiro no Equador, agora presa à parede na sala de Saldanha ou a miniatura de um touro de porcelana na sua mesa. No filme, o protagonista – o touro existencialista Ferdinando – é levado de sua fazenda original para outra, onde será treinado para touradas por uma cabra, até ser conduzido ao espetáculo numa arena, tudo na Espanha...

Conclui Carlos Saldanha: "O conceito de animação é dar vida a coisas inanimadas. Sempre dizemos que na animação se deve fazer o que não se pode num filme convencional. Por exemplo, nunca vou poder treinar um touro a falar na vida real, mas posso fazer isso com um touro animado. E na tela, esse touro acaba sendo um pouco humano, ou seja, o público não vê apenas um bicho, mas uma '**pessoa que conhece**', por quem criou empatia. Atualmente, a tecnologia se desenvolveu de forma a agilizar o processo, mas não tanto. São necessários dois anos para finalizar e lançar um longa de animação. O desenvolvimento de *Ferdinando, o Touro* está ainda no início. Há centenas de versões de roteiros, e só no final de 2015 é que de fato a equipe iniciará a animação. Dessa forma, o filme só poderá chegar aos cinemas em 2017. E o interessante é que até aí acredito que vou receber a resposta para fazer a terceira parte de *Rio*, um grande sonho meu..."

Observação importante 1 - Aí estão alguns dos filmes (Tabela 3.2) citados no texto, a maioria nem é do agrado de todos os leitores, boa parte deles sem nenhuma grande premiação, entretanto, com eles, os seus investidores e produtores obtiveram enormes (ou pelo menos significativos retornos), possibilitando dessa maneira pagar regiamente todos os artistas que fizeram parte deles e também remunerar adequadamente àqueles que tiveram alguma relação com as suas realizações. Essa é uma evidente demonstração do poder econômico da EC, em especial no setor cinema.

Filme	Orçamento em milhões de dólares	Arrecadação no mundo em milhões de dólares (até setembro de 2015)
Interestelar	165	690
Velozes e Furiosos 7	190	1.510
O Exterminador do Futuro: Gênesis	155	350
Vingadores: Era de Ultron	250	1.410
Chappie	49	135
Pixels	88	190
Frozen	150	1.230
Divertida Mente	175	610
Rio	90	510
Rio 2	103	530

Tabela 3.2 - Como se ganha dinheiro com bons filmes, não é?

* * *

Observação importante 2 - Netflix entrou no cinema com o seu filme *Beasts of No Nation* (em português algo como *Feras de Lugar Nenhum*), sua primeira produção, um brutal drama de guerra a respeito de crianças usadas como soldados na África Ocidental. Isso colocou, em outubro de 2015, a gigante dos serviços de vídeo por *streaming* contra os cinemas norte-americanos na disputa pela forma como as pessoas vão assistir os filmes recém-lançados no **futuro**. *Beasts of No Nation*, um título que já foi apresentado em festivais como os de Veneza, Toronto e Telluride, estrelado pelo ator britânico Idris Elba, estreou nos EUA no dia 16/10/2015 tanto na Netflix como em alguns cinemas, dentro de um **projeto revolucionário** da Netflix que espera com isso ser capaz de atrair o mesmo prestígio a seus filmes como conseguiu com a série de TV *House of Cards*.

Essa estreia no cinema pode marcar a invasão de longo prazo de filmes produzidos internamente pela Netflix, incluindo uma sequência a ser lançada para *O Tigre e o Dragão*. Entretanto, essa iniciativa da Netflix de apresentar exibições simultâneas aborreceram muito aqueles que têm o controle dos cinemas sobre as estreias dos filmes, especialmente os de Hollywood. Tanto é, que as maiores redes de cinema dos EUA reagiram dizendo que **não exibiriam** o título da Netflix em suas telas!?!?

Patrick Corcoran, vice-presidente da Associação Nacional de Proprietários de Cinema, dos EUA, ressaltou: "Os donos de cinemas ficaram frustrados quando a Netflix fez grandes pronunciamentos dizendo que vai mudar a indústria. O que ela não entende é que não se pode revolucionar a indústria dos cinemas sem trazer junto a indústria do cinema!!!"

Essa declaração de Patrick Corcoran parece que não vai impedir a **"destruição criativa"** que a Netflix deflagrou, ou seja, instalou uma disputa amarga entre a nova escola de Hollywood e a velha guarda à medida que os serviços de *streaming* brigam para conquistar mais assinantes, o que acabará fazendo com que menos pessoas queiram ir aos cinemas... Obviamente, isso provocou atrito com o modelo de controle dos cinemas.

Essa estreia do filme também pode gerar uma ampla mudança na forma de concorrência entre gigantes da mídia e da *Web* como Netflix, Hulu e Amazon, reescrevendo algumas das tradições mais antigas: **a grande estreia de um título**!!! O diretor de conteúdo do Netflix, Ted Sarandos, se manifestou: "Todos têm muita coisa em jogo e não gostam de mudanças. Precisamos concorrer pela atenção do consumidor por meio da qualidade da experiência do filme, e não a **preciosidade do acesso**. A experiência é o **mais importante**."

Desde a chegada dos videocassetes nos anos 1980, estúdios e cinemas concordaram com intervalos de **90 dias** entre o lançamento dos filmes e sua chegada aos lares, acreditando que um período inferior interferiria na sua principal fonte de lucro: as **bilheterias**. O fato é que os cinemas precisam desse intervalo de tempo; caso contrário, aquilo que torna **especial** a experiência do cinema se perde. Se o frequentador do cinema começar a pensar que ele pode ver um filme de outra forma, isso criará para a indústria dos cinemas um grande perigo.

Os produtores dos filmes que gastam muito dinheiro na sua elaboração não irão correr o risco de não recuperá-lo. Por isso, precisam da **lucratividade** que obtêm com esse tempo em que dispõem da exclusividade de exibição **só nos cinemas!!!** O modelo tradicional começou a se desmontar conforme os serviços de vídeo e alguns cineastas lutaram para tornar os filmes disponíveis mais rapidamente para públicos cada vez mais ansiosos por **entretenimento sob demanda**.

E agora com essa intromissão direta da Netflix, o que é que vai acontecer?

Mais uma vez se notará a "destruição criativa", muitos empregos vão desaparecer, outros vão surgir, mas não se tem nenhuma certeza que isso vá ter um saldo positivo no que se refere ao trabalho daqueles ligados à indústria do cinema...

3.6.5 – A CHINA INVESTE EM HOLLYWOOD PARA VIRAR UMA POTÊNCIA DO CINEMA!!!

O filme *Nocaute* conta a história de um boxeador estrelado por Jake Gyllenhaal, mas o interessante é como ele foi produzido, ou seja, conseguiu ser realizado graças ao aporte de capital do conglomerado chinês Dalian Wanda Group.

Foi a Dalian Wanda que financiou o orçamento de cerca de US$ 30 milhões do filme. Sua distribuição foi feita pela Weinstein, que gastou cerca de US$ 35 milhões com o *marketing* e as empresas concordaram em dividir os lucros. O superintendente da Weinstein, David Glasser, comentou: "Os representantes de Dalian Wanda estiveram envolvidos no processo de produção, pós-produção e *marketing*, pois eles queriam aprender como fazemos o que fazemos!!! Esperamos que eles nos ajudem a obter um contrato de distribuição favorável na China, onde, por enquanto, o governo só concede acordos de exibição para **34 filmes estrangeiros por ano!!!**"

Nocaute representa uma das várias maneiras como as empresas chinesas têm tentado explorar (e assimilar) o conhecimento cinematográfico de Hollywood. Assim, quatro ex-executivos de estúdios importantes em 2014 iniciaram ou assumiram a liderança de empresas novatas (*start-ups*) bancadas por investidores chineses. Juntas, essas quatro *start-ups* conseguiram compromissos de investimentos de mais de US$ 700 milhões da China. Elas estão sendo lançadas no meio de uma intensa onda de investimentos dos chineses nos setores de entretenimento, tecnologia e outras indústrias dos EUA, ou seja, em áreas em que eles não são líderes globais e que representam bons negócios, isto é, a possibilidade de ganhar muito dinheiro...

O fato é que a China é o mercado cinematográfico com o maior crescimento no mundo e fonte de um volume tremendo de capital, e isso evidentemente estimula aqueles que atuam nesse setor nos EUA a firmar parcerias com os chineses.

Essa nova safra de estúdios iniciantes não tem precedente na história recente de Hollywood e confirma como o financiamento para o setor ficou mais acessível graças aos chineses. Sem um portfólio de produções anteriores que geraram dinheiro e sem propriedade intelectual a que recorrer, como a exploração que está se fazendo com os personagens de HQs, essas novas empresas de cinema estão apostando em sua **capacidade de produzir muitos sucessos a partir do nada**!?!? Mas isso se provou ser muito difícil até para Steven Spielberg, dono do Dream Works SKG, que hoje é somente uma sombra do grande estúdio que ele e seus parceiros tinham em mente quando o lançaram, em 1994.

"O filme *Nocaute*, estrelado por Jake Gyllenhaal, recebeu cerca de US$ 30 milhões do conglomerado chinês Dalian Wanda para ser produzido."

Essas empresas precisam de muitas dezenas de milhões de dólares para começar a operar e podem levar até dez anos para produzir um grande sucesso. Esse, por exemplo, é o caso de Dick Cook, que foi demitido do cargo de liderança do estúdio cinematográfico da Walt Disney em 2009, depois de 38 anos de empresa. Passou cinco anos elaborando um plano para abrir seu próprio negócio e buscando investidores.

Pois bem, em 2015, após cinco meses de negociações, conseguiu com que o conglomerado chinês Citic Guoan Group lhe oferecesse um financiamento de US$ 150 milhões. Será que Dick Cook vai conseguir produzir um filme que permita a esse conglomerado chinês ter lucro?

Naturalmente, a China colherá outros benefícios desses acordos e empreendimentos ao ter acesso ao *know-how* ("conhecimento") de alguns dos executivos e profissionais criativos e mais experientes de Hollywood, num momento em que o governo chinês se esforça para que o entretenimento se torne uma **fonte de influência** para o país, além obviamente de ser um setor da EC que gera bons lucros.

Apesar de ter se tornado o **segundo maior mercado de filmes do mundo**, a China ainda não foi capaz de produzir um filme que se tornasse mundialmente popular, do tipo produzido por Hollywood com regularidade. Essa associação dos chineses com os ex-executivos de estúdios dos EUA, sem dúvida, faz parte da estratégia para mudar isso. A diretora-presidente da empresa chinesa Meridian Entertainment, Jennifer Dong, disse: "Nós precisamos nos valer dos conhecimentos e da prática dos talentosos profissionais que se destacaram na indústria cinematográfica dos EUA. É por isso que nós fechamos um acordo para financiar filmes feitos por James Schamus, ex-líder da Focus Features, uma divisão da Universal Pictures, estúdio da Comcast Corporation. Estou constantemente assimilando as ideias e captando as impressões de James Schamus."

Esse fluxo de capital acontece num momento oportuno, porque os grandes estúdios norte-americanos estão fazendo metade dos filmes que faziam uma década atrás. Assim, Jeff Robinov, que comandou a Warner Bross, da Time Warner, até 2013, obteve, em 2014, um financiamento de US$ 200 milhões do Fosun Group, uma grande empresa de investimentos. O estúdio dele, o Studio 8, está desenvolvendo filmes globais de orçamentos altos, dirigidos por cineastas, no lugar de adaptações de HQs ou romances para jovens. Seus filmes serão distribuídos pela Sony Pictures Entertainment.

Pois bem, enquanto Dick Cook e Jeff Robinov estão construindo novos estúdios globais, a STX Entertainment está produzindo, promovendo e distribuindo filmes com orçamentos médios nos EUA, preenchendo uma lacuna deixada no mercado quando os grandes estúdios passaram a priorizar filmes com orçamentos altos e comédias de baixo custo.

A divisão de filmes da STX é chefiada pelo ex-presidente do conselho da Universal Pictures, Adam Fogelson, e entre os investidores da STX está a firma de *private equity* chinesa Hony Capital. Além disso, 25% do custo de seus filmes a partir de 2015 até 2018 serão pagos pela Huayi Brothers Media Corp., que antes tinha analisado a possibilidade de financiar o Studio 8.

Cinema 369

O fato é que as empresas chinesas já há alguns anos estão investindo em negócios estabelecidos em Hollywood. Dessa maneira, em 2012, a Dalian Wanda pagou US$ 2,75 bilhões pela AMC Entertainment Holdings, a segunda maior rede de cinemas dos EUA. Já a Lions Gate Entertainment Corp. fechou, em março de 2015, um acordo de financiamento de filmes com a Hunan TV & Broadcast Intermediary, no valor de US$ 375 milhões.

Como se nota, os chineses já investiram alguns bilhões de dólares na indústria cinematográfica norte-americana e a questão é: isso vai lhes permitir incrementar as suas próprias produções para que esses filmes se tornem sucessos mundiais?

É bem duvidoso...

Aí vai um teste para você: dos três filmes, *A Entrevista*, *Perdido em Marte* e *007 contra Spectre*, para qual faltou imaginação? Qual mesmo assim faturou mais?

"No filme *A Entrevista* (2014), no qual se buscou satirizar o ditador norte-coreano Kim Jong-un, foram ditas 87 piadas com sotaque de norte-coreano falando inglês e os que o assistiram disseram: 'Não há uma que preste!?!?'"

"O diretor Ridley Scott, com o seu filme *Perdido em Marte*, abriu uma nova perspectiva para a importância do trabalho da NASA, a agência espacial dos EUA. A película é tão engenhosa e detalhista que coisas que parecem ficção, mas na realidade não são."

"Em *007 Contra Spectre*, Daniel Craig fez pela quarta vez o papel do famoso espião James Bond, que tem assim o seu 24º longa. O espião fictício mais famoso do mundo já foi intepretado por Sean Connery, George Lazenby, Roger Moore, Timothy Dalton e Pierce Brosnan. Dependendo do sucesso desse filme, o ator Daniel Craig talvez faça ainda um quinto..."

3.6.6 – TORONTO ATRAI INVESTIMENTOS BILIONÁRIOS TORNANDO-SE A "CIDADE DO CINEMA"

Alice é uma heroína de grande beleza e habilidades sobre-humanas que há mais de uma década vem combatendo zumbis e corporações maléficas na série de filmes *Resident Evil* (*O Hóspede Maldito*), baseada no *videogame* de mesmo nome.

No último dos episódios da franquia (*Resident Evil 5: Retribuição*, de 2012), a protagonista vivida pela atriz Milla Jovovich acorda misteriosamente em uma nova realidade, como se a Terra fosse um local feliz de novo. Mas é claro que essa é, só a calmaria que precede a tempestade de explosões, perseguições e cabeças detonadas numa metrópole apocalíptica.

E qual é o lugar mais adequado para simular um tal cenário desolador?

Para vários produtores é a importante cidade canadense de **Toronto**, que em 2015 foi a sede dos Jogos Panamericanos e eleita pela revista *The Economist* a **melhor cidade do mundo**!!!

Toronto é a maior cidade do Canadá, com cerca de 6 milhões de habitantes, e é a locação constante de produções cinematográficas de ação. Recentemente, as refilmagens de *blockbusters*, tais como *Robocop* e *O Vingador do Futuro*, fizeram muitos moradores de Toronto correr ao cinema só para ter a sensação de tentar identificar os pontos icônicos da cidade na tela. Essa é uma realidade cada vez mais comum, e não só por conta das produções dos grandes estúdios norte-americanos. É raro haver um fim de semana em Toronto, especialmente no verão, em que algum ponto na região metropolitana não esteja fechado, cercado por cones, agentes de trânsito e policiais, para a gravação de filmes, séries de TV e comerciais. Em 2014, a cidade de Toronto recebeu, graças a essa indústria, US$ 1 bilhão, uma cifra recorde. Nesse mesmo ano, o número de dias filmados em Toronto cresceu quase 20% em relação a 2013, chegando a 6.361, com diversas produções simultâneas. E esse número não inclui as filmagens em estúdio, apenas aquelas feitas em ruas, prédios ou locações públicas da cidade.

A explicação por toda essa demanda por Toronto está em três frentes: **conveniência arquitetônica**, **custo reduzido** e **desburocratização das permissões**. Os grandes arranha-céus e as calçadas largas da área central de Toronto podem facilmente se passar por construções de cidades como Nova York ou Chicago, por exemplo. Fechar uma dessas áreas na cidade canadense é até 50% mais barato do que em uma metrópole nos EUA. E

"Aí está uma cena do filme *Resident Evil 5* com a atriz Milla Jovovich, gravada nas ruas de Toronto."

para obter uma autorização de filmagem que inclua o bloqueio de ruas e utilização de efeitos especiais em Toronto é bem rápido, não levando **mais que quatro dias**!!!

Michael Thompson, chefe do departamento do Desenvolvimento Econômico de Toronto, comentou: "A expansão e a diversificação dessa indústria são sinais positivos para o futuro de Toronto como um local de produção de primeira linha. Enquanto as grandes produtoras de TV e cinema dos EUA continuam a ser nossos maiores investidores, os valores obtidos com os comerciais quase dobraram desde 2012.

A atratividade de nossa cidade para esse tipo de setor criativo é responsável pela fidelização de séries que ganharam destaque mundial, como *Orphan Black*, *Suits* e *Beauty and the Beast*.

Embora nessa indústria nunca seja possível contar com a certeza de mais uma temporada, a possibilidade de ser a 'casa' de algumas produções por diversos anos tem sido muito positivo para a cidade."

Os habitantes de Toronto, por sua vez, não parecem muito incomodados com o fechamento de ruas, explosões simuladas e pelo sobrevoo dos helicópteros com câmeras. De acordo com o Escritório de Filmes, Televisão e Mídia Digital de Toronto, o número de reclamações dos moradores da cidade é "**irrisório**". Ainda assim, o governo de Toronto estabeleceu regras para garantir que a convivência com a indústria da filmagem seja pacífica. Gravações em áreas residenciais não são permitidas entre as 23h e às 7h, a não ser que todos os moradores possam ser avisados com antecedência. E, em alguns casos, é preciso a aprovação por escrito da maioria deles. As diretrizes também especificam que "moradores e negócios não devem ser afetados por iluminação excessiva, fumaça ou barulhos que possam impedi-los de permanecer na propriedade", a não ser que haja uma concordância prévia. Assim, Toronto consegue ampliar as suas receitas e, inclusive, dar emprego para muitas pessoas que trabalham como extras na produção desses filmes e vídeos, sem se descuidar do conforto dos seus habitantes.

Observação importante 3 – O surgimento da Xangaiwood está cada vez mais **evidente!!! Você quer saber o que é isso?** Pois nada mais é que a expansão incrível do mercado cinematográfico chinês que atrai muito os estúdios norte-americanos (principalmente) com o objetivo de se criar uma Xangaiwood (ou Shangywood) para se contrapor aos grandes negócios na área de entretenimento que são criadas em Hollywood, nos EUA!!!

Os estúdios norte-americanos estão desesperados por obter a sanção oficial de que precisam para lançar suas produções na China, isto porque o mercado cinematográfico chinês está bombando. De 2003 a 2010, a receita com a venda de ingressos cresceu a uma taxa anual média de **40%**. Em 2012, o faturamento ultrapassou o do Japão, que até então ocupava o posto de segundo maior mercado cinematográfico do planeta. Estimativas indicam que as salas de cinema chinesas devem estar faturando **US$ 10 bilhões anuais** até 2017, aproximando-se dos EUA na disputa pela posição **de maior mercado mundial!!!**

Não surpreende, portanto, que as empresas de entretenimento ocidentais estejam investindo pesadamente na China. No início de outubro de 2015, a IMAX, especializada em salas com grande telas, abriu o capital de sua unidade chinesa para financiar uma expansão ambiciosa no país. Por seu turno, um mês antes a Warner Brothers anunciou a formação de uma *joint venture* com o fundo de *private equity* e capital de risco China Media Capital (CMC) para produzir filmes mais afinados com o gosto dos chineses. O CMC também é dono de parte da Oriental Dream Works, empresa local que estabeleceu uma parceria com o estúdio norte-americano Dream Works para produzir o próximo filme da série *Kung Fu Panda*.

As portas de entrada do mercado chinês para filmes estrangeiros são apenas duas: um sistema anual de cotas permite o lançamento de 34 grandes produções estrangeiras ou então através do pagamento de uma quantia fixa, as empresas também podem adquirir os direitos de 30 a 40 produções estrangeiras menores por ano.

Como se nota, não é nada fácil conseguir exibir um filme estrangeiro na China. Isso porque a distribuição dos filmes estrangeiros é controlada por empresas estatais sujeitas a ingerências políticas, e nem o relaxamento dessas cotas – existem rumores de que isso pode acontecer – irá ajudar significativamente. Sem dúvida, as autoridades chinesas utilizam a programação dos lançamentos como importante ferramenta protecionista e, por exemplo, em julho de 2015, mês em que as salas de cinema costumam estar cheias, não havia nenhuma grande produção de Hollywood em cartaz.

Deu para perceber como as autoridades chinesas sabem privilegiar e impulsionar as suas produções cinematográficas? Para contornar esses obstáculos, as empresas estrangeiras estão investindo em **"coproduções"** com parceiros locais. Mas aí é a **cultura chinesa** que emperra as coisas, criando mais dificuldades que a própria política do país.

O fato é que até agora ninguém descobriu a fórmula para criar histórias que funcionem tanto na China como nos países do Ocidente. Os estúdios ocidentais estão finalmente se dando conta de como é difícil e demorado criar roteiros que inicialmente satisfaçam tanto os censores chineses, como os frequentadores de cinema chineses. Por outro lado, não se pode desprezar os concorrentes locais, que estão começando a pôr as mangas de fora... Isso porque as produtoras chinesas estão investindo em novas tecnologias, aperfeiçoando seus talentos criativos e conseguindo atrair mais apoio financeiro. Já existem grandes estúdios, como o Huayi Brothers Media Corp e o Beijing Enlight Media que agora produzem seus próprios sucessos de bilheteria. Aliás, o filme *Perdidos na Tailândia*, lançado em 2012, foi o primeiro filme chinês a alcançar a marca dos **US$ 200 milhões** em ingressos vendidos!!! A sua continuação *Perdidos em Hong Kong*, lançado em setembro de 2015, faturou mais de US$ 100 milhões no fim de semana em que entrou em cartaz.

Das técnicas de criação de enredo à tecnologia de animação, a liderança dos estúdios de Hollywood ainda é folgada; entretanto, há uma área em que os chineses podem ultrapassar os estúdios norte-americanos: **nos modelos**

de negócio!! Isso porque quando se trata da integração da Internet com a comercialização de filmes, a China já está dando um banho não só em Hollywood, mas em outras empresas cinematográficas ocidentais, ainda muito preocupadas com a venda de direitos para a TV paga e as vendas de DVDs.

Os estúdios chineses estão livres dessas preocupações e estão fazendo experiências com modelos de negócios para desenvolver novas fontes de receita *on-line* e ampliar o envolvimento dos fãs nas mídias sociais, inclusive recorrendo ao financiamento coletivo (*crowdfunding*) de películas dando créditos aos investidores com quantias significativas.

Na China, a Internet também vem se tornando um importante canal de distribuição, pois as três maiores empresas – Alibaba, Tencent e Baidu – estão investindo no oferecimento de filmes *on-line*. Assim como nos EUA, a expectativa dos chineses é que em alguns anos os serviços de *streaming* estejam gerando mais receitas que as bilheterias. Por sua vez, entre os frequentadores de cinema chineses é cada vez maior o número de jovens e adeptos da tecnologia: **63%** dos ingressos são comprados *on-line*, frente a 13% nos EUA.

O fato é que mesmo que Hollywood não encontre o pote de ouro na China, pode, por outro lado, realmente vislumbrar lá qual vai ser o futuro do negócio cinematográfico global. Mas de qualquer forma a indústria cinematográfica deve crescer muito nos próximos anos e isso significa que centenas de milhares de novos empregos surgirão no mundo todo vinculados a ela!!!

"Xangai está cada ano que passa uma cidade mais sensacional, uma espécie de versão concentrada da nova China, que quer ser um grande centro de produção de filmes."

3.7
DESIGN

3.7.1 – HANS DONNER MODERNIZA O *DESIGN* DA TELEVISÃO

Conforme foi dito no Capítulo 1, a IDSA define desenho industrial como a "criação e o desenvolvimento de conceitos e especificações que otimizam a função, o valor e a aparência de produtos e sistemas para benefício de usuários e fabricantes". O desenho, como "processo", tem uma aplicação muito mais ampla, indo de *design* de interiores à infraestrutura de grande escala. Os *designers* querem que seus desenhos sejam ao mesmo tempo **arte vistosa** e **funcional**.

Um desenho industrial poderia se qualificar para três tipos de propriedade intelectual: como um **trabalho artístico** para obtenção de direitos autorais, conseguiria em alguns países o **"direito do desenho industrial"** e obter ainda um **registro dele**, caso tenha um elemento estético significativo.

Para exemplificar o *design*, vamos inicialmente nos lembrar de duas coisas: do *designer* Hans Donner e da evolução do *design* da cadeira no Brasil. Há mais de 40 anos desembarcava no Brasil o *designer* Hans Donner, que modernizou o visual da nossa televisão. Depois de transformar as vinhetas da TV Globo numa referência em arte digital, criou o relógio *Time Dimension*, um modelo futurista sem números ou ponteiros, que extrapolou a versão de pulso para a Internet e, depois, foi introduzido no celular. A conjugação de fatores como talento, criatividade e sintonia com a vanguarda fez de Hans Donner um dos maiores e mais festejados *designers* do mundo. Sua história é sublinhada pela sua intensa vontade de ampliar fronteiras e a ocorrência de **felizes coincidências**.

Nascido na Alemanha, criado na localidade próxima ao lago de Constança, na Áustria e formado em *design* na Höhere Graphische, em Viena, decidiu bem cedo que ao terminar o curso viajaria para o Brasil para aqui tentar desenvolver sua carreira. Assim, em março de 1974, com 25 anos de idade, aportou no Rio de Janeiro, trazendo na bagagem o seu portfólio e uma breve experiência em estúdios europeus.

A paixão pelo distante Brasil começou em Hans Donner aos 10 anos de idade, quando tentava imitar as jogadas de Pelé na Copa do Mundo de Futebol, que foi realizada na Suécia em 1958. Numa declaração recente, disse Hans Donner: "Nunca imaginei que um dia iria falar português e poder contar essa história, inclusive para o 'rei do futebol'. Mais que isso, inspirado pelo material de propaganda criado por *designers* brasileiros, consegui al-

"Durante o espetáculo *Rock in Rio: O Musical* em 8/1/2013, o casal Valéria Valenssa e Hans Donner."

cançar os mais elevados níveis de admiração no meu campo profissional. Só posso dizer que vivo há 40 anos no passado, porque foi aqui que me realizei profissionalmente e tive as melhores emoções."

Hans Donner sempre valorizou a bandeira brasileira em suas criações como nas vinhetas de *Brava Gente, Brasil por Natureza, Brasilidade*. Ele casou com a ex-modelo e ex-dançarina Valéria Valenssa, a eterna Globeleza. Valéria despertou a atenção do *designer* em 1984, quando ele procurava uma sambista para a vinheta que faria para o Carnaval e a viu dançando no concurso Garota de Ipanema. Hans Donner a definiu: "Valéria é o símbolo da mulher brasileira, é a mulata da cor do Brasil."

Foi ele quem criou a logomarca da Globo. Comentou Hans Donner: "No processo de criação, tive a súbita compreensão de que a palavra globo só poderia remeter à ideia de mundo e ser visualizada com volume, cor e movimento."

Suas produções marcaram o começo de uma revolução nos projetos e padrões de animação da TV. As criações do *designer* foram divulgadas em revistas gráficas do mundo todo. *Designers* das TVs norte-americanas e europeias seguiram (ou melhor copiaram...) o estilo e a técnica explorados nas aberturas dos programas da TV Globo, *Viva o Gordo* e *Fantástico*. Na sequência, vieram todas as aberturas de novelas, programas e minisséries da emissora brasileira.

Apesar de o computador ser uma das ferramentas usadas nas suas criações, Hans Donner não gosta muito de lidar com dispositivos eletrônicos!?!? Totalmente ligado a papéis e canetas ("**Bic, porque nunca falha**"), Donner prefere a liberdade de começar a desenhar em qualquer hora e lugar. E os seus rabiscos têm virado com muita frequência em sucessos dentro e fora da TV!!!

E agora vejamos um pouco do *design* brasileiro voltado para as **cadeiras**.

Pois é, uma estrutura curvada construída com finas tiras de cinco tipos de madeira – jacarandá, roxinho, pau-marfim, imbuia e mogno – que se equilibra com delicadeza sobre três pés palito, virou o maior símbolo de um fenômeno de mercado. Quando o *designer* dessa cadeira, Joaquim Tenreiro, morreu, em 1992, com 86 anos, **ele estava falido**!?!? Poucos poderiam imaginar que a sua cadeira *Três Pés*, criada em 1947, fosse se tornar um dos maiores clássicos do mobiliário moderno feito no País. Nem tão pouco que essa seria a peça mais cobiçada do *design* nacional.

Vendida no mundo todo por até R$ 350 mil, a *Três Pés* vem turbinando os preços de um mercado ávido por móveis de Sérgio Rodrigues, Paulo Mendes da Rocha, Jorge Zalszupin (veja a seção 3.7.7), Lina Bo Bardi (1914-1992), Geraldo de Barros (1923-1988), entre outros. A poltrona *Mole*, por exemplo, que foi criada por Sérgio Rodrigues em 1957, nunca saiu de moda e em 2015 seus preços variaram de R$ 12 mil a R$ 25 mil.

De olho na mina de ouro que se tornou o *design* do País, galerias e editoras do mundo todo se movimentaram para publicar livros e organizar mostras que saciassem o gosto de novos colecionadores, começando por aqueles que admiram a *Três Pés* de Tenreiro. Assim, os croquis originais de Joaquim Tenreiro, que foram encontrados no lixo após a sua morte, foram reproduzidos num livro publicado nos EUA em 2014, até porque quase não existem livros sobre *design* brasileiro.

O *marchand* Marcelo Vasconcellos comentou: "Hoje, o *design* brasileiro está entrando pela porta da frente nas coleções, tanto é que nos famosos leilões da Sotheby's e da

"O que você acha do *design* dessa mesa? Faria sucesso?"

Christie's, cadeiras de Tenreiro e da Bo Bardi, por exemplo, já atingem valor semelhante ao de peças do holandês Gerrit Rietveld (1988-1964) e do italiano Gio Ponti (1891-1979), entre outras estrelas do *design*."

Soraia Cals, que tem uma casa de leilões no Rio de Janeiro e organizou o primeiro livro de Joaquim Tenreiro, diz: "A cadeira *Três Pés*, por exemplo, não serve, de fato como cadeira. Você nem pode se sentar, porque ela quebra!?!? Mais do que um mobiliário, isso é uma **escultura**. As pessoas compram como obra de arte. Ninguém tem coragem de se sentar nela."

Já essa não é a situação de Sérgio Rodrigues, que adora ser retratado sentado em suas poltronas e fica muito feliz, pois a *Mole* foi usada em cenários sofisticados, como no programa *Vídeo Show* da TV Globo.

Bem, a *Mole* virou um "ícone" e foi criada para "você se atirar" nela. O único problema é que isso não é para qualquer um, pois ter essa sensação pode custar R$ 25 mil, o que obviamente não é para todos!!!

"Provavelmente a cadeira seja a peça que mais instigou a imaginação dos *designers* e certamente há mais de mil delas diferentes. Você sabe qual é a melhor para se sentar?"

3.7.2 – CONCEITUANDO O *DESIGN*

O professor de engenharia e história da Universidade Duke, nos EUA, Henry Petroski, é um dos especialistas de *design* mais requisitados do mundo. No seu livro *Success Through Failure – The Paradox of Design* (O Sucesso Através do Fracasso – O Paradoxo do Design) ele explicou: "Um *design* espetacular não precisa ser uma obra de grandes proporções. Muitas vezes pode ser um objeto simples e pequeno, como aquele dispositivo de plástico que se espeta no meio da pizza (que será enviada ao cliente) para impedir que ela grude na tampa da caixa durante o transporte. É um bom *design* porque resolve um problema que pode ocorrer frequentemente, e isso de maneira bastante econômica e eficiente.

"Disse o especialista em *design* Henry Petroski: 'A invenção é a mãe da necessidade. Ninguém precisava do *iPad* ou do telefone celular antes que eles fossem inventados!?!?'"

No melhor *design* devem se destacar a **funcionalidade** e a **estética**, porém tratadas com igual importância, uma não deve sobressair à outra. Devem se complementar de maneira harmoniosa. Acredito que se nada mais fosse inventado (!?!?), o mundo até poderia terminar bem com os objetos e sistemas existentes, por um bom tempo. Entretanto, faz parte de nossa natureza querer melhorar o que é **ineficiente, deselegante** e **incompleto**. Portanto, a criação de novidades torna-se imperiosa quando a qualidade de vida entra em conflito com a percepção de que determinados objetos ou construções utilizados atualmente são imperfeitos. E aí é que surgem os grandes inovadores tecnológicos que percebem as falhas ou as imperfeições e nisso a oportunidade de criar algo melhor do que o que já existe e também para prevenir as falhas no futuro.

Na realidade, é o fracasso que impulsiona os inventores!?!? Isso porque enquanto houver progresso tecnológico, erros e acidentes continuarão acontecendo!!! E a falha servirá de lição, desafiará os *designers* e os engenheiros a corrigi-la e, dessa forma, se transformará em novo combustível para o avanço das tecnologias. Esse é o paradoxo do *design* e das criações em geral: historicamente, **aprendemos mais através dos fracassos do que pelos sucessos**.

As mais importantes criações dos últimos tempos foram aquelas focadas nas limitações e nas falhas (pense na evolução dos aviões a jato, lembrando antes de vários acidentes fatais com os aviões *Comet* [com voo inaugural em 1952 a uma velocidade de 725 km/h] ou então nos primórdios do telefone celular, que tinha um peso enorme, bateria que descarregava logo e uma *performance* ruim). As falhas continuarão ocorrendo provavelmente devido ao excesso de otimismo ou confiança dos engenheiros que 'acreditam' que dominam uma certa técnica, concentram-se demais em alguns aspectos inovadores e se descuidam de alguns detalhes básicos... Acontece a todo ser humano descuidar do elementar, do comum, do fácil. Assim, acabamos cortando o dedo ao cortar o pão ou fatiar legumes ou ainda tropeçamos ao subir escadas, embora saibamos perfeitamente como proceder corretamente em cada uma dessas atividades ou ações."

Obviamente, não é obrigatório falhar primeiro para ter sucesso depois. O que, porém, precisamos é entender como um projeto pode falhar e incorporar características que permitam prevenir diferentes tipos de falhas.

Na maioria das vezes, entretanto, o sucesso é **fruto do aprendizado com os fracassos anteriores**. É por isso que, por exemplo, nas indústrias aeronáutica e automobilística, cada novo produto passa por uma bateria de testes de qualidade e confiabilidade que podem durar anos. Possíveis falhas são eliminadas durante esse processo antes do produto ser lançado no mercado. Entretanto, esses testes só se tornaram prioridade nas indústrias devido à quantidade de acidentes envolvendo automóveis e aeronaves ao longo da história.

A empresa japonesa Toyota, que conquistou o mercado automobilístico pela qualidade dos seus veículos, superou a GM como a maior fabricante do mundo e, mesmo assim, a partir de 2011, foi surpreendida com falhas diversas nos seus carros, precisou fazer diversos *recalls* (chamadas para reparos) de milhões deles e ainda sofreu um processo por parte do governo norte-americano.

A função do *designer* é, portanto, **antecipar** como um produto pode falhar. Ao construírem, por exemplo, o *Titanic*, os responsáveis pelo navio deveriam ter previsto a possibilidade de ele colidir com um *iceberg* e calculado melhor a construção do casco, o material utilizado e a quantidade de botes salva-vidas disponíveis no navio. O problema é que no caso do *Titanic*, as **exigências do luxo** se sobrepuseram às de **segurança**. Por mais irônico que possa parecer, o fracasso do *Titanic* contribuiu muito mais para o desenvolvimento de navios mais seguros do que se ele tivesse sido um sucesso. Se o navio não houvesse colidido com o *iceberg* na sua viagem de inauguração, a **falsa ideia do navio perfeito**, impossível de afundar, teria incentivado a criação de outras embarcações do mesmo tipo, com modelos cada vez maiores e mais inseguros!?!?

Daí se pode inferir que não existe o *design* perfeito!?!? Mas que tudo pode ser aperfeiçoado...

No século XIX, quando se inventou a **varinha de madeira** utilizada pelos professores em sala de aula para mostrar detalhes no quadro-negro, chegou-se a considerá-la como uma das **grandes invenções da época**!?!? Mas logo se percebeu que ela tinha muitas falhas e/ou limitações. Era incômoda para carregar, quebrava com facilidade e, em algumas escolas, passou a ser utilizada para aplicar castigos aos alunos. Com o tempo surgiram versões aperfeiçoadas da varinha, como aquela feita de metal e retrátil como uma antena de carro. E mais recentemente, para o mesmo fim criou-se o bastão a laser. O objeto, sem dúvida, se tornou melhor, pois se pode assinalar (ou destacar) conceitos, figuras ou elementos de uma apresentação em *PowerPoint*, estando razoavelmente distante do que aparece na tela. Entretanto, ninguém pode dizer que se chegou à perfeição.

Um objeto normalmente precisa ser refeito quando a **intolerância** com suas **imperfeições** supera a **apreciação** de seus **benefícios**!!! Um bom exemplo disso foram os telefones celulares lançados pela Motorola – oficialmente em 3/9/1973, quando Martin Cooper fez a primeira chamada através do revolucionário *Motorola DynaTAC* –, eram grandes e pesados (aliás, o mesmo se pode dizer dos antigos aparelhos de TV ou mesmo dos computadores), incômodos de se carregar. Na realidade, o *DynaTAC 8000x* foi o primeiro celular vendido no mundo, em 1983. O aparelho pesava 800g, tinha 33 cm de comprimento e custava US$ 4.000 na época. Ele pode ter servido bem durante um determinado período, mas chegou a um ponto em que praticamente todos queriam que os telefones celulares fossem bem menores e o surgimento de aparelhos mais compactos colocou os modelos antigos em total desuso.

"Motorola DynaTAC 8000x."

Temos atualmente os *smartphones* como o *iPhone 6S* e o Samsung *Galaxy S6*, que são fantásticos, mas obviamente ninguém pode afirmar que com eles já se chegou à perfeição, não é? Tudo indica, inclusive, que a tendência é eles aumentarem um pouco para oferecer uma tela maior e com melhor resolução.

Naturalmente existem certas criações que parecem **eternas** e que não ficam ultrapassadas, ou seja, continuam atuais independentemente de quando foram criadas. É o que se pode chamar de **obras-primas** ou **clássicos**. Um conceito eterno é aquele que está acima da moda e da novidade, isto é, algo que se ajusta perfeitamente a qualquer época. Roupas clássicas, como *tailleurs* (terninhos femininos), alguns tipos de cadeira, taças de vinho e copos de Martini, entre tantos outros exemplos, se enquadram nessa categoria. Os estilistas e os *designers* já tentaram modificá-los, mas sem sucesso.

Provavelmente, a cadeira é o objeto mais redesenhado de todos os tempos. Criar novas cadeiras transformou-se em um desafio clássico. E há um bom motivo para isso: nenhuma cadeira é confortável quando é utilizada por longo período de tempo!?!? Mas isso significa, talvez, que não se deve ficar muito tempo sentado e os executivos, principalmente, cometem muito esse erro.

E o problema aí não é da cadeira (se bem que existem atualmente algumas extraordinariamente ergonômicas...), e sim de ficar sentado muito tempo!!!

Um fato, entretanto, é incontestável, um grande *designer* precisa necessariamente ser um grande **inovador**. Em outras palavras, o grande *designer* é aquele que produz algo nitidamente melhor do que tudo o que já havia sido criado anteriormente naquela área. Ou, então, cria um objeto novo que imediatamente cai no gosto popular. Invertendo o célebre ditado, às vezes a **invenção é a mãe da necessidade!!!**

Ninguém precisava desesperadamente do *iPhone* ou do *iPad* antes que eles fossem inventados e introduzidos no mercado. Mas uma vez que foram criados pela Apple (ver seções 3.7.8 e 3.7.9), tornaram-se objetos de desejo e hoje concorrentes competentes também já têm os seus produtos similares.

É vital ter o equilíbrio para não exagerar e achar que a sociedade atual é a mais criativa da história, apesar de as inovações estarem surgindo em profusão nos mais diversos campos. Lamentavelmente, **medimos a criatividade** e a **inovação** pelo que **conhecemos** e pela época em que **vivemos**. Por isso é difícil, principalmente para um jovem que está vivendo nessa segunda década do século XXI, apreciar, digamos, todas as implicações do que era criativo e inovador na metade do século XX. Dessa maneira, para uma pessoa que nunca assistiu a um programa de TV quando criança, presenciar um programa numa **televisão em preto e branco**, na década de 1950, era uma **experiência mágica**. Isso parece algo retrógrado e obsoleto para quem nasceu no fim do século XX e tem hoje a possibilidade de assistir programas na tela plana, gigante, colorida e em *high definition* (HD), ou então em sofisticados *tablets* ou nos *smartphones*.

O grande *designer* pode criar pequenos objetos e também grandes obras. O criador de pequenos objetos geralmente participa de todos os processos de criação, execução e finalização. Isso faz com que muitos objetos fossem diversas vezes redesenhados ao longo da história e por esse motivo, quase chegando à perfeição. Esse é o caso do lápis (para alguns, um objeto que talvez desapareça em breve...) ou do clipe para prender papel.

Já as grandes obras demandam o trabalho de equipes, o que acaba impondo certas restrições e eventualmente imperfeições. Arquitetos famosos, como *sir* Norman Foster, Jean Nouvel, Santiago Calatrava ou Frank Gehry (que deslumbrou o mundo com o seu museu Guggenheim Bilbao, na Espanha) levam os créditos pelas ousadas obras que criaram, mas para cada prédio ou edificação que projetaram, eles dependeram de uma grande equipe de engenheiros e arquitetos. E se essa equipe não conseguisse fazer um bom trabalho, poderia arruinar todo o excelente processo de *design*.

Observação importante 1 - Hoje está na moda falar em *design thinking*!!!

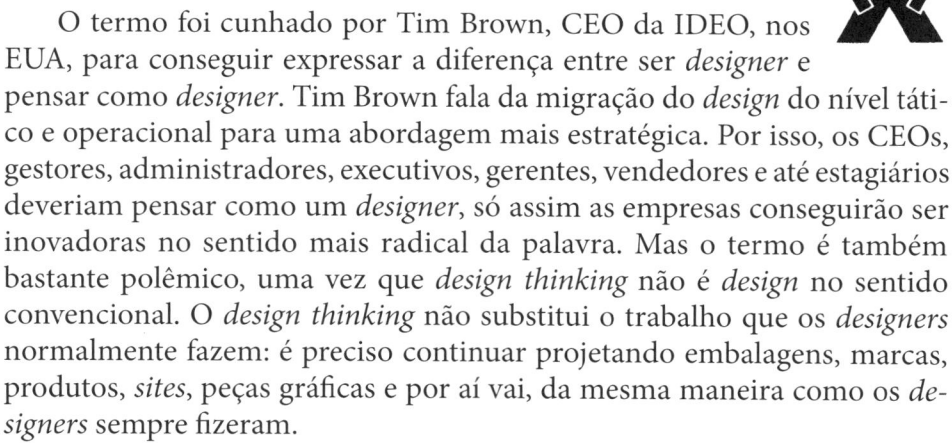

O termo foi cunhado por Tim Brown, CEO da IDEO, nos EUA, para conseguir expressar a diferença entre ser *designer* e pensar como *designer*. Tim Brown fala da migração do *design* do nível tático e operacional para uma abordagem mais estratégica. Por isso, os CEOs, gestores, administradores, executivos, gerentes, vendedores e até estagiários deveriam pensar como um *designer*, só assim as empresas conseguirão ser inovadoras no sentido mais radical da palavra. Mas o termo é também bastante polêmico, uma vez que *design thinking* não é *design* no sentido convencional. O *design thinking* não substitui o trabalho que os *designers* normalmente fazem: é preciso continuar projetando embalagens, marcas, produtos, *sites*, peças gráficas e por aí vai, da mesma maneira como os *designers* sempre fizeram.

O *design thinking* é uma **ferramenta de inovação**; é uma abordagem predominantemente de gestão que se vale de técnicas que os *designers* usam para resolver problemas. A confusão entre os notáveis em *design* é tão grande que o renomado *designer* Don Norman já chegou a dizer que *design thinking* era um termo que **deveria morrer para não causar mais estragos!?!?**

Fugindo da polêmica, as possíveis interpretações para *design thinking* poderiam ser:

- Um novo jeito de pensar e abordar problemas ou, dito de outra forma, um modelo de pensamento centrado nas pessoas.
- É uma provocação que gera ideias, traz curiosidades, que faz você ir atrás do conhecimento.
- É um novo modelo mental.

Nem todo mundo é tão radical como Donald Norman e, por exemplo, o gerente-geral de *design* da IBM, Phil Gilbert está procurando mudar uma imagem um tanto "careta" que adquiriu a tradicional empresa, apostando que isso pode ser conseguido por meio do *design thinking*!!! Para ele, *design thinking* é "um processo de pensamento crítico que permite às pessoas e organizações analisarem informações e ideias, tomarem decisões e adquirirem conhecimento."

Com o uso da técnica de *design thinking*, as empresas podem desenvolver novos produtos e processos a partir das necessidades dos clientes. Nesse sentido, o *design thinking* inverteu significativamente o desenvolvimento de produtos quando os mesmos eram criados um tanto quanto em segredo (achando-se que seriam bem aceitos) para depois tentar vendê-los aos clientes.

Seguindo a corrente do *design thinking*, o objetivo primordial, ou seja, o ponto de partida de tudo, é a identificação das necessidades do usuário. O entusiasmo por *design thinking* não é apenas da IBM, e está se espalhando por todas as outras empresas dos EUA. Assim, vai se difundindo pelo mundo, visto que muitas dessas organizações são multinacionais.

A IBM por seu turno tomou a iniciativa de contratar algo como **mil profissionais** especializados em *design thinking*, e uma parcela significativa de seus funcionários está recebendo um treinamento. Nesse sentido, alguns integrantes do alto escalão, ou seja, os executivos, participaram de um dia de treinamento, os gerentes de produto receberam uma semana de treinamento e os novos *designers* estiveram numa capacitação que durou três meses. Ao todo, cerca de 8 mil funcionários da IBM estão sendo treinados em *design thinking*, um número impressionante, mas que entretanto representa apenas 2% da força de trabalho da empresa.

William Burnett, diretor executivo do curso de *design* da Universidade Stanford, comentou: "Nunca vi isso ser implementado na escala em que IBM planejou fazer. O objetivo da IBM é no sentido de mudar mais uma vez a cultura da empresa, para que o *design thinking* se torne uma estratégia. Sem dúvida, conseguir isso numa organização do tamanho da IBM é uma tarefa desafiadora." Bem, no final de 2015, a IBM já tinha 1.100 *designers* trabalhando em toda a empresa (encaminhando-se para 1.500) que foram incorporados às equipes de produto e estão em campo com os clientes ou em um dos 24 estúdios de *design* da companhia espalhados pelo mundo.

A CEO da IBM, Virginia Marie Rometty comentou: "Sem dúvida, para nós, 2016 será um ano de transição para que os nossos novos rumos de negócios se tornem significativos o suficiente para se tornarem os motores do crescimento da organização. Mas para conseguir isso devemos ser mais ágeis, mais velozes e, para tanto, o *design thinking* desempenhará um papel central."

* * *

3.7.3 – VALORIZANDO A FORMA DAS COISAS

Se você quer ter sucesso na EC, uma das coisas que deve apreciar é o *design*. Dessa maneira, olhe sempre com atenção ao seu redor, pois muitos dos objetos que você vê, certamente são úteis para alguma coisa. Mas cada um deles também foi projetado para seduzir as pessoas com atitudes que extrapolam a simples função prática, onde com certeza entra o *design*.

Quando você está sentado, repare, por exemplo, com alguma minúcia no que está à sua volta. Seja lá um banco, uma cadeira, um sofá. Preste atenção também em tudo o mais que estiver próximo de você. Se estiver tomando um delicioso café, bem quentinho, certamente não queimou a sua mão, isso graças a uma quase imperceptível asa na xícara que foi, de caso pensado, instalada para facilitar seus goles e evitar que surgissem bolhas na sua mão. Somos livres para escolher aquilo que mais nos agrada, ao que melhor nos encaixamos etc.

Tudo isso é verdade!!!

Mas isso só aconteceu e vai continuar acontecendo pois cada vez se formam mais profissionais talentosos – os *designers* – que procuram continuamente pesquisar e criar coisas ou objetos os mais ergonômicos e convenientes para resolver todos os nossos percalços: desde abrir facilmente uma lata até criar o carro com os melhores assentos para passageiros. Além disso, os objetos que usamos, as roupas que vestimos, as coisas que com as quais nos ornamentamos são, no fundo, uma forma de interagirmos com as outras.

→ **Já que precisamos dos objetos para compor nossas relações, de que maneira então os escolhemos?**

Não há como negar que alguns parecem nos atrair mais do que outros, tanto é que muita gente já confessou ter comprado algum artigo atraída por sua embalagem ou então pelo *marketing* que se fez sobre ele. Mesmo na hora de comprar um eletrodoméstico, em que, inicialmente, a funcionalidade estaria em primeiro lugar, temos lá nossas preferências – que nem sempre são tão lógicas como se imagina.

O especialista em *design*, o psicólogo norte-americano Donald A. Norman, autor do livro *Emotional Design – Why We Love (or Hate) Everyday Things* (em tradução livre: Design Emocional – Por que Adoramos (ou Odiamos) os Objetos do Dia a Dia) destacou: "Quem comanda as nossas escolhas são as **emoções**. Elas estão em tudo pelo que optamos, servem, inclusive, de guia do nosso comportamento. Quem entra em ação na hora de escolher é o sistema afetivo – o responsável, em nosso organismo, por julgar o que é bom ou ruim, seguro ou perigoso. Nada a ver com a razão ou com a lógica.

A emoção positiva de um belo objeto é imediatamente lida e compreendida pelo nosso cérebro como vinda de uma coisa boa, funcional.

"O clássico livro de Donald Norman focado no *design* emocional."

É por isso que escolhemos sempre aquilo que nos parece mais bonito, e não as coisas que são apenas de utilidade pura e simples. Até porque as coisas bonitas, por causarem uma boa sensação, também nos dão a impressão que funcionam melhor." Deve ser por essas e outras razões que achamos que um carrão lindo e lustroso anda mais rápido que o nosso velho, empoeirado e riscado, ainda que os dois tenham **exatamente o mesmo motor**!?!?

O famoso neurologista português Antonio Damásio, autor de diversos livros, entre eles: *O Erro de Descartes – Emoção, Razão e o Cérebro Humano*, acompanha a opinião de Donald A. Norman e complementa: "Diferentemente do que dizia o filósofo francês René Descartes (que imortalizou a máxima '**penso, logo existo**'), a tomada de decisões do ser humano está diretamente ligada à **capacidade de sentir**. A explicação para esse fenômeno é simples: quando nos deparamos com algo que julgamos atraente, isso nos causa uma sensação de bem-estar."

→ O que é então o *design*?

Como a **beleza** é fundamental, é por esse motivo que surgiram os *designers* para **colocar o belo na nossa vida cotidiana**. Eles são os responsáveis por fazer dos objetos muito mais do que meros utensílios – os objetos devem ser também capazes de melhorar nossa vida, de deixá-la mais bonita!!! A definição de *design* é bem controversa até mesmo entre os *designers*. É algo bem parecido com aquela antiga discussão sobre o que é arte. O dicionário *Aurélio* define *design* como "**concepção de um projeto ou modelo**".

"Revistas como a *Bloomberg Businessweek* têm dedicado muito espaço para artigos voltados para enaltecer o *design* (na moda, nos produtos industriais, na arquitetura, no desenho gráfico, nos filmes etc.)"

O notável empresário empreendedor Steve Jobs (1955-2011), que levou a Apple a ser uma das mais admiradas e valiosas companhias do mundo dizia: "***Design*** é a alma das criações humanas." Não foi por acaso que ele ergueu a sua empresa produzindo sempre equipamentos eletrônicos não apenas de qualidade, **mas esteticamente irresistíveis**. Com a Apple já sob o comando de Tim Cook, um produto com a logomarca da empresa – **a maçã mordida** – continua sendo sinônimo de modernidade, funcionalidade e *status*, como são os casos do *iPhone* e do *Apple Watch*, não é?

"Steve Jobs, que dava importância vital ao *design* dos produtos da Apple."

Num mundo competitivo em que a eficiência, durabilidade e qualidade dos produtos são semelhantes, de que outra forma é possível chamar a atenção do consumidor? **Resposta óbvia:** a diferença está na sua beleza, conseguida com o *design*!!! É por isso que as empresas têm gasto grandes somas para possuírem equipes de *designers* cada vez mais criativas. Especialistas chegam a afirmar que vivemos na **economia do design**!!! Afinal de contas, está nas cabeças e nos talentos dos *designers* o poder de criar coisas dirigidas para nos agradar e, assim, nos convencer – ou não – a comprar algo. Em outras palavras, são eles que influenciam diretamente a forma como gastamos nosso dinheiro.

O especialista em economia criativa, Richard Florida, autor de diversos livros, entre eles *The Rise of the Creative Class (A Ascensão da Classe Criativa)*, salientou: "Como a criatividade se tornou o motor do crescimento econômico, a **classe criativa** (da qual fazem parte os *designers*) está se transformando na **classe dominante** da nossa sociedade."

Na verdade, todos os objetos criados pelo homem têm como objetivo principal ser uma extensão do nosso corpo para auxiliá-lo ou protegê-lo de alguma forma. É o caso dos óculos, uma extensão dos nossos olhos, uma arma, a capacidade de se proteger melhor ou um carro, uma grande vantagem no lugar da pessoa apenas se locomover com os seus pés!!! Inclusive, o ser humano começou a inventar cada vez mais coisas para vencer o meio ambiente, que às vezes lhe é muito hostil. A partir daí, é possível dizer (e entender) que o *design*, então, está longe de ser apenas a arte de fazer coisas bonitas e sedutoras.

As coisas devem ser belas, **sim**!!!

Mas também devem ser **funcionais**, úteis.

Foram os *designers* que deram um jeito de comprimir os aparelhos de emergência médica para que coubessem dentro de uma ambulância ou de um helicóptero. Além da **forma** e da **função**, as coisas ainda têm que carregar um **significado**: este é o terceiro elemento do *design*. Se a cadeira em que você está sentado tem algum tipo de ornamento, além de exibir formas bonitas e ser confortável, ela carrega também um significado – é um instrumento de expressão do *designer*.

→ Você já reparou que a cadeira do chefe costuma ser maior e mais alta?

Isso é proposital, para que os funcionários se sintam em uma posição de inferioridade. Se não entendeu, pense no trono do rei ou na cadeira de um juiz quando for chamado para resolver o seu "caso" no fórum!!!

É no campo dos enfeites que o mundo do *design* de hoje se diferencia do que era feito no passado. O surgimento da escola Bauhaus, na Alemanha, na

TOKYO 2020
TOKYO 2020 PARALYMPIC GAMES

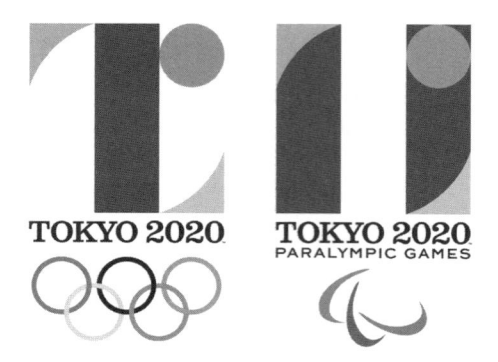

"Infelizmente, nem sempre um 'novo' *design* é original... O Japão, em setembro de 2015, deixou de usar o logotipo olímpico oficial de Tóquio-2020, desenhado pelo japonês Kenjiro Sano após acusações ao plágio do seu criador!?!? Ele se inspirou demais no logotipo feito pelo *designer* belga Olivier Debie para o Teatro de Liège."

década de 1970, pode ser considerado o pulo do gato para a ideia do *design* que temos hoje. Até então, muitos objetos eram produzidos em pequena escala, quase artesanalmente.

Fundada pelo alemão Walter Gropius (1883-1969), a Bauhaus reuniu arquitetura, artes plásticas, escultura e desenho, a partir da necessidade de fabricar objetos em quantidade industrial. Sob a influência do modernismo da época, tudo era desenhado geometricamente, com poucas cores, e a forma deveria servir à função. Ou seja, a beleza do objeto deveria ser útil para alguma coisa e ponto final. Tudo o que fosse ornamento sem sentido prático deveria ser cortado.

Após o término da Segunda Guerra Mundial em 1945, a Escola de *Design* [em alemão Hochschule für Gestaltung, criada na cidade de Ulm (Alemanha)], adaptou a filosofia da Bauhaus às exigências da indústria da época. Só que logo surgiram outras preocupações:

1ª) Seria mesmo possível viver em um mundo tão objetivo assim, desprovido de qualquer significado?

2ª) O *design* deveria apenas atender à produção em massa?

A primeira questão foi fácil de responder.

Por mais que quisessem, nem mesmo os modernistas conseguiram o feito de resumir as coisas somente em forma e função – até porque o próprio conceito de belo, baseado em linhas geométricas, já tinha algum significado, tinha uma mensagem, queria dizer alguma coisa. Sem contar que muitas vezes o significado atribuído a determinada coisa independe da vontade do projetista, que ao fazer um banco para um jardim pode estar influenciado pela lembrança do banco em que ficava sentado com a sua avó, numa pequena praça da cidade em que nasceu, o que, sem dúvida, é uma carga de emoção que não pode ser desprezada. E isso nos possibilita chegar a uma definição mais exata do *design* atual: **projetar o mundo dos objetos levando em conta seus valores culturais, estéticos e funcionais!!!** Isso não significa que esses valores não possam muitas vezes cruzar-se ou ainda andar separadamente. Com certeza você já se deparou com uma cadeira na qual tem dificuldade para sentar, mas que outras pessoas apreciam e acham confortável?

No que se refere à 2ª questão, deve-se inicialmente dizer que historicamente não nos acostumamos a associar *design* a tudo àquilo que tem uma forma geométrica e pouca variação de cor. Em muitos lugares da Europa, o *design* está ainda ligado muito ao artesanato, à perpetuação das técnicas rudimentares. Por isso, pode-se considerar *design* o ato de projetar e tudo aquilo que for objeto de um projeto. Isso quer dizer que tudo, absolutamente tudo, estaria incluído nessa miscelânea, inclusive seu corte de cabelo (é por isso que muitos salões de cabeleireiros têm as palavras *hair design* estampadas nos seus letreiros, viu?), o formato de sua sobrancelha esculpida com capricho e até mesmo, graças ao verde-claro da alface do sanduíche da rede McDonald's, utiliza-se a expressão *food design*.

O *design* pode parecer estar em tudo, mas nem tudo o que é *design* faz sucesso. Para funcionar **plenamente**, o *design* precisa ser único. Os produtos que por meio da forma, função e significado, conseguem se diferenciar dos demais **certamente vão atrair nossos olhos**. É o caso, por exemplo, da inconfundível garrafinha de Cola-Cola. Ela apareceu em 1915, quando todas as garrafas de refrigerantes eram **rigorosamente iguais**. Seu desenho ergonômico e sedutor ganhou pela **diferença** e virou **marca registrada**. O mesmo aconteceu com o frasco do perfume Chanel nº 5, que se transformou num ícone no mundo da perfumaria, suas linhas retas e secas romperam um universo de frascos curvilíneos, características das formas femininas.

De fato, o ser humano anseia por **individualização**.

→ **Ninguém quer ser massa!?!?**

Todo mundo deseja ser um *somebody* (alguém) diferente e destacado, mas infelizmente não é tão fácil assim conseguir uma marca pessoal admirada. Existem, entretanto, aqueles que difundem o argumento que o diferente

"Dois exemplos notáveis do sucesso obtido graças ao *design*, a garrafa da Coca-Cola e o frasco do perfurme Chanel Nº 5."

pelo diferente não quer dizer muito, ou até nada. Nem o bonito pelo bonito, muito menos o funcional pelo funcional.

Então qual seria o papel do *design* a partir disso?

Uma boa resposta é: o *design* tem que favorecer as relações sociais, proporcionar bons momentos com os outros, incrementar e cuidar da sociabilidade, ficando assim gravado em nossa memória. É caso, por exemplo, da própria garrafa original da Coca-Cola (não obviamente os grosseiros invólucros de plástico de 2,5 litros...), que evoca lembranças, normalmente envolvendo outras pessoas tomando o refrigerante.

Com isso, os *designers,* que já controlam muito do que sentimos por meio de cores, formas, texturas etc., estão diante de um novo desafio: provocar respostas emocionais mais profundas, **aprofundar os relacionamentos**. É algo como criar um guarda-chuva bem grande, que permita proteger diversas pessoas em dia de forte tempestade...

Obviamente, cada vez mais pessoas querem que existam muitos desses guarda-chuvas, e isso tem levado *designers* famosos, como é o caso dos irmãos Fernando e Humberto Campana, a lançarem móveis com produção industrial e a preços mais acessíveis.

O sonho de muitos apreciadores de *design* era ter uma peça assinada pela dupla; no entanto, isso só era possível apenas para aqueles que podiam pagar em média R$ 30 mil por uma de suas criações. A partir de 2015, eles criaram, em parceria com a empresa brasileira A Lot of Brasil, do também premiado *designer* brasileiro Pedro Franco, a coleção exclusiva Estrela – inspirada em uma estrela-do-mar –, a primeira série de móveis Campana produzida de forma industrial e lançada no Salão Internacional do Móvel em Milão em 14/4/2015. A linha composta por cadeira, poltrona, mesa de centro, mesa lateral, sofá e luminária foi apresentada com preços que variaram de R$ 800 a R$ 4 mil. A ideia de produzir uma coleção de mobiliário dos Campana com preços mais acessíveis já era um desejo antigo dos *designers*. Transportar a característica artesanal das peças dos Campana para uma série industrial exigiu que fossem encontradas muitas soluções bem modernas, como o uso da solda robótica empregada na indústria automotiva para juntar todos os recortes.

Essa produção de móveis dos irmãos Campana na forma industrial foi uma **iniciativa fantástica**, pois com isso se poderá colocar para um público maior o trabalho criativo e inovador dessa dupla tão renomada no exterior. E mais do que isso, a comprovação do reconhecimento que o *design* genuinamente brasileiro está sendo admirado cada vez mais no mundo todo.

O momento é oportuno para dar mais um exemplo de reconhecimento do *design* brasileiro, e aí no campo do **jornalismo impresso.** O jornal *Folha*

"Os irmãos Campana – Humberto (à esquerda) e Fernando –, que estão entre os melhores *designers* do mundo na atualidade, lançaram uma linha de móveis com produção industrial e preços mais acessíveis."

de S.Paulo, em 2015, foi a publicação brasileira mais premiada pela Society for News Design (SND), a principal entidade internacional de fomento ao *design* em jornalismo impresso. Nunca uma publicação nacional havia sido tão premiada.

Ganhador de 32 dos 70 prêmios com trabalhos dos brasileiros, o jornal foi o único veículo do País a obter uma medalha de ouro e outra de prata na 36ª edição do concurso Best of Newspaper Design. A *Folha de S.Paulo* também ficou entre os 17 finalistas para o prêmio de jornal com o melhor *design* no mundo – o único representante brasileiro. A medalha de ouro foi conquistada pelo caderno *Folha na Copa*, publicado no dia seguinte à goleada de 7 a 1 da Alemanha sobre o Brasil, na Copa do Mundo realizada no nosso País em 2014. Já a de prata foi pela relação entre o artigo especial impresso e o digital, *Líquido e Incerto*, sobre o futuro dos recursos hídricos no Brasil. Foram reconhecidos ainda: o projeto *Tudo sobre a ditadura militar no Brasil,* as coberturas da Copa e das eleições, a página *O que a Folha pensa* e trabalhos da revista *Serafina*, entre outros.

→ **Com um *design* vistoso fica mais atraente e agradável apresentar as notícias e a cultura, não é?**

3.7.4 – A TECNOLOGIA TEM IMPULSIONADO O *DESIGN*

Existe a aparência do produto e há a forma como você interage com ele. Ambas têm tudo a ver com o *design*. Em tecnologia, é o *design* que separa o sucesso do fiasco de um produto. É preciso ter um bom *design* físico – o chamado ***design* industrial** – para convencer as pessoas a experimentarem algo. O verdadeiro diferencial, obviamente, continua sendo o funcionamento do produto. Isso é particularmente válido para produtos tecnológicos que estão se tornando *commodities*, como os *smartphones*. Hoje, os processadores dos *smartphones* são tão rápidos, as resoluções de tela são tão altas, as câmeras são tão precisas e o *software* está tão aprimorado que parece tolice apresentar ao consumidor as funções básicas do telefone. Para se destacar nessa multidão de ofertas, o *design* físico e a experiência proporcionada pelo *software* são as duas melhores opções. Os resultados geralmente são ótimos para os consumidores.

A Samsung tem *designers* industriais inteligentes. É o caso do celular *Samsung Galaxy S6 Edge*, cuja tela de vidro se dobra abruptamente nas

"Produtos com *design* incrível, o *Samsung Galaxy S6 Edge* e o *Apple Watch*."

bordas. Esses painéis laterais incorporaram recursos como luzes cintilantes personalizáveis, que avisam quem está ligando, acesso rápido aos contatos e um relógio despertador com luz discreta. Os celulares *Lumia*, da Microsoft, preservam em seu espírito o *design* herdado da Nokia: cores brilhantes, bonitas coberturas foscas na parte de trás e a interface do *Windows Phone*, com blocos. A Motorola espera que as tampas traseiras intercambiáveis de seu *Moto*, que incluem uma de couro e outra de bambu, além da opção de um monograma pessoal, seduzam os consumidores.

O *design* industrial está se tornando cada vez mais importante à medida que os dispositivos vão ficando cada vez mais personalizáveis e fáceis de usar. O *Apple Watch*, leva alguns a questionar se ele seria suficientemente bonito para substituir relógios de grife como Michael Kors ou Rolex. A verdade é que a ideia principal do *Apple Watch* não é ser um relógio, mas sim um poderoso dispositivo colocado no braço no lugar do relógio tradicional. Aliás, diversos produtos de tecnologia estão se aproximando do setor de sapatos, bolsas e chapéus; por esse motivo, a partir de 2010, empresas como Google, Facebook, Adobe, Dropbox e Yahoo!, entre outras, começaram a adquirir *start-ups* voltadas para o *design*, em particular de **aparelhos vestíveis.**

Mas a verdadeira vitória do *design* acontecerá ao se levar em conta como uma determinada pessoa gostaria de usar um aplicativo, se comunicar ou fechar uma transação. Isso talvez signifique que profissionais habitualmente encarregados de tarefas associadas à produção deveriam aprender *design*, e então novos empregos deverão ser criados.

As empresas não podem deixar se enganar pela ideia que a **boa aparência** basta para um produto fazer sucesso. Não é que o *design* seja mais importante que a tecnologia ou o modelo de negócios. **Você precisa de ambos**!!!

Observação importante 2 – As impressoras 3D estão revolucionando a produção doméstica!!!

Na maior feira de projetos criativos, ou seja, na Maker Fair, que ocorreu nos dias 27 e 28 de setembro de 2015, em Nova York, visitada por mais de 250 mil pessoas, uma das grandes estrelas do evento foi a *designer* israelense Danit Peleg, que um pouco antes, em julho de 2015, em Tel Aviv, tinha realizado um **desfile de moda** com roupas inteiramente produzidas por impressoras em 3D. Ela apresentou sua coleção de cinco modelos como parte de um trabalho de conclusão de curso da Faculdade de Engenharia, *Design e Arte* Shenkar, a mais prestigiada de Israel.

O vídeo com algumas partes do desfile (com cerca de 2 min) tornou-se viral, e as suas roupas fizeram tanto sucesso que Danit Peleg começou a receber encomendas para celebridades locais e estrangeiras, inclusive de uma cantora que iria participar da entrega de prêmios como o Grammy, o mais importante da indústria da música internacional.

Entretanto, o custo para fazer o que ela chamou de jaqueta *Liberté* – inspirada no quadro de Eugène Delacroix, *Liberdade Guiando o Povo* – sairia para os interessados por nada menos de US$ 3.000, pois ela leva cerca de 100 h para ser impressa e cada hora de trabalho numa impressora 3D não custa menos de US$ 25. Além disso, devem-se incluir os custos dos cilindros de metal plástico (a US$ 28 cada um) usados para produzir uma espécie de tecido flexível, o custo da modelagem e da colagem ("costura") da roupa. Já outro modelo, uma saia comprida preta e branca desenhada por Danit Peleg, sairia por US$ 14 mil, pois necessita de 500 h de impressão!?!? Por sua vez, os sapatos são feitos em 55 h de impressão e custam US$ 6.000.

Danit Peleg comentou: "Mesmo sendo ainda demorado e caro, tem muita gente que quer os meus produtos. Já estou pensando como posso produzir quantidades maiores e quem sabe chegar à produção em massa. Mas tenho plena convicção de que, em breve, muitas pessoas poderão ter impressoras 3D em casa e poderão imprimir (!?!?) suas próprias roupas!!!"

Em 2015, já era possível imprimir uma grande variedade de objetos valendo-se de algum dos 15 modelos de impressoras 3D, entre eles: próteses e órgãos humanos para transplantes médicos, móveis, bijuterias, joias, sapatos, esculturas, instrumentos musicais, armas de fogo, brinquedos, componentes de automóveis etc. Os materiais usados para essa impressão são de polímeros termoplásticos e filamentos elásticos, de resinas de poliuretano até náilon fundido a vácuo. Infelizmente, ainda não imprimem tecidos de algodão, mas também esse impedimento será vencido em breve...

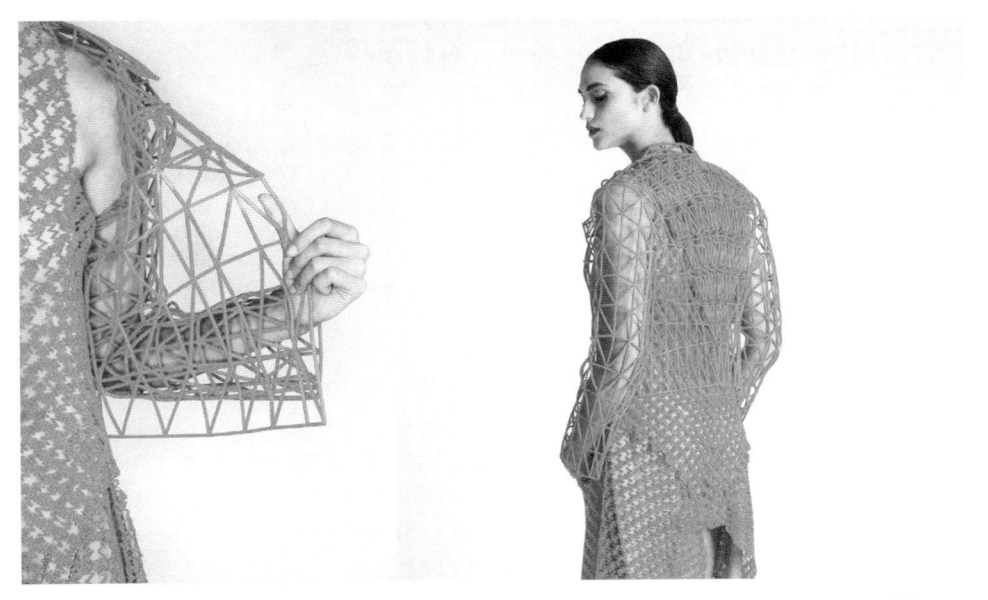

"A *designer* israelense Danit Peleg revolucionou a moda com os seus vestidos executados nas impressoras de 3D."

3.7.5 – FRED GELLI, UM *DESIGNER* NOTÁVEL!!!

O *designer* Fred Gelli sempre acreditou em coisas estranhas. Nos últimos 25 anos de sua carreira, precisou ser resiliente e não se incomodar muito com rótulos como "**ecochato**" e "**maluco**" numa época em que falar de sustentabilidade estava longe de ser um clichê no mundo dos negócios como é hoje.

Em 1987, como estudante de *design,* decidiu estudar as embalagens da natureza como ele mesmo explicou: "A barriga de uma mulher grávida, a atmosfera, as frutas e assim por diante...". Mais adiante, criou a sua própria empresa de embalagens ecologicamente sustentáveis. Começou em casa fazendo pastas de papelão, porta-lápis, agendas e ouvindo **não** de muita gente para os seus produtos. Mas ele nunca desistiu, foi evoluindo e depois de acumular mais de 100 prêmios no seu currículo e ter clientes de empresas importantes como Natura, Procter&Gamble (P&G), Coca-Cola etc., foi escolhido em 2014 pela renomada revista norte-americana *Fast Company* como uma das 100 pessoas **mais criativas no mundo** dos negócios.

"O *designer* brasileiro Fred Gelli, que criou a marca (logotipo) dos Jogos Olímpicos do Rio de Janeiro, foi classificado na revista *Fast Company* como uma das 100 pessoas mais criativas do mundo."

Fred Gelli, além de ser professor de *design*, é também o fundador da agência Tátil *Design de Ideias*. Ele, que ganhou visibilidade em 2011, quando a sua agência venceu uma concorrência disputadíssima, que envolveu **139 empresas**, para desenvolver as marcas dos Jogos Olímpicos e Paraolímpicos de 2016, no Rio de Janeiro, disse: "Tenho a natureza como meu oráculo, por isso acho Deus um cara muito gente boa. Acredito que as marcas são muito mais do que vendedoras, pois elas são protagonistas e devem gerar valor na vida das pessoas. Ao ser escolhido para criar o logo dos Jogos Olímpicos, com certeza isso tornou-se o trabalho mais importante da minha vida e acredito que devido ao mesmo trabalho acabei sendo incluído na lista das pessoas mais criativas pela *Fast Company*.

A logomarca que criei para os Jogos Olímpicos vai ser admirada por, no mínimo, 4 bilhões de pessoas no mundo. Na ocasião do lançamento, o comitê organizador do evento acredita que poderá arrecadar algo próximo de R$ 3 bilhões (!!!) com a exploração da logomarca que foi desenvolvida pela Tátil.

A logomarca, tridimensional, apresenta três pessoas de braços dados em movimento. Para chegar a ela, foi desenvolvido um processo criativo que envolveu todos os funcionários da agência, da faxineira aos sócios. Tínhamos de atender aos critérios da organização e, ao mesmo tempo, passar uma mensagem para todos que tivessem contato com a marca."

O resultado do trabalho de Fred Gelli gerou polêmica na época, pois a logomarca foi comparada à obra *A Dança*, do pintor francês Henri Matisse, e a sua agência acusada de plágio pela organização não governamental norte-americana Telluride Foundation, porém esta acusação não foi aceita pelo comitê organizador dos Jogos.

3.7.6 – O *DESIGNER* DOS MILIONÁRIOS

O nome de Martyn Lawrence Bullard pode até lhe parecer desconhecido, mas, ao contrário, ele é muito conhecido, especialmente das celebridades norte-americanas e britânicas e de muitas outras pessoas ricas do mundo que a ele recorrem – sem se preocupar com o orçamento – quando têm mansões ou *penthouses* (coberturas) para decorar. A sua clientela é vasta, incluindo cantores como Elton John, Cher e Christina Aguilera, atores como Eva Mendes, Edward Norton e Ellen Pompeo, o casal Sharon e Ozzy Osbourne, e o estilista Tommy Hilfiger, só para citar alguns. Esse *designer* de interiores cobra-lhes verdadeiras fortunas para personalizar as suas moradias com as ideias mais excêntricas.

Recentemente, entrou nessa lista Evgeny Lebedev, o bilionário russo nacionalizado britânico que possui um império de mídia – é proprietário de jornais do Reino Unido (*Evening Standard e Independent*) e do recém-lançado canal de televisão London Live TV. Ele comprou um castelo do século XII em ruínas entre a Úmbria e a Toscana, na Itália, e achou que transformá-lo num hotel seria algo emocionante e até lucrativo... Abandonado há mais de 60 anos, o Castello di Santa Eurasia não era mais do que um amontoado de escombros, sem assoalho, tetos ou paredes. Mas os 35 mil m² de área e a localização – no topo de uma colina – com uma vista panorâmica sobre os campos – davam-lhe um grande potencial.

"Martyn Lawrence Bullard, *designer* que tem clientes muito ricos."

Evgeny Lebedev contratou o famoso arquiteto italiano Domenico Minchilli para reconstruí-lo e, para a decoração, como queria o melhor do mercado, chamou o galardoado Lawrence Bullard, que em 2010 venceu o prêmio Andrew Martin International, o Oscar do *design* de interiores.

Ao fim de dois anos de trabalho, durante os quais Bullard visitou outros castelos e palácios, foi a feiras de antiguidades e leilões de peças antigas, o Castello di Santa Eurasia foi inaugurado. Pernoitar numa das suas oito suítes temáticas, com lareira, obras de arte sacra, móveis do século XVIII e tapeçarias renascentistas significa algo como fazer uma viagem no tempo e custa cerca de R$ 19.000 por dia, mas é difícil fazer uma reserva, viu?

Este trabalho trouxe ainda mais fama ao *designer* Martyn Lawrence Bullard, conhecido como o *million dollar decorator*, o qual inclusive tem um programa de televisão com esse nome que estreou em 2011, sendo transmitido para mais de 60 países e no qual mostra as casas de celebridades que já decorou.

Como se vê, ser um bom *designer* pode tornar a pessoa bem rica!!!

3.7.7 – JORGE ZALSZUPIN: O GRANDE NOME DO *DESIGN* BRASILEIRO

Jerzy nasceu na Polônia, de onde fugiu aos 16 anos de idade, depois de sua mãe ter sido levada para um campo de concentração nazista de onde nunca mais voltou. Ele foi para a Romênia, onde estudou arquitetura, e após se formar decidiu se mudar novamente; desta vez o destino foi o Brasil, ao qual chegou em 1949, com 27 anos, desembarcando no Rio de Janeiro, em pleno Carnaval carioca.

Na sua autobiografia *De * pra Lua,* ele contou que o desembarque se deu no cais do porto, ao som de *Chiquita Bacana*, a marchinha que animava a então capital federal. Logo depois, arrumou um emprego em São Paulo, com um conterrâneo seu, o arquiteto judeu Luciano Korngold. No prédio do escritório, o destino o colocou em contato com Annette, com a qual casou, tiveram duas filhas – Verônica e Marina – e vivem juntos até hoje.

"O arquiteto Jorge Zalszupin, um dos nomes mais importantes do *design* brasileiro."

Por conta do nascimento da primogênita, acelerou a papelada para obter a cidadania brasileira e o seu registro de arquiteto. Mudou, aí, a assinatura para Jorge Zalszupin e abriu o próprio escritório. Nunca mais lhe faltou trabalho. Os pedidos de projetos de casas foram crescendo. E os clientes passaram a lhe pedir que fizesse também os móveis.

Em 1959, Zalszupin fundou a L'Atelier, que se tornou uma das marcas mais celebradas de *design* moderno no Brasil. Suas criações fizeram história. Até no Judiciário brasileiro Zalszupin marcou presença. São de sua autoria as poltronas de couro amarelo onde se sentam os ministros do Supremo Tribunal Federal (STF), em Brasília, e que ficaram famosas por aparecerem tanto na TV e em fotos em revistas e jornais devido às constantes coberturas dos julgamentos polêmicos.

Já a sua versão em couro preto foi por um período a cadeira oficial do prefeito de São Paulo, que inclusive protagonizou um quiproquó famoso da política brasileira na década de 1980. Foi nessa cadeira que Fernando Henrique Cardoso posou como prefeito para uma foto quando era apenas candidato; entretanto, ele perdeu a eleição. Vencedor daquele pleito, em 1985, Jânio Quadros não perdoou a gafe. Ao tomar posse, fez uma limpeza na peça, na frente de repórteres e fotógrafos quando declarou: "Estou desinfetando esta poltrona porque nádegas indevidas a usaram."

Zalszupin contou que passou muitos anos sonhando em fazer outro móvel tão importante como aquela cadeira, lembrando: "Ela abriu tantas portas na minha carreira. Tentei de diversas formas projetar outras como ela, mas nunca saiu um resultado que me agradasse." Ele foi o responsável pela produção das primeiras cadeiras de plástico escolares.

Ao longo de uma carreira muito produtiva, sua obra se distinguiu pela forte influência do *design* nórdico, a qualidade de marmoraria e dos acabamentos e o pioneirismo na produção em série de mobília de escritórios e utensílios em plástico – como o baldinho *Eva* (da maçãzinha), ícone dos anos 1970, que tinha o pegador do gelo encaixado na tampa.

São de 1959 os seus dois móveis mais conhecidos, que ilustram a sua versatilidade formal, como a poltrona dinamarquesa e o carrinho de chá, inspirado num carrinho de bebê e recriado com bandejas de jacarandá e rodas de latão. Nos anos seguintes, vieram: a poltrona *720*, descartável, a cadeira *Ouro Preto* e o convidativo sofá *Brasiliana*, um primo distante do sofá *Mole*, de Sérgio Rodrigues.

Nos últimos 10 anos, sua obra de *design* tem sido resgatada, assim como de outros *designers* de móveis modernos do Brasil. Em 2006, a empresária paulistana Etel Carmona, dona da loja Etel Carmona, começou a reeditar os clássicos de L'Atelier. E agora já existem cerca de 40 peças no acervo. No início de 2015, outras seis reedições se juntaram à coleção. Os móveis saem da fábrica com numeração de série e certificado de autenticidade, um cuidado essencial para coibir falsificações. Disse Jorge Zalszupin: "Eu costumava ficar furioso com os falsificadores. Hoje, penso na frase atribuída a Coco Chanel: 'Só se imita coisa boa.'"

Etel Carmona comentou: "Os móveis de Jorge Zalszupin são atemporais e primam pela elegância. Ele sempre foi versátil indo da madeira ao ferro, passando pelo plástico. Nos últimos 10 anos, desde que começamos a reeditar os móveis da L'Atelier, houve um aumento expressivo da procura pelas peças dele. E a demanda só tem crescido.

A mostra *Sempre Modernos*, que reuniu 40 peças de Zalszupin, Joaquim Tenreiro, Sérgio Rodrigues e Jean Gillon, na galeria Passado Composto, em São Paulo, em 2010, foi um dos marcos dessa **revalorização**. O interesse de colecionadores pelo *design* moderno brasileiro favoreceu bastante a redescoberta de Zalszupin. Animado com as reedições, Zalszupin criou, em 2010, a poltrona *Verônica* depois de ter ficado 40 anos (!?!?) sem desenhar um móvel.

Em 2014, foi lançado o livro *Jorge Zalszupin – Design Moveleiro no Brasil*, escrito por Maria Cecília Loschiavo dos Santos, junto com a sua autobiografia *De * pra Lua*, um relato divertido de sua trajetória que ele considera "**milagrosa de realizações**".

3.7.8 – O *DESIGN* NA APPLE

Pois é, a Apple não é só reconhecia por criar do zero as novidades tecnológicas. O ponto forte da empresa é saber olhar com cuidado para uma inovação que inicialmente é **mal recebida** pelos consumidores, identificar seus problemas e resolvê-los de forma elegante e prática.

Existiam computadores pessoais [ou seja, **personal computers** (PCs)] antes da chegada do **Apple II**, em 1976?

Sim!!! Entretanto, eram trambolhões complicados de serem utilizados por seres humanos comuns, isto é, sem um vasto conhecimento técnico, distantes dos *desktops* (computadores de mesa) de navegação intuitiva, como temos hoje (graças à Apple).

Pulando algumas décadas para frente, pode-se dizer que havia nas lojas *smartphones* – modelos da Nokia e da Blackberry –, mas foi o *iPhone* que fez com que celulares com acesso à Internet se espalhassem. A mesma lógica valeu para o *iPad* e *iPod*, e tudo indica que vai se repetir para o relógio computadorizado *Apple Watch*, graças a um elemento: o seu excelente *design*, obra de Jonathan Ive e sua equipe.

Vale a pena recordar que no início dos anos 2000, Steve Jobs, cofundador da Apple, falecido em 2011, aos 56 anos, e Johathan Ive, o inglês responsável pelo desenho dos produtos da Apple, entraram numa loja de utensílios de cozinha em Paris (França), atraídos pela beleza das peças. Ive pegou uma faca que lhe chamou atenção, mas decepcionado, a colocou de volta no mostruário. Steve Jobs fez o mesmo movimento. Relembrou Ive: "Ambos notamos que havia um restinho de cola entre o cabo e a lâmina. Steve e eu dávamos muita importância a coisas desse tipo, que destroem a pureza e machucam a essência de um produto."

A dupla começou a trabalhar junto na Apple em meados dos anos 1990, logo depois de um período de pobreza estética. Steve Jobs tinha retornado ao comando da empresa e, impressionado com a inteligência criativa de Jonathan Ive, decidiu torná-lo seu parceiro habitual. Aí o tempo da feiura na Apple terminou, pois essa era uma questão da qual Ive não abria mão, além de ser um fanático pela **simplicidade**. Todos na Apple aprenderam o conceito fundamental que orientava Ive, que dizia para seus colaboradores: "É preciso entender profundamente a essência de um produto para podermos nos livrar das partes não essenciais."

Atualmente, ele já tem uma vasta obra como *designer* notável pela criação do *iPod*, *iPad* e *iPhone*, nos quais nota-se o mínimo possível de botões, que são finos (para ter o menor peso possível) e elegantes. Toda a sua genialidade de *designer* inovador ele também transferiu para o *Apple Watch*. Um dos grandes problemas dos *smartwatches* anteriores foi a dificuldade de navegar por sua diminuta tela, somente com os movimentos dos dedos. A solução de Ive foi a criação de uma coroa na lateral do relógio com função similar à que teve o *mouse* do *Mac*, o *click wheel* (as teclas são organizadas em uma roda) do *iPod* e a tela sensível ao toque do *iPhone*, com o que facilitou bastante a navegação.

O relógio utiliza a tecnologia Force Touch – outra novidade –, isto é, possui uma tela que identifica a quantidade de força que deve ser aplicada com os dedos para permitir comandos que vão além dos tradicionais "deslizar para a direita, para a esquerda, para cima e para baixo" e "clicar". Ele possui um sistema de identificação de voz pelo qual se podem deixar mensagens. Essas características (e outras...) ampliam cada vez mais a boa imagem da Apple, cujos produtos são conhecidos por não ter manual de instruções, tão fáceis de usar e intuitivos, que mesmo uma criança de 2 anos é capaz de **aprender sozinha** as funções básicas. O *Apple Watch*, de curvas suaves, botões minimalistas, é retangular. Detalhou Jonathan Ive: "O modo mais apropriado de se ver listas do que quer que seja, de telefones, de nomes, de atividades, de músicas etc. não é em algo circular."

Esse certamente é o primeiro grande produto de Ive sem a sombra de Jobs, com quem dividia o gosto pelo evangelho do renomado *designer* alemão Dieter Rams da empresa Braun: "**Menos, mas melhor!!!**", sem dúvida com a indicação clara para que aconteça sempre o casamento perfeito entre forma e função, dilema vivíssimo na arquitetura.

O *Apple Watch* não é nenhum acidente na vida de Ive. Seu pai era um hábil joalheiro que no Natal costumava presentear o filho com uma visita à sua oficina e amplo direito a mexer em todas as suas ferramentas!!! Matriculado na Politécnica de Newcastle (Inglaterra), Ive logo se interessou pela engenharia dos produtos e rapidamente passou a conhecer com profundidade os materiais, até que ponto curvá-los, a que temperatura eles ficam aquecidos demasiadamente e outros desempenhos notáveis.

Em 2015, Ive tinha uma equipe de 19 *designers* em seu estúdio na sede da Apple, em Cupertino, no Estado da Califórnia (EUA). Seu braço-direito era o australiano Marc Newson, que ficou multimilionário desenhando aeronaves, relógios, roupas e móveis antes de ser contratado pela Apple. Aliás, a maior característica de liderança do notável *designer* inglês é justamente convencer mentes incríveis, e que costumam não estar nem aí para o salário, a integrar seu time.

Ive explicou com delicadeza essa sua capacidade de atração: "Corro o risco de soar sentimental, mas creio que temos na Apple a sensação de estar realmente fazendo algo pela humanidade. Algumas pessoas podem acreditar que é uma crença estúpida, mas o nosso objetivo é **transformar a cultura**." E não é preciso muito esforço para saber de quem ele emprestou tanta **certeza, ambição** e orgulho. Steve Jobs dizia a respeito de Ive: "A diferença que Jony faz, não só na Apple, mas no mundo, é imensa. Se tive um **parceiro espiritual** na Apple, foi Jony."

3.7.9 – JONY IVE, O GÊNIO DO *DESIGN*

Talvez um dos casos mais escabrosos e ao mesmo tempo excitantes sobre o *design* seja aquele que o jornalista norte-americano Leander Kahney contou no seu livro *Jony Ive – O Gênio por Trás dos Grandes Produtos Apple*. Assim ele salientou no seu livro: "Luigi Colani, famoso *designer* alemão de origem suíça, conhecido por seus projetos excêntricos, fazia uma palestra no Art Center College of Design, em Pasadena (Los Angeles), em 1988, quando alguém lhe pediu para que falasse sobre o futuro dos teclados de computadores. Ao responder, Colani passou a comparar os teclados aos traseiros femininos. Disse que, como os homens gostavam de apalpar os bumbuns das mulheres, os teclados deveriam ser divididos ao meio para acomodar mãos de diferentes tamanhos.

Para ilustrar sua teoria anatômica, desenhou no papel de um *flip-chart* um bumbum feminino, recheou-o com teclas e entregou o esboço a um dos muitos funcionários da Apple presentes no evento. Na Apple, a história logo se propagou e fez surgir em suas dependências um manequim feminino em que foram colocados teclas de computador de cada lado do traseiro. As mulheres que trabalhavam na empresa se indignaram com essa 'brincadeira', mas, anos depois, alguns produtos fabricados pela Apple viriam com teclados ergonômicos **divididos ao meio**, sinal de que alguma coisa havia sido aprendida!!!"

"Quem quiser ser um bom *designer* deve ler e analisar o conteúdo de pelo menos 250 livros ligados ao tema. Esse do Leander Kahney é um deles..."

Nesse livro, Leander Kahney descreveu muitos problemas pelos quais a Apple passou no final da década de 1980, pois, apesar de ter ganhado dinheiro com computadores e periféricos, ela apresentava sérios problemas de gestão. Assim que Steve Jobs perdeu o seu cargo de CEO em disputas de poder, a empresa não apresentou mais uma linha harmonizada de produtos, ou seja, as suas impressoras não tinham a menor semelhança com os seus monitores. Era como se a Apple fosse 4 ou 5 empresas diferentes.

Sem dúvida, a empresa precisava de uma linguagem de *design* nova e coerente. Decidiu-se, então, criar um departamento de *design*. Para comandá-lo, foi contratado Robert Brunner, cuja agência era uma das terceirizadas com as quais a Apple já trabalhava. Entretanto, o *designer* impôs certas condições e uma delas é que queria ter liberdade para escolher profissionais de altíssimo nível, capazes de transformar a Apple em uma empresa de *design* de nível mundial. A Apple topou e, em janeiro de 1990, Robert Brunner (na época com 32 anos) assumiu o posto como diretor de *design* industrial da empresa. Contudo, o emprego estava longe de ser o que ele imaginava, pois sem o visionário Steve Jobs o *design* não fazia mais parte da cultura da empresa, que o relegara completamente para um plano inferior.

Todo o processo de criação era norteado pelo *marketing* e liderado pela engenharia, que enviava os produtos a Brunner para que ele e sua equipe apenas "os vestissem" de forma adequada. Entre os *designers* da equipe de Robert Brunner estava Jonathan Ive, que ele contratara em setembro de 1992. Sem dúvida, muitas das mudanças efetuadas por Brunner se mostraram importantes e valiosas. Todavia, ele conseguiu montar apenas um pequeno grupo, coeso e unido a ele.

Mas num certo dia de 1995, provavelmente cansado das batalhas inglórias que enfrentara ao defender **inovações não aceitas pelos executivos** da empresa, **demitiu-se** para abrir sua própria consultoria de *design*. Na época, a Apple vivia sucessivas crises de gestão. Um a um, os CEOs foram sendo demitidos. Em 1983, foi John Sculley que ocupara o lugar de Steve Jobs. Depois, Michael Spindler, em fevereiro de 1996, seguido por Gil Amelio, demitido em julho de 1997, 18 meses após ter assumido o cargo. Apenas em 1997, a Apple perdeu US$ 1,6 bilhão, a sua participação de mercado desabou de 10% para 3% e o preço das suas ações despencou.

Foi então que o conselho de administração da companhia decidiu convidar Steve Jobs para que ele voltasse a comandar a empresa. Em sua primeira reunião com os executivos da Apple, Steve Jobs enfatizou que havia muita coisa errada na companhia. "**Os nossos produtos tornaram-se um lixo!?!? Não são *sexy*!**!! Nosso objetivo principal não deve ser ganhar dinheiro, mas sim fazer **produtos ótimos**. Se formos bem-sucedidos no que produzimos e competentes operacionalmente, teremos sempre boas receitas."

Johathan Ive, que estava na reunião, bem decepcionado no início, mas os argumentos de Steve Jobs o impressionaram... Naquele momento, a Apple tinha 40 produtos no mercado, e Steve Jobs fez mudanças radicais: eliminou dezenas de projetos de *software* e quase todos os produtos da linha de *hardware*, além de ter feito uma drástica redução da sua força de trabalho que passou de 13.191 funcionários para 6.658, praticamente a metade.

Um ano e meio depois, o balanço voltou ao azul e mais do que isso, Steve Jobs decidiu que o *design* industrial voltaria a ser a **força-mestra da empresa**!!! Ele ficou agradavelmente surpreso com a criatividade dos *designers* da organização, principalmente com a de Jony Ive, adepto de um minimalismo funcional na própria concepção de estilo.

Steve Jobs encarregou Jony Ive da direção de *design*. Sua primeira missão foi fazer chegar ao mercado uma nova versão do Macintosch – que estava completando 30 anos – renomeado *iMac*.

Para atender aos prazos, Jony Ive criou um método de fluxo de trabalho, até hoje usado na empresa. Daí em diante, Ive e Jobs tornaram-se inseparáveis. Participavam das mesmas reuniões, almoçavam juntos e passavam tardes inteiras discutindo projetos. Com o tempo, o papel de Ive passou a ser o de canal de informação entre a equipe de *design* de Jobs e os demais executivos, função que manteve mesmo após a morte dele.

Sob a batuta de Jobs, a Apple investiu bilhões de dólares nos exigentes métodos de produção criados por Ive. A confiança de Steve Jobs no *designer* foi tanta que, pouco antes de morrer, ele vaticinou: "Não existe ninguém que possa dizer a Ive o que fazer, ou mandá-lo embora."

"Jonathan Ive, 'Jony' para os amigos, como vice-presidente sênior de *design* da Apple foi a força propulsora por trás dos mais bem-sucedidos produtos da empresa."

A parceria Jobs-Ive foi uma das mais criativas e frutíferas da história empresarial moderna. Juntos, eles conseguiram refazer a cultura da Apple. Depois, o grande desafio de Jony Ive foi o de manter a Apple inovadora. Ele tem dito: "É muito fácil ser diferente, mas é muito **difícil ser o melhor**!!!". E ele tem razão, pois isso exige cada vez mais imaginação e esta transformada em *design* espetacular, o que obviamente não é uma tarefa fácil!!!

Finalizando, vale a pena ressaltar o que diz o *designer* Yves Béhar: "*Design* é como você trata os seus clientes. Se os trata bem do ponto de vista ambiental, emocional e estético, você provavelmente está fazendo um bom *design*."

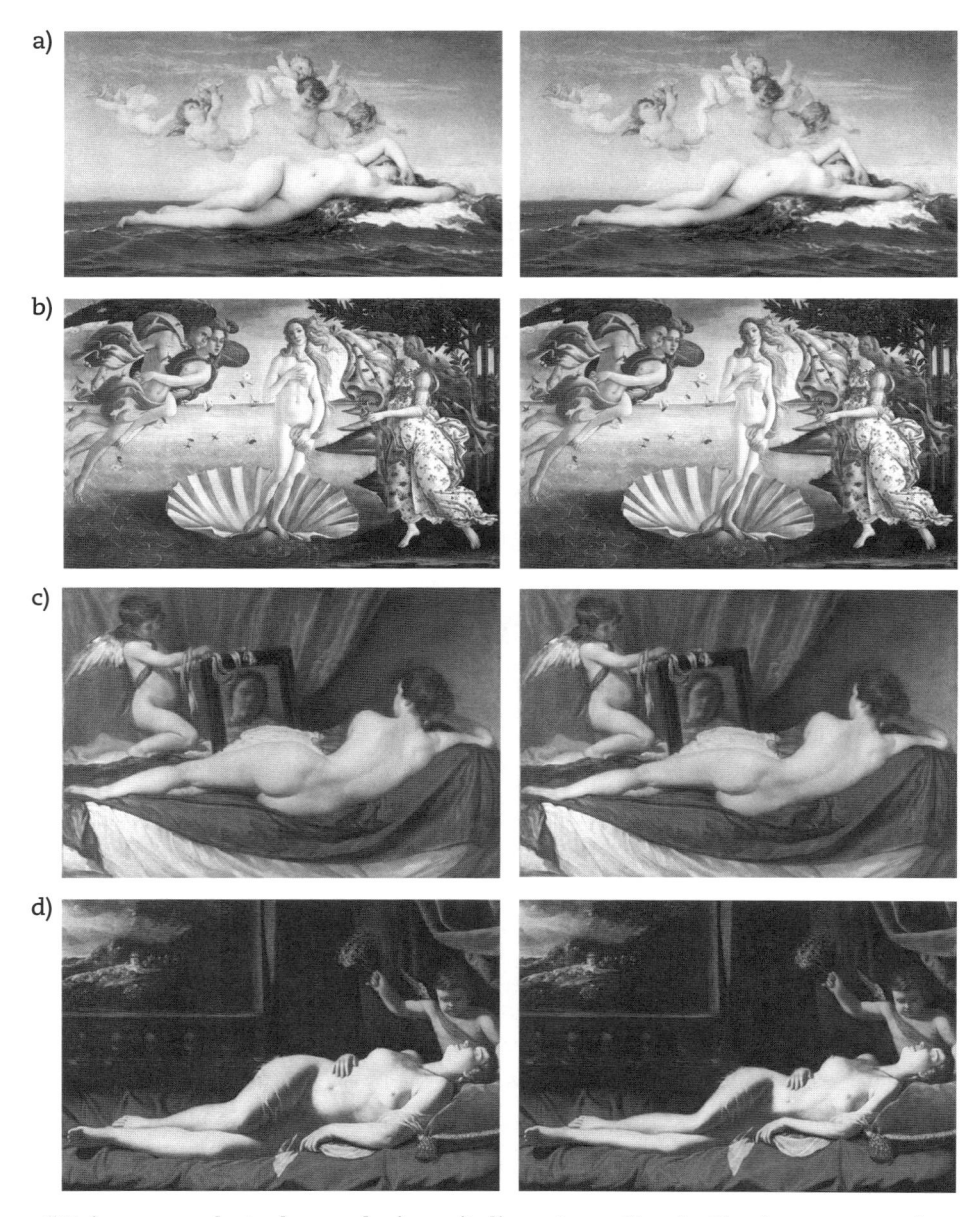

"Hoje, com o *photoshop*, a *designer* italiana Anna Utopia Giordano conseguiu emagrecer a Vênus de Alexandre Cabanel (a), Botticelli (b), Diego Velazquez (c) e Artemisia Gentilischi (d)."

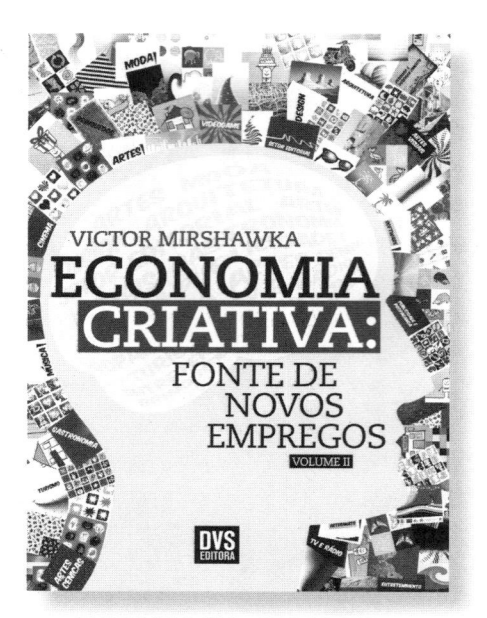

**ECONOMIA CRIATIVA:
FONTE DE NOVOS EMPREGOS
Volume II**

No volume II vamos abordar os outros 11 setores da EC:
- Entretenimento.
- Gastronomia.
- Moda.
- Música.
- Pesquisa e Desenvolvimento (P&D).
- Publicidade e Propaganda (P&P).
- Setor Editorial.
- *Software*.
- Televisão e Rádio.
- Turismo.
- *Videogames*.

www.dvseditora.com.br

GRÁFICA PAYM
Tel. [11] 4392-3344
paym@graficapaym.com.br